真實的追問

吳濁流的文學‧思想‧人格

◎石一寧

文學就是文學，要有絕對自由意境才能產生好
作品，拍馬屁不是文學，喊口號也不是文學。

出自吳濁流〈對文學的一二管見〉

序
中華文化和台灣文學　◎陳映眞

一、前言

　　一個民族的文學，是那個民族的文化的一個璀璨的組成部分；一個民族的文學，以那個民族的語文之審美的形式，表現其民族文化的心靈；而一個民族的獨特文化，釀造了那個民族的文學獨特的風格與特色。這都是毋庸贅言的共識。

　　而像中國這樣一個幅員遼闊、人口衆多的民族，中華文化和與之相應的中華文學多彩多樣，豐富繁榮。其中旣有鮮明的民族共性和同一性，同時也有突出的地方的、歷史的獨特性。

　　時間的限制，不允許我們在此論及台灣原住各民族的文化和他們的口傳文學。

　　中華民族最早在台灣留下勞動與生活的蹤跡，可上溯到第三世紀的三國時代。然而中華民族的典章制度和文明敎化在台灣島上實踐，要等到明鄭入台時的十七世紀六○年代以後，設立府、縣，任命府尹、知縣。同時，隨著鄭成功入台的大陸著名文人學士，藉著明鄭當局廣設官學，積極建設以科舉爲經緯的文化敎育體系，大大提高了中華文化在台灣的影響。由較早的沈光文及後來的沈佺期、辜朝薦等人的創作，留下了台灣第

一批台灣地方文學作品，動情地表現東渡流亡之人對故園鄉關的懷思和立志恢復明室的情懷。

一六八三年，與清王朝對峙的明鄭敗亡，台灣收復後，大量的大陸閩粵移民湧入。在清統治下，官學更加普及，而科舉制度更加正規化，中華文化和文學更加昌盛。此時大陸來台的遊宦作家，例如郁永河，留下傑出的遊記、詩歌、散文和地理學筆記。而鴉片戰爭失敗後，中國國勢遭到沉重打擊。這期間的各家作品，或關懷民生疾苦，或歌詠亞熱帶寶島鄉土風光。另有姚瑩、沈葆楨、丘逢甲等文武雙全的知識分子，寫下了保國憂時、抗擊帝國主義的視野空前開闊的作品，表現了現代意義的愛國主義和民族主義的思想感情，壯懷激越，動人心弦。

二、台灣的殖民地化和台灣新文學的發展

一八九五年，台灣依恥辱的《馬關條約》割讓日帝，淪為殖民地。在異族統治下，遺民作家如丘逢甲、洪棄生和連雅堂等人，留下了哀國破之慘痛、砥礪漢節的作品，使他們成了殖民地台灣的第一代反帝抗日作家。

一九一五年，長達二十年之久的台灣農民武裝抗日鬥爭全面失敗。一九二〇年左右，台灣人民改變抗日策略，展開「非武裝抗日」時期。與之相適應，台灣新文學運動便在這一波現代抗日民族、民主鬥爭中發軔、成長與成熟。受到祖國大陸「五四」新文學運動的直接影響，以東京為基地，以漢語白話文為主要語文，由留日台灣知識分子先後編刊的雜誌《台灣青年》、《台灣》和《台灣民報》等為言論陣地，發動了一場台灣的新舊語文革命和相應的新舊文學革命。在理論資源和文學創作上，台灣新文學直接受到陳獨秀、胡適之、魯迅、郭沫若

等人的影響。島內主張以漢語白話文和新文學體裁創作的陣營，與主張仍然使用文言文和舊文學體裁的一方展開激烈地爭鋒，結果舊派不敵新派，台灣新文學在日帝統治下的台灣宣告其勝利。

台灣新文學的登場，是作爲台灣反日民族、民主運動之一翼而發展的。而在日帝強權統治下已經二、三十年，強行日語同化教育的環境下，台灣新文學作家賴和、楊雲萍、楊守愚、朱點人、楊華、張深切、呂赫若、吳濁流等小說家，絕大多數仍堅持以漢語白話文寫作，在題材上一律宣揚反日帝、反封建的思想意識，表現了他們在日帝統治下堅守中華文化、頑強不屈的抵抗的英姿。

三、殖民地下堅決守衛民族精神和民族語文的鬥爭

台灣居民太半爲大陸閩粵移民，口說閩粵方言，與以中國北方方言爲基礎的普通話頗難相通，加以日帝據台，使台灣人民無法共有中國現代共同語形成的經驗，又加上日人處心積慮收奪台灣的閩客方言，以強制教育灌輸日本語剝奪台灣人民的母語，有識之士痛感到在殖民地下喪失民族語的危機。二十世紀三〇年代初，台灣抗日進步文壇內部，爲了文學大衆化和提倡大衆語文，發生了所謂「台灣話文」論爭。

以黃石輝、郭秋生爲中心的一派，覺察到白話文對一般台灣勞動人民無異於文言文，因而主張把閩南方言文字化。這顯然是當時「文藝大衆化」和「大衆語文建設」在殖民地台灣條件下特殊的提法。另外則有以廖毓文、林克夫、朱點人等爲中心的，堅持自覺地推廣漢語白話，使白話文進一步大衆化而以「台灣話文」的建設爲多餘的一派。這使人想到魯迅和瞿秋白

也主張不同策略的大眾語方策。

值得一提的是：漢語方言的表記和表音從來會遇見難解的問題。激烈主張建設「台灣話文」的黃石輝、郭秋生皆反對以羅馬化解決，避免母語脫離民族語言表現系統，主張以傳統六書的原理研究方言表記，也主張方言文字化最終形成全民族可以共通的表音和表記。激烈的語文革命，目的在解決殖民地下的大眾語問題，以尋求對廣泛大眾宣傳、教育、啓蒙和煽動手段的答案。而欲達到此目的，又絕不犧牲中華文化的語文資產與傳統！

八○年代「台獨」文學論起。其論者以「台灣話文運動」爲「台灣文學抗拒中國白話文」，是「台灣文學主體意識」之表現。但新的數據顯示，黃石輝在面對白話文派究問台灣不是一個獨立國，何需倡導「台灣鄉土文學」時，黃石輝明確回答，正因台灣非獨立國，才倡導「台灣鄉土文學」而未倡導「台灣文學」。「台獨」文論的曲解捏造，在史實面前成爲徒勞！

四、在殘暴的「皇民文學」高壓下堅持中華文化的民族氣節

殖民制度帶給被殖民民族最大的災難是收奪其民族母語，以制度化的民族歧視挫折其民族自尊，迫使被殖民者在社會、政治和精神上奴隸化。

一九四○年後，日帝擴大對華南及南太平洋的侵略，除了強化對台灣、朝鮮及其在華日占區的劫掠與鎮壓，並在這些地區施展各種精神和心智的控制，強力宣傳日本皇國思想與戰爭意識形態。在文學領域上，則在台灣等地推廣支持和宣傳向日同化和日帝侵略戰爭的「皇民文學」。

　　但是，「皇民文學」除了周金波和陳火泉等極少數漢奸文學家，日統下台灣作家都採取消極不合作態度，引起日本當局與在台日本官方作家的不滿。一九四三年以西川滿、濱田隼雄為首的戰爭派作家，公開抨擊台灣現實主義文學的「鄙陋」和缺乏為「聖戰」服務的意識，為「狗屎現實主義」文學。在嚴峻形勢下，以楊逵為首的一些台灣作家公開反駁。楊逵發表〈擁護狗屎現實主義〉，為台灣人現實主義文學辯誣，維護了戰時下台灣文學的尊嚴。

　　環顧當時日帝支配下的東北亞，在日本法西斯主義威暴下，在日本、朝鮮和偽滿都有大量的作家──包括曾經抵抗過日本侵略政策的左派進步作家，大面積向日本法西斯軍部「轉向」投降，寫下不少支持日帝擴張政策的作品，至今成為日本與韓國文學史的恥部與痛處，無法清理。相形之下，台灣的轉向附日作家只有周金波、陳火泉等極少數，作品粗糙、數量極少，影響不大。應該指出，自鴉片戰爭及日帝據台以來，「帝國主義加諸中國最大的傷害在於台灣，中國文學中反映對帝國主義之抗爭最為動人的作品也在台灣」（陳昭瑛，一九九六）。

五、克服民族內傷，堅持台灣文學的中華民族屬性

　　一九四五年八月十五日日帝戰敗投降，十月，中國政府代表在台北正式受降，台灣從殖民地枷鎖中解放。台灣人民在歡慶之餘，自動地提出了去殖民化，積極自覺地推動「中國化」和「把我們的母語搶回來」的運動。在語言政策上，主張「恢復閩南話作為中國方言的地位」予以尊重與復權，禁止日語，從而在民族方言基礎上推行「國語」（普通話）。

　　可惜國民黨當局無心順應當時全國性要求「民主化」、

「和平建國」、「反對內戰」的廣泛興情，加上接收日產官員貪瀆成風，朋比為奸，一九四六年夏，國民黨打響國共內戰，致社會動盪、政治不安、民生凋敝。一九四七年二月台灣爆發二‧二八事變，民眾的要求也是民主化、反內戰、高度自治、和平建設。三月，國府當局以武裝鎮壓，造成流血慘變，兩岸民族團結與和睦受到重大內創。

但就在三月流血鎮壓後八個月，來台進步的省外知識分子歌雷、雷石榆、駱駝英、孫達人、蕭獲等人，與團結在楊逵身邊的本地知識分子歐陽明、賴明弘、周青、張光直、賴亮等人，以當時《新生報‧橋》副刊為基地，熱情洋溢地展開「如何重建台灣新文學，使之成為中國新文學無愧的一部分」的議論。經一九四七年十一月到一九四九年四月長期論議，取得了這重要成果：

一、參與議論的省內外人士，即使在一九四七年三月血洗後，也取得了這重要共識，即「台灣和台灣文學是中國和中國文學不可分的組成部分！」

二、省外作家和文論家比較系統地介紹了中國三○年代以迄四○年代左翼文學和抗戰文學的理論。

三、對楊逵先生所主張深入台灣社會、深入台灣民眾、寫台灣人民生活與心聲的作品，為當時所急切需要的「台灣文學」這一見解，議論各方都取得了共識。

四、楊逵高瞻遠矚地提出堅決反對台獨，反對國際「托管」台灣，說凡有為「台獨」、「托管派」服務的文學是「奴才的文學」，今日視之，尤有重大意義。

可惜的是，一九四九年四月，國府在台當局發動「四六事件」，逮捕台北進步學生和《新生報‧橋》副刊的重要作家。

楊逵被捕入獄，判刑十二年，給予當時校園內和文化界民主力量巨大的打擊，「重建台灣新文學」之議論戛然而止，至今絕響。

六、反對文學之惡質西化，主張台灣文學復歸於中國人立場和中華主體

　　反共文學和現代主義文藝自一九五○年後支配了台灣文藝界長達二十年之久，而弊端叢生：即極端的形式主義、虛無主義和個人主義，對西方文論、西方創作技巧的惡質模仿，表現語言的晦澀，失去文藝創作上的民族風格和形式等，使文學走進了死胡同。

　　一九七○年保衛釣魚台運動在海外激發了左右分裂。保釣左派推動重新認識中國革命和中國三○年代以降文學和文論的運動。這運動頭一次衝破了內戰與冷戰文藝的統治意識形態。現實主義、大眾文學、民族文學的理論衝擊著一代被西方現代主義統治的知識分子。一九七一年，留美回台的知識分子唐文標向台灣現代主義詩提出了嚴厲批判，主張詩歌的大眾性和民族性，引起軒然大波，沉重地打擊了「現代主義」文學的威信。

　　一九七七年至一九七八年，國府當局以有人主張「工農兵文藝」的紅帽子，扣向主張現實主義、文學的大眾性、民族形式和民族風格，反對外來殖民性文學的一批人，在大報上搞點名批判，並籌開「國軍文藝大會」，準備全面鎮壓。後來經過胡秋原先生、徐復觀先生、鄭學稼先生向當局力諫，才阻止了一場大的文字獄。

　　在這一場論爭中，「鄉土文學」派主張在思想上、創作方法上反對外來西方文論的統治，使台灣文學復歸於中國人立場

和中華文化，在創作方法上要深化現實主義，表現中華文學的民族特質與風格。

七、反動、反民族的八〇年代及其鬥爭

一九七九年，在台灣戰後資本主義發展過程中與中國民族經濟脫鉤，而以獨自的「國民經濟」在依附外資下成長出的台灣資產階級，有要求其階級政治份額的「黨外」反蔣、親美、反共的「民主化運動」。一九七九年，這運動在高雄點燃了「高雄美麗島事件」，沖毀了國民黨長期的排外獨占的政治。而由於美國護航，加上運動本身反共親美性格，台灣資產階級民主運動很快浸染了同樣具有反共、親美、反華性質的「台獨」傾向。

一九八八年，蔣經國去世，李登輝繼位，出人意外地利用政權資源全面推動「台獨」反民族進程。二〇〇〇年陳水扁取得政權，把反民族「台獨」政治又推上一個台階。

與之相應，「台獨」思想和意識形態在台灣有顯著發展。「台灣民族論」、「愛台灣論」、「台灣土地與血緣論」、「台灣意識論」、「台灣主體意識論」等，一時沸沸揚揚，一定程度衝擊了台灣政治和社會生活，取得論述霸權。

而台灣文學界也產生了相應的變化。在文論上「台獨」派提出了「台灣文學獨特性論」、「台灣文學與中國文學無關論」和「台灣文學主體性論」，基本上是「台獨」政治在文學上的反映。在文學教育上，受到「台獨」當局的直接支持，廣設獨立的台灣文學系所，宣傳和教育反民族的台灣文學論，形勢是嚴峻的。

另外，台灣當局「行政院文化建設委員會」也以豐沛的資

金與資源，組建「國家台灣文學資料館」，以台灣文學爲「國家文學」。此外，並結交外國、特別是日本右派學者爲反民族「台獨」文學寫書寫文章、出版書刊，辦「國際研討會」，出錢出力爲「支獨」外國學者出書，鼓勵他們爲皇民文學史翻案，爲「台獨」文學論的建構出謀獻策，形勢也比較嚴重。

　　然而，十多年來，在反對淨化和美化皇民文學的批判上，在反對以日本藤井省三爲首的日本支獨台灣文學研究上，在反對「台獨」派以「台獨」台灣史觀炮製台灣文學史分期理論的鬥爭上，我們堅持了及時的，切中要害理論和學術的批判與鬥爭，沒有讓「台獨」派占上便宜。

八、結論

　　大約在一九三五年，即日帝竊據台灣已四十年，離日帝自台敗退僅十年之時，台灣總督府編纂了《台灣警察沿革志》。其中第二大卷依據殖民地大量公安檔案，歷述自一九二〇年代以降台灣反日抗日思想啓蒙運動、民族運動、政治運動、階級暨社會運動。在其總序中說，台灣改隸日本已四十年，但人民反日抗日運動前仆後繼，殆無間斷。究其主因，乃在台民有強烈（中華）民族意識，以中華五千年文化爲榮。其原文如下：

　　……關於本島（台灣）人的民族意識問題，關鍵在其屬於漢民族系統。漢民族向來以五千年的傳統民族文化爲榮，民族意識牢不可拔……雖已改隸四十餘年，至今風俗、習慣、語言、信仰等各方面仍沿襲舊貌，可見其不輕易拋除民族意識……本島人又視（福建、廣東）爲父祖墳塋所在，深具思念之情，故其以支那爲祖國的情感難以拂

拭，乃是不爭之事實。故自改隸後，……仍有一些本島人
頻頻發出不滿之聲，以至引起許多不祥事件，此實為本島
社會運動勃興之主要原因……（《台灣社會運動史》卷一，
創造出版社，台北，一九八三）。

　　這說明了日據下台灣新文學為什麼表現出始終如一、堅定
不移的中華民族文化與精神之根源所在。

　　中華文化獨一的特質，在於它以漢字為基礎建構起來的典
章、典律、人文、思想體系。這一文化體系，在境內成為強大
的文化、思想及感情的凝聚力，藉以將以漢族為中心，邊境各
非漢族民族群體為成員，化育凝合起來，創造一個大漢族共同
體的想像，而逐漸形成一個古典意義上的中華我族意識。而在
境外，一直達至十九世紀中鴉片戰爭後，中國國勢崩解之前，
在東北亞的朝鮮和日本、法國入侵前的越南，都形成以漢字、
漢語音及中華文化為主要根幹的漢文化圈，這都是不爭的事實。

　　前面說過，中華文化澤被台灣始於十六世紀的明鄭。自斯
三百餘年以來，歷經中國統一，鴉片戰爭後被迫開港，日帝割
台後淪為殖民地，光復後又成為外國勢力干預中國內政的前沿
基地，至八○年代又吹起一股自一九四○年初日帝「皇民化」
運動以來未曾有過的反民族的分裂主義風潮。然而正是在這帝
國主義侵華史的磨難中，特別激起了台灣近三百年來歷代遺民
和移民，以數千年中華文化的積澱和基因，抗擊外來勢力，堅
守民族文化的主體認同，發而為歷代不息的強烈的愛國主義
傳統。

　　而從台灣文學史以觀，台灣是帝國主義侵凌中國最集中、
最嚴重的受災區。因此，在國破家亡的現實中成長的台灣文

學，不論是以傳統體裁或現代體裁表現，其反映堅守中華民族文化的驕傲，誓不臣夷，而奮力抗擊帝國主義的思想和藝術表現、最大無畏、而且最動人的作品，較諸包括偽滿在內的廣泛日占區，也以台灣最多。

　　台灣文學有偉大光榮的愛國主義傳統，有強烈的以中華文化為根柢的中華民族精神，是台灣文學的驕傲。雖然在當下台灣文學正遭逢自四○年代日帝「皇民文學」壓迫以來未曾有過的反動，即反民族「台獨」文學的逆流，但只要我們堅持台灣文學的愛國主義傳統精神不動搖，堅持鬥爭，就一定能克服一時的橫逆，取得勝利！

真實的追問

吳濁流的文學・思想・人格

◎石一寧

緒　言

　　台灣文學研究在大陸文學理論批評界迅速升溫，正在成為一門「顯學」。時代語境的不變造就了這一趨勢。

　　上世紀八〇年代後期以來，台灣社會政治和文化發展激烈動盪，八〇年代之前處於邊緣的分離主義意識形態急劇擴張，逐漸占據了中心地位。擴張的意識形態隨著台灣政治生態的演變和統治權力結構的重組，全面地向社會的各個領域包括文化領域滲透蔓延。台灣文學界首當其衝，隨著民族和國家認同危機的加深，台灣文學當前呈現出複雜和紊亂的徵象。在文學研究方面，重新解釋台灣新文學經典作家和作品成為一股思潮。一些前輩作家被劃為異類，打入冷宮；另一些作家則被賦予「台灣意識」啟蒙者和精神導師的地位而備受推崇。以長篇小說《亞細亞的孤兒》等作品名世的吳濁流即是屬於後者。他的小說不僅得到再版，而且召開了國際研討會。《亞細亞的孤兒》《無花果》和《台灣連翹》等小說注家蜂起，「解人」紛現。而台灣某些論者所採取的卻是與文學研究的學術立場相去甚遠，與政治意識形態親密結合乃至相互指代的解釋策略。

　　在文學研究領域抑或有這樣的一種情形，即有的論者對研究對象的原生態並不過多究詰，而是通過主觀意志建構對象的

「眞實」而樹立自己的理論體系。對象在他們的眼裡，是一種素材而非論據，是完成自己的理論體系的階梯。不可否認這也是一種研究方法，而且在某種特定的具體的條件下，其尚不失爲一種有效的方法。在這種研究中，眞正予人深刻印象的不是對象，而是研究者本身；這種研究的最終目標不是對象，而是研究者的理論闡述。當然，這種方法也可以說是一種對對象的不同解讀和不同的闡釋面向。然而，此種方法如果獲得公認的成功，它只會發生在純粹的藝術審美領域，而絕無可能發生在涉及研究對象的人格、政治傾向、文化身份認同等等這些涉及個體與社會關係的層面。因爲後者的揭示首先要求摒除研究者的主觀想像。要揭示對象與社會關係的層面，唯一正確的方法是「還原」。捨棄還原而「主題先行」、預設結論，這已不是學術研究而是意識形態策略和政治權術了。近年來台灣島內的吳濁流研究中，這種意識形態泛化和政治操作已成爲一種觸目的現象，甚至已成爲一種方法論，這種方法論行世的後果之一，即是解構了眞實的吳濁流。

本書作者不敢以注家和解人自居，但本書的寫作性質必定提出類似角色的要求。作者無意去維護一種以往的或既定的結論，也無意去發明或附和一種新的闡述。如果本書的寫作存在著某種「雄心壯志」的話，那就是對眞實──文學、歷史和人的眞實的追問。吳濁流文學及其思想、人格的眞實是本書的寫作動機和動力。從這一意義上說，本書是在時代變化的語境中進行修復和還原的工作。

的確，文學作品的主題、作者的創作意圖以及美學價值等等是一個複雜的問題。在這一領域，不存在權威的解釋，不存在終審法院的判決。首先令人信服的闡釋，不是權威的論述，

甚至也不是知識和智慧的展現，而是對眞實的接近和揭示。在
這個後現代主義思潮洶湧的時代，「眞」因屢受質疑而似乎已
被懸置，但對「眞」的渴望仍是學術研究的一個內驅力。然
而，求眞之路是艱難崎嶇的。需要閱讀，需要理解。閱讀作者
的具體文本，也閱讀歷史和文化語境這一巨型文本。理解作者
的意圖，也理解作者的意圖被發現或被扭曲的潛在闡釋機制。
因此，知識和視野的開闊成爲求眞的前提。除了閱讀吳濁流作
品和台灣學者的研究論著，本書還將吳濁流文學置於中國現代
文學的歷史格局中進行考察，這是因爲台灣文學是中國文學的
一個組成部分，台灣新文學是中國新文學的重要一翼。受到五
四新文學影響的吳濁流的文學創作，只有在中國現代文學這一
宏偉背景中才能得到完整的解釋。本書對中外學術成就的借
鑒，不僅出於對人類知識的共通性的信念，而且還因爲對包括
台灣文學在內的中國文學是世界文學的一環的理解。

　　誠然，任何闡釋和還原在某種程度上都是一種重構。對一
個文學研究者而言，對研究對象多面向、多角度的透視和發
掘，也是闡釋的別開生面與有效性的保證，是重新走進對象與
接近眞實的必由途徑。

第一章
淡泊生涯荊棘多*

第一節　家族自廣東來

　　一八○四年（清嘉慶九年），廣東鎮平縣（今蕉嶺縣）興福鄉的客家人吳卓官攜妻挈子渡過台灣海峽。吳卓官即為吳濁流的高祖，赴台時年五十一歲，其子吳慶榮時年僅九歲。吳家人到台後，先在台北的大稻埕住三個月，接著搬到新莊住了四年，最後定居於新竹縣新埔鎮的下林排。

　　遠離故鄉，來到陌生的海島，吳家人生活上面臨著極大的艱難困苦。然而他們的血管中流淌著客家人吃苦耐勞的精神，在窮困面前不願低頭，而是為發家努力打拼。他們在下林排開荒墾地，種甘薯，養豬鴨，很快就賺了錢。吳卓官發財後便盤算買田置地。此前大茅埔全境僅值八十元，小茅埔則只需三十元即可從當地原住民手中買過來。然而因大小茅埔只是一片草長蛇竄的蠻荒之地，起初並沒有人要。以後該處發現了泉水，地價立即飛漲。吳卓官無奈，只好以五百元的價格買下大茅埔的四分之一。他在較潮濕的地段修了三口蓄水池，開造水田，穩固家業。

　　吳慶榮繼承家業後，兼經營油車工廠，獲利甚巨。大茅埔

的土地幾乎都被吳家買下了。吳家處於鼎盛期時，從村頭的土地公祠起往北十公里內的稻田以及村後綿延起伏十幾里的山巒都屬於吳家所有。當初吳卓官到台時的全部財產僅是身上的一套衣服而已，經過蓽路藍縷的創業拼搏，吳家竟成了當地首富，人生命運發生了戲劇性的變化。

　　吳慶榮有五個兒子。么子吳芳信為吳濁流的祖父。吳慶榮請了兩個秀才到家中教兒子們讀書。吳芳信的哥哥們有的讀書讀到三十二歲，吳芳信則讀到二十四歲。吳芳信年輕時曾遊歷廣東和香港，還曾做過一陣時期的丸藥商，四方遊走兜售，頗為博見多聞，為人也慷慨大度。吳芳信嗜賭，終有一次在宜蘭豪賭失手，被迫賣掉了大茅埔的二崁全部的田地。幸而兒子即吳濁流之父吳秀源還算爭氣，毅然肩起當家責任，當中醫、人參行商，經營藥店、碾米廠，搞橘子栽培……拼命工作和賺錢，最後將吳芳信賣掉的田地差不多又都買了回來。

　　吳家雖然到吳芳信一輩，家道已是走下坡路了，但生活畢竟還是平靜的。而甲午戰爭的爆發，則粉碎了吳家和所有中國人生活的安寧。

　　一八九四年二月，朝鮮東學道發生農民起義，日本乘機出兵朝鮮。七月二十五日，日軍突然襲擊朝鮮半島海面的中國北洋艦隊艦隻。接著，又進攻在朝鮮的中國軍隊。八月一日，清朝政府對日宣戰，甲午戰爭肇始。一八九五年二月，威海衛被日軍攻陷，舉國上下寄以厚望的北洋艦隊全軍覆滅。清政府被迫派李鴻章為全權大臣赴日議和。戰敗的清政府已無討價還價的餘地，只得接受日本的全部條款。四月十七日，李鴻章與日本全權代表伊藤博文簽訂了喪權辱國的《講和條約》，因簽約地點在馬關春帆樓，通稱《馬關條約》。《馬關條約》規定，

中國承認朝鮮完全自主；割讓遼東半島；賠款二萬萬兩；允許日本人在內地設廠製造；增開通商口岸；中國將「台灣全島及所有附屬各島嶼」以及「澎湖列島」和當地的堡壘、軍器、工廠及一切公物，永遠讓與日本。

馬關簽約，中國舉國震驚。從四月中旬至五月初，各級大小官員以至督撫將軍、宗室貝勒共五百多人次上摺上書共一百多件次。禦史高燮、禮部主事羅鳳華、兵部主事何藻翔等均上書反對這一條約。侍讀奎華等一百五十六人聯名上書指出《馬關條約》是「五大洲未有之奇聞，三千年所無之變局」。禮科給事中丁立瀛等指出：如果放棄台灣，就是失民心，「民心一失，何可復收」。廣東舉人康有爲、梁啓超等聯絡正在北京應試的各省舉人集會上書。在都察院前，舉人上書請願的隊伍長達一里多。由梁啓超、林贊統領銜的八十一名廣東舉人在上書中大聲疾呼：台灣是祖國的門戶，豈可拱手讓與侵略者。他們強烈要求清廷命令李鴻章訂正和款，不要割讓台灣。康有爲發動赴京會試的十八省舉人聯名上書，反對割讓台灣，要求遷都抗戰，變法圖強，這就是有名的「公車上書」。

清政府喪權辱國的行徑，使當時正在大陸的台灣同胞悲憤填膺。正在北京參加科考會試的台灣舉人汪春源、羅秀蕙、黃宗鼎等，會同在清廷中任職的台灣進士葉題雁、李清琦，聯名上書都察院表示強烈抗議。呈文中有云：「今者聞朝廷割棄台地以與倭人，數百萬生靈皆北向慟哭，閭巷婦孺莫不欲食倭人之肉，各懷一不共戴天之仇，誰肯甘心降敵！……不知棄此數百萬生靈於仇敵之手，則天下人心必將瓦解，此後誰肯爲皇上出力乎？……今一旦委而棄之，是驅忠義之士以事寇仇，台民終不免一死，然而死有隱痛矣！……與其生爲降虜，不如死爲

義民！……但求朝廷勿棄以予敵，則台地軍民必能捨生忘死，
爲國家效命。……」汪春源等台灣舉人還悉數參加了康有爲發
動的「公車上書」。

《馬關條約》簽訂的消息傳到台灣，更是激起台灣民衆的
憤怒。台北民衆鳴鑼罷市，紳民擁入巡撫衙門，表示「桑梓之
地，義與存亡」，「萬衆一心，誓同死守」，「寧願人人戰死
而失台，絕不願拱手而讓台」。

五月底，日軍在基隆東北登陸。台灣巡撫唐景崧化裝逃回
廈門，台北不戰而降。但台灣軍民反對占領的鬥爭卻在全台轟
轟烈烈地掀起。各地義軍紛起，著名的有徐驤、姜紹祖、吳湯
興、胡嘉猷、江國輝、蘇力、黃娘盛等各支義軍。以劉永福爲
首的黑旗軍以及新楚軍等部清軍也加入了抗日的行列。從一八
九五年五月至十月，台灣義軍和清軍官兵堅持了近半年的武裝
抵抗，歷經大小一百多次戰鬥。日軍前後出動了七萬大軍，付
出了包括近衛師團長北白川宮能久親王以及第二旅團長山根信
成在內的四千八百名官兵死亡、二萬七千人負傷的慘重代價。
日軍的傷亡人數比在甲午戰爭中多出將近一倍。而一直到日據
台灣二十年後的一九一五年八月的噍吧哖余清芳事件被平息，
台灣漢人武裝抗日運動才宣告終結。[1]

一九〇〇年六月二日，即日據台灣後的第五年，吳濁流出
生。取名吳建田，號饒畊。上有兩兄一姊。四歲時，因妹妹出
生，母親照顧子女和家務事忙不過來，便讓吳濁流與祖父同
住。這一偶然的安排卻對吳濁流的成長產生了深刻的影響。

祖父吳芳信可謂吳濁流人生的第一位蒙師。台灣人民武裝
抗日運動極大地震撼和感動著吳芳信。他雖然沒有直接投身反
抗日本人的戰鬥，但內心對日本人充滿了憤恨，對祖國的眷戀

之情則更加強烈了。他將濃郁的民族意識灌輸給了年幼的吳濁流。他讓吳濁流牢記吳家的故鄉是廣東省鎮平縣興福鄉盧阿山口排子上。他的房間經常有客人光顧。其中一位塾師是熟客。這位塾師常常撫著吳濁流的頭，考問他的故鄉在哪里。每當吳濁流能迅速流利地答出來，塾師就歡喜得眉開眼笑。塾師還時常對祖父說些吳濁流聽不懂的話，如「否極泰來。總有一日，復中興」之類，說完又與祖父相對嘆息。祖父也常常在吳濁流面前自言自語：「暫時一等，恢復中原。」

　　吳濁流六七歲時，隨祖父到枋寮參觀義民廟的祭典。祖父告訴吳濁流，住在義民廟附近十四莊的人，都是義民爺的子孫。奉祀在廟裡的義民爺，是為了保衛這十四莊而和外敵作戰犧牲的。與日本人作戰殉難的英雄，也被放在義民廟裡一同奉祀。祖父向吳濁流介紹了義民爺的種種壯烈事跡後，教導說：「我們都非像義民爺那樣勇敢不可。怎樣的大敵來都無所謂，要勇敢地作戰。一旦村中有敵人攻進來，大家都要合力拼命戰鬥。這就是義民爺的精神。」[2]

　　與家族有關的另外幾件事情，也潛移默化地影響著吳濁流幼小的心靈——

　　日軍初登陸時，有六個河南籍的清兵流落到新埔鎮，有人將他們領到在地方上勢力較大的吳家，吳家便將河南兵保護起來。最後，吳家決定由吳濁流的父親吳秀源與村中五名壯丁一起將河南兵護送到北埔的姜家參加抗日。吳秀源晚年還時常將此作為光榮經歷跟子女談說。

　　家族中有一位伯父曾參加過抗日戰鬥。日本人獲悉後，因抓不到本人，便凶惡地下令：如果本人不自首，家族中要有一個人出來頂罪。祖父吳芳信為了一族人的安危挺身而出，他橫

下心來抱著「殺身成仁」的念頭，去見了日本當局。所幸祖父是見過世面的讀書人，巧與日本人一番周旋，竟得釋放無事。

一九○七年，台灣發生了北埔事件。在新竹以南的北埔月眉莊，以蔡清琳爲首，打出「復中興」的旗號，發動隘勇一百多人，進攻警察分遣所和派出所，並且攻入北埔支廳，殺死日本警察等五十多人。台灣總督府派兵鎮壓。就在這個時候，當局強徵吳濁流十九歲的長兄到樹圯林（竹東）做監督夫役。這是一日黃昏，日本警察、保正、甲長一起到吳家發布的命令。如果不去，就會被視爲反抗而被捕。長兄臨行前，祖父點香向祖宗及天神爺報告，祈求保佑長孫平安。吳濁流的母親則在房間裡偷偷哭泣。長兄帶上幾件衣服，慌慌張張地跟著警察、保正和甲長上路了。吳濁流跟著祖父、父親和二哥到大路上送別。在回家的路上，祖父和父親大罵日本鬼子。祖父還連連吐幾口大氣，說：「現在台灣人就像籠中的雞。」吳濁流長兄走後全家人擔驚受怕，父親暗中出錢請人代理，五天後將長兄換了回來。這件事給七歲的吳濁流的心靈留下了日本警察十分可怕的印象。

祖父爲救族人挺身而出的義舉和豪爽的秉性無疑也爲吳濁流人格的塑造抹上了濃重的一筆。然而，祖父的性格是矛盾的。由於目睹了日本人的殘酷屠殺，他意識到反抗是沒有用的，只會白白送死而已。在個人生活方面，他也是不幸的。在吳濁流父親三歲時，他與妻子吵架，妻子忍受不了，吞鴉片自殺了。祖父爲此自責，不再續弦，脾氣也一改以前的暴躁，而變爲一個溫和的人。民族的恥辱、侵略者的凶殘和失去妻子的痛苦，使他意志消沉。他私淑陶淵明，以詩酒樂餘生的逍遙心態混日子。他對吳濁流的教育因此也有消極的一面。他曾這樣

教訓吳濁流：台灣是一個孤島，周圍都被海包圍著，想逃也逃不出去。我們完全和籠中的鳥一樣，並不知什麼時候會被殺死，這是我們可悲的命運。你長大了，一定要以「明哲保身」為第一，絕不能因一時的憤怒而衝動起來。無論如何都得隱忍自重。一時的憤怒或慷慨是任何人都會的，永遠的堅忍自重就非大丈夫做不到。處世上，對這一點非好好瞭解不可。乘一時的血氣行事，不僅會招來自滅，也會連累族人。……反正已經變成日本人的天下了，只要照他們的要求繳納重稅，以後便做自己喜歡的事，這世間還是可以過得很快樂的。要像你們的父親，不想多餘的事，專心賺錢，在日本人的天下，也可以快樂地生活的。[3]

祖父認為在日本的統治下，台灣人既然不能做大官，那麼在日常生活上，只要記些實用文字就夠了。而實用文字，只要受兩三年教育就可掌握，所以他認為吳濁流到十二、三歲再讀書也不遲。吳濁流八歲時，看到隔壁的堂兄和兩個哥哥在讀書，也很想進私塾。但他害怕書讀不好會挨塾師打，所以沒有向祖父提出。兩年後，村中的私塾被關閉，兩個哥哥和堂兄早已轉入公學校，吳濁流也提出上公學校的要求，最後得以如願。

第二節　讀公學校

一九一〇年，十歲的吳濁流成為一名公學校學生。日本殖民當局在台的初等教育，起初是實施差別化的三元教育體系，即設立公學校專收台灣兒童，另設小學校專收日本兒童，土著民族兒童則入「番人公學校」。吳濁流入讀的是新埔公學校。

進入公學校後，吳濁流即發現所在的班裡學生情況相差懸殊。同學們大都讀過私塾。其中堂兄讀過四年，同組的級長讀

過九年，副級長讀過十一年。同學中甚至有二十多歲已爲人父者。與這些已有相當基礎的同學在一起，未進過學堂的吳濁流備感壓力，只有拼命讀書。級任老師林文煥，即台灣女作家林海音的父親，對吳濁流十分疼愛。林老師畢業於「國語」（日語）學校，當時新埔一帶沒有一個中等學校畢業生，兼之林老師爲人慷慨豪爽，還寫得一手好書法，所以很受人尊敬。他住在公廟裡，吳濁流和胞兄中午也在廟中煮飯。飯後林老師時常給人寫書法，總是叫吳濁流磨墨拉紙。林老師常自己出錢買獎品獎勵學生，吳濁流亦得過不少獎。有一天，林老師在吳濁流的習字帖上寫下初唐詩人王勃的《滕王閣》詩：

滕王高閣臨江渚，佩玉鳴鸞罷歌舞。畫棟朝飛南浦雲，珠簾暮卷西山雨。閒雲潭影日悠悠，物換星移幾度秋。閣中帝子今何在，檻外長江空自流。

吳濁流將習字帖拿回家，祖父看了稱讚不已，將王勃稚齡作《滕王閣序》的故事講述給吳濁流聽。

一年級的課程大部分由林老師擔任。林老師的教育方法寬和開明，根據少年的心理特點，循循善誘。在他的教導下，吳濁流很喜歡讀書。一年後，林老師調離新埔公學校，學生們依依不捨，教室裡一片啜泣聲，林老師也感動得流淚了。

日本殖民當局在台灣推行「同化教育」，在公學校中，日語、修身、讀書等日式教育課時占總課時的百分之七十至八十，而漢文教育則受到嚴格限制。在新埔公學校中，漢文一周只有兩堂課。吳濁流入學時，全校漢文課由一位姓范的老師教。范老師一個學期後因病逝世，漢文教學由當過塾師的詹秀

才接任。詹秀才沿用私塾的教法，對學生非常嚴格，一邊手執教鞭一邊叫學生背誦課文，如果背誦不來，無論大小他都要鞭打。詹秀才自己也很勤勉敬業，除了規定的漢文讀本之外，他還加教朱子家訓、昔時賢文和指南尺牘等。詹秀才在吳濁流念完四年級時退休。臨退休前，他大考背書，讓學生將一年級到四年級的漢文讀本全部背誦一遍，背得好的有獎。吳濁流是得獎者之一。吳濁流的漢學基礎，主要是從詹秀才那裡來的。[4]

　　一年級讀完時，在全班五六十名學生中，吳濁流的成績排在第三名。由於許多同學已讀過多年私塾，因此吳濁流對自己的這一成績非常得意。

　　小時候的吳濁流性格懦弱。即使無來由地被人打，也沒有抵抗的勇氣。因此比他歲數小的小孩也敢打他。他的兩個哥哥也時常欺負他。他挨了打也不會埋怨，更不會告訴父母，只是默默地在床上淌著淚水入睡。但他也有勇敢的一面。一年級的時候，曾在正月十五晚上和堂兄一起到新埔鎮上看花燈。看完後堂兄在別人家裡留宿，吳濁流則堅持一個人回家。從鎮上到家的路程有四公里，途中有墓地和黑暗的地方，還可能會碰上毒蛇。在經過墓地時，吳濁流感到毛骨悚然，淚水湧上了眼睛。他心裡甚至做了「結果不過一死」的最壞打算！半夜安然到家時，祖父大吃一驚。

　　吳濁流上了公學校，祖父便教他打算盤。因此，吳濁流在一年級時學會了珠算。祖父還教他「含口算」（心算）、「斤求兩」、「作大兩算法」等方法。祖父還出種種謎語訓練吳濁流的思維。他還常常到學校看吳濁流讀書。二年級時，吳濁流給吸食鴉片的祖父買鴉片，在途中不慎將鴉片失落了。祖父為鴉片癮所苦，但也不責怪吳濁流，以後照樣信任他。吳濁流上

三年級時，祖父病逝，終年七十三歲。吳濁流心中感到巨大的悲痛。祖父是給了他人生最初啓蒙的親人和恩師。祖父的強烈的中華民族意識，以及陶淵明式的詩酒自娛，不重金錢和中庸的處世方式，給吳濁流的思想和人生打上了深刻的烙印。

　　吳濁流四五年級時，台灣發生了反抗日本殖民統治的兩大事件。一是羅福星領導的苗栗事件，一是余清芳領導的台南西來庵事件。兩個事件都是還在密謀階段就敗露了。苗栗事件中有四百一十二人遭逮捕，六人被判處死刑。西來庵事件被逮捕者有一千九百五十七人，八百六十六人被判處死刑。新埔地方的父老們經常談論這兩個事件，還說西來庵事件使得當地十四歲以上的男子盡數被殺。聽了這樣的傳聞，還是孩童的吳濁流深深地感到日本人的可怕。

　　就讀公學校期間，學校發生的幾件事也極大地刺激了吳濁流。五年級的級任教師是日本人，名字叫濱野，是個代用教員。他是獨身，常常邀學生去他的宿舍玩，所以大家起初以爲他很和善。學生陳勝芳有一天晚上到濱野的宿舍玩，湊巧濱野不在，但門開著。陳勝芳因無聊，把放在桌上的一隻懷錶拿起來看，不小心將錶掉地上摔壞了。他急忙送到錶店修理。濱野卻報警失竊，誣指陳勝芳是賊。錶在錶店查獲了，陳勝芳被囚禁了四個月。由於他始終不承認是盜竊，所以被警察打得很慘，出獄不久就死掉了。一個風華正茂的少年，轉眼間從人世消失。陳勝芳同學的悲慘命運，強烈地震撼著吳濁流的內心。「生性懦弱的我，因爲這件事的緣故，對日本人盲目地害怕起來，並且認定日本人，不論是哪一個，都是無血無淚的民族。這種觀念很久不曾褪去。」〔5〕

　　有一天，濱野帶學生遠足。回校時路過後街，有人說阿送

家快到了。阿送是濱野的表妹，風傳兩人有不正當關係。或許是出於對濱野的反感，有幾個學生惡作劇地小聲說：「老師是不是要去阿送家呢？」吳濁流湊熱鬧說：「要大聲一點，老師才聽得到。」有人反問他：「你為何不敢大聲說呢？」吳濁流不作思索即大聲叫起來。濱野聽到，立刻回過頭追問：「誰說的？」查出來後，他將吳濁流拖出隊伍叱責了一個鐘頭。吳濁流任他叱罵，不肯認錯和道歉。事後回想起來，吳濁流深感自己過於莽撞：「像這樣的衝動性行為，是我的性格缺陷之一，處事時，往往不加深思，常招來失敗。」[6]

六年級時，有一天上體操課，同學胡君立正姿勢不對，被日本體育教師龜井暴打了一頓。胡君平時身體很弱，被打後當場暈倒了。同年級的學生都很同情挨打的胡君，聚集到學校後面的山上商量對策，最後決議罷課，大家喊了三聲萬歲便各自回家。胡君的父親是一位地方上有名望的中醫。此事經過交涉，龜井先是不再教體操，然後被調離到別校。在校長的動員下，罷課的學生次日即回校復課。

日本殖民者的暴行，在吳濁流幼小的心靈投下了巨大的陰影。他對日本人深懷戒懼。「常在『杯弓蛇影』中顫慄著長大的我，不喜歡和日本人接近。在鄉間也沒有和日本人接近的機會。進學校讀書以後，低年級時是由台灣人的老師擔任的。到高年級才接受日本人老師的教導，這也不過只是在教室中的事，正課之外，一同說話的事，是幾乎沒有的。即使有，也是因什麼事，到辦公室問問老師而已。我對日本人的老師是敬而遠之的。就是由於這個緣故，日本人的老師，也就認為我是不討人喜歡的有怪癖的孩子吧。但是，和同班同學一樣，對老師說的，不論什麼，都是唯唯諾諾。因為沒有想親近的心理，所

以沒有給老師疼過的記憶。長大之後，也沒有拜訪過日本人的老師。」[7]

新埔公學校以前的升學率很低，學校自成立以來，還沒有畢業生考入過醫學校；進入國語學校師範部的，一年只有一人；高校生才有兩人。升學率如此之低，首先與日本殖民當局實施的歧視教育政策，台灣人受教育機會被剝奪有關。據史料統計，到一九一九年，當時供三百五十三萬八千本島人（台灣人）子弟小學畢業後升學的學校僅有十一所，其中師範學校及醫學專門學校尚兼收日籍學生（且中學校與職業學校的修業年限及程度均在日校之下）。而專供僅約十五萬三千「內地人」（日本人）子弟小學畢業後升學的學校卻有十所（尚不包括兼收日籍學生的師範學校及醫學專門學校）。[8] 然而，面對如此罪惡的殖民統治，個人，甚至殖民體制內的機構也是無能爲力的。新埔公學校爲了提高升學率，挽回學校名譽，只能勉爲其難地開升學補習班。學校每天補習到天黑。六年級即將畢業的吳濁流也參加了，有的前一兩年的畢業生也回來上補習班。

吳濁流的數學很好，對升學多少有些自信。臨近升學考試時，校長勸他考醫學校。但上醫學校要自費，吳濁流的父親不同意他報考，只允許他考公費的國語學校師範部。

吳濁流從新埔公學校畢業這一年，全校報考國語學校的應屆和前兩屆畢業生共二十八人‧其中報考國語部（自費）四人，其餘二十四人都是考師範部。考完後不久放榜，從新埔公學校去考師範部的二十四個人，考上的只有吳濁流一人。考國語部的四個人也只有一人考上。鄰近的關西、六家、湖口三個地方，這一年都沒有考上師範部的，四街莊合起來只有吳濁流一人考上了師範部。不過吳濁流並不感到特別得意，因爲他此

前期待的畢業成績至少在前三名之內，結果只得了第五名，他的「自大心」並沒有完全得到滿足。但能夠進入國語學校繼續求學，對一個台灣人子弟來說也是十分幸運的了。

吳濁流考上師範部，這在中學和大專學校很少、台灣人受教育程度普遍不高的當時，的確是地方和家庭的一件大事。消息傳出後，從各個地方來的賀客絡繹不絕，有人還將此事和清朝時考中秀才一般看待。本來就愛誇耀的吳濁流的父親，為此十分得意。

第三節　師範生

一九一六年四月，吳濁流進入台灣總督府國語學校師範部。

入學的前一天，吳濁流和考上國語部的同學陳君一起離開故鄉前往台北。當天住宿在大瀛館。大瀛館是台北唯一的廣東人經營的旅館，對不會講閩南話的吳濁流來說，在這裡住很方便。當晚，正在國語學校就讀的三位新埔公學校的前幾屆同學來帶吳濁流去參觀市區。這是吳濁流第一次到台北，自然對一切都感到新鮮。第二天，吳濁流和陳君自己找到學校，參加了入學典禮。

一年級新生分班，吳濁流被分在第二班。同班同學有四十三人，其中客家人十名，其餘都是閩南人，比起別的班來，吳濁流所在的班是客家人最多的。離開父母家人，處身陌生的台北，吳濁流真切地感到「客家人」的身份對他的意味：「台灣的客家人，是屬於『少數民族』，有鄉下佬的土氣，不輕易與人妥協。『我是客家人，從某某地方來的。』只要這樣一說，彼此便產生信賴感。這種感情是本能地、自然地發生的，沒有理由。我雖不願意隱藏在這樣狹小的世界觀中，卻也無法從中

自拔出來，不過，我雖懷抱著這樣的感情，卻不曾和閩南人吵過架。」[9]

　　吳濁流入讀國語學校時，正值日本占領台灣二十周年。殖民當局舉行「勸業共進會」等種種活動大肆慶祝。日本內地的皇族、名流一撥撥地來台觀光。每一撥人到達台北時，當局都要讓中等學校以上的學生到火車站去迎接，吳濁流因此有機會目睹了殖民者在台灣耀武揚威的盛大場面，同時感受著亡國奴的恥辱。北白川宮妃來台時的歡迎排場令他記憶尤其深刻。北白川宮妃的專車從基隆一到台北，歡迎禮炮便隆隆鳴放。軍樂隊打頭陣，接著是軍服燦然的陸軍將官威風凜凜地騎馬過去，全副武裝的陸軍戰士以齊整的隊伍跟隨，接下來是身著陸軍大將服的台灣總督騎馬擔任坐在二匹馬車裡的宮妃的先導。馬蹄得得地經過，學生們被迫向馬車恭恭敬敬地行最敬禮。跟在馬車後面的是戴著圈著五條金邊的帽子的警視總長、三條邊的敕任官、二條邊的高等官。最後是台灣地方有勢力的人士坐著人力車尾隨。當一個坐在車輪特別大、前後各有一名車夫的人力車上的紳士經過時，排在吳濁流身後的高年級同學噓噓地發出鄙夷之聲，有的則喊「大國民」、「辜狗」。吳濁流起初不知怎麼回事，歸來後問人，得知「大國民」的意思是：當時公學校的「唱歌」（音樂本）中有一首《大國民之歌》，歌詞的主題是「及早成為日本人」。「大國民」便轉為隱語，暗喻「御用走狗」。「辜狗」則指日軍來台時，台灣人辜顯榮主動去迎接，提供情報並引導日軍進入台北。事後獲授樟腦、鴉片、煙葉和食鹽專賣權，以及廣大的土地。人們因此將做走狗者罵為「辜狗」。

　　師範部學生食住一概官費（公費），每月還可以領到一元

五角的助學金。從師範部畢業後有做五年公學校教員的義務。
吳濁流就學時的台灣總督府國語學校是台灣的最高學府，教員
也稱為教授、助教授，薪水待遇也和大學一樣，因此師資很雄
厚。但教科書的內容很淺，比日本內地的中學課程還低。

入學不到一個月，新生第一組的的劉君突然被勒令退學，
讓吳濁流驚詫莫名。劉君被退學的原因是跳越寢室的窗戶。這
本來不算什麼事，不幸的是被日本人舍監頭兒至寶田看見了。
傳說至寶田讀高等師範時曾留過級，人雖不聰明，但很有當學
校警察的手腕。每年新生入學，他都先看照片把每個人的名字
記熟，路上碰到學生，他會突然叫一聲該生的名字，使被叫者
大吃一驚。全校六百多名學生，他幾乎都記住了每個人的相貌
和名字，以至吳濁流每次見到他時，心裡都在想：他是不是日
夜只研究這種事？至寶田還有很卑鄙的一點，就是用有色眼鏡
看人。他專挑窮人家的子弟欺負，對有勢力者或御用紳士的子
弟，則予以關照。對成功了的畢業生，他甚至會阿諛奉承。至
寶田對校長和其他地位高於他的人，極盡媚態；對同僚則很是
輕蔑。知道至寶田的厲害，學生們在路上遇見他，都恭恭敬敬
地向他行禮，而他則靜靜地瞪著人家，而不予以回禮。學生們
背後都罵至寶田是陰陽人。

吳濁流讀師範部一年級期間，學校裡還發生了另一和至寶
田有關的事件。有一天，國語學校的四五個學生在台北萬華的
新起町的舊書店裡找書看。一個學生不注意撞到了書架，架上
掉下了幾本書。書店的日本店員罵道：「清國奴！」學生們聽
了怒不可遏，要店員道歉。但店員不但不道歉，反而更蠻橫地
連罵了多聲「清國奴」。這時，經過店前的十幾個國語學校的
學生也聽到了，一齊湧進書店抗議。學生們要店員一起到學校

老師面前分清是非。店員認為學校也是日本人的天下，因此也毫不示弱地跟著學生們到了學校。

學校舍監對此事的處理是：對罵人的店員不僅不加責備，還將碰落書本的學生痛罵一頓。舍監辦公室在膳廳前面，當時正是晚飯後的時間，學生們圍在舍監室前，等著看處理結果。過不一會兒，店員得意洋洋地走出來，在學生們的面前又大聲說：「清國奴！怎麼樣？」

學生們被激怒了，立即把店員包圍起來。有人先在後面喊打，於是大家都跟著紛紛喊打。動作快的，就跑上前去對店員動了拳腳。周圍其他人受從眾心理驅使，也都跑上前去打人。驚恐萬狀的店員伺機突出重圍，從舍監室的南廊跑出，向公賣局方向死命奔逃。幾百名學生在後面追趕，有的拿拖鞋，有的拿草鞋追著打。店員逃到至寶田宿舍，見到至寶田便向他求救。至寶田對此事不知底細，只是威懾性地大喝一聲：「是誰？」學生們聽到至寶田的吼聲，霎時間作鳥獸散。

大家以為這件事就此結束了。沒想到學校進行了殘酷的處分。事件的中心人物自然首當其衝，平時不被至寶田喜歡的學生，也全部被勒令退學。這些被學校驅逐的學生，後來大部分西渡大陸，成為抗日分子。

吳濁流避過了這場騷動。因為他只是這一事件的旁觀者，而且他對此事並不像其他學生一樣衝動。他認為如果是自己當面被罵「清國奴」，大概也不能如此保持冷靜。但在別的學生興奮地輕舉妄動時，他卻超然物外。他事後這樣分析自己當時的心態：

我也不是為了明哲保身這種利己的想法才保持靜默的，只

不過茫然看著騷動而已。從這冷感症看來，我這個人，是不是完全缺乏民族精神呢？不是的。那麼，是被理智抑制著嗎？也不是的。我的自我解剖認為，那是受到一種傳統的習性所支配，輕舉妄動會有危險的無意識中有著意識預感，在支配著我的行動的吧。

　　這意識預感並非一朝一夕所成的。在過去數千年來的專制政治之下活過來的中國人，在自然中養成的。在這先天的習性上，我又在後天大大地受到錘煉。〔10〕

　　吳濁流所說的「後天的錘煉」，是指他所親眼目睹和親身感受的日本人的殘暴，以及父母尤其是祖父隱忍斂氣、息事寧人的處世方式的影響。他認為自己不參與此一「清國奴」事件，最主要的還不是出於對後果的顧慮，而是長期的專制統治使人形成的「冷感症」，這可以說是一種「強權下的特徵」。〔11〕

　　師範二年級時，日俄戰爭中的日本旗艦三笠號泊靠基隆港，吳濁流隨同學們去參觀。第一次見到軍艦的他，對艦上大炮之大十分驚異。他心中暗忖：依說明，主力炮炮口直徑十四吋，射程十哩，若三笠號從淡水港外向台北開炮，台北將成廢墟。若從舊港附近發射，新竹不用說，就是故鄉新埔也在射程之內。也就是說，台灣全島的都市都在它的射程之內。他內心不禁湧起一陣悲哀：台灣人是絕對無法抵抗日本人的了。

　　同年暑假，吳濁流回家鄉度假。派出所裡平時相熟的一個巡佐（警察）來訪。吳濁流將他當作老朋友一起聊天。言談中吳濁流把從高年級同學聽來的關於台灣有流行性感冒的話說了出來。假期結束返校後，吳濁流被台北州警務課傳訊。一個警部（刑警）審問他：你故鄉的警察送來報告，說你回到故鄉，

散布關於流行性感冒的謠言，有沒有這回事。吳濁流稍加辯解，即遭警部一連串的大聲斥罵。警部命令他在刑事室外的走廊上站了一小時，並警告他「以後要當心」，然後才放他走。吳濁流從這件事中領教了警察的可怕，且意識到輕率地信賴別人是自己性格的一大缺點。

三年級時的一個拂曉，學校一樓自修室的手工櫥突然著火。滅完火後，學校當局認為是有人縱火，把學生們緊急集合起來調查。學校的舍監、外面來的刑警，共同對學生一一訊問。調查持續了三天，並沒有找到疑犯。但有幾個學生莫名其妙地被退學，只是因為平時受到舍監的注意罷了。

吳濁流在新埔公學校時的一位高年級同學也同在國語學校就讀，只剩一個月就要畢業，因在種植畢業紀念樹時跟農業助手頂嘴，竟被命令退學。

在這樣動輒得咎的險惡環境裡，吳濁流時刻告誡自己必須處處小心。他還想起了祖父生前訓告他的張良在圯上逢老人的忍耐心的故事。他深感祖父說得有理，一個人為人處世，的確需要忍耐，能忍多大限度就堅持到多大限度。

吳濁流的日語發音不好，一年級時很擔心被留級，因此他的自信心稍稍受挫。二年級後，他起了一個怪念頭，認為自己犯不著太用功，因為不論學得如何，畢業後都是做公學校的教員，月薪都是十七元。從此他在課程學習方面只以不留級為目標。平時他常跑學校圖書館閱讀各類書籍。

台灣總督府國語學校於一九一九年，即吳濁流三年級時改名為台北師範學校。當時，第一次世界大戰剛結束，民族解放、民族自決的新思潮風起雲湧。吳濁流和同學們也受到這股新思潮的吸引，經常談論這些話題。「但是，真正地與這新思

潮發生共鳴，徹底去追求它的熱血卻稀薄。只是漫然地談談說說，一如流行性感冒罷了。這多半也因爲台灣是殖民地，而存在著更多的矛盾之故吧！」[12]

　　四年級是最後的學年，吳濁流和同學們到師範學校附屬公學校去當三個月的實習教員。也許是第一次嘗到了從學生變成老師的滋味，大家這時都有從籠中放出來的鳥兒的感覺。每天早晨朝會時，看看五六年級的女學生也是一件賞心樂事。當時的女生年齡和實際給人的感覺都比較大，到五六年級，已顯得較爲成熟了。一天的教學工作完成之後，在回師範學校的歸途中，大家便談論那些女生。當時的台灣社會還是很封閉的，年輕女性很少拋頭露面，在學校裡女學生也是寥寥無幾，因此女學生也就如天之驕女，尤其是長得姣好的女學生，理所當然地會成爲衆人注目的中心。

　　實習結束後，學校安排去日本旅行。乘船來回花去六天，實際在日本參觀十二天。第一次見識日本本土風情，使吳濁流感到很大的興味。在京都的遊覽參觀，給吳濁流留下了此行最深刻的印象：

　　在京都遊了兩天，在這裡特別感到的是日本女性的美和溫柔。和在台灣的日本女性不同，優越感一點也沒有，也沒有人種的差別觀，會叫「狸啊」[13]的出言不遜的女性也沒有。年輕的女服務生，以我們學生爲對手快活地談話。

　　「張先生是台灣的美男子吧！真是可愛極了。」

　　也有這樣說著就去撫摸第一班的張君的櫻色面頰的天真的女服務生。我所見的京都的女性都很美，她們行動的可愛、言語的高尚，使我感動至極。她們的優雅，搖盪著我這才二十歲

的稚嫩的心情。[14]

　　京都的見聞，使吳濁流覺得自己過去對日本人的看法，有一部分需要修正。

　　吳濁流和同學們在東京高砂寮住了三天時間，在台灣留學生組織的歡迎會上，有日本貴族爵位的寮長，以民主主義為題發表演說，令吳濁流大吃一驚，他想不到日本也有這樣的人士。台灣的留學生們，也輪流發表了慷慨激昂的演講，他們所談的都是吳濁流在台灣聽都沒聽過的政治和社會問題。吳濁流除了驚異之外，無法判斷他們演講的內容的好壞，只是覺得好像說得有點道理。

　　日本旅行歸來後，同學們對民主主義這一新思潮，開始熱血沸騰起來。吳濁流也到圖書館去借讀有關這方面的書。受到了民主主義思想的影響，大家竟「理論聯繫實際」，談到了畢業後待遇的不公平問題。有人提出，同樣是讀完師範，畢業後日本人就做教諭，台灣人就只能當訓導，這種差別是違反民主主義原則的。大家一致贊成他的意見，並商議發起爭取平等待遇的升格運動。然而，正當大家還在醞釀中時，當局就頒布了升格法令。根據此一法令，訓導升格為丙種教諭，日本人是甲種教諭。雖然還是沒有完全平等，但大家感到已無發起運動的必要，也就偃旗息鼓了。升格法令的出台與當時北師的校長太田秀穗的努力有關。太田秀穗同情台灣人的處境，因此贏得了學生們的尊敬。

　　除了太田校長，北師受到學生敬重的日本教師還有八沼、矢田等。八沼富於教育愛，時常勉勵學生；矢田平易近人，常和學生聊天，甚至還幫助策劃與吳濁流同班的藍君退學，以遂

藍君赴大陸留學之願。吳濁流認爲，與一般的日本殖民者不同，他們是賢能的教育家。

吳濁流畢業那年，發生了「北師事件」。起因是台北師範學校的學生因靠左走的問題與警察發生衝突。學生向警察投擲石塊，並包圍了南署長，而署長拔劍恐嚇學生，並帶領警察拘捕了四十五名學生，台北地方法院判決這些學生以不起訴處分。北師校長太田從日本出差回來得知此事，對警方大爲不滿，最後太田校長與署長同時引咎辭職。吳濁流在北師的一位同班同學把自己所寫的懷念太田校長的一篇文章寄給吳濁流，吳濁流看後大爲激動，也寫了一篇自己的感想，並將兩篇文章一起投給《台灣日日新報》，結果都被刊登了。這篇文章是吳濁流的「處女作」。

吳濁流後來回顧在國語學校（台北師範）求學四年的生活時指出，雖然由於殖民當局的教育方針，國語學校課程的內容很膚淺，但學校優秀的學生，平時都勤讀課外書。另一方面，學校有一批優秀、進步的教授，也教給了學生很多教科書以外的知識。學生因而無形中擴大了知識面，培養了自學和獨立思考的能力。國語學校人才輩出，後來成爲日本統治下台灣社會的中堅力量。

第四節　照門教書時期

一九二〇年三月，吳濁流從台北師範學校畢業，分配回故鄉的新埔公學校照門分教場（分校）任教。

照門分教場有四個班、五個年級，四、五年級是複式教學。全校學生二百多人，教師四人，主任森田是日本人。吳濁流剛到校時教一年級課程。

森田為人溫厚，對教育很熱心，然而身體很虛弱。吳濁流到任沒一個月，森田就病倒住進醫院。吳濁流代理主任職務主持分教場，並除一年級外還兼教原由森田擔任的四、五年級課程。吳濁流此前僅在師範時代做過三個月的「教生」，另外兩個教員是剛從學校畢業的十七八歲的台灣青年，大家都缺少教學經驗。但三個人凡事都商量，誠心誠意地教育學生，經常是課時完後接著加教。三個血氣方剛的年輕人甫登上服務社會的舞台，每天的工作大家不僅不感覺疲勞，反而感到很充實和愉快。吳濁流有時因輔導學生直到天黑，不得不住在森田的單身宿舍過夜。森田的書架上有很多書籍，大大地滿足了吳濁流的閱讀饑渴。到了暑假，他將森田書架上的倫理學和哲學書籍約二十本帶回家看。假期尚未結束，一天，學校的校工慌張地跑到他家，說森田的近親來到學校，通報森田死了，並要把森田的遺物拿回去。吳濁流大驚，拿著森田的書急忙趕到學校，來人已經把森田的東西打好包準備離去。吳濁流將森田的書還給他們，他們不接，表示贈給他留做紀念。森田單身從日本來台，身邊沒有親人。他很好學，準備報考中等教員修身科，因用功過度，患了肺結核，當時醫學還不是很發達，終於不治，十分可憫。

吳濁流想起森田住院後，自己忙於教學，竟沒有想到去看望他；而森田也沒有跟學校聯繫。他想一方面是由於自己尚不通人情世故；另一更大的原因，則是因為日本人和台灣人隔著一條鴻溝，是兩個不同的階層，所以雙方都缺乏交往的願望。他內心自責而又感慨：這是殖民統治扭曲了人與人之間關係的又一活生生的例子呵！

森田死後，從湖口來了一個代用教員補缺，吳濁流則正式

任分教場主任，並專教四、五年級課程。五年級生是和四年級生同時入學的，因成績好而破格升級，實際上也只讀了四年。五年級學生中，有只比吳濁流小一歲而有妻有子者。在專心教學的同時，吳濁流還熱心為活躍家鄉父老的文化生活服務。村人經常利用分教場進行文娛活動。而吳濁流在每次活動中都起著核心的作用。他除了演奏風琴，還要念教育「敕語」，一個人扮演二三個角色。那年秋天，還在分教場組織了村民參加的盛大的遊藝會和運動會，父老們都感到很興奮。

吳濁流在照門分教場任教時，正值台灣新文化運動發軔。二十世紀二〇年代興起的台灣新文化運動是在俄國革命和美國總統威爾遜民族自決原則的鼓舞下，更主要是在祖國大陸五四運動的影響下興起的。一九二〇年一月十一日，林獻堂、蔡惠如等一批台灣留學生在東京成立了「新民會」。「新民會」的成立標誌著轟轟烈烈的台灣新文化運動的開始。

一九二〇年七月十六日，「新民會」仿照大陸的《新青年》雜誌創辦的機關刊物《台灣青年》開始出版發行。總編輯林呈祿以筆名「慈舟」發表〈敬告吾鄉青年〉一文，說：「當此世界革新之運，人權運動發達之秋，凡我島之有心青年，極宜抖擻精神，奮然猛省，專心毅力，考究文明之學識，急起直追，造就社會之良材！」創刊號的卷頭辭中有這樣的話：

　　是空前而且可能是絕後的世界大戰亂，已經成為過去的歷史了。幾千萬的生靈，為了戰亂而流血，為了戰亂而為枯骨，何等慘絕！人類的不幸，還有比這種不幸來得更大嗎？
　　從這種絕大的不幸當中，能得保全性命的全人類，業已由既往的惰眠覺醒了。覺醒了討厭黑暗，追慕光明，覺醒了反抗

橫暴，服從正義；覺醒了擯除利己的、排他的、獨尊的野蠻生活，企圖共存的，犧牲的文化運動。你看！國際聯盟的成立，民族自決的尊重，男女同權的實現，勞資協調的運動等，沒有一項不是大覺醒所賜與的結果。台灣的青年呀！高砂島的健兒呀，還可以不奮起嗎？不理解這大運動的真義，不跟這大運動共鳴的人，這種人的做人的價值，簡直等於零……[15]

一九二○年十月，台灣留學生二百多人在東京舉行了撤廢「六三法」示威集會。「六三法」是指一八九六年日本政府公布第六十三號法律，該法賦予台灣總督委任立法權，使台灣總督集立法、司法、行政三權於一身，成為台灣一切惡法的來源。在撤廢「六三法」的鬥爭中，「新民會」創會幹部林呈祿提出以「台灣議會設置請願運動」取代撤廢「六三法」運動。此一運動一直持續了十五年。

《台灣青年》雜誌也寄到了吳濁流所在的照門分教場來，使身處僻陋鄉下的他得以瞭解時代的進步。《台灣青年》的不少文章引起了他的共鳴。他意識到了「六三法」對台灣人民的壓制，對台灣人所受到的不平等待遇有了更深刻的認識。他也愛讀鼓吹自由平等的《改造》雜誌，內心燃起對自由平等的熱烈追求。

然而，在偏僻的照門分教場，受過中等教育的只有吳濁流一人，其他教師只讀過公學校，根本沒有可以談心的朋友，在思想上他是孤寂的。吳濁流只好向書籍尋求出路，他除了閱讀森田留下的書，還買了一些哲學和理論書籍，埋頭鑽研了一陣。然而，書讀得越多，煩惱也越多。人生的種種疑問和苦悶，一時間都向他湧來了。老莊哲學的懷疑主義和避世思想，

這時更得到他的認同。

　　吳濁流任教的翌年四月，照門分教場升格爲公學校，當局派日本人中村生臣來做校長。學校增設了六年級，五、六年級是複式教學，因此全校是六個年級五個班。吳濁流教五、六年級。他將心力傾注於爲家鄉培養人才上，所教的班級成績很優秀。這年的第二個學期，他所擔任的六年級的級長被選爲郡（區）的日語比賽代表；在全郡十六個學校六年級生的考試比賽中，規模最小的照門公學校獲得日語第一名、算術第三名。此後，他的一位學生在新竹郡主辦的國語演習會上獨占鰲頭；一位女生考上了第三高女。當時，台灣全島只有一所女學校（女中），因此要考取並不容易。

　　正當吳濁流一心撲在鄉間教育上的時候，以蔣渭水、林獻堂爲中心的台灣文化協會於一九二一年十月在台北成立。蔣渭水說，台灣文化協會成立的目的，是「謀台灣文化之向上」，「切磋道德之眞髓。圖教育之振興，獎勵體育、涵養藝術趣味」。[16] 實際上，台灣文化協會是以知識分子爲主體的反日民族陣線。文化協會發行《台灣民報》，設置讀報所，舉辦講習會，開辦夏季學校，進行巡迴講演，放映電影，開設書局，演出戲劇等。文化協會具有強烈的祖國色彩，其領導人蔣渭水即十分崇拜孫中山。許多文化協會的會員及其同路人，不但從事日人所禁忌的延續中國文化的工作，甚至在對大衆演講時，亦提及令日本殖民當局難以容忍的「漢族」、「中國」、「祖國」等詞。故台灣總督府批判台灣文化協會「懷慕中國之情甚高，與中國人日益親善，期待國權回復」。[17] 文化協會發起的啓蒙運動席捲台灣全島，會員後來達到一千三百二十人。

　　爲了阻止台灣文化協會的運動波及到鄉村，日本當局採取

對策，籠絡鄉村知識分子。新埔鎮成立了青葉會，由新埔分室
（警察分局）的主任和公學校校長擔任顧問，中等學校畢業的
及公學校教員中的本島人都是會員。吳濁流和所在學校的其他
四名教員也入了會。青葉會每月開兩次座談會，討論各種問
題。由於吳濁流每次在座談會上都發表讓「穩健分子」膽寒的
意見，所以青葉會將入會規則修改爲以新埔街爲單位，原來的
分教場的教員全部被排除在外。吳濁流思想又變得落寞了，空
閒時除了讀書沒有別的事情。

　　吳濁流沒有加入正在全島知識分子中掀起熱潮的台灣文化
協會，除了因爲身居僻遠鄉下，也因爲從小受祖父教育所形成
的怯懦性格和老莊哲學清靜無爲思想的影響，使這個時期的他
更多地仍是採取一切順其自然的消極的爲人處世方式。而且，
儘管他內心也渴望自由平等，但對實現這一目標的途徑，他的
想法實際上也是頗爲「穩健」的。他主張通過訴諸理性，促使
日本當局反省；同時日本的知識分子基於人道主義，應予以台
灣人自由與平等。他僅是幼稚地從倫理道德和人道主義觀念出
發來思考台灣的問題，尚未認識到日本軍國主義、殖民主義的
本性。他認爲對日本人進行抵抗就會喪命，並對此一後果「禁
不住顫慄」。喚起民衆的自覺，共同一致對抗日本人——當時
的吳濁流並未臻此思想境界。

　　暑假，新埔公學校召開同學會，知識分子利用這個機會就
民主主義等問題高談闊論。吳濁流也上台發表見解。他沒想
到，隨隨便便的一次發言，竟引來了女學生的愛慕。四五天
後，吳濁流在上街途中，碰到兩三個女生。其中一位高年級的
女生向他行了個禮，交給他一封信，然後垂下頭逃跑似地溜
了。這突如其來的舉動，令吳濁流口瞪口呆，一直到女生離

去，他還沒有反應過來。女生給他的是一封情書，歸來後吳濁流心怦怦跳著看了一遍又一遍。當時的台灣社會，男女不能自由交往，在劇場裡，男女的座位是分開的。生在男人和女人秘密交談就被視為通姦的時代，吳濁流在男女問題上是很戒懼和保守的。這位女生的大膽示愛讓他激動，更讓他害怕。他給對方回了一封信，但當女生再給他來信時，他已沒有勇氣再寫信了。他之所以不敢接受女生的愛情，是因為他當時認為，戀愛是和結婚連在一起的，戀愛了就有結婚的義務，然而對方還是學生，什麼時候能結婚還不可知。有了這樣的顧慮，所以就很畏縮。

　　一九二二年三月底，吳濁流突然接到通知，調往四湖公學校任教。四湖在什麼地方？吳濁流自己、學校的同事和村裡受過教育的人都不知道。經再三查詢，原來在苗栗郡交通最不便的地方。四湖和大溪郡的八結、大湖郡的獅潭，同為新竹州三大貶謫之地。吳濁流一直自視是個優秀教員，如今不知何故竟遭左遷，他百思不得其解。過後，他打聽到了大概的內情。原來，是去年新竹州教育課徵集論文，自己應徵的那篇論文〈論學校教育與自治〉，被殖民當局認為觀念過激。警察自此開始監視他，並趁他不在家時，進入他的書房，從他不明底細的父親手裡「借」走了《台灣青年》和《改造》雜誌，雖然兩三天後還回來了，但或許已經作為向上報告的材料。在殖民當局的眼裡，他是一個不折不扣的「劣等教員」，貶謫，也就是不可避免的了。而可憐的他一直毫無察覺。

　　吳濁流的那篇論文到底寫了什麼，竟成為招災惹禍的根由？吳濁流只記得以下這麼一段：

聯隊長在有一天早晨，因故和太太吵嘴起來。懷著一肚子氣上班去。毫無理由地把大隊長罵了一頓。無緣無故挨了罵的大隊長，一氣而罵了中隊長。中隊長斥責小隊長，小隊長斥責伍長，伍長罵一等兵，一等兵罵二等兵。沒有人可遷怒的二等兵就打了馬。同樣的，視學（督學）或其他的長官，來到學校，只參觀了一個小時或兩小時，就嚴厲地指摘，訓示一頓，這自然是會影響到無辜的兒童，從自由教育的立場看來，甚為不當。[18]

吳濁流做夢也沒有想到，這樣的文字也會被視為「過激」，招來警察的監視，使自己的前途變得黯淡。

第五節　在貶謫地

四湖，即今苗栗縣西湖鄉。四湖地名的由來，是因為自哪叭溪（今名西湖溪）曲流形成的沿岸河谷平原特多，於是從下游至上游依次命名為頭湖、二湖、三湖、四湖和五湖。四湖，意即第四個盆地。

一九二二年四月十四日，吳濁流動身前往四湖公學校。行前母親花一個多星期時間為他做了蚊帳和被子。他不知道文官服務規定中有接到調令必須五日內赴任這一條，所以在家悠哉游哉地過了十來天。直到四湖公學校的校長打電話來問他到底去不去就職，他這才覺得不妙，慌忙收拾行李上路。

吳濁流只在公學校六年級畢業旅行時在火車上匆匆瀏覽過一次苗栗的景色，四湖在什麼地方他則一無所知。行前他打聽到，先乘火車到銅鑼丫下車，然後搭製糖會社的台車即能到達。然而他在銅鑼火車站下車後，卻沒有看到像台車站那樣的

地方。問火車站的職員四湖公學校在何處，沒人能答得上來。他又到派出所問，才得知四湖公學校在鴨母坑，原來叫鴨母坑公學校，後改為今名。因交通不便，一般是從苗栗徒步翻山兩個小時可到達。一年前還可以搭乘製糖會社的台車，如今由於糖業不景氣，台車已經暫時停駛了。吳濁流隨身帶著大件行李，想在車站上找個苦力幫他挑東西。無奈四湖實在太遠，且路途艱難，沒人願意跟他去。派出所值班的台灣警察給他出了主意，讓他找製糖會社的駐在員想辦法。他於是找到車站附近的製糖會社駐在所請求幫助，駐在所的日人主任樂意幫忙，表示找輛台車送他去。然而找不到推車的人。日人主任費了一番周折，給他找到了一個不曾推過台車的苦力。在生鏽了的鐵軌上由一個生手推車，恐怕有危險。然而捨此別無他法，吳濁流只好聽天由命地上路了。

台車在因久已停用而鏽蝕厲害的鐵軌上緩緩滾動，澀重的聲音打破周圍的寂靜。台車時而經過山麓，時而穿越田野，時而順著溪谷……開始吳濁流還因沿途景色的變化而有些興奮，但最終神經還是抵抗不住台車隆隆的聲響，他轉而焦躁不安起來。不知經過了多長時間，台車到達了四湖的店仔街。車尚未進站，他就望見了一大群人在站台上列隊等候。原來是製糖會社的主任打電話告訴了學校，學校便組織師生到車站迎接他。

店仔街名副其實，只有幾間店仔，看去有點街的樣子。學校在街的後面。教室是木結構，只是後頭還有一間茅頂的臨時教室，顯得簡陋不堪。學校有六個年級，學生三百二十餘名，包括吳濁流在內教師六人，校長和教導主任是日本人，其餘是台灣人。吳濁流在這裡又恢復了自炊的生活。店仔街沒有米店，也沒有麵店，托校工到苗栗買，來回得要一天，種種不便

可想而知。在此艱苦落後之地，吳濁流比在照門公學校時期更加孤獨。他時常陷入沉思，內心翻騰著對個人遭遇和對台灣人所受到的政治壓迫和歧視的憤怒。然而，在天高地遠，生活缺少刺激的四湖，他只能一個人默默地忍受寂寞。不過，每日和天真爛漫的學生在一起，倒也減少了一些內心的壓抑。

苦悶中的吳濁流，也曾有過留學日本的念頭，但他又想，大學畢業後，回台灣求職也不容易，因此作罷。他覺得還是老莊的自然無為哲學較適合自己，學學祖父詩酒人生也不壞。正當他逐漸安定下來之時，時代的新思潮又一次向他湧來。

學校每學期都要給學生做一次體檢。負責體檢的校醫羅阿謹每次從遙遠的通霄趕來。羅阿謹是台灣文化協會的會員，體檢完後，他都特意到吳濁流的宿舍聊天。羅阿謹向他強調了文化協會開展的文化運動的必要性。羅阿謹雖沒有強求他加入文化協會，但在羅阿謹每次離去後，吳濁流都要作一番思索。

吳濁流也認為的確有進行這場文化運動的必要。然而，他不能貿然加入台灣文化協會。因為要從事文化運動，沒有一定的犧牲精神是不可能成功的；做一個「速成的文化運動員」，並沒有什麼用處；做一個鄉間的「文化仙」，也左右不了大局。他審視自己不是能夠站在陣前號令人的料子，也沒有這種實力。像自己這樣一條腸子通到底的直性子，是當不了政治家的。而做一個政治家，需要有大的度量和透視未來的能力，有時，還要和對手妥協。吳濁流覺得像自己這樣憨實而不懂狡猾的人，只有上人當的份兒。如果是自己一個人，受了騙也無所謂，但如果事關團體，就會使大家罹禍。如此一想，燃燒起來的熱情，也就像被澆上了冷水一樣消失了。愈是冷靜下來，他愈是看清了自己的面目。他清楚自己除了教育領域，對其它都

是外行。當前台灣面臨的最大的問題是政治、經濟和教育問題。政治上需要自由平等，廢除日台差別，但如何達到此一目標，他並沒有這種智慧。經濟上，必須保護和發展台灣民族工商業，但於此他也毫無知識。他只能在教育台灣子弟這一方面找到著力點。而參加文化協會，致力於文化運動，使台灣人的要求明確化，固然不錯，但具體到自己，要把辛辛苦苦所受的師範教育和自己的理想放棄，奔向陌生的政治，這是值得三思的。像四湖這種交通不便的地方，師範畢業生都不願意來。在他之前，已有四位師範畢業生到此服務過，但頂多服務一年即離去。他認為，自己在這裡堅持下去，專心致志於教育事業，更有意義。

台灣文化協會發起的文化運動畢竟對殖民當局造成了一定的壓力，促使當局出台了一些措施。在四湖，以學校、警察、保甲聯合會為主體，設立了國語講習會，開展了成人教育。所謂教育，也就是教日本話而已，這自然是為了同化台灣人民、鞏固殖民統治的需要。講習會在晚上進行，借用學校的教室，講師主要也是學校的教員。村裡的青年男女吃過晚飯後便聚集到學校來聽課。吳濁流每晚也義務講課兩個小時。因講習會的緣故，吳濁流和村裡來聽課的一些姑娘認識了，課前課後常在一起聊天，感覺很愉快，一些煩惱暫時被忘掉了。

一個周末的晚上，講習課結束後，吳濁流和同事謝君要到苗栗玩。開頭有不少來上夜課的學生同行，走了一段後學生漸少，最後只剩下從雷公崁來的三個姑娘與他們同路。一行五人徒步爬上長長的坡到達山頂時，已是疲憊不堪。大家便在山頂上找地方坐下休息。吳濁流累得很想睡去，為了給他驅除睡魔，姑娘們唱起了山歌。正是十五之夜，圓月當空，華光滿

地。姑娘們唱的都是情歌，宛轉曼妙的歌聲使吳濁流深深陶醉。休息過後，他們順著崎嶇的山路繼續前行。大家時而聊天，時而唱歌，不知什麼時候，竟然互相抱著肩膀。最後走累了的吳濁流，就靠在了姑娘們的肩上。當時吳濁流才二十二三歲，同事謝君比他小一歲，姑娘們也是二十上下，正是美麗的青春勃發怒放之時。而且深夜的山上沒有遇見人的顧慮，所以大家的心態都放鬆了。當時的台灣社會，尚有「男女七歲不同席」的遺風，如果被別人看見他們現在這種親昵的樣子，肯定會引起軒然大波。到了該分手的路口，大家仍然依依不捨地唱歌。姑娘們還是唱山歌，吳濁流和謝君唱《喀秋莎》和《金色夜叉》等當時的流行歌曲。和姑娘們告別後，吳濁流到謝君家休息，已是雞鳴時分。這是吳濁流在四湖任教期間「最富有浪漫的一個插曲」。

但在四湖教書的大部分的日子並不是那麼詩意浪漫的。一天，吳濁流出席「研究教授」（觀摩教學）批評會。會上，吳濁流對他的一位師範同學在基隆公學校進行的地理教學的方法提出批評。他的這位同學對他的批評並無異議，然而銅鑼公學校的日本教員山下不同意吳濁流的意見，兩人發生爭論。山下明顯占下風時，別的日本教員為他助威，吳濁流一個人與他們展開了論戰。銅鑼公學校的校長鶴田也加入了爭論。吳濁流不因對方是校長而退縮，依然堅持己見侃侃而談。鶴田被激怒了，拍起了桌子。吳濁流則說真理無論怎樣都是真理，自己的主張不會更改。

會後回到學校的第三天，校長找到吳濁流，通知他第二學期本校要主辦郡研究教授會，由他擔任主講。吳濁流知道此事因何而起，但也沒有異議。他根據自己的主張下功夫訓練學

生。研究會舉行時，學生的表現很好，那些日本教員挑不出吳濁流教學方法的毛病，所以無話可說。

吳濁流雖然抱著獻身教育的理想，但在這種殖民統治所造成的日台對立的氣氛中，他感到極為壓抑。他偶爾也想，或許總有一天自己會辭去教職，回到故鄉，娶個村姑，過晴耕雨讀的生活，不再為世事煩心。他竟對那些來上夜課的女生即村姑們生出些許羨慕，因為她們只懂得幹活，不會有這麼多思想的苦悶。日本殖民主義怎樣榨取，日本人如何跋扈，她們因為不懂，也就不會氣憤。如果當面被罵「清國奴」，她們因為不知其含意也就不會有被侮辱的感覺。殖民地的人，無知也許是幸福的。像自己這樣，有「半桶水」的學問，反而種下了煩惱，常常產生不平不滿。

然而，當他從幻想中抬頭四顧，台灣農村的貧困景況使他不敢再想入非非。一個星期天，他去拜訪一個兩天沒來上課了的學生的家。學生原來患了瘧疾躺倒床上。告辭的時候，學生的父母極力挽留他吃午飯。飯端上來了，吳濁流看到盛得滿滿的碗裡米粒歷歷可數，幾乎全是番薯籤。番薯籤又黑又硬，難以下咽，勉強吞下，仍有在喉的感覺。又一個雨天，他上門去勸一個缺課的學生來上學，下坡的地段還好，上坡時鞋子滑得無法上去，只好脫鞋，用四肢往上爬。又如同事謝君的家，就在山腰上，每天喝水要到山谷底下去挑上來。嚴酷的現實使他再一次認識到，台灣農民的生存環境是多麼惡劣。

在四湖的第二個學期，吳濁流被選送參加為期三個月的訓導講習會，結業後，便可從丙種訓導升為乙種訓導。講習地點是他的母校台北師範學校。講師大半是自己以前的老師，也有兩三個生面孔。其中新來的日本教師本山是東京帝大畢業，言

行頗使吳濁流感興趣。本山說話率直大膽，他在課堂上說：在台灣，一個鄉村文化人是不容易過日子的。我是為了恩俸而來的，並不是來播植日本文化的。在這裡忍耐七年便可領到恩俸，台灣對日本人來說的確是值得感謝的地方。本山的這些話使吳濁流很驚異，他想，像本山這樣畢業於東京帝大的人，也把現實當第一理想，自己這樣「半桶水」的人，卻時常遠離現實來想東想西，實在是錯誤。他繼而下定決心：

　　被安置在叫殖民地的命運之星下，還想和日本人對抗的想法，無論怎樣想，都只是會招來不幸吧。倒不如乖乖地幹十五年教員，便可得到恩俸。領到恩俸，經濟上沒有憂慮之後，再來想別的事似乎也不遲。當然，政治運動是大為必要的，同樣的，教育也是馬虎不得的。考慮的結果，我終於決定做一個教育家。有了決心之後，怎樣偏僻的地方，也都無所謂了。用教育來提高台灣人的教育水準吧！總有一天，受教者中會出現偉大的政治家吧。做一個幕後的無名英雄，獻出自己的力量，也是必要的。[19]

第六節　包辦的婚姻

　　在到台北參加訓導講習會之前，一天，吳濁流忽然接到一封女性字跡的來信，他霎時激動得心跳起來。拆開一看，原來是兩年前給他寫過情書的那位女學生。此時她已畢業當了教師。她在信裡問候他並介紹了她的近況。吳濁流立即寫了回信寄出。從此兩人又有了書信來往。兩人的書信並不是像如今的情書，所寫的都是「至為正經的」的內容。即便如此，她的信也給孤寂的吳濁流帶來很大的安慰。有時候，他等她的回信，

幾乎到了迫不及待的程度。

　　然而，吳濁流並無跟這位女教師結婚的念頭。他當時還存有或許有朝一日回鄉務農的念頭。他認為，如果是做官，便應娶適合身份的妻子；如果是農夫，則娶鄉下姑娘為好。而像自己這樣的性格，要長久在日本人手下做事是不容易的，自己早晚要離開教育界。退職之後，自己是要回家鄉務農的，而娶女教師這樣脆弱的女人是不行的。自己的家是有二十七八口人的大家庭，吃的蔬菜要靠女人種，一日三餐輪流做。除了煮飯，還要餵豬，有時還得下田挖甘薯。不是相當健康強壯的女人，是承擔不了這種重負的。由於抱著這種消極想法，吳濁流在台北參加為期三個月的訓導講習會期間，沒有把地址告訴女教師，因此兩人的書信來往再次中斷。

　　利用訓導講習會的休假，吳濁流回家探親。父親一見到他就說已給他找好了對象，而且很理想。他要吳濁流跟他一起到鄉村去看那個姑娘。吳濁流雖覺突然，但也找不出反對的理由，只好跟著父親到了姑娘所在的村子。在媒人的安排下，姑娘在吳濁流面前十公尺的地方緩緩走過，有些不知所措的吳濁流僅瞥了姑娘一眼而已。姑娘長得如何，他並沒看清楚，因此也說不出有何想法。

　　看過姑娘後，父親不再徵求吳濁流的意見，自己與媒人和姑娘家人進行交涉。寒假，吳濁流又回家時，父親要他立刻正式相親，並且說已把相親的日子定下來了。吳濁流縱有不願，事情到了這一步，父親的主張、對方的面子非得考慮不可；加上那個姑娘的人緣很好，親戚朋友都慫恿他答應這門親事，尤其是吳濁流的堂姊就住在姑娘家附近，堂姊的女兒就與她是同學，堂姊對那個姑娘也是大為讚賞。吳濁流無奈了，只好聽從

父母和大家的意見，決定先相親再說。

當時，在吳濁流故鄉這個地方，正式的相親差不多就是訂婚。相過親之後，除非有特別的事情發生，否則沒有理由不成親。吳濁流明知有這種習俗，卻還去相親，是因為他「似乎有所主張，其實又像沒有主張」。而以前曾有過的娶一個強壯的女人做妻子的念頭，到了真正面對這一問題的時候，他又不加考慮了。也許這與他在訓導講習會期間剛下定決心一生獻身教育事業有關。

相親那天，吳濁流和父親、母親、兩個哥哥和姐姐一行六人一起到姑娘家去。姑娘在媒人的陪伴下，依長幼尊卑順序敬茶敬煙，照慣例做了三次。姑娘最後到吳濁流跟前給他敬茶煙時，一直低著的頭抬了起來，張大雙眼凝視他。吳濁流此刻才看清了姑娘的長相。他看到的是一雙非常純淨、明亮的眼睛，卵型的面孔，白皙的膚色，中等的身材。

姑娘敬完茶煙後，吳濁流的父親招呼大家到另一個房間商議。父親大表贊成，母親也沒有意見，兩個哥哥和姐姐也都說姑娘長得非常漂亮，適合做「先生娘」（教師夫人），吳濁流自己則沒有分明的主張，只有聽憑大家的意思。在回家的路上，吳濁流想起了曾通信的女教師，覺得今天這個姑娘比她要漂亮些。他還記起了嫂嫂給他介紹過的一個姑娘，當時那個姑娘和嫂嫂一邊走著一邊說笑，他覺得那個姑娘的嘴巴特別大，因而不喜歡。他想，看來自己的婚事就這樣定了。

吳濁流從訓導講習會回校的第二年，又被從四湖公學校調到五湖分教場。這一次調動也是讓他莫名其妙。過後他才知道，原來是貌似溫和的日人校長對他心存芥蒂。吳濁流已經逐漸適應了在日本人的統治下受到擺布的命運，因此不再有太大

的怒火。而且，五湖分教場比四湖的本校更閒散，所有的同事包括主任都是台灣人，互相之間不必有所顧忌，所以日子過得比較逍遙自在。只是寂寞依舊，下了課教師們就回家，主任去釣魚，連一個聊天的人都沒有。第一學期一結束，吳濁流就回家鄉度暑假。

回到家的第二天，他偶然在街上又碰到曾跟他通信的那位女教師。由於是在街上，她沒說一句話，只是交給他一件好像早就準備好的東西，然後迅速地離開。吳濁流回家打開一看，裡面有一封信和一件絲織品。信上說恭喜您快要結婚了，絲織品是專門為了恭賀而親手織的。這是一隻懷錶袋和印章袋。散發著光澤的絲織品上還繡著漂亮的英文字母。

吳濁流很想在婚前和女教師再見一面，好好地談一下，然而又顧忌重重，連約她見面的信都不敢寫，更沒有勇氣跑上門去找她。

不只對女教師是如此，對自己的未婚妻，吳濁流也是拘泥於舊習慣，沒有膽量去見她。其實在當時，受過現代知識熏陶的人，打破舊傳統，婚前就找未婚妻約會的並非沒有。但他總怕別人說三道四，始終走不出這一步。

在這個暑假期間，吳濁流的同學鍾壬壽從南部來看他。當天天氣很熱，他到新埔鎮上去接，並領著客人看了看本地的名勝古蹟，在參觀學校時，兩人還打了一場網球。第二天，吳濁流即發燒病倒了。這一病就是四十天，吃了很多藥，高燒仍然不退，有幾天還相當危險。一次他在床上迷迷糊糊地聽到大哥二哥在悄悄交談：「不知能不能挨過今晚？」

吳濁流聽了這話，以為自己要死了，但也不覺得悲哀。腦子裡掠過未婚妻和通過信的女教師的影子，但也是一瞬間而

已。只是覺得胸口很悶，呼吸困難。

　　所幸高燒最終還是退了。吳濁流能下病床時，暑假已經過去。他拖著虛弱的身子回到了學校。

　　父母擔心大病初愈的吳濁流遠離家鄉和親人，自己不會照顧自己，於是不等他完全恢復健康，選中九月二十日這一吉日，為吳濁流完婚。時值一九二四年，吳濁流二十四歲，妻林先妹十九歲。

　　完了婚，吳濁流攜妻回到學校。妻子林先妹只讀過四年小學。雖是農家女，卻不怎麼做田事，只在家裡做女紅，皮膚很白，手指纖巧。這樣弱如細柳的妻，莫說農田粗活，就是做大家庭的飯都難以勝任。婚後的吳濁流繼續服務教育界的決心更加堅定，因為娶了這樣的妻子，改行經商或務農這種退路算是斷絕了。

　　「思來想去，我對人生最重要的婚姻，也忘了原有的主張，一切聽憑命運。這也是我的軟弱的性格的弱點之一吧！」[20] 不過，吳濁流對與林先妹結婚，也有積極的感受：「陌生人與陌生人結婚，也有一點趣味可言，大家都不熟識，都很客氣，很有禮貌，凡事互相商量，不敢生氣，不敢粗魯，真正『相敬如賓』。」[21]

第七節　辭職抗議

　　婚後沒多久，吳濁流即碰到一件令他很憤怒的事情。

　　寒假來臨，他帶妻子回鄉，路過新竹市時，倆人在一家日本人開的照相館照了結婚紀念照。當時，鄉下沒有照相館，所以結婚時他們沒辦法照相。

　　過完寒假，他和妻子返回學校，途中順便去取照片。吳濁

流在櫃檯前將照片仔細看了一遍，看到照片上有皺紋似的痕跡，不禁自言自語：「並不怎麼好。」

付了錢，走出照相館，他聽到裡面老闆問其女兒說：「那清國奴，剛才說了什麼？」

一股熱血直往吳濁流的頭上湧。他勃然變色，握緊拳頭，想轉身回照相館。妻子被他的表情嚇壞了，拉著他的袖子，柔聲說：「車子要開了，不快去會趕不上的。」

吳濁流忍下了這口氣。但上火車後，還是愈想愈氣。他一次又一次地自責：為何不勇敢地回去理論。不理解丈夫心情的妻子把照片拿出來欣賞，說：「我的臉照得還好呢！」說完把照片遞給吳濁流看。正在氣頭上的吳濁流把照片拿過來一把撕掉了。妻子嚇壞了，把剩下的兩張照片緊抱在胸口，然後偎在他的身上哭泣起來。

吳濁流覺得對不起妻子。他想，不懂「清國奴」意思的妻，是不會感到侮辱的吧。這是在日本殖民統治之下，無知日子反而好過的又一個例子。民主、民族自決、「六三法」問題，再次在他心中起伏。想專心於教育的決心又動搖了。隨即他又想到台灣人反抗日本殖民者的北埔事件、苗栗事件、西來庵事件，最後都以失敗告終。抵抗只有破滅。而且現在自己不是一個人了，沒有生活能力、只知依賴丈夫的妻，自己是不能丟下她去冒險的。想到這裡，他的心境略為平靜了一些。

正當吳濁流的生活穩定下來時，一天他忽然又發起燒來，而且咳嗽不停，胸口劇痛。醫生診斷說是急性肺炎。當時沒有肺炎的特效藥，患此病者十之八九會死。西醫給他在胸口疼痛處塗上消炎鎮痛的塗劑，然而一點不起作用。眼看死神就要光顧，分教場的主任急忙寫信告知他父親。父親立刻趕來，給他

服下「白虎湯」和「大八寶散」。這兩種藥奏效了，一夜之間退了燒，疼痛也消失了。父親告訴他，「白虎湯」是烈藥，如果無效，那就完蛋了。

吳濁流在燒退後，坐轎回到故鄉靜養。一個月過去，身體尚未完全恢復，但不能請假太久，他又攜妻子返回學校。

學校在四月間又增加了一班，變成有六個班級的分教場。代用教員辭去一個，來了兩位訓導，其中一位是師範學校畢業的女教師邱蘭妹。邱蘭妹年輕漂亮，常到吳濁流借住的保甲事務所值班室的宿舍來聊天，因此與吳濁流的妻子很要好。有時太晚了就住在吳濁流家。由於房子太小，只有一張床，三個人就像兄妹一樣睡在同一帳子裡。閒暇時，吳濁流就帶著兩個年輕美麗的女人，到野外去摘龍眼或番石榴。村中的青年有時碰到他們，都為兩個女人的美貌而驚呆。這一段時期是吳濁流一生中最幸福快樂的時光。

然而，這樣美好的日子並未能維持多久。第二年（一九二六年）十月，吳濁流被調回四湖本校。這是由於他曾在新竹州主辦的教育研究會上發表了題為「對會話教授的研究」的演講，引起剛到任不久的校長穎川的注意。恰在這時，四湖本校的本島教師之間鬧糾紛，穎川寄希望於他；而且四湖的父老也積極運動他回本校任教。

吳濁流於是從五湖分教場回到四湖本校擔任教員主席。經他調解，本島教師之間的積怨得以消解。在早稻田讀過兩年書的穎川學養較為深厚，與吳濁流很談得來。兩人也有私人來往，穎川有好多事都和他商量。然而，畢竟穎川是日本人，吳濁流與他的關係也有一些複雜的因素。

一次，穎川的獨子忽然發燒，穎川來找吳濁流商量對策。

吳濁流想來想去，認爲在鄉下旣然沒有西醫，就只有採取中醫的辦法。他建議讓小孩試服犀角，穎川採納了。小孩的燒當天即退了。但次日溫度又升上來了。穎川太太問吳濁流是不是因服了犀角才再發燒。吳濁流目瞪口呆，一時不知如何回答。他想，原以爲與他們一家感情很融洽，誰料番仔到底是番仔，跟我們還是不同的。如果是本島人，絕不會有懷疑服了犀角會發燒的傻瓜。這正是民族與民族間的距離。儘管彼此有一二年的交情，但在這種殖民體制下，畢竟無法完全溝通和瞭解。他突然又想到萬一穎川的孩子病情惡化，可就糟糕了，於是動員他們趕緊送小孩去住院。穎川的小孩住進了苗栗的醫院後，化解了勸服犀角的責任，吳濁流才鬆了一口氣。經過這件事之後，他再也不對與日本人的關係抱天眞的想法了。

不過，穎川調走後，吳濁流又見識了一位不同類型的日人校長。新校長思田束年是國語學校甲科出身，由獅潭調過來。獅潭是新竹州交通最不便、鄰近台灣少數民族的地方。因此，這位思田束年也是一個被左遷的人。思田性格很怪，一張長臉上滿是絡腮鬍子，因而得了「天智天皇」的綽號。思田對當局的決定總是唱反調。如當局強調的農業教育，他認爲沒有必要特別重視，學則上不予記載。對當局號召的社會教育（即所謂國語講習會），他認爲這是莊役場（鄉公所）的事，不應以學校爲中心。他也不理會村中父老辦補習教育的要求。因此當局和老百姓對他的評價都不好。他到任不久，看到村民把校園當大路來走，立即叫人用帶刺的鐵絲網圍起來，因此有不知情者晚上走路碰到受了傷。憤怒的村中靑年在夜裡把鐵絲網剪掉了。改用竹籬笆，村裡的靑年又將籬笆砍倒。思田被激怒報警，三個靑年被警察逮去處罰。他最後改建城垣似的土牆，阻

絕了村民的通行，因而與村民的關係也就徹底搞僵了。吳濁流覺得，從教育的立場來看，思田這樣做並非不對，只是做法過於生硬，與地方上的百姓完全形成對立，對學生也不是什麼好事。而從個性來說，此人特立獨行，卻是非常有味的男人。沒有日本人的優越感，沒有上司的架子，在吳濁流的面前也毫不客氣地說日本人的不好，攻擊當局偏重農業教育的不當。他沒有名譽欲、成功欲，得空便研究地質學，連校長會議都常讓吳濁流代理出席。以後吳濁流與他雙雙離開四湖公學校後，吳濁流還曾好幾次走訪他，幾乎每回都與他聊天聊到天亮。這是吳濁流長達二十年的教師生涯中與他最投契的一位校長。

　　四湖在清朝時是文化區，單是一個劉氏家族就出過四個秀才。由於濃郁的中國傳統文化的薰陶，這裡的舊讀書人很多。吳濁流讀師範時，與南社社長趙雲石的兒子趙雅佑是同學，趙雅佑在校時經常翻詩韻作詩，一有得意之句就念給吳濁流聽，而且鼓動吳濁流也作詩。在他的幫助下，吳濁流學會了作漢詩（即中國舊體詩）。雖然當時吳濁流對漢詩仍然處於淺嘗階段，但這已足使他在四湖被這些舊讀書人另眼相待。一九二七年，苗栗的詩社——「栗社」成立，初創時有一百四十多名社員。[22] 吳濁流與四湖的一些舊讀書人也入了社。栗社每月出詩題讓社員做，之後評定名次。詩題之外還有擊缽吟。第一次擊缽吟大會出席者有一百四十多人，出題「新荷」，限作七絕，左右將選十名。吳濁流作的詩的後兩句是：「最羨兩枝齊出水，一含一吐孰鮮妍。」他的詩被左右詞宗看中，名列前茅，而同去的四湖的社員均落選。自此他就對做漢詩熱衷起來。是年秋，栗社又在苗栗召開全島詩人擊缽吟大會，有三百多人與會，出題是七絕「新涼」。這次吳濁流又奪得右元。接

連獲選，吳濁流對做漢詩更是興致勃勃，有七八年的時間耽於此道，以後也沒放棄。漢詩成爲吳濁流文學創作的一個重要方面。

日據時代的台灣詩社是一個複雜的現象。日據時期，台灣的詩社有近三百個之多。[23] 這些詩社的詩人所作的都是中國舊體詩，在當時的台灣被稱爲「擊鉢吟」。詩社現象具有明顯的正負兩面意義。一方面，它培養了文學興趣和素質，在某種意義上爲台灣新文學提供了人才和讀者。「擊鉢吟」這種嚴格承襲中國古典格律詩形式的詩體，脫離不開「用典」的要求。「擊鉢吟」運用和記錄了大量中國歷史典故、民俗風情，是對中國文化的傳播和普及，也是一種拒絕異族同化的文化抵抗。而且，作爲一種詩歌形式，「擊鉢吟」也湧現了一些優秀作品。但另一方面，「擊鉢吟」嚴重存在著脫離現實的弊端，充斥著大量遊戲之作。許多「擊鉢吟」還存在著媚日傾向，有的詩甚至爲日本殖民統治者歌功頌德。栗社也是一個對日本殖民統治帶有馴服色彩的詩社，經常出一些配合殖民政策的詩題讓社員吟作。詩社的社員對日本殖民政權的態度也有差異。有妥協的，也有抵抗的。如栗社的書記吳頌賢（字雅齋），就是一個富於反抗性的詩人。他參加了一九一二年羅福星領導的苗栗抗日事件，事敗被殖民當局判處九年有期徒刑。刑滿出獄後在苗栗街上開洋服店爲生。和栗社的社友們接觸，吳濁流才瞭解到這些情形。他發現有的社友很有民族氣節，他們從骨子裡反對日本殖民者的統治。他從這些老一輩的栗社社友學到了不少愛國詩詞，如孫中山的〈輓劉道一〉、一九一一年梁啓超遊台灣時寫的詩作等。「國父、梁啓超等人之悲壯的詩，像堅冰下之流水一樣，潛滋暗長於台胞的文人。」[24] 但日本占領台灣

之後，台灣人民被迫成為日本國籍，學校進行的是日式教育，在這樣的背景下出生和成長的吳濁流，此時的民族和國家認同仍是迷惘和錯亂的。而且，他對在日本殖民統治的體制下求得個人的發展還抱著一絲希望，或至少要明哲保身，避免當局的猜疑。因此，栗社時期的吳濁流的漢詩創作也呈現出兩種矛盾的面目，既有如〈綠鸚鵡〉這樣寄託了「沉淪亡國的苦悶及憧憬祖國的心情」的詩作，[25] 也有如〈祝皇軍南京入城〉這樣應徵栗社詩題的「應時詩」。[26]

正當吳濁流在四湖鄉間過著教書育人和吟詩作詩的平靜生活時，台灣發生了霧社事件。

自一九二九年起，殖民當局為了開發山地水電和林木資源，強徵霧社泰雅族居民從事伐木、築路和運輸等繁重的勞役，而所付工資卻只有其它地區的一半，還經常受到警察的剋扣。當局還於一九三〇年開始番地開發調查，計劃遷移土著居民，把他們的土地奪歸日本資本使用。日本人殘酷的殖民統治再次激起了有著反侵略傳統的霧社居民的反抗怒火。一九三〇年十月二十七日，這一天是台灣神社大祭典，霧社地方照例舉行一年一度的運動會。霧社地區邁勃、缽仔侖等社人民，襲擊了運動會和警察駐在所，占領軍火倉庫，總計殺死日本人一百四十四名，搶奪槍支一百八十餘支。日本當局調動大批軍隊和警察鎮壓。在起義者退守地形險要的馬駭坡後，日本當局出動飛機，向馬駭坡投下了各種炸彈，包括爆彈、鉛彈、榴彈、榴霰彈、手榴彈、山炮彈、照明彈、燒夷彈、催淚彈、曲射彈以及特製的毒瓦斯彈。參加起義的泰雅族人共一千二百三十六人，其中戰死或自殺者六百四十四人，被捕五百六十四人。當局將被捕者集中在兩個村社中，日本警察暗中唆使陶渣番襲殺

了十五歲以上者二百五十三人，只剩下二百九十八名老弱婦孺。霧社泰雅族人幾臨滅絕。〔27〕

　　霧社事件將幾乎被遺忘了的異族統治的殘酷，又一次呈現在吳濁流眼前。在霧社事件的死難者中，有一個師範畢業的花岡一郎，他明知日本人的強大，然而在無法抑制的憤怒的驅使下，他和同族人一起對殖民者進行反抗，走上了犧牲的道路。花岡一郎的英勇行爲在吳濁流的心靈深處掀起了波濤。他雖還記著祖父的不可輕舉妄動的教訓，但又深深服膺花岡一郎的壯舉。

　　一九三二年，三十二歲的吳濁流在新竹州衛生課組織的教師例行體檢中，被診斷爲患有肺結核。而他表面看起來很健康，自己也不覺得有病。他又跑到台北檢查，台北紅十字醫院結論無病；台北醫院則診斷爲肺浸潤，對工作無礙。當地父老認爲新竹州衛生課的體檢結論是當局迫使他辭職的計謀。拿到台北醫院的證明後，吳濁流也曾想據此抗議，但冷靜下來後，他又考慮：萬一州衛生課的診斷無誤呢？因此不如將此解釋爲善意。而且執教了這麼多年，暫時休息一下也沒什麼不好。於是他決定休職。

　　多年後，吳濁流想起此事，頗爲感慨：在那個不景氣的年代能拿三分之一的乾薪，悠哉游哉地過一年，不僅不應心存不服，相反是值得感謝的。說起來，這也是殖民統治扭曲了人們的正常心理，只要是日本人所爲，不論好壞都被本島人視爲心懷叵測。

　　聽到吳濁流患病休職的消息，五湖時的同事邱蘭妹趕來看他。邱蘭妹此時已調到銅鑼公學校，從銅鑼到四湖要走十五六公里的山路。她深深的友情，令吳濁流大爲感動。當晚吳濁流夫婦和她聊到深夜。第二天，妻子因身體不便，吳濁流一人送

邱蘭妹回去。兩人時而經過寂靜的田野，時而走在彎曲的山道，時而穿越幽暗的竹叢隧洞。一個是三十二歲的壯男，一個是二十七歲的未婚美女，兩人的心潮都有一些起伏……他們緩緩地邊走邊談，不覺疲乏，也不覺路遠。終於到了分手的地方，兩人依依不捨地告別了。當時，他們都不知道，這一次分手竟成了永別。

邱蘭妹在師範畢業那年的暑假，和一位留學日本的大學生訂了婚。暑假結束，大學生回到東京，兩人靠書信保持聯繫。而男的大學畢業後，通信便斷絕了。到底怎麼回事，誰也不知道，連男方父母也沒有兒子的音信。當時的習俗是一旦訂婚就如同夫婦，女方不能請求解除婚約。邱蘭妹苦苦地等待了七年，男方父母同情他的處境，答應解除婚約。那時她已二十八歲了。後來才瞭解到，那位大學生一畢業，沒通知父母和未婚妻就逃到祖國大陸去了。

邱蘭妹解除婚約後，一位青梅竹馬的小時玩伴從上海醫科大學畢業回來，得知她的情況，立刻趕來求婚。兩人幸福地成婚了。然而誰能想到，結婚當天晚上十二時，日本刑事闖進家門把新婚的丈夫逮去了。原因是從大陸回來者，日本當局皆視為間諜。問題是邱蘭妹的丈夫回到台灣已四五個月，在這期間警察並沒對他採取任何行動，卻在結婚的初夜將其逮捕，這顯現了日本警察的卑鄙下流。邱蘭妹不知丈夫被關在何處，終日以淚洗面，人也憔悴了。她的丈夫被抓走後沒有受任何審問就被投入單人牢房，不久被釋放。出獄後，他帶著妻子到大陸，在廈門行醫。在日本侵華戰爭期間，在一次躲空襲時，懷孕的她行動困難，不慎從樓上滾落下來，因流產出血過多而死。

吳濁流多年後思考邱蘭妹的命運，認為她多讀了書，擇偶

的要求自然較高，然而台灣的知識分子大抵都是反日的，不能待在台灣的居多。即使留在台灣，也要受到當局的注意，非得像土撥鼠那樣生活不可。因此，像邱蘭妹這樣的台灣知識女性的命運大多是不幸的。

　　一九三二年二月，吳濁流休職回到家鄉。塞翁失馬，焉知非福。在家優遊度日，他又有閒暇作漢詩了。這一年他又加入了「大新吟社」。而結婚八年不曾生產的妻子，年內生了一個男孩，使一家人喜不自勝。

　　翌年三月，吳濁流到州衛生課復查身體，結果已無問題。四月，他回到新獨立的五湖公學校復職，擔任五、六年級複式班級的教學。

　　五湖公學校的校長是研究科出身，持有中學教員資格，因此很有些自命不凡。這位校長汲汲於升官之道，一切迎合當局的政策。他一味加強農業教育，把全校教職員都趕往農場勞動。這種勞動和囚犯幹活差不多，種菜、養豬、養雞，蓋堆肥舍等等，活兒五花八門。學生們種出來的大蔥有兩尺長，在品評會得過首獎；飼養的豬的肥育率，每月平均達四十台斤。這些活兒主要是動用五六年級學生，吳濁流深感不滿，然而無法可想。有時他故意在放學後指導學生做課外作業，狡獪的校長馬上找到教室來說：「放學了，請把學生借我。」由於校長對當局政策的積極迎合，不久就升為郡視學了。

　　校長升官後，當局又從楊梅農業補習學校調來一個日本人接任五湖公學校校長。不久，因為學校增加了一個班級，又來了一位剛從女校畢業的日籍女教員。這位叫袖川的小姐是生長在台灣的「二世日本人」，天真爛漫。袖川很愛好文學，一有空就捧著小說閱讀。她幾乎每天晚上都到吳濁流家裡來聊天，

每次來都大談小說，有時還讀某部小說中的一段給他聽。在她的感染下，吳濁流也開始讀小說。有一天，袖川又跟他談起文學。吳濁流說小說都是人做的，如果我想寫的話一定也能寫。袖川竟哈哈大笑：「你，實在幼稚，小說不是普通人可以寫的。」不過，她也慫恿他試試。吳濁流不服這口氣，就寫了一篇短篇小說〈水月〉。袖川看了很感動，勸他將小說投給雜誌社。吳濁流便將作品寄給了作家楊逵、葉陶夫婦創辦的《台灣新文學》雜誌。

一九三六年，《台灣新文學》發表了吳濁流的〈水月〉。這是吳濁流的小說處女作。從日後來看，〈水月〉的發表是吳濁流人生中的一大事件，因為這是他的命運的重要轉折點。吳濁流受此鼓舞，接著又寫了〈筆尖的水滴〉〈泥沼中的金鯉魚〉兩個短篇，同年發表於《台灣新文學》。其中〈泥沼中的金鯉魚〉還獲得了雜誌社的徵文比賽首獎。翌年，吳濁流又在《台灣新文學》上發表了〈歸兮自然〉，並創作〈功狗〉〈五百錢之蕃薯〉等小說。〈功狗〉也曾投給了《台灣新文學》，然而由於該刊被迫停刊，所以沒能發表出來。

袖川為吳濁流的成就感到高興，鼓動他繼續寫。她與吳濁流一家很親近，常在月夜與吳濁流夫婦及孩子一起爬上五湖的山崗賞月徘徊，在月光下她還唱起了日本歌謠，歌聲悅耳動聽，令人難忘。然而好景不常，因為她欲與台灣人結婚，被抱持種族歧視的郡視學知道了，將她調到舊港公學校。不久，吳濁流也調到關西公學校任首席訓導。

袖川的調離和《台灣新文學》的停刊，使吳濁流的文學熱情暫時冷卻，創作停頓了下來。本來吳濁流也沒有想到要當作家，他讀師範時，作文成績也很一般。同時，他覺得日語的語

法很複雜和麻煩，他並不喜歡，所以不曾想過當文人。吳濁流
走上文學創作的道路，與袖川的鼓動是分不開的。因此，她可
謂是一個改變了吳濁流人生的女人。她調離後，吳濁流感到失
去這樣一位鼓勵者實在是他的一大損失。

　　袖川調到舊港後，在那裡和一個日本憲兵結婚。從此吳濁
流和她沒有再見面。直到二十世紀七〇年代，袖川接受她的學
生的邀請從日本到台灣觀光，才與吳濁流再次相會。吳濁流陪
她一塊爬上獅頭山遊玩了一天。袖川將她離開五湖公學校後的
經歷詳細地告訴了吳濁流。

　　袖川婚後生了四個孩子，而丈夫卻死在了戰場上。台灣光
復後，她和孩子們被遣回丈夫的故鄉日本鹿兒島。但丈夫的家
族卻將她視作外國女人加以排斥，不給她提供任何經濟上的幫
助。她起初找到一份月薪三十八元的代用教員的工作，但這點
薪水無法養育四個孩子。面對世態炎涼，面對生活的艱難，她
曾想過自殺。為了四個孩子的未來，她最終還是肩起了生活的
重負。她借用學校的縫紉機，在空餘時間幫人縫補衣服，還同
時擔任了兩三個人家的家庭教師。三十年的吃苦奮鬥沒有白
費，四個孩子中三個大學畢業，只有老二在某醬油廠工作時，
由於熬不住嚴酷的現實，告別了人世。

　　吳濁流過後想，袖川是生於台灣，吃台灣米長大的。如果
當時她能按自己的意願而和台灣人結婚的話，說不定能過上幸
福的日子。然而事與願違，民族歧視的現實使她束手無策，結
果成為殖民統治的犧牲品。殖民當局所謂一視同仁、內（日）
台融合、內台結婚，口號倒蠻像回事，其實當權者無時不懷著
民族偏見，殖民統治者從來都是認為大和民族的血比漢民族的
更優秀，因而暗地裡是阻止內台融合的。

一九三七年，吳濁流調遷關西公學校。關西公學校是新竹郡規模最大的一所學校，校本部二十五個班，分校六個班級，農業補習學校兩個班級。而吳濁流在關西公學校任主席訓導（教務主任），這是一種榮升。他認為或許是自己在教育界已服務有年，再過半年就可領到「恩俸」，因此在個人言行上已成為一個但求平安無事的消極主義者，致使當局稍微修正了對他的看法吧。

吳濁流在這個時期的家庭生活，也發生了一些變故。妻子自生下長子後，又生下一男二女。不幸的是，次子未滿月即夭折，長女生下僅兩個月即又匆匆離開人間。調到關西任教的第一年，他的父親又逝世了，終年六十九歲。生命無常，親人的死亡，給吳濁流的內心帶來巨大的哀痛。

關西公學校的日籍教員和台灣教員人數相當。吳濁流剛到任時，對學校的日台差別之分明大吃一驚。校長室裡，教職員名牌的排列順序是日籍教員都排在上段。學校的好宿舍都是日本人住著，台灣教員大都住在廟宇或租用的民房裡，條件十分簡陋。吳濁流的宿舍是街道上一家舊戲院改造的，比日籍教員中住得最次的女教員還差得很遠。學校的日籍教員抱成一團，對台灣教員採取輕視的態度。日籍校長雖口口聲聲「內台融合」、「一視同仁」，其實卻是凡事都袒護日本教員，對台灣教員實行差別待遇。每有日籍教員到任，便在校長宿舍召開只有日本人參加的歡迎會。而且日籍教員比台灣教員多領六成的薪水。那時正是「七‧七事變」前夕，中日面臨戰爭一觸即發的嚴重局勢，台灣的政治空氣也驟然緊張。日籍教員更加飛揚跋扈，這種情形尤其表現在教職員的晨會或夕會上。如果學生犯規做了壞事，台灣教員就會受到日籍教員的攻擊責備。

　　一九三七年七月七日，日本發動了蘆溝橋事變，中日爆發全面戰爭。日本近衛內閣於八月決定實施「國民精神總動員」。台灣殖民當局配合日本的侵略政策，推出了「皇民化運動」。所謂皇民化就是要把台灣人民改造為日本帝國的「忠良臣民」，把「日本國民精神」滲透在台灣人民的日常生活中去，使台灣人為日本侵略戰爭作出更大犧牲。因此，去除中華文化，灌輸大和文化及忠君（天皇）愛國（日本）思想，便成為這一運動的核心內容。皇民化的具體措施，首先是強制普及日語。禁止使用漢語和地方方言，廢止報刊漢文版，中止台語廣播。在各地設置了眾多日語講習所，並且獎勵「國語家庭」。其次，是生活方式日本化。在全島推行神社崇拜，信仰天照大神，奉祀神宮大麻，燒毀民間供奉的神像、神主牌位；改換日式姓名；禁穿中國式服裝，禁過傳統的節日如中元節、春節等；家庭中還要設置日式風呂（澡盆）、榻榻米、木屐等。再次是強制進行皇民思想教育。在學校，強迫進行日本國民訓練，醜化中國，除滅學生的故國觀念，要求學生忠於天皇，樹立為天皇而死的信念。在社會上，則進行兵役預備訓練和國民精神訓練。在文學藝術領域，禁演台灣戲劇（如布袋戲、歌仔戲），推行「皇民文學」與「皇民劇」。殖民當局還成立「皇民奉公會」等組織，在全島展開所謂金報國、儲蓄報國運動，發行公債，分派軍事費等等，千方百計榨取台灣人民的血汗。

　　七七事變是在吳濁流到關西公學校任教三個月後爆發的。事變發生後，隨著皇民化運動的推行，學校的台灣教員被要求過日本的生活方式。新竹郡當局還下令全郡台灣教員及家屬穿上和服，往新竹神社參拜並祈禱「武運長久」。吳濁流的宿舍

也放置了日本當局配給的神龕，奉祀大麻。然而他和家人誰也沒有禮拜過。有無禮拜別人不會知道，不過插在神龕前的「榊」（楊桐）卻有些麻煩。如果不更換，枯了別人會看得出來。吳濁流最初感到傷腦筋，後來想出一個敷衍的對策，決定不更換。他吩咐妻子，萬一皇民奉公會的人來的話，就告訴他們正準備更換。不僅在學校，連家庭生活也被捲入皇民化運動，吳濁流內心感到莫大的痛苦和憤怒：「七七事變後，實施所謂國民總動員，因此步入純粹戰爭的時局裡，（日本）全國上下揭起『暴支應懲』的標語，但事實上是日本人侵略台灣人的祖國，表面上高舉正義的旗幟，欺騙台灣人，展開皇民化運動，把『內台一致』、『滅私奉公』、『獻身報國』向異民族的我們強制執行。在各部落裡，把家長及主婦召集起來，開了『暴支應懲』的演講會，講師則動員警官、保甲役員、役場吏員、學校教師等人。我們台灣籍教員，嘗到無法說出口的痛苦，遭受了內心被針刺一般的經驗。在殖民地下的台灣人沒有叫祖國的自由，完全像奴隸一樣，而且又被置身於不能不向祖國的敵人忠誠的地位。面臨此種難局，內心唯有想到如何逃避才能安然度過日子而已。」[28]

一九三七年十二月十三日，日軍占領南京。日本國內一片狂熱喧騰。日本殖民當局在台灣也大肆慶賀，台灣島內一時「到處恭祝戰勝，燈光閃閃，爆竹聲喧」。[29] 栗社為了配合形勢，於同年十二月二十四日出題「祝皇軍南京入城」，舉行了一次「新祝擊缽聯吟」活動。由於民族和國家認同的迷惑，或許還因上述這種「逃避」災禍、「安然度過日子」的想法，作為社員的吳濁流參加了此次活動，作詩一首。

中日戰局越來越趨於激烈。殖民當局一方面把台灣人推向

戰場，一方面將公學校畢業生全部納入青年團組織加以訓練。在關西公學校，動員了四百餘名畢業生回到學校進行軍事訓練。畢業生組成一個聯隊，聯隊轄三個中隊，一個中隊轄三個小隊。中隊長以上的幹部皆由日籍教員擔任。台灣教員則當小隊長，聽從日籍教員指揮。這種訓練每周進行一天，上午以軍事訓練為主，配以訓話，講的都是「日本精神、國體明徵、大義名分」這一套；下午則從事勞動。這種訓練跟軍隊一樣，天天毆打喝斥，教員室簡直成了刑事審問室。而且這種情形不久便影響到了在校生的教育。野蠻殺伐的做法也應用到天真可愛的少兒們身上，學校教育體罰成風。

吳濁流看到孩子們遭殃，憂心如焚。他暗地裡聯合學校裡的台灣教員，請大家思想扭轉局面的辦法。經過數次討論，大家決定以純教育的名義來與校方理論。每當校長及其他日籍教員虐待學生時，大家都團結一致加以反對。因此每天晨會中都要展開一場唇槍舌劍的爭論。然而，他們的努力並不能使情況有所改善。學生遭毒打或被罰跪的情景仍經常可以看到。

在此期間學校還發生了一件冤枉學生的事情。學校有一對日本教員夫婦，兩人不在家時被賊入室偷了東西。這對夫婦認為經常給他們打水的一個學生是嫌疑犯。平時發生類似的小事件都是由學校自己處理，只是由於嫌犯是台灣學生，這對教員夫婦和學校當局便將學生交給警方。然而無論警察如何嚴刑拷問，學生都不承認。學生被拘囚兩個星期後，再度發生了同樣的事件，這才證明了學生是冤枉的。學生出獄後，將在警察局裡遭審問和毒打的情形講給吳濁流聽。吳濁流聽了很憤慨，但當時只是對學生同情地安慰了一番。多年後想起這件事，他對沒有向校長和那對日籍教員夫婦提出抗議，深感悔恨。他想，

自己作爲主席訓導，應該站在本島人一邊，發動家長會，對學校的不正當的處置提出抗議。然而，當時自己竟然一點沒有想到要這麼做。他自我剖析認爲，自己確實是在性格上有奴性，在意識中承認日本人的行爲，彷彿「去勢」了的人一樣，被捏造成了方便日本殖民統治的順民了。

　　沉默總有爆發的時候。吳濁流終於與校長發生了衝突。一次，在青年團植樹時，吳濁流所帶的小隊完成了任務。正想離開時，一平時蔑視台灣人的日籍代用教員用近乎命令式的口氣讓吳濁流的小隊幫他的小隊幹活。吳濁流諷刺說：「這樣的時候才是應該發揮日本精神的。」對方立即翻臉，瞪著眼向他逼近。吳濁流的隊員迅速護上來，對方悻悻而退。第二天，校長把吳濁流叫去，狠狠地詰問他昨天是否侮辱了日本教員。吳濁流據實以告。校長面呈不悅，然而一時找不出話來。吳濁流長久以來鬱積的怨憤和不平這時禁不住噴發了出來：「校長常說內台融合，一視同仁，可是事實好像不完全是那麼一回事。請看這教員名牌張掛的情形。這不是差別嗎？日本人就掛在上段，這用得著嗎？青年團訓練，大隊長和中隊長都由日本人當，同樣是師範畢業的，本島人的前輩當小隊長，後輩的日本人當中隊長，這豈不是天大的矛盾嗎？」校長對他吼叫：「你要攻擊校長嗎？」吳濁流冷靜地說：「文官服務規定第二條有這樣的明文規定：『部下得向上司陳述意見。』」圓滑的校長以一句「原來如此」暫時收場。

　　與校長這番衝突的後果是，下一學期，吳濁流即被左遷馬武督分教場當主任。馬武督是瘧疾猖獗、一半轄地爲原住民地界的山區。吳濁流任教已近二十年，一直是從鄉下到鄉下，左遷復左遷，好不容易調到交通較方便的關西，不料僅待了兩年

半，便又被貶回偏僻的小山村。

　　不過，遠離城鎮的馬武督在戰時可說是最好的避風港。這裡沒有日本人，只是衛生條件不好，除了瘧疾盛行，還多蚋。吳濁流去年剛生下的三女被蚋叮得化膿，老治不好，妻子只好帶著兩個女兒回到老家，吳濁流身邊只留下剛讀小學一年級的長子。

　　馬武督分教場有六個班，外加國語講習所三個班，教員九個，都是台灣人。由於學校創設不久，條件很差。吳濁流說服家長和熱心人士捐出一筆款，設置兒童文庫，添購教具，還建了校門和運動場。校園裡種上很多櫻花、杜鵑花和楓樹。他希望這裡春天櫻花和杜鵑爛漫，秋天楓葉鮮紅。因為學校還沒有畢業生，所以不必搞軍事訓練，他可以專心經營學校和教育兒童。這期間，為了支撐日本侵華戰爭，一九四○年四月台灣總督下令台灣全島捐出一百萬石米。當局層層發動，在馬武督也召開了保甲會議布置落實。吳濁流被迫和保正跟著派出所的警察到各村和部落去督促捐米。因馬武督一半轄區是原住民部落，所以當局分配的勸募量比別的地區相對要少，不必搜查即可完成任務。

　　吳濁流本以為自己能夠遠離戰爭在馬武督長期待下去。豈料，不久發生的一件事導致了才到馬武督任教一年的他辭去教職。這一年秋天，郡運動會在新埔舉行，郡內各校師生都參加。輪到女教員組一百米賽跑項目時，郡視學來催促女教員上場。視學一邊嘻嘻哈哈笑著一邊叫女教員出場，吳濁流覺得視學的態度不莊重嚴肅，便大聲揶揄說：「邊笑邊叫不會出來的！」這句話引發眾人哈哈大笑。視學惱羞成怒，大吼一聲：「哪一個？」接著撲到觀眾席前，邊問「是你吧？」邊伸手打

被問到的敎員的頭。被打的都是台灣敎員，吳濁流也挨了打。這種公然的侮辱令吳濁流義憤塡膺，「心的痛楚比頭上的要激烈幾千倍」。

吳濁流一方面爲自己的出言不愼給台灣敎師同仁們帶來的這場無妄之災感到歉疚，一方面後悔自己當時爲何不反抗：「這大槪也是因爲從小養成了對暴力採取不抵抗主義的習性才這樣的吧！然而我絕不能這樣就甘休的，我在心中瘋狂叫著：回馬武督！整晚我都沒有能入睡。我不知道怎樣才好，只有聽憑熱淚迸湧而下，我既提不起勁兒和朋友商量，但覺天地都忽然變暗了，迷失了路途一般。如果被打傷，那就可以對簿公庭，爭回一口氣了。我越想越氣憤不過，自尊心都整個地崩潰了。最後我覺得不解決，就活不下去了，我想到決鬥，但那未免不智，或者由被害者共同起來抗爭，可是各人立場未必盡同，不贊成的人也不可能沒有，而且有的人辭了職馬上就不能生活。我不能連累任何人。想來想去，最後明白了只有獨自個兒出來與他抗爭才是最有力的。」[30]

吳濁流決心辭職抗議。他在辭呈上詳述了被毆的情形，最後說明是爲了維護敎師的尊嚴而辭職。寫完辭呈後掛號寄給了州知事。接著他去到新竹，當面向州知事報告了事情的經過。他又找到當時唯一一家台灣人辦的報紙《興南新聞》的分社，要求他們刊登消息。再下來又求見本島籍的州會協議員朱律師，請求幫助。次日，《興南新聞》就此事刊出了三段大標題的新聞。第三日，州視學通過校長，約見吳濁流。州視學勸吳濁流撤銷辭呈，並許諾吳濁流可以任意選一個學校調職。吳濁流堅持要郡視學道歉。州視學說如果讓郡視學道歉，有損威信，請吳濁流以寬宏胸襟原諒他。吳濁流表示，除非郡視學道

歉，否則自己無法保持教育者的尊嚴。為了維護教師的尊嚴，自己不惜以辭職作為犧牲。並且基於「打架雙罰」的道理，郡視學也應辭職。

　　從州視學處回到學校的第三天，曾與吳濁流同事過的新竹第一公學校校長受州視學的委託，把他請到新竹設宴招待，並試圖說服他收回辭呈。同時，馬武督的父老得知消息，也來勸他事情進行到這一步已經無愧於心，可以罷手了。過了一個星期，校長叫他去見面。他到了本校後，校長和他一起到郡役所，與郡守、庶務課長會談。郡守說：「郡視學確實已向我道歉了，郡視學和你都是我的屬下，我要向你轉告郡視學已經向我鄭重道歉。在座的庶務課長和校長都可以作證他確實對這件事，間接地道歉。」吳濁流沒有屈服，仍堅持原來的主張。郡守最後說：「不管如何，你的辭呈不能越級提出，應經過校長才成。」

　　如此再三折騰，吳濁流終於明白，作為殖民統治者的日本人是不可能向台灣人道歉的。況且如今是戰爭時期，教育根本就不像教育，與狼狗訓練差不了多少。再幹下去，只有增加痛苦。因此他更想辭職了。他還琢磨，辭職了就可以領到一筆錢，靠過去的積蓄，自己在南部已買了一塊地，不如去經營農場。但時局越發吃緊，找人做幫手並不容易，而做不了體力活的自己，一個人是無法辦農場的。當局正徵派台灣人到海外去，保不住自己也可能被徵去，這樣的話可就大大不妙了。乾脆跑到大陸去吧！想到這裡，他的心情豁然開朗了。

　　打定主意後，吳濁流重新寫了一份辭呈交上去。可是左等右等沒有下文。他便找一位台灣醫生商量，請他出具一張神經衰弱的診斷書。有了這張診斷書，吳濁流先請了一星期假，接

著再請三星期假，學校照准不誤。無奈，他又開出一張易地療養的診斷書，請了三個月的假，回家悠哉游哉度日。當局見他鐵了心，過了兩個月終於准他辭職。從師範畢業迄今，教員生涯二十一年，除去中間一年休職，在職共二十年。

在吳濁流離職的同一年，他的妻子生下了四女。而他的母親則在這一年逝世，終年六十九歲。

吳濁流辭職後，給正在南京汪精衛偽政府中任高級職務的同學鍾壬壽寫了一封信，請他寄一張聘書來。吳濁流與鍾壬壽是台北師範學校的同學，在學校時就很要好。一天，鍾壬壽摔了一跤，手關節脫臼了，到台北醫院接骨後過了四五天，手指還不會動。吳濁流家有祖傳接骨方法，所以他把鍾壬壽帶回家治療，不日即痊癒。從此兩人關係更加親密，堪稱莫逆之交。

鍾壬壽果然不負吳濁流所望寄來了聘書。拿聘書辦理出境，兩個星期手續即辦妥。吳濁流欣喜若狂，內心充滿了解放感，恨不得長一雙翅膀飛到大陸。

吳濁流的朋友們得知他要赴大陸的消息，也都為他高興，紛紛向他表示祝福。栗社開了個盛大的詩會為他送行。席上吳濁流以「留別栗社同仁」為題賦詩三首：

> 深謝友情宴，江亭離緒賒。牽衣頻贈語，句句為邦家。
> 栗里文明地，難忘舊侶情。身雖千里外，夢向故園生。
> 家園拋別去，為復舊山河。策乏匡時計，空餘熱血多。

這三首詩表現了作者對友人和故園的依依難捨之情，還表現了對祖國的嚮往。但以吳濁流當時的思想水平，他頭腦中的祖國概念只是一種文化上的聯繫，而尚不可能上升為一種民族

國家認同。他到大陸去，是爲了尋求個人的出路。而要達到出人頭地的目的，只能繼續爲「國家」（日本）效力。[31]

吳濁流從家鄉動身那天，很多親友到車站送行。妻子帶著孩子們和他一起到台北。到了分手之時，妻子淚流滿面。孩子們也痴痴地望著他。想到自己走後，妻子要獨自照顧幾個孩子，而戰時的台灣大部分物資都是配給的，因此妻兒度日將是十分艱難的。他感到有些歉疚。然而，更強大的信念在牽引著他：在殖民地的桎梏下，自由被剝奪，生活形同奴隸，毫無指望。自己不能因兒女私情而誤事。他心裡想：「不錯，那無限大的大陸，有的是自由。我就要到那自由的天地去，豈能這樣傷感，我是男子漢啊！」他最後安慰妻子說，到大陸有了著落後，就回來接她和孩子們去。

第八節　在大陸

一九四一年一月十二日，吳濁流從基隆登上駛往上海的輪船。途中吳濁流在甲板上眺望風光。船過吳淞炮台時，他目不轉睛地凝望。只見到處是戰火留下的痕跡，有一隻大煙囪，中間被大炮轟開了一個洞。這是帝國主義列強野蠻侵略中國的一個歷史見證。吳濁流心中湧起萬千感慨，遂口占一絕〈過吳淞炮台〉：「百戰英勇跡尙留，吳淞烽息幾經秋。滔滔不盡長江水，今日猶疑帶血流。」

吳濁流於一月十六日到達上海。一位初次見面的同鄉陪他遊覽了上海市容。十八日，他前往目的地南京。

吳濁流登上中國大陸後的第一個發現是一句話也聽不懂。接下來，他發現這裡也是日本人作威作福的地方：

當我憧憬著那四百餘州廣闊無際的土地上，有著自由而遠涉大陸，沒有想到原來中國大陸上也是屬於日本人的天下，因為在這兒也聞不到些微的自由氣息……

簡直就是家破人亡的人間地獄！到處都有轟炸的殘痕。從上海到南京，沒有一個完整的車站，全部都是臨時搭蓋的木板房。在這個一片廢墟中，從日本人到西洋人，以及具有走狗特權的野雞階級等，在昂首闊步著。在大多數的日本人眼中，並沒有他人的存在。連中國人存在的意識都沒有，只有傲慢的侵略意識在泛濫著……[32]

儘管眼見到的大陸是一片悲慘的景象，但是從四書五經、唐詩宋詞和老一輩的故事傳說中得到的關於祖國的知識和印象，仍使他感到這片古老廣袤的土地的神秘魅力。從上海赴南京路過蘇州時，他很想去看一看神往已久的寒山寺。考慮到事先已給南京的朋友發過接人電報，不便下車，他覺得只能留待以後的機會了。

進入南京城時，吳濁流看到街上到處貼著刺目的標語：「和平反共建國」、「建設東亞新秩序」、「擁護汪主席」……他覺得這些標語給人一種怪異的感覺。

吳濁流最初先寄居於鍾壬壽家中。鍾壬壽囑咐他，對外就說自己是廣東梅縣人，不可表明自己是台灣人。原來，當時台灣人常被懷疑為日本間諜。吳濁流分析原因，認為多半是由於戰前，日本人把不少台灣的流氓遣到廈門，讓他們經營賭場和鴉片館，並讓他們充當間諜，又以治外法權包庇他們，致使大陸人對台灣人產生誤會。而中日開戰後，日本侵略者也不再信任台灣人，加上不少台灣人投入了祖國大陸的抗日戰爭，因而

台灣人經常受到日本憲兵、特務和警察的監視。到了大陸，吳濁流才知道台灣人所面對的問題是複雜的。

在南京謀生，當務之急是過語言關。吳濁流請了一位南京小姐教他漢語普通話。他上午就教於女教師，下午則到自己在五湖任教時的學生余君家裡繼續學習。余君是汪偽政權的上校軍官，其太太是師範畢業的東北人，對吳濁流學習語言給予了很大幫助。大約一個月後，他總算能聽懂了一些普通話，但說還不大行。他忽然想到一個辦法：何不先在日本機關找份工作，邊工作邊學語言，等語言學通了再作下一步打算。

恰好這時，南京日本會議所為了編輯出版《南京》一書，正在徵求翻譯人才。吳濁流應聘被錄用，月薪日幣三百元，這一待遇在當時是很優渥的。他的工作是將描寫南京民俗風情一類的中文譯成日文，他覺得很輕鬆。他滿心以為好日子就此開始，不曾想沒幾日即發生變故。

上班的第七天，他的學生余君來找他。余君穿著上校軍服，吳濁流把他當作貴賓，領到會議所漂亮的會客室交談。過了一會兒，一日本女同事進來傳達上司市來的命令，說此會客室不可進來。吳濁流被激怒了。他請余君先回去，自己立即跑去詰問市來：你怎麼可以叫人在我的客人面前說出侮辱人的話？會客室為何不能進去；如果不能進去，那就應該在我剛開始來工作時就告訴我；如果忘了告訴我，也應該先叫我出來告訴我，或者寫張條子遞給我，偏偏要當著客人面前說，沒禮貌也應有個程度。就因為你是個日本人嗎？像你這樣的垃圾也配到大陸來談什麼大東亞的建設嗎？

在這連珠炮似的發洩面前，市來一時手足無措，最後說了一聲對不起。

　　吳濁流狂怒難消，終於辭去此份差事。從上班到辭職，僅僅十天而已。市來給他發了一百元薪金。以當時的物價，一百元可供一個單身漢快樂地過兩三個月。同事勸他不要過於衝動，好意加以挽留。然而他認為如果不辭職，自己的人格將會留下污點。不過，當他從會議所辭職出來，走在太平路上時，心中也掠過一絲後悔：這點小事，實在犯不著一走了之……他想，自己這種易於衝動的牛脾氣是與生俱來的缺點。

　　失業後第五天，好運又意外地找到他頭上。南京《大陸新報》竟上門來問他願否當該報記者。原來市來和會議所的業務部長大野都曾當過新聞記者，兩人是冤家對頭。吳濁流與市來的爭鬧被大野添油加醋地傳到《大陸新報》，在大野的描述裡，吳濁流成了一個奇人和英雄。《大陸新報》的編輯部長上野覺得有趣，就來找吳濁流做該報記者。

　　吳濁流見了上野也很有好感，答應到《大陸新報》就職。稍微安頓下來，他即從寄居了兩個月的鍾壬壽家搬到報社的樓上住。報社給他二百五十元的月薪，在這裡他沒有感到差別待遇，因此心情很愉快。他和上野很快結成了肝膽相照的朋友。他還發現社長西島的漢學造詣頗深，整理部長龜井於德國文學，同事高橋於法國文學都有專長，他們見識不俗，沒有民族歧視。吳濁流第一次發現日本人當中有這樣高尚的知識分子，而台灣公學校中的日本教員，跟他們相比有如霄壤之別。

　　剛做記者的吳濁流覺得一切都很新奇。天天忙於採訪、寫稿，同時也不中斷學習普通話，日子雖然過得緊張，但他覺得渾身是勁。每天工作完成後，晚上就到外面喝酒。逢星期日，就與上野一起出遊，或覽玄武湖，或訪雨花台、中華門等名勝。有一次他和上野登上雞鳴寺的豁蒙樓，兩人在那裡閒聊。

上野談到他當從軍記者時的見聞。回想起他從蘇州到南京，一路上目睹的日本軍隊的殺戮暴行，上野不禁慷慨激昂，極力抨擊日本的侵華政策，甚至斷定日本必受天譴。戰時發表這種言論是極其危險的，如被當局知道只怕會上斷頭台。而上野竟膽敢在一個台灣人面前說這些話，倒把吳濁流嚇了一大跳。

在報社工作稍爲習慣之後，吳濁流開始發現周圍很多不平的事情了。有一天晚上他在報社工作，聽到編輯室旁邊的樓梯上傳來有人跌落的聲音，連忙跑過去看，原來是有個人力車夫從夫子廟拉了報社的工務局長回來，工務局長不給錢就逃上樓了。車夫找他要錢，結果挨了一頓打。吳濁流向上野彙報了情況，上野給了車夫錢，還反覆道歉。還有個晚上，一個從軍記者喝醉了酒，在馬路邊小便。一個中國憲兵上前阻止，竟被記者打倒地上，記者嘴裡還大肆誇耀自己的「武功」。

吳濁流想起台灣的妻兒，在戰時配給制下的生活一定很難過。於是他於八月底請假回台灣接家眷。然而他沒想到的是，在基隆一下船，就有特高人員跟蹤，令他感到十分恐怖。

吳濁流到家後，每次出門也都有便衣刑警盯梢。妻子告訴他，每次收到他從大陸寄回來的信，刑警就不請自來，問這問那，探聽他的消息。另一方面，物品嚴重匱乏。一個月配給的米只夠吃二十天，剩下的十天只能到黑市買。其它吃、用的東西供應也相當困難。幾經考慮，吳濁流決定把一家人都帶到大陸。

吳濁流回南京後，租了一間日本人經營的公寓把家安下來，並將孩子送進日本人辦的小學。這麼多口人要吃飯，他頓時感到了生活的重壓。

一天，他和妻子到余君家作客。妻子不小心摔倒，傷了脊骨，第二天竟不能起來了。送到醫院檢查，結果是骨頭受傷，

必須天天到醫院接受電療。幸好僅過兩個星期，妻子就康復了。

在《大陸新報》當記者，使吳濁流有機會接觸到汪偽政權的上層人物。日本某畫家給汪精衛等人畫了肖像畫。吳濁流與西島、上野一起代表畫家將畫作贈送汪精衛，因此幾個人在汪公館與「汪主席」交談過。吳濁流與汪偽政府另外兩個核心人物周佛海、陳公博也見過面。相比之下，他對周佛海的印象最為惡劣。他眼中的周佛海是一個態度相當傲慢，連招呼都不打的人。吳濁流想，如果自己是日本人，他的招待必定殷勤吧。像台灣的「御用紳士」，把自己視作比一般台灣人高等而洋洋得意。周佛海也是如此，雖然是中國人，但看不起自己的同胞。這種心理與一個奴隸一旦被解放，比原來的主人對別的奴隸還要殘酷，而忘了自己原來的奴隸身份沒什麼兩樣。

隨著時間的推移，吳濁流與汪偽政權各種各樣的人物打交道，或看見了他們的各色表演，因而逐漸看清了汪偽政權的面目。雖然吳濁流對有些人的個人品德和修養抱有好感，但他也看出，這是一個沒有前途的傀儡政權。他的一位師範同班同學黃自強也是汪偽政府的高官。黃自強從台北師範學校畢業後，在台灣當了五年教師，然後悄悄到大陸讀了幾年書，之後參加出國留學考試，得以進入日本的陸軍大學。回國後加入與日本侵略者戰鬥的行列，在國民政府的軍隊已官拜少將。然而，黃自強受到在日本陸軍大學時代同學、現任汪偽政權顧問的日本軍官影佐上校的誘惑，從重慶逃到了南京。吳濁流在一次會議上見到了黃自強，與他交談了半個小時。由於兩人只能用日語談話，因此沒能深入交流。吳濁流覺得，黃自強的去就，與他是台灣人的身份有一定關係。無論在重慶還是在南京，台灣人都不被信賴，甚至被目為間諜。這應歸疚於日本的離間政策。

儘管如此，吳濁流多年後還是不禁為黃自強的選擇感到扼腕：「祖國的同胞們在敵前敵後，和日本奮勇作戰之際，黃君已在重慶，卻被影佐的一片友情所俘虜而離開重慶，實在為他感到十分可惜！」[33]

吳濁流還瞭解到，他的學生余君一方面是軍人，一方面又在私下與日本人勾結做生意。當時重要物資都由日軍統制，非經日本軍方許可，不能運輸。如果利用特權，將偏僻地方的物資運到上海，可賺十倍二十倍的錢。以「建軍」為名發財，則是某些漢奸玩的把戲。一些漢奸地主出錢買槍，招兵買馬，然後獻給日本人，協助日軍「維持治安」，此謂「建軍」。一旦「建軍」完成，就可以向汪偽政府要求各種經費補助。這實在是一招毒辣的賺錢方法。吳濁流聽說，有不少懂日語的台灣人也在幹這種「建軍」勾當。他對此感到很憤怒。他自內心發出感慨：「日軍占領下的大陸人民，原來比台灣同胞還要可憐。」[34]

吳濁流逐漸看清了在台灣時所相信的日本發動侵華戰爭的冠冕堂皇的藉口──建立「大東亞共榮圈」是何貨色。靈魂一旦覺醒，他便開始感覺到南京令人窒息的灰色現實對他的心靈的壓抑。他經常這樣思索：人們都能馬馬虎虎，唯獨我一個人不能。小小的事也使我內心痛楚。人生是不是什麼也不想，馬馬虎虎地混日子就好？天下國家是不是不必去多想？像我這樣，總愛想些自己的能力解決不了的事情，是不是錯誤的？周圍的人，都以為只要有錢賺就能快樂地玩，並把這種活法當成真正的人生。而我卻不能這樣生活，我經常都在想著多餘的事，但又不能邁出實際的步伐。我在矛盾中度日。這是我的煩惱，就是這種燃燒不起來的不徹底的中間思想使我痛苦。有憧

憬，有理想，但沒有前進的勇氣……他也產生過逃往重慶的念頭，但因爲家眷而難以付諸實施。

一九四一年十二月七日，日軍偷襲珍珠港，發動了太平洋戰爭。南京的許多日本人爲日軍的偷襲成功彈冠相慶。吳濁流卻從此一事件看見了中國抗日戰爭勝利的一線曙光。因爲中國現在是和世界反法西斯同盟一起戰鬥了。同時，他也感到，在南京的這一年多來，自己鑽頭覓縫，東奔西跑，並沒有什麼裨益。他想還是回台灣爲好。因爲個人的力量實在是單薄微弱的。不要說救天下國家，如果搞不好，連自己的生命都保不住。日本人只是一時得意而已，最終必歸於失敗的命運。而一旦日本戰敗，想回台灣也回不成了。說不定台灣人還會被當成日本人而遭到可怕的報復。這時，他的小女兒得了百日咳，又傳染給了她的姐姐，妻子天天帶著兩個小孩看醫生，隔天就要十六元的醫藥費，病拖了一個多月之久。吳濁流陷入憂慮焦急之中，越發歸心似箭。兩個月後，終於盼到了從上海開往台灣的船。

第九節　在黎明前的黑夜

一九四二年三月二十一日，吳濁流一家平安抵達台灣基隆港。下船後，他們即坐上開往南部的火車。在列車上，吳濁流發覺自己一家已處於便衣刑警的監視之下，不由地又嚇了一跳。因爲背後有刑警跟蹤，在台北下了火車後，他沒有勇氣進旅館住，便到弟弟家作短暫停留。

在台北休息幾天後，一家人又乘火車向故鄉進發。在竹北車站下車，站長通知他必須到派出所一趟。吳濁流進了派出所，一個警察對他盤問了一番。從竹北坐車回到新埔，又有一

個高等刑事老早在車站等著，把他帶到分局問話。

　　到家第二天，照門派出所來了兩個警察，指令他外出時一定要先向派出所報告行蹤。此後隔兩三天兩個警察就來問他一些問題。還有一個高等刑事專門負責監視吳濁流，每當吳濁流外出時就形影不離地在後面跟蹤。吳濁流萬萬沒想到，剛從危險的大陸逃離回來，又落入如此恐怖的境地。回到台灣的每一天，他都是在驚怕和憤恨之中度過⋯⋯

　　吳濁流風聞從大陸回來被當局認為有問題的人，一個個都被警察抓走了。他還發覺，如果遊手好閒無所事事的話，很有可能會被日本殖民當局徵兵到南洋。所以他在回家三個月後開始找職業。經朋友介紹，他謀到了米穀納入協會苗栗出張所主任這一差事。米穀納入協會是米穀局的外圍機構，主要業務是從事米穀的預備檢查。吳濁流部下有十多個職員，工作也相當清閒。他利用這種閒暇，寫了一組大陸之行見聞的〈南京雜感〉，投寄《台灣藝術》雜誌，《台灣藝術》分十個月連載，反響頗佳。

　　日本在戰場上節節失利，物資匱乏更加嚴重。為了徹底地榨取殖民地的人力和物力資源，日本當局在台灣變本加厲地推行皇民化運動。當局利用甘願充當走狗的御用紳士、商人和投機分子，配合警察的力量，一方面強行徵糧，將台灣人民逼到饑餓線上，一方面從台灣人徵兵調到南洋作戰。南部的高雄還發生了迫害台灣人的「大不逞陰謀事件」。事件中的疑犯達數百人，被檢舉者五十八人，其中五人死亡。

　　在此日本統治者垂死掙扎的非常時期，吳濁流不時告誡自己要沉默、寡言、少管閒事，這是活下去的唯一途徑。在此期間，他的五女生下不滿兩個月即死亡，使他本已十分壓抑的心

頭又添了巨大的哀痛。

　　他本想一直在苗栗待下去，但一年後（一九四三年）由於米穀協會的人事變動，他被調到新竹。顧慮到新竹有空軍基地，有被盟軍空襲的危險，所以他把家安頓在竹北。這一年十月，盟軍飛機果然襲擊了新竹空軍基地。吳濁流覺得竹北也不保險，又急忙將家人疏散到新埔。進而他又想到，如果自己在新竹被炸死，那就太冤哉枉也，還是離開此地為妙。苗栗雖然較為安全，但沒有適合自己的職業。於是他決定去台北。

　　在尋找新職的間隙，吳濁流開始寫作長篇小說《胡太明》（即《亞細亞的孤兒》）。

　　由於〈南京雜感〉被連載的緣故，他結識了該雜誌的一個編輯。而這個編輯又是《台灣日日新報》的主筆。通過這位主筆的介紹，吳濁流於一九四四年初進入《台灣日日新報》，再次體驗記者生涯。吳濁流心裡明白這種時候的報紙是不可能說什麼真話的，所以為了遠離是非，他專寫與戰爭無關的報導，一天天地混日子。日本已瀕臨戰敗邊緣，資源即將耗盡，日本當局推出「企業整備」之舉措。報界也不能倖免，吳濁流復任記者不到一年，台灣全島六家報紙被合併為一家，成立《台灣新報》。當局從日本大阪《每日新聞》社調來七八名高級職員，趁火打劫地將六家報社的財產掠奪過去。被合併六家報紙包括唯一由台灣人主辦的《興南新聞》，其餘五家則是日本人所辦。對當局的強盜措施，六家報社都只能忍氣吞聲。吳濁流得以留用，任《台灣新報》的文化部記者。

　　《台灣新報》文化部起初只有兩個人員，部長是林獻堂之子林雲龍。該報的「文化欄」就由林雲龍和吳濁流負責編輯。吳濁流常請台北帝國大學教授中的反戰及厭戰者為報紙撰稿。

一方面這些教授的文章能反映出一些現實情況，另一方面也是因為教授們都收聽外國廣播，有的比報社還消息靈通，吳濁流覺得跟他們接觸很有收穫。

與戰局的緊張形成鮮明對比的是，文人和其他知識分子無事可做，十分清閒。議論時事又有危險，還是談文學最安全。於是，在這烽火連天的時刻，台北的各種文學座談會、文學演講會反而多了起來。吳濁流作為報社文化部記者，又是興趣所在，所以一有此類會議必定參加。

台北帝大的工藤教授每月十五日都定期邀請文人學者到其住宅座談文學。常與會者有王白淵、龍瑛宗、呂赫若、張文環以及畫家立石、日本教授中村等。吳濁流每次都參加。有一次他有意在座談會上批評寫御用文學的台灣作家，促使那些人自我反省，但考慮到如果直接提出來，大家可能會迴避，所以他繞了個彎子說：「真正從事文學，還是玩票性質的方式才好，當做專業來幹，反倒容易走離正路，不能到達文學的真正境地。」結果工藤與他展開了一番舌戰。後來，工藤意識到吳濁流另有所指，便寓褒於貶地說他連業餘都不是，而是外行，所以有外行人的優點，反而富於真實性云云。

與此同時，吳濁流繼續寫小說。〈陳大人〉〈先生媽〉即是在進入《台灣日日新報》和《台灣新報》的同一年創作完成。為了安全起見，他寫了也不發表，先留下來等待將來的機會。而他知道，機會的到來不會太遠了。他還決心儘快地完成《亞細亞的孤兒》。這時空襲頻仍，每天躲警報，進防空壕，讓人終日栖栖惶惶。各種可怕的謠言和預測也在暗地裡傳播。有的說美軍一旦登陸，向來受當局注意的「不逞分子」將被日本人搶先殺掉，或者驅使他們上戰場，讓他們抵擋美軍的槍

彈。還有的說上了黑名單者多達五六百人，這些人在美軍登陸
之際，必遭日本當局處決，全島各地的警察和特務都被分配了
這方面的任務……這些漫天飛舞的謠言使台灣知識分子陷入更
大的恐怖之中。但吳濁流一方面覺得對此時局個人無能為力，
只能聽天由命；一方面判斷台灣多高山大河，適於日軍進行游
擊戰，故美軍不會在台灣登陸，而是進攻日本本土決一死戰。
他不為謠言所左右，極力使自己鎮定，每天寫幾頁稿紙。當時
他住的房子，前面不遠就是台北警察署的高等刑事宿舍，其中
也有二三認識他的刑警。這部小說的第四和第五篇含反日內
容，如果被警察發現，定會以叛逆或反戰論罪，招來殺身之
禍。因此在這樣的環境裡寫作無疑是冒著生命危險，他內心多
少有些畏縮感。他繼而又想到「燈檯下照不到亮光」這個道
理，越是危險的中心，反而可能越安全，也就沒有遷居。為了
預防萬一，他每次寫好後就藏在廚房的炭籠下面，積多了一些
手稿就拿回鄉下的老家去。

　　吳濁流覺得工藤教授是一位正直的日本人，所以將〈胡太
明〉的前三篇請他過目，得到工藤的激賞。工藤預感日本戰敗
在即，遂舉家離台回國。臨別前夕，他邀請吳濁流共酌。工藤
分析日本和台灣明年這個時候必將改換天地，他反覆鼓勵吳濁
流完成《胡太明》。工藤回國後，吳濁流在戰爭結束前六個月
終於寫完了這部長篇。

　　美軍飛機加強了對台北的空襲。吳濁流每逢周末，一定回
新埔鄉下的家休息，星期一才回台北，以盡量避免空襲的危
險。殖民當局命令台灣老百姓「供出」各種糧食和副食品，還
強迫他們進行各種義務勞動。吳濁流應對的辦法是，如果花錢
能解決的事，那就盡可能花錢。花錢解決不了的，如義務勞

動，他就星期天回來承擔。如採集相思樹皮，當局下令每戶繳納若干斤，吳濁流明知是「國策公司」假借軍方的名義剝削台灣人，但也只能無可奈何地和村中父老們一起去採集，依令「供出」。

美軍飛機在台北投下的第一顆炸彈，打中了馬偕醫院，造成八死二傷。吳濁流的宿舍就在醫院附近。他原來一直以為此處遠離總督府、火車站、機場等可能的打擊目標較遠，且又是普通民房，所以應該相對安全。誰知頭一顆炸彈就擊中醫院。他想到台北不宜待下去了。於是在美軍登陸琉球的前一天，他裝病向報社告假，然後回到新埔老家。

老家也是一片混亂。軍隊大批開來，強行徵占民用物資。因糧食嚴重不足，各種疾病隨之滋生。吳濁流最小的兒子因缺乏維他命 A，眼睛忽然看不見，差不多瞎了。吳濁流天天到新埔鎮上給他買雞肝吃，過了一個月才恢復。接著三女兒的臀部長了個膿瘡，不能走路，人也變得沒有生氣。家裡只殺了一隻還不到一斤的小雞給她補充營養。當局實行的配給米和供出米這一套，造成了饑荒，大家庭都只好分家，各奔前程，許多父子、兄弟、親戚間的親情都被沖淡了。吳濁流每天四處跑腿，找門路弄糧食，買黑貨，然而常是兩手空空歸來。在此極端艱難困窘之時，從前他在照門教過的一個學生的家長，特地帶了一斗米來看望他。吳濁流歡喜感動得「就好像在地獄裡遇到佛祖」。

他離開報社轉眼已過了三個月。到底還回不回台北上班？考慮再三，他覺得還是遠離空襲危險為妙，所以乾脆提出辭呈。

吳濁流沒想到的是，在鄉下也不見得沒有危險。空襲定期來，人們每天也要到後山去躲避。一天，一架飛機追擊從他屋

前經過的一輛卡車。一家人還來不及逃進防空壕，流彈已落到屋前。吳濁流無處可躲，只好抱起最小的女兒縮在屋角。所幸只有卡車的輪胎被打中，村裡無其它損失。

　　一九四五年八月十五日傍晚，吳濁流以前的一個同事和一個鎮公所的職員來到他家，說當日中午日本天皇發表廣播講話，但聲音沙啞，而且噪音太多，聽不清楚講了什麼。鎮長好像偷偷地和郡、州方面聯繫，鎮上的日本人都聚集在鎮長宿舍，在商議著什麼事情，似乎是發生了某種重大變故。兩人說明了這些情況後，請吳濁流分析。當時，因為殖民當局封鎖消息，台灣人還不知道此前的八月六日、九日，美國用原子彈轟炸了日本的廣島和長崎，造成數十萬人死亡。吳濁流僅憑自己的思考，判斷日本不是宣布投降，就是美軍在日本本島登陸，二者必居其一。不管如何，明天必會見分曉。他告誡兩位朋友，這個時候最重要的是謹慎，大家言行務必小心。兩人離去後，吳濁流又沉思一番，斷定是日本投降。於是他立即收拾行裝，並帶上《胡太明》和《陳大人》手稿，天一亮就往台北出發。到了竹北車站，號外已經出來，果然是日本投降。車站上的警察依然目光炯炯注視著路人，人們還不敢喧嚷這一特大的喜訊，但台灣人的臉上，都無可掩飾地流露出某種喜悅和期待。

第十節　山河復旦淚依然

　　日本投降翌日，吳濁流趕到台北。《台灣新報》內部對形勢的反應很迅速，日本人已主動將領導權交給原《興南新聞》社的班子。報紙準備發行中文版，急需翻譯人手，新社長讓吳濁流返回報社。於是吳濁流復職，在編譯部工作。

　　這時，吳濁流的一位老同事告訴他，日軍內部有人聯合某

幾個御用紳士，策劃台灣獨立。吳濁流聽了很憤慨。

　　吳濁流認識的一位日本主筆的千金勸他住進她的一位親戚的房子，因為那個親戚馬上要回國。吳濁流回答她說現在日本人的房子是國家的財產，所以我不想要。

　　台北市開始歡騰了。消失了多年的花燈、花籃、繡彩又重現街頭，人們大放鞭炮，歡呼中華民族的勝利和解放。隨著日本的投降，台灣一時出現了政治上的真空狀態。人們自發地組織起來，維持社會治安，熱切地等待祖國的接收。吳濁流在那些日子裡也是激動得熱血沸騰，「心情就像是小鳥飛出鳥籠一般」。他將台灣光復視為有生以來的「頭一次好運」。當時的情景令他難忘：

　　　　頭一次的好運就像從天上忽然降下來給我，不但我一個人感激流淚，連我一家人、一鄉人，不，全台灣人都高興到極點，而且大家如何的驕傲，如何的光榮啊！……

　　　　我在日據時代，事實沒有夢想到還有真正的國民可做；一旦光復，我的喜悅，實非筆墨所能表現了。[35]

　　　　島民似一日千秋，又像孤兒迎接溫暖的母親般的心情，等待著祖國軍隊的來臨。由於很久祖國沒有來接收的關係，政治完全成為真空狀態了；於是大家就自動地在各街莊組織了三民主義青年團，自動擔當各地的治安工作。這種處在真空狀態而能夠民心一致地完成自治工作的，恐怕在世界政治史上是罕見的吧！[36]

　　　　六百萬人以燃燒一般的氣勢，開始學習中國語和中文。懂

得中國語和中文的人，主動地當中國語講習所的義務講師，無
酬地給民眾教授語言。[37]

　　現在，完全解脫而回到祖國的懷抱，已經不是殖民地而是
真正的祖國的人民了。於是六百萬島民都能自覺，把心團結一
致起來，建設三民主義的理想國家是我們的義務，也是我們的
責任？原來，所謂的國家愛這個觀念，往往成為亡國人民之
後，才會熾烈起來，也就是由於失去祖國而令人更加憧憬嚮
往。一旦淪為殖民地之後，不但有政治上的差別，還有教育的
不均等，待遇和機會的不平等，然而這些敢怒不敢言的種種辛
酸卻必須承受。

　　嘗過這種痛苦經驗的島民，如今已從日本人手裡解脫出
來，而取回自由的關係，自動地想對祖國服務。[38]

　　一九四五年十月十日，是台灣光復後的第一個雙十節。台
北公會堂（今中山堂）召開了隆重的慶祝典禮。全島各地與會
的代表紛紛上台發表演說，痛罵日本帝國主義和殖民政策。吳
濁流作為採訪記者見證了盛會。他記起八個月前他曾被召集到
這裡來參加「俸給生活者一日強制勞動」會議。名為會議，實
際上是威嚇。他看到坐在他前面一排的五六個年輕人，因芝麻
小事被日本軍人辱打。他除了忍不住憤慨而握緊拳頭外毫無辦
法。就是兩個月前的這個地方，日本人也還在台上高唱大東亞
聖戰，吶喊著打倒中國，消滅美英，而台灣籍的御用紳士們則
隨聲附和。然而，現在不同了。台灣已經從日本殖民者的手裡
解放出來了。被日本視學打頭啦，貶謫到僻遠地區啦，努力工
作還是比日本人有六成的差別待遇啦等等這些事情都消失了。

吳濁流情不自禁地胸口一陣發熱，感激祖國的熱淚簌簌地掉了下來。

十月十七日，代表祖國接收台灣的國民黨軍隊終於出現在台灣。第七十軍進入台北時，台北市民萬人空巷，男女老幼一齊湧上街頭歡迎祖國軍隊的到來。十月二十四日，被國民政府任命為台灣省行政長官的陳儀抵達台北。十月二十五日，在台北公會堂舉行了中國戰區台灣省受降典禮。台灣省行政長官兼警備總司令陳儀接受日軍第十方面軍司令長官安藤利吉的投降。陳儀宣告台灣光復：「自即日起，台灣及澎湖列島已正式重入中國版圖。」至此被迫割讓五十年又一百五十六天的台灣省，重歸於中國主權的管轄之下，台灣人民恢復了中國國籍。

受降典禮這一天的慶祝規模，比雙十節還要盛大。三十萬台北市民參加了這一盛會。人們敲鑼打鼓，載歌載舞慶祝遊行。台北市家家戶戶張燈結彩，鑼鼓鞭炮響徹雲霄。吳濁流親眼目睹了受降典禮，他又一次淚水滂沱。他寫下自己的感想，在報紙上發表了出來。他決心今後要把「建設比日據時代還要美好的台灣，成為一個三民主義的模範省」作為自己的理想。

然而，光復的喜悅並沒能維持多久。光復時的台灣面臨著一系列難題：由於戰火的摧殘，工礦、港口、船塢毀壞過半，電力設施處於半癱瘓狀態；農田水利、交通運輸體系也遭到不同程度的破壞；有關民生的工農業生產基本上處於停頓狀態，生活物資匱乏，當局徵集糧食發生困難，向來以產糧聞名的台灣出現了嚴重的米荒；台灣產品由於失去了日本市場，對外貿易陷於停頓。生產衰退，百業凋敝，人民生活水平顯著下降。在政治方面，國民黨當局依賴的是從大陸調來的官員和從大陸回台的台灣人士（即所謂「半山」），而本地的社會人士得不

到參政的機會。台灣省長官公署實行的是集全省行政、司法、立法、軍事大權於一身的獨裁專制統治。官吏的貪污腐敗、軍警的橫行殘暴，使接收變成了「劫收」。

《台灣新報》也被接收，改名為《台灣新生報》。台灣籍的日文記者包括吳濁流在內仍被留用，中文的編輯工作則交給了大陸來的人。社長由從重慶回來的台籍人士、有巴黎大學畢業背景的李萬居接任。當時報紙出中文版和日文版，然而新來的中文版記者的薪水卻幾乎比日文記者多一倍。這讓吳濁流想起了日據時代台灣人比日本人低六成的差別待遇，但報社卻是在本省人的領導之下！吳濁流內心的憤怨一時無法表達。

一天，吳濁流走在台北街上，看到很多即將被遣返回國的日本人正在變賣東西。這時，他遇見了相識的《新建設》雜誌的日本記者角小姐。角小姐準備回國，要求他接收下她的房子。這是一幢小小的二層樓的房子。吳濁流拂不過她的好意，就答應收下了。角小姐回國後，他就將家人從鄉下接來住進了她的房子。

《台灣新生報》日文版的記者們對差別待遇終於忍無可忍，讓吳濁流出面和社長李萬居交涉。李萬居對吳濁流關於本省人和外省人的差別待遇的質問支吾以對。一個月後，吳濁流升任報社校對科科長。校對科每天晚上九點上班，翌晨三點下班，以他四十六歲的年齡來說已不適合這一工作，所以他認為這一安排未必是好意。但他沒有退縮，妥善地處理了校對科的工作，因而倒也勝任愉快。

吳濁流在本職工作之餘，還給《新新》《新青年》《中華》《民生報》等報刊寫稿。《新新》雜誌發表了他的小說〈陳大人〉，《民生報》則發表了他的〈先生媽〉。

　　一九四六年九月，長篇小說〈胡太明〉易名為《胡志明》出版。全書分為五冊。第一冊九月出版後，第二、三、四冊分別於十月、十一月、十二月面世。第五冊則因後來發生「二‧二八事件」，耽擱至一九四八年一月才得見天日。

　　《台灣新生報》日文版於光復一周年之際停刊，報社人員需裁汰一批。社長李萬居沒有留用吳濁流，而欲推薦他去公賣局工作。雖然這也是一種照顧，但吳濁流內心湧起一種異樣的情緒，因此乾脆辭職了。

　　屋漏偏遭連夜雨。辭職的第二天，一場颱風刮倒了角小姐送給吳濁流的兩層樓的住宅。吳濁流的學生余君請他把家搬到其接收的店鋪去，他接受了這番好意。

　　搬完家不久，《民報》邀請他去該報工作。但吳濁流想賦閒一段時日，沒有馬上答應。但《民報》表現出很大的誠意，敦促他儘快接受聘請，吳濁流為之感動，便於離開《台灣新生報》半個月後又成為《民報》的記者。

　　《民報》與《台灣新生報》不同，是純粹的民間報紙，發行量也很小。因通貨膨脹，報社員工待遇很差。但全體同仁能同心協力，沒有人抱怨。吳濁流的工作很輕鬆，下午四點左右上班，晚上八九點下班。吳濁流利用閒暇，與同學鍾壬壽一起籌備成立崇正出版社。

　　吳濁流辦出版社的緣起，是他看到光復一年來，台灣社會並沒有出現人們所期望的變化，國民黨政府的諸多舉措不得人心，貪污腐敗、假公濟私之風盛行，台灣民眾普遍感到失望和不滿，不少青年甚至自暴自棄。而成立出版社，出版高尚健康的圖書，是挽回頹勢，教育青年，營造文化氛圍，促進台灣社會進步發展的一個很好的途徑。為了實現這一目標，吳濁流四

處奔走，遊說舊友新交和社會賢達，結果有二十七八位人士同意參與發起。但在召開發起人座談會時，出席者只有七八人，而入股者只有預定的五分之一，而交納的現金僅是預想的十分之一。由於資金不足，崇正出版社終成夢幻泡影。

《民報》同仁都很關心吳濁流無房子住的問題。在報社總務科長的幫助下，他接收了一處在大正町的日人住宅。搬家後，來客很多。吳濁流的學生余君鼓動他合股做紅茶和豆餅生意，即製紅茶賣往東北，然後從東北買回豆餅在台灣出售。於是他變賣了在潮州的四甲八分地。這塊地是他在關西公學校當教員時買下的。本來想辭去教職後去經營這塊地，過一種陶淵明式的晴耕雨讀的生活。即使後來一直在都市生活，但這個想法並沒有完全消失。而現在賣掉，也就意味著他的陶淵明的夢永遠做不成了。賣地後，他與余君合股買下了一座製茶廠。本來他是出資百分之四十，但登記時卻變成了百分之三十六。因相差不大，他沒有提出抗議。他將生意完全委託給余君，結果三年過去一分錢的利潤都沒有。最後他將百分之三十六的股份賣給了余君，換來的是二十兩黃金。生意的失敗，是他過於信賴余君所致。

光復後台灣社會的種種矛盾，終於釀成一九四七年「二‧二八事件」的發生。二月二十七日，台灣省專賣局緝私人員和警察在台北市南京西路「天馬茶坊」附近查緝私煙時，蠻橫地用槍管將女煙販林江邁打得頭破血流，並且打死了一名圍觀的市民。在場民眾憤怒地圍住警察局和憲兵隊，要求嚴懲凶手。他們的要求沒有得到滿意的答覆。二月二十八日，更多的民眾圍攻了專賣局。下午四五百名民眾擁向行政公署請願，衛兵公然開槍射擊，打死打傷幾名民眾。事後，陳儀宣布實行戒嚴。

軍警巡邏市區，打死不少民衆。台北民衆舉行罷工、罷課、罷市。全島各市縣民衆自發地起來響應。人們衝擊警察局和專賣局等部門，襲擊和搗毀軍用倉庫。與此同時，也出現了阻止正常交通運輸、燒毀公營機構、釋放在獄犯，以及盲目毆打外省人的暴力事件。三月二日，台北民衆成立「二・二八事件處理委員會」，後來其它縣市也成立了分會。三月七日，處理委員會提出「三十二條要求」，比較全面反映了當時台灣各界民衆有關民主與地方自治的願望，代表了運動的基本要求。但由於處理委員會成員比較複雜，致使政治目標不斷提高，甚至要求接管長官公署、無條件釋放戰犯等，成爲當局實行鎮壓的藉口。南京國民黨政府接到陳儀關於事件的報告後，認定是「台灣亂民暴動」，決定派出軍隊鎮壓。三月八日、九日，憲兵第四團和整編二十一師先後在基隆登陸，進駐台北，並與台灣南部地區的軍警隊聯合，開始大規模鎮壓和搜捕。「處理委員會」被當作非法組織遭到解散，被列爲「叛亂首要人犯」者都被逮捕或處死。四月二十四日，國民黨政府下令把台灣行政長官公署改爲台灣省政府，由魏道明接替陳儀擔任首任台灣省主席。

　　在「二・二八事件」中，許多台灣知名人士和大批民衆被殺，死亡人數至少有幾千人。同時，也有許多外省人在暴力事件和後來的鎮壓中喪生。從此，台灣政治長期處於白色恐怖之中。台灣人民與國民黨當局之間、台灣籍與外省籍人群之間的矛盾與隔閡長期存在。「山河雖復旦，依舊淚綿綿。」（吳濁流〈自題亞細亞的孤兒〉詩句）光復後的台灣，並沒有出現人民所期望的願景。「二・二八事件」給台灣社會所造成的巨大創傷，至今仍未能完全癒合。

　　「二・二八事件」剛發生時，《民報》的陳主筆寫了一篇

關於事件的社論，請吳濁流閱後發表意見。吳濁流很謹愼地看完，表示內容適當。他還坦白地說，「二・二八事件」是個不幸的事件，任何人都不希望發生這樣的事。這個時候最重要的是保持冷靜，不能迫害外省同胞。呼籲人們作爲一個國民，不能忘記國家利益而輕舉妄動，這是報紙的義務。

事件期間，吳濁流的學生余君勸他參加「處理委員會」，吳濁流表示自己不懂政治而拒絕了這個建議。他認爲，人各有專長。但是光復後的本省人，幾乎人人都想當政治家，這實在是很糟的一件事。至於現在的這個「處理委員會」就是這種情形的縮影，很多甚至連政治的政字都不知道的愛出風頭者以及虛僞的投機分子混入了其中。對於有些人挑撥離間本省人和外省人關係的言論，吳濁流很不贊同，他認爲，這次事件「只不過是兄弟之間的一種打架而已」。

國民黨當局在鎮壓「二・二八事件」的行動中，將新聞界作爲一大打擊對象。其中《民報》被封，社長林茂生被槍斃，陳主筆則因逃避逮捕而躲在上海長達兩年。

《民報》停刊，吳濁流又告失業。一時找不到新的職業，終日無所事事，因此在一股憂國憂民的激情的驅動下，他不顧白色恐怖中文字獄大興、一言不愼即遭殺身之禍的現實，僅二十來天即寫成一本隨筆《黎明前的台灣》。這部作品從側面反省了「二・二八事件」，同時也探討了經歷這一重大事件後的台灣的前途和命運、台灣青年應該努力的方向等嚴肅問題。在書中他希望台灣青年不要因「二・二八事件」感到灰心，而要看清自己的前途所在。他指出，台灣青年「應打破偏狹的地域觀念，向祖國發展才對。如果固執地域觀念，便容易使人唯我獨尊而變成排外性」，「靑年們該摒棄（地域觀念）這種落伍

的思想，與祖國優秀青年攜手協力，爲新時代的建設而努力」。他號召台灣青年去「擔當新中國建設重任」，去「開拓廣大的我中國處女地」。

　　一九四七年八月，吳濁流進入台灣省政府社會處任科員。在社會處工作期間，一位台北師範的校友來找他，說其弟想競選「國大代表」，請吳濁流幫助。吳濁流瞭解到其弟也是從重慶歸來，在省政府物資局當副局長，但是無黨派人士，爲人較爲清廉。此人還在「二‧二八事件」中，積極爲被捕者奔走，救出了不少人。因此，吳濁流決定助一臂之力。十來天之間，他四處奔走，發動自己的親戚、朋友、同窗、校友等等拉票投票，結果那位校友之弟還是以數千票之差落選。所謂「國大代表」，台灣省的名額只有十九人，而且候選人幾乎都是國民黨員，無黨派人士即使能夠選上，也只是大河裡的一粟，毫無作用。明白了這一點之後，吳濁流自此不再對任何政治選舉感興趣，對任何選舉都不再投票。他抱定決心，只要「憲法」未被完全遵行，他便不再投自己的一票。在社會處工作期間，他還創作了中篇小說〈波茨坦科長〉。

　　一九四八年三月，吳濁流進入大同工業職業學校任訓導主任。就職的原因是，大同公司的董事長林挺生看了吳濁流的《黎明前的台灣》一書後，對吳濁流提倡學習科學技術、發展工業生產的觀點深有同感，因此邀請他到公司開辦的這所學校工作。吳濁流經過考慮後，覺得大同工職學校教員比省政府社會處科員的工作更有意義，便離開僅呆了七個月的社會處，重新開始了教書生涯。

　　大同工職學校的教師大多由大同公司的職員兼任，約有三十多人，專職教師包括吳濁流在內才有五人。因爲大同公司提

供所有學習和生活費用，而且每屆只招收四十名學生，所以入學考試競爭很激烈，錄取的學生都很優秀。專職和兼職教師大都有很好的知識和專業背景，是台灣知識分子中的精英。大家懷著培養未來的技術人才、建設新台灣的理想和熱忱，相處十分融洽。學校每月舉行一次教職員懇親會，會上大家都意氣風發，或暢所欲言，或高歌豪飲，夜闌方休。吳濁流在這種氣氛中深受感染。他頗有得天才英才而教之的感覺，認為這是自己夢寐以求的職業。他內心重又燃起當年的熱情，再次以全部的心血獻身於教育事業。他和學生們一起住在學校，每天和學生一起晨跑。由於年紀已四十八九了，跑不了全程，所以採取折衷辦法，出發時跟著學生跑，回來則步行。他還應校方要求，為學校創作了校歌，其中有「四百餘州秀山河，天然寶藏蓋世多」和「黃帝子孫智謀多，追究真理共切磋，二千年前築長城，隋造運河令人驚」等歌頌祖國和抒發中華民族自豪感的歌詞。

吳濁流任教大同工職學校之時，台灣的通貨膨脹速度加劇，出書必遭虧損，因此他遲遲不敢出版新作。進學校兩個月後，學校的十位同事慷慨解囊，為他湊足經費出版了小說〈波茨坦科長〉。出乎他意料的是，小說於一九四八年五月出版後大受好評，十分暢銷。某日，他碰到一位熟人，對方說，讀了他的〈波茨坦科長〉後，感到很害怕，因擔心惹禍，所以看完後把書燒了。吳濁流聽了感嘆不已。

隨著國民黨政權在中國大陸的統治逐漸崩潰，國民黨當局決定撤退台灣。為此，蔣介石任命陳誠為台灣省主席兼警備司令，蔣經國為台灣省黨部主委。國民黨當局將在大陸實行過的白色恐怖移植到台灣，同時大量物資和人員湧入台灣，也為台灣的發展增添了新的變數。大同公司因業務緊縮而裁員，吳濁

流便於一九四九年三月改任機器工業同業公會專員。第二年，他當了公會的財務組長；第四年起，擔任專門委員。

在台灣社會風雲變幻之際，吳濁流的家庭也發生了一件大事。一九五一年，他七歲的三子於老家新埔鎮巨埔里溺死，年過半百的吳濁流又一次經受了喪子的沉重打擊。

第十一節　創辦《台灣文藝》與吳濁流文學獎

吳濁流在機器工業同業公會待了十六年之久，一直到一九六五年退休。他的工作很清閒，每天多半是看報紙過日子。他不清楚公司為什麼要聘他當專門委員，他自嘲自己是無專門的專門委員。在公會裡他無法發揮自己的專長，因此他把時間和精力更多地用於文學創作。一九五六年，日本的一二三書房出版了他的長篇小說《亞細亞的孤兒》。此外，他還發表了一些文藝隨筆。

一九五七年，《亞細亞的孤兒》在日本由廣場書房再版，改名為《被弄歪了的島》。同年，他到日本旅行六個星期。早在日本投降前的一九四五年五月，他曾寫過一篇散文〈日本應往何處去〉，希望日本從侵略戰爭的失敗中「能真正地覺醒」。而這次日本之行，他看到因朝鮮戰爭而發了大財的日本出現了經濟復甦的景象，日本國民能在各自崗位上專心致志地工作，頗為羨慕。在日本他還見到了老朋友工藤先生，並在他家住了一個星期。工藤鼓勵他繼續寫作，吳濁流表示創作已「漸入窮巷」，想尋求突破。工藤要求他朝寫人物的方向努力。他悟出這正是自己的小說創作所欠缺的方面。工藤還送給他四部世界文學名著。從日本回台後，他將工藤送給自己的書每部都讀了兩三遍，這一下讀出了興趣，便接連讀了五六十部

世界文學名著，托爾斯泰的《戰爭與和平》他也是此時讀的。
他讀這些名著時，才理解工藤先生送他書的意思，當是認為他
讀書太少，需要補課。讀了這些書，他還覺得自己很有必要掌
握英文，因此報名上了一個英文講習班。然而，才就讀五天，
他突然咯血。於是學英文與對文學名著的系統閱讀不得不中止。

　　那是一九五九年，他初次出現咯血，但不久即止。翌年，
咯血復現，也是很快即止。一九六一年，他第三次咯血，長達
六個月的時間裡，每天早晨他的痰裡都帶著血絲。台大醫院診
斷為肺結核，但治療了一年，未有任何效果。至一九六二年十
二月，突然出現大咯血，每隔三四個小時，便有大量的血噴
出。用了多種止血劑也止不住。兩天時間，咯了八次血。吳濁
流認為已死劫難逃。他不由得回顧自己的人生，覺得倒也死而
無憾了：《亞細亞的孤兒》在台灣和日本都已出版；小說〈狡
猿〉和〈三八淚〉已完稿；兩個女兒尚未出嫁，倒是讓人掛
念，然她們已長大成人，也沒有什麼好操心的。他又覺得不能
這樣束手待斃，還是要想辦法把血止住。他開始用心尋思。他
想起六歲時，曾被牛頂，牛角刺入側腹，引起大出血，人也昏
迷不醒。身為中醫的父親給他吃了很多高麗參。何不如法一
試？他叫妻子去買回兩條高麗參，服下後奇跡出現了，咯血明
顯減少。他便每天服一根高麗參，到第十一天，咯血現象完全
消失。受到鼓舞的他精神又堅強起來，每天吟詩，一個月間創
作了七絕〈芳草夢〉（一百二十二首）和一組五絕長詩（二十
五首）。他還服了一些中藥和西藥，一年後恢復了健康。

　　吳濁流病癒後，著手操辦了兩個女兒的婚禮，了卻了一椿
心事。接下來，他又籌劃出版作品。他擔心小說〈狡猿〉和
〈三八淚〉在當局的書刊審查制度下被扼殺，心想如能先在報

紙副刊發表，就可保安全。他聽說小學一年級時的老師林文煥的女兒林海音在《聯合報》編副刊，便帶了〈狡猿〉原稿去找她。林海音在北京長大，光復後才回到台灣，因此吳濁流尚未認識她。然而兩人見面後很談得來，林海音爽快地答應發表〈狡猿〉。不料，不久林海音因編輯發表一首諷刺詩遭當局問罪，被迫辭職，刊登〈狡猿〉之事亦就不了了之。一首小詩都會惹禍，一部諷刺意味更濃的中篇小說豈不更危險？吳濁流想到了這一層。然而他還是決定把它放入小說集《瘡疤集》中出版。

一九六三年十一月，《瘡疤集》上下冊由台北集文書局出版。此前的同年四月份，吳濁流還挑選了所創作的千首漢詩，結集為《濁流千草集》刊印。兩書面世後倒也風平浪靜。

了卻了以上的事，他覺得此生該做的事都做完了，心頭一陣輕鬆。然而，人生還在繼續。餘下的歲月如何度過才更有意義，生命的晚霞怎樣燃燒才更放光發熱？吳濁流在思索。

當時，台灣的文人們聚會時常聊起創辦雜誌的事，但也僅是口頭議論而已。辦雜誌除了經費是個問題，更麻煩的是責任太重大，誰都不想去承擔。大家都看到，在當局實行的這種戒嚴體制下，即使是國民黨元老都不免出事被捕，何況平民百姓。在這樣嚴酷的環境裡，辦雜誌就是冒大險。只有具備犧牲精神的覺悟者，才能承擔這種風險。吳濁流反思自己：如果最後一次的咯血止不住，自己早已不在人間。自己等於是死過一回的人了。死都差不多體驗過的人，還有什麼值得畏懼？如果將從死神手裡奪回來的生命貢獻給台灣的文化事業，即使犧牲了，也不是白死。於是他決心創辦一份文學雜誌。

吳濁流選擇辦文學雜誌，也與他走上文學道路的親身經歷有關。他三十六七歲才開始寫小說，如果沒有《台灣新文學》

雜誌，他也無從邁入文學之門。《台灣新文學》一停刊，他也停止了創作。以後當了記者才又撿起。而離開記者崗位，發表作品又困難了起來，因此文學的熱血也逐漸冷卻。眼下的台灣雖已光復，但還是像日據時代一樣缺少足夠的文學園地。自己作為已然成名的作家，發表作品都不容易，何況尚默默無聞的青年作者？抱定主意後，他不顧親友的反對，開始馬不停蹄地投入《台灣文藝》的籌辦工作。

辦雜誌的各種準備工作花去了半年的時間。在有關當局那裡辦妥了手續後，吳濁流接著召開《台灣文藝》發刊座談會。首次會議於一九六四年二月二十日假座台灣省工業會召開，出席者是各界知名人士。吳濁流在會上闡述了辦雜誌的宗旨，與會者也提出了很多有益的建議。會上有人還不客氣地問：辦雜誌需要一筆相當可觀的錢，你老兄有這個準備嗎？吳濁流頗為自信地說：手上現在有兩三萬元，這筆錢足夠把雜誌辦到第四期。「這筆錢賠光了以後，也簡單之至，在座諸君都是台灣的名士，出席宴會時，女侍挨近便要五十元，偷偷地握了一把手，便要一百元。只要把這樣的錢捐給《台灣文藝》，問題便解決了。」這一番幽默引來眾人的哈哈大笑。但事後證明，他這番話說得太過天真了。

三月一日，吳濁流舉辦第二次座談會，這次會議邀請的是青年作家。吳濁流在會上除了說明辦刊方針，還號召大家給雜誌寫稿。

一九六四年四月一日，《台灣文藝》創刊了。吳濁流在創刊號上發表〈《台灣文藝》雜誌的產生〉一文，指出中國有五千年的悠久文化，曾經在世界上綻開過燦爛輝煌的花朵。「然至近代，日漸荒蕪，竟至被譏為文化沙漠。如此現象，我們有

志之士，豈可袖手旁觀，視若無睹，任其落後呢？」文中還表示《台灣文藝》就是要「提供青年作家耕耘的園地，以期在文化沙漠中培養新的幼苗，進而使其茁長、綠化」。

刊物問世後，吳濁流的生活立即變得緊張忙碌了。由於經費有限，不可能多雇人手，所以最初他一個人包辦了從社長到工友的活，編輯、銷售、拉廣告、給為數可觀的來信寫回信、邀稿以及其它雜務，他整天馬不停蹄地奔忙著，而手頭的事情似乎總是做不完。有時候，忙得糊塗了，連當天是星期幾都搞不清楚。他甚至懷疑自己是不是吃了大虧，幹了一件大蠢事？因為如果總是挑著這麼一副沉重的負擔的話，自己就永遠找不出時間來寫作了。但開弓已無回頭箭，何況他已把《台灣文藝》看作是自己晚年的最重要的事業，因此無論困難再大，他也要硬扛下去，義無反顧地繼續往前走。

吳濁流在為《台灣文藝》訂的稿約中聲明，來稿一經採用，刊物只贈送兩冊樣刊，不支付稿費。這固然因為他的辦刊初衷就是為給青年作家提供發表作品的園地，而不是為賣文為生者又開闢一處「財源」。但更大的因素是出於經費短缺的無奈。因此他對給刊物寫稿的有實力的青年作家十分感激。林海音繼在創刊號發表一篇作品之後，第二期又應約寫了一篇隨筆。吳濁流高興地稱她是一位「女英雄」。

吳濁流自己拿出的積蓄只夠《台灣文藝》出到第四期。由於堅持「純文學」的辦刊方針，加上經費拮据，樣子薄薄、裝潢很不起眼的《台灣文藝》完全是賠錢。吳濁流每月把新出的刊物拿到一些書店去寄賣，只有少數幾家書店肯把刊物留下來擺上櫃檯。然而下次送新刊去時，上期的刊物仍是原封不動地放在那裡，只是多了一層厚厚的灰塵。偶爾賣出幾本，也不好

收款，因爲五元一册的定價，還不夠來回車費。有時他爲了省錢，去送刊物和收款時來回都是步行。而最氣人的，是他將刊物送給一些日據時代的文化名士，但後來見面聊起來時，他發現這些人根本就沒看。吳濁流只好想法拉廣告支持。這種「沿門托鉢」化緣的滋味，實在很不好受。固然有伸手相援的熱心之士，但遭冷遇、白眼和虛應敷衍的尷尬經歷似乎更多。他在《台灣文藝》第三期上發表的〈意外的意外〉一文，就敘述了這樣的一次遭遇：

　　因爲有人介紹某銀行大稻埕分行楊先生幫忙廣告，因此我去找楊先生。聽說他的同行經理是客家人，因爲我也是客家人，忽生一點鄉親感，所以近前致敬。不料這個經理聽楊先生說出「廣告」二字，就不分皂白，馬上擺出經理的架子發揮了一場很大的下馬威，使我很難堪，於是我不得已反駁他：「請問經理先生，我與你初次見面，因爲聽說你是客家人，我們客家人能做到經理是很了不起的人物，所以我對你致敬意，我未言及廣告，不知你有什麼理由對我大聲說教和發脾氣呢。」他無言可對，雖然對我道歉，可是我對對文化熱心幫忙的楊先生也意外地無端受累，很覺對他不起。

　　由此可見，《台灣文藝》對吳濁流是信念的砥礪，也是體力的挑戰，更是自尊的考驗。刊物出到第四期經費告罄，他內心很難受，一時茫然不知所措。偶然抬頭看到牆壁上掛著孫中山所書的一幅中堂：「夫天下之事，其不如人意者固十常八九，總在能堅忍耐煩，勞怨不避，乃能期於有成。」不覺受到啓示，精神爲之一振。他感到刊物不能就此罷休，至少要等到

有年輕人來接手。他找了幾位朋友協商後，決定以退爲進，從第五期起將刊物改爲季刊，待有條件時再恢復月刊。爲了讓雜誌繼續生存，他找了三十二位贊助人。但有些贊助人後來態度逐漸冷淡，不再兌現當初的諾言。吳濁流曾在《台灣文藝》第四期上，發表一首〈因資金缺乏改爲季刊有感〉，表達胸中的酸甜苦辣：

> 書生真本色，苦鬥半年來。發刊才四次，財盡已心灰。填海難尋伴，匡時嘆不才。山河雖復舊，文化賴誰栽。徒然稱寶島，寶從何處來。新貴嘻嘻笑，作家遭餓災。文化無園地，開闢總需財。可憐金世界，無錢做不來。我年今已老，壯志付塵埃。作家不畏苦，投稿積山堆。本刊暫停頓，使我不勝哀。斯文何慘淡，不覺下淚來。國父有遺教，堅忍耐煩哉。

這首詩既是哀嘆，也是自勵。[39]

《台灣文藝》改爲季刊堅持下來後，吳濁流鬆了一口氣。一九六五年秋季的一天，吳濁流所服務的機器工業同業公會理監會聯席會議通過了退休辦法時，吳濁流猛然覺得自己也應該退休了。他於是申請退休，得到了公會的同意。回首在機器公會近十七年的時光，雖然在工作中無法發揮自己的專長，但林理事長、歷任理監事和同事們都很關照他，因此還是很愉快的。自己出版小說集《瘡疤集》上下冊、詩集《濁流千草集》，在日本出版《亞細亞的孤兒》，創辦《台灣文藝》雜誌等等，都是在機器公會期間做的。他想，這也是自己做這個無專門的專門委員的好處。如果眞有專門的話，以上這些事恐怕就做不成了。

　　吳濁流向機器公會申請退休後兩天，即漫遊香港和日本，
一共四十五天。在日本期間，他去參觀上智大學的校慶大會。
會上，有男女學生朗誦了中國的唐詩。吳濁流也被要求吟誦一
首。於是他吟詠了李白的〈清平調〉。又一天，他出席一個日
本青年的結婚派對，見到一位女士在派對上吟誦起中國的古
詩，一位男士表演劍舞。漢詩如此深入日本國民的生活中，這
一發現使吳濁流大吃一驚。想到在台灣，漢詩久已不受重視，
被很多人棄之如敝屣，實在可悲可嘆。此次出遊回台後，他寫
了〈再東遊吟草〉一百二十首及以漢詩為中心的遊記〈東遊雜
感〉。

　　吳濁流不僅決心堅持將刊物辦下去，還異想天開，醞釀舉
辦文學獎，激勵青年作家。他認為，當時的台灣文壇停滯不
前，原因之一是老一輩的作家將自己的作品視如奇珍，拼命宣
傳，互相吹捧，不許年輕人插足，以爭當「雞栖王」為榮。而
當局也沒有出台妥當的政策扶持青年作家，雖然也設有文藝
獎，但都是錦上添花，而不是雪中送炭，以致文學新人不敢做
獲獎的夢。有感於此，他不顧財困力薄，決定設立一年一度的
「台灣文學獎」，獎勵在《台灣文藝》上發表的佳作。一九六
六年一月，第一屆台灣文學獎揭曉。

　　一九六八年四月，吳濁流的自傳體小說〈無花果〉開始在
《台灣文藝》連載，分三期載完。

　　這一年的八月二十六日至十一月十五日，吳濁流參加美國
環球航空公司組織的世界旅行團作環球旅行，遊覽了亞、歐、
美洲二十個國家，到過四十一個地方。在旅行中他記下了很多
見聞和感想，還吟了一百五十多首詩，結集為〈談西說東〉，
先於《台灣文藝》上連載，並於翌年出版單行本（其中還收入

了〈東遊雜感〉）。

　　台灣文學獎共頒發了四屆。由於每次頒獎的獎金都是辛辛苦苦募捐而來，如果不足，吳濁流還要自掏腰包，因此他考慮成立一個基金會，自己捐出十萬元，再加上公開募捐，也許靠利息可以發獎金，一勞永逸地解決問題。另外，幾屆台灣文學獎頒發後，有人非議名不副實，認爲這只是《台灣文藝》雜誌社的一個獎，而且評獎對象僅限於《台灣文藝》發表的作品，不應扛著「台灣」這麼大的一塊牌子。因此他感到有必要將文學獎換一個名稱。一九六九年四月二十日，在《台灣文藝》五周年紀念會暨第四屆台灣文學獎頒獎典禮上，吳濁流的好友鍾壬壽提議台灣文學獎應籌措基金，組織財團法人，並改名爲「吳濁流文學獎」。這一提議得到了與會者的一致響應。很快地，吳濁流文學獎基金會及管理委員會相繼成立，開展工作。[40]

　　吳濁流捐出十萬元作爲「吳濁流文學獎」基金。當時，十萬元不是一個小數，吳濁流自從兩個女兒出嫁之後，便吩咐妻子每月節省五百元存起來作爲刊物和台灣文學獎的基金，所以才會有這筆錢。

　　吳濁流捐資成立「吳濁流文學獎」，在台灣文學界內外引起轟動。台灣《新生報》副刊爲此出特刊揄揚。《中央日報》《大眾日報》以「短評」響應，其它各報也刊載了中央社關於此事的報導。《新生報》特刊上彭歌的〈今日愚公〉一文，將吳濁流喻爲當代「愚公」。[41]

　　以吳濁流的年齡和體力而言，經營一份刊物確實是一種煩惱和煎熬。煎熬是無窮盡的，一個煩惱消除了，另一個又接踵而至。除了經費上的艱難困窘之外，還有其它的困擾。一次，某作家給《台灣文藝》投了一篇約兩萬字的稿件，已大大超過

雜誌社制訂的八千字以下的投稿原則。吳濁流有感於他的誠意，和編輯商量如何刊登。編輯的意見是分兩期刊出，但吳濁流考慮如果分兩期刊登的話，該文就錯過了本年度的台灣文學獎的評獎。商量的結果，索性將已準備發表的兩篇文章撤下，將該文一次登完。不曾想雜誌出版後，有讀者來信指出，某作家的那篇「大作」已於香港一家雜誌露過臉，並且已收入單行本在書店銷售，書名與《台灣文藝》登出的篇名一模一樣。吳濁流感到被某作家愚弄了，立即寫信質問對方，對方卻特地上門來振振有辭地辯解一番。對方的無恥態度使吳濁流感情很衝動。他一氣之下不想再幹了，想到日本去研究漢詩，以免受此閒氣。他將此想法與友人商量，雖有贊成者，但多數人勸止了他。他冷靜下來後，也覺得不能因一時意氣而停掉《台灣文藝》。何況刊物一年比一年進步，青年作家踴躍投稿，而且作品都有可觀之處，刊物正按自己主張的辦刊宗旨走著健康向上的文學之路。自己其實已別無選擇，只能繼續負起辦刊重責，為台灣文學事業添磚加瓦。

吳濁流在世時，「吳濁流文學獎」共頒發了七屆。其中吳濁流漢詩獎頒發了三屆，吳濁流新詩獎頒發了四屆（詳見附錄一）。《台灣文藝》、台灣文學獎、「吳濁流文學獎」，為台灣文學事業的發展起到了推波助瀾的作用，厥功甚偉。台灣老中青幾代作家許多人都曾在該刊發表過作品。

一九七〇年十月，吳濁流的《無花果》由台北林白出版社出版單行本。不久，即遭國民黨當局查禁。為何這部作品在《台灣文藝》上連載則平安無事，出版單行本就不行？吳濁流頗覺莫名其妙。他私下裡抨擊國民黨當局的「出版自由」、「言論自由」只是掛羊頭賣狗肉。[42]

第十二節　雄心未已身先去

　　年過七旬的吳濁流，除了繼續將心血傾注於《台灣文藝》和「吳濁流文學獎」，還頻繁地出國旅遊觀光。[43]

　　一九七一年四月八日至五月二十二日，吳濁流第四次遊日本，他從台北出發，先到琉球沖繩觀光兩天，然後再到日本。他將此行寫成遊記〈東遊雅趣〉。

　　一九七二年一月十五日至二月三日，他參加大成旅行社組織的考察東南亞活動，回來後將日記整理成〈東南亞漫遊記〉。就在這一年，他開始寫作另一部重要的自傳體小說〈台灣連翹〉。

　　一九七三年一月，吳濁流漢詩集《濁流詩草》由台灣文藝雜誌社出版。〈台灣連翹〉的一小部分也於《台灣文藝》第三十九至四十五期連載。

　　三月一日，吳濁流六十八歲的太太林先妹因病痛的折磨撒手人寰。自結婚至今，兩人共同生活了四十九年。林先妹是一位賢妻良母，雖然與吳濁流是以傳統的方式相識結婚，但嫁給吳濁流近半個世紀來，兩人相濡以沫，恩愛甚篤。林先妹相夫教子，勤儉持家，使吳濁流免除了許多後顧之憂。林先妹於六十三歲時得了高血壓症，病情時好時壞，變化無常。如今終於不敵病魔，在金婚將近之際離吳濁流而去。吳濁流深感哀痛，分別寫了〈哭妻〉〈懷妻記〉〈五月節祭妻〉三首悼亡詩。

　　一九七四年四月七日至五月二十五日，他參加美國環球旅行社組織的旅行團，途經美、加、日三國，到南美洲觀光遊覽。臨行前，他想起以前六次出國遊歷，太太林先妹都在家燒香拜佛，為他祈禱旅途平安。而今太太已不在人世了。他內心

頗為感傷，於是到太太的靈前燃香默禱，告訴她今天自己要赴南美觀光，請她代表神明保佑。從南美回台，最後一站經過東京。他的日本朋友不少，同時由於《亞細亞的孤兒》在日本出版，使他在日本具有知名度，因此他抵達東京後，五月十三日東京文化界的十八位人士聯合在隨園別館招待他。五月二十二日，他到京都大學人文科學研究所參加座談會並演講。演講的內容主要是關於《亞細亞的孤兒》的時代背景、創作過程等。他告訴與會者，自己是冒著生命危險寫這部作品的。如今看來這樣的冒險是值得的，三十年後這部小說受到日本文化界學者的重視，便是最好的說明。如果他當時不寫這部小說，他今天不可能來演講，也不能結交這麼多日本朋友，更不能每次旅遊日本時，都有那麼多的日本友人招待他。這次遠遊回台後，他發表了〈南美遊記〉。

一九七五年十月十九日至十一月十一日，他出遊印尼、澳大利亞、新西蘭、菲律賓等國，寫有〈印澳紐遊記〉。

一九七六年，即吳濁流生命的最後一年，他又遊非洲和印度。他於三月五日出發，二十九日回台。作〈非印遊記〉。[44]他這次出行的目的主要是想看開羅和印度古代文明遺跡和現代文化。他認為，印度和中國自古就有文化交流，佛教來自印度；印度還有廣大的國土，人口則佔世界的七分之一，僅次於中國，所以應該遊覽探究一番。他事先沒有估計到的是，非洲部分的觀光按預定計劃進行了，在印度卻僅被允許停留二十四小時。三月二十四日從尼泊爾的加德滿都準備搭乘泰航經曼谷往香港時，因飛機修理故障，遲了一個多鐘頭才至曼谷，此時已無去香港的飛機，只能等到翌日九點鐘。但泰國移民局拒絕他們這個旅行團入境，因此大家在候機室的安樂椅上度過了難

眠的一夜。三月二十七日，旅行團從香港去澳門觀光。在澳門
與大陸交界處，七旬老人吳濁流在濃霧中駐足凝望：

　　我老人家只看到距離約五十公尺的地點有二門柱而已。我
們臨於隔界的地方，望了望，萬里迢迢，想像莫及，我展開老
眼凝視一番，視線濛濛，眼睛漸漸花了。不知不覺地似乎濕潤
的煙霧遮蓋一切，我閉著老眼，靜思許久才離此地，之後作三
首詩以志。

在澳門與大陸隔界地點遠眺有感

一

澳門門外立多時，西望中原慨嘆之。
兄弟鬩牆燃豆殼，釜中豆泣本同枝。

二

囂然世事本無奇，時局紛紛將欲移。
歷史循環今既定，不須慨嘆不須悲。

三

愁煙怨霧鎖重重，望斷自由卻笑儂。
擊楫寧無千里志，雄心未已振寰中。

　　有觀光癖的我，在此遠眺之中，忽然想到我不知有無再去
大陸觀光的機會呢？於是我的眼簾浮上北京、南京、上海、天
津、漢口、廣東、蘇州、西湖、大同、敦煌……等等，無限的
風光頻頻誘我，年高喜壽感覺機會很少，不覺嗟嘆一聲。[45]

　　三月二十九日，旅行團的飛機降落台北松山機場。吳濁流的家人來迎接，回到家後還燃放鞭炮慶祝。全程平安無恙，吳濁流又萌生豪情壯志：

　　　我想今後旅行遠方，諒必無問題，不知不覺眼簾浮起上海、南京、北京、天津、東北、廣東等地的風光。[46]

　　然而，吳濁流並沒能等到再次領略祖國大陸無限風光的那一天。

　　就在這一年的九月十一日，吳濁流患了感冒。起初他並沒放在心上，以為拖一拖就會好。到了九月二十一日，他支持不住了。經醫生檢查，由感冒併發了糖尿病、肝硬化、腰酸背痛和白血球過多等症狀。於是住進了台北中華開放醫院。住院後，病情並無好轉。九月二十三日上午，他竟然不能說話了。在醫院照顧他的兒媳婦急忙打電話告訴親朋好友。許多文學界的朋友接訊立即趕到醫院看望。吳濁流見到文壇的朋友們，神情顯得也很悲傷。

　　由於吳濁流的病情不見起色，家屬將他從中華開放醫院轉到仁愛醫院。而在仁愛醫院，他的病情更加惡化了。至九月底，他的臉上和手腳都出現了黃疸，人也一直在昏睡之中。家人看到醫院已無能為力，只好把他帶回家治療。十月三日，家人再次把他送進仁愛醫院。在醫院過了一夜，醫生明白地告訴他們已經沒有希望了。家人於是在十月四日當天又將他接回家。

　　十月七日下午一時五十分，吳濁流告別人間，終年七十七歲。千里志存難擊舟，雄心未已身先去。他再也不能重遊祖國大陸，再也不能等到民族和解、兄弟團圓、中華振興成為現實

的那一天。

　　吳濁流臨終沒有留下任何遺言，但早在三年前他就曾留下遺囑：萬一遭到不幸，《台灣文藝》能辦則辦，不能辦則廢刊；而「吳濁流文學獎」則一定要辦下去。

　　台灣《新生報》《自立晚報》《大華晚報》和《中央日報》等報導了吳濁流逝世的消息。十月十四日上午，吳濁流告別式於台北市殯儀館舉行。出席的親人和生前友好，將告別廳擠得滿滿的。人們在哭泣和哀傷，也在欽佩和景仰……

　　十月十五日，吳濁流葬於新竹縣新埔鎮的四座屋山麓。這位台灣文壇傑出的作家和詩人，又回到他生命的搖籃，回到哺育了他正直良心和嫉惡如仇品格的故鄉的懷抱。

　　吳濁流生前曾寫下三首七絕〈五十書懷〉，其二有句云「文章報國言何易，淡泊生涯荊棘多」。吳濁流雖不是在歷史的風口浪尖上吶喊衝鋒的風雲人物，一生中並無幾多大驚大險、大起大落，然而他畢竟經歷了兩個時代。亡國奴的屈辱，台灣光復的喜極生悲，以及家庭和個人命運的波折，使他的人生之路並不平坦順暢，而是坑窪坎坷，歌哭縈途。「淡泊生涯荊棘多」，可謂作者歸結自己一生的傳神寫照。

　　＊　　此章系根據吳濁流自撰年譜、有關回憶文章、遊記、雜感及自傳體小說《無花果》《台灣連翹》等寫成。一般認為，《無花果》和《台灣連翹》採用自傳體小說形式乃是為了應付戒嚴體制下的新聞出版審查，而涉及吳氏個人經歷的部分，大抵是真實的。如呂新昌《鐵血詩人吳濁流》（台北，前衛出版社，一九九六年四月初版）、藍博洲《吳濁流的文學原鄉——西湖》（台灣，苗栗縣西湖鄉公所，

一九九九年五月）二書即持此立場。鍾肇政《鐵血詩人吳濁流》一
文（發表於「吳濁流學術研討會」，一九九六年十月五日，台灣新
竹縣立文化中心）認為，《無花果》大多以吳氏自身經歷為主；《台
灣連翹》「乾脆就說是自傳，或許也不算太離譜。因為書裡每個句
子、每個字，都平平實實，幾乎可以說毫無虛構的成分」。許俊雅
〈小說／歷史／自傳──談《無花果》《台灣連翹》及禁書現象〉
一文（發表於「吳濁流學術研討會」，一九九六年十月五日，台灣
新竹縣立文化中心）亦云：「吳老這兩本書有大半生平事跡見諸其
隨筆雜文或與其它小說相呼應，基本上，應是有意為歷史做見證，
並無捏造、說謊、虛構之情實。」為了更接近真實，本書介紹吳氏
生平盡可能優先考慮年譜、回憶文章、遊記、雜感所提供的材料；
同時，也適當參考和採信吳氏生前友好所撰述的有關回憶錄。

〔1〕本章有關甲午戰爭、反割台運動、台灣抗日運動和台灣光復初期歷
史的敘述，資料來源如下：
蔡爾康：《中東戰紀本末》，中國近代史資料叢刊「中日戰爭」第
一冊；轉引自浙江省高等師範院校《中國通史講義》協作編寫組編著：
《中國通史講義》，杭州，浙江人民出版社，一九八三年七月初版。
陳孔立編著：《簡明台灣史》，北京，九洲圖書出版社，一九九八
年一月初版。
戚嘉林：《台灣真歷史》，北京，中國友誼出版公司，二〇〇一年
一月初版。
安然：《台灣民眾抗日史》，北京，台海出版社，二〇〇三年九月初
版。

〔2〕《無花果》，台北，草根出版事業有限公司，二〇〇一年十月初版
第七刷，第一五、一六頁。

〔3〕《台灣連翹》，台北，草根出版事業有限公司，二〇〇〇年九月初
版第五刷，第二四、二五頁。

〔4〕見吳濁流：〈一束回想〉，張良澤編：《吳濁流作品集・南京雜
感》，台北，遠行出版社，一九八〇年二月再版，第三～五頁。

〔5〕《台灣連翹》，台北，草根出版事業有限公司，二〇〇〇年九月初
版第五刷，第二九頁。

〔6〕《無花果》，台北，草根出版事業有限公司，二〇〇一年十月初版
第七刷，第二六頁。

〔7〕《台灣連翹》，台北，草根出版事業有限公司，二〇〇〇年九月初
版第五刷，第三二頁。

〔8〕戚嘉林：《台灣真歷史》，中國友誼出版公司，二〇〇一年一月初
版，第一三九頁。

〔9〕 《無花果》，台北，草根出版事業有限公司，二〇〇一年十月初版第七刷，第三三、三四頁。

〔10〕 《台灣連翹》，台北，草根出版事業有限公司，二〇〇〇年九月初版第五刷，第三五頁。

〔11〕 同上，第三六頁。

〔12〕 《無花果》，台北，草根出版事業有限公司，二〇〇一年十月初版第七刷，第三九頁。

〔13〕 日本人蔑稱台灣人為「狸仔」。

〔14〕 《無花果》，台北，草根出版事業有限公司，二〇〇一年十月初版第七刷，第四〇頁。

〔15〕 轉引自呂正惠、趙遐秋主編：《台灣新文學思潮史綱》，北京，昆侖出版社，二〇〇二年一月初版，第二二、二三頁。

〔16〕 同上，第二四、二五頁。

〔17〕 戚嘉林：《台灣真歷史》，中國友誼出版公司，二〇〇一年一月初版，第一四六頁。

〔18〕 《無花果》，台北，草根出版事業有限公司，二〇〇一年十月初版第七刷，第五〇頁。

〔19〕 《台灣連翹》，台北，草根出版事業有限公司，二〇〇〇年九月初版第五刷，第六九、七〇頁。

〔20〕 《無花果》，台北，草根出版事業有限公司，二〇〇一年十月初版第七刷，第六三頁。

〔21〕 吳濁流：〈一束回想〉，張良澤編：《吳濁流作品集・南京雜感》，台北，遠行出版社，一九八〇年二月再版，第一一頁。

〔22〕 此據吳濁流〈重訪西湖〉一文，但據台灣學者王幼華《冰心麗藻入夢來──日治時期苗栗縣的詩社》（苗栗縣文化局二〇〇一年七月初版）一書，一九二七年九月中秋節栗社成立時社員僅一百零六人。

〔23〕 黃美娥：〈日治時代台灣詩社林立的社會考察〉，轉引自王幼華：《冰心麗藻入夢來──日治時期苗栗縣的詩社》，同上，第三三頁。

〔24〕 吳濁流：〈回顧日據時代的台灣文學〉，張良澤編：《吳濁流作品集・黎明前的台灣》，台北，遠行出版社，一九八〇年二月再版，第五二頁。

〔25〕〈綠鸚鵡〉：「性慧多機振綠衣，能言識主羽禽稀。舉頭宮闕重重
鎖，回首隴山事事非。舊侶飄零難獨舞，翠襟捐盡欲孤飛。時來幸
有開籠日，莫作尋常青鳥歸。」吳濁流在隨筆〈我最景仰的偉人〉
中稱此詩寄託了「沉淪亡國的苦悶及憧憬祖國的心情」。張良澤
編：《吳濁流作品集・黎明前的台灣》，同上，第三、四頁。

〔26〕〈祝皇軍南京入城〉：「忠勇無雙帝國兵，滬城破後又南京。六街
旗鼓提燈隊，老幼歡呼萬歲聲。」王幼華：《冰心麗藻入夢來──
日治時期苗栗縣的詩社》，苗栗縣文化局，二〇〇一年七月初版，
第一五五頁。

〔27〕戚嘉林：《台灣真歷史》，中國友誼出版社，二〇〇一年一月初
版，第一二二、一二三頁；陳孔立編著：《簡明台灣史》，北京，
九洲圖書出版社，一九九八年一月初版，第一九二、一九三頁。

〔28〕《台灣連翹》，台北，草根出版事業有限公司，二〇〇〇年九月初
版第五刷，第九三～九四頁。

〔29〕見一九三七年舊曆八月第九十四回栗社社告。王幼華：《冰心麗藻
入夢來──日治時期苗栗縣的詩社》，苗栗縣文化局，二〇〇一年
七月初版，第一五四頁。

〔30〕《無花果》，台北，草根出版事業有限公司，二〇〇一年十月初版
第七刷，第八六、八七頁。

〔31〕台灣《詩報》，一九四一年二月十八日第二四二號刊出「社友吳建
田（濁流）先生渡陸壯行會」上栗社社員所吟的兩首詩。其一為劉
如昔所作：「高唱陽關酒壯帆（「帆」疑有誤），夜光杯舉頌征
帆。願君此去揮奇腕，捷足先登最上岩。」其二為張紹良所作：
「一肩琴劍向江南，應照青青柳染衫。此日苗城開祖餞，相期興亞
署頭銜。」在這次送別詩會上鄒子雍任左詞宗，吳濁流本人任右詞
宗。鄒評劉詩為第一，張詩為第八；而吳氏則將張詩拔為第一名。
吳氏對張詩除了詩味的欣賞外，恐怕還有對詩中思想的讚許。王幼
華：《冰心麗藻入夢來──日治時期苗栗縣的詩社》，苗栗縣文化
局，二〇〇一年七月初版，第一二四頁。

〔32〕《台灣連翹》，台北，草根出版事業有限公司，二〇〇〇年九月初
版第五刷，第一〇三頁。

〔33〕同上，第一〇七頁。

〔34〕同上，第一一〇頁。

〔35〕吳濁流：〈我最景仰的偉人〉，張良澤編：《吳濁流作品集・黎明
前的台灣》，台北，遠行出版社，一九八〇年二月再版，第三頁。

〔36〕《無花果》，台北，草根出版事業有限公司，二〇〇一年十月初版第七刷，第一三六頁。

〔37〕《台灣連翹》，台北，草根出版事業有限公司，二〇〇〇年九月初版第五刷，第一五三頁。

〔38〕《無花果》，台北，草根出版事業有限公司，二〇〇一年十月初版第七刷，第一三八頁。

〔39〕鍾肇政在《鐵血詩人吳濁流》（「吳濁流學術研討會」，一九九六年十月五日，台灣新竹縣立文化中心）一文中說：「每次來舍，他總會開口大罵，罵那些人家誠誠懇懇送去的新刊，連看也不肯多看一下的所謂文化人。他也會罵那些一毛不拔的醫生，說當今最賺錢的醫生，竟然絕大多數是一毛不拔的吝嗇鬼。有一次，他還罵一家大公司。那個大老闆是特別贊助人，可是每次去收款，總會給底下的辦事人員擋駕住，不是說老闆不在，便說在開會。『欺負台灣人的，都是台灣人！』這話他不知向我提了多少次。」

〔40〕「吳濁流文學獎」管理委員會主任委員兼評選委員會主任委員為鍾肇政。管理委員為葉石濤、鄭煥、張彥勳、鍾肇政等二十人，評選委員為鍾肇政、林海音、葉石濤、林鍾隆、鄭清文、李喬、鍾鐵民等七人。

〔41〕彭歌〈今日愚公〉一文中說：「在一般人的心目中，像吳濁流先生這樣的人，似乎是做傻事永遠做不夠，永遠也不曉得為自己打算的。在今年已經是七十高齡了，為了薄薄的一本《台灣文藝》雜誌，不知花費了他多少心血。現在，他又把自己的退休金和歷年家用節餘的錢湊成了新台幣十萬元，設立『吳濁流文學獎』。這當然又是吃力而未必討好的事。」
彭文與《新生報》特刊發表的寒爵、林海音、司馬中原、葉石濤、鍾肇政的文章均轉載於《台灣文藝》第二十五期。以上引文轉引自鍾肇政：《鐵血詩人吳濁流》。「吳濁流學術研討會」，一九九六年十月五日，台灣新竹縣立文化中心。

〔42〕鍾肇政在《鐵血詩人吳濁流》（「吳濁流學術研討會」，一九九六年十月五日，台灣新竹縣立文化中心）一文中說：「一九七〇年十月間，《無花果》第一次版本（仍為袖珍本）上梓。然而，這回吳氏可沒有那麼幸運，不久即遭查禁厄運。雜誌上刊載，平安無事，單行本印出來，馬上查禁，這究竟是怎麼回事呢？吳老來舍，總要提提這個啞謎——當然，也免不得憤激一番，大罵一番，並告訴我日據時代日本官員作風。在異族統治下，所謂『發賣禁止』也不是罕見的事，而且是採取事前檢查方式，放行後始准發行，刊物上開天窗的情形屢見不鮮。如今名為『出版自由』『言論自由』，卻只是羊頭狗肉，而且標尺如何，叫你摸不透、猜不準，這才是令人氣憤，也叫人傷腦筋的事。」

〔**43**〕 關於吳濁流出國旅遊的經費來源，台灣作家呂新昌在其著作中有所解釋。詳見呂新昌：《鐵血詩人吳濁流》，台北，前衛出版社，一九九六年四月初版，第一六三～一六五頁。

〔**44**〕 張良澤編《吳濁流作品集‧南京雜感》，台北，遠行出版社，一九八〇年二月再版，於目錄和內頁均作〈印非遊記〉，誤。

〔**45**〕 吳濁流：〈非印遊記〉，張良澤編：《吳濁流作品集‧南京雜感》，台北，遠行出版社，一九八〇年二月再版，第一八九、一九〇頁。又，張氏收入的〈非印遊記〉，略去了〈在澳門與大陸隔界地點遠眺有感〉三首詩。今據《台灣文藝》第五二期（一九七六年七月）將此三首詩補入。

〔**46**〕 同上，第一九五頁。

第二章
介入精神與中國民族主義

　　如果以作品數量而論，吳濁流並不算一位高產作家。然
而，他的創作卻呈現著多頭並進的面貌。小說、漢詩、隨筆、
遊記是他的四大創作領域。對其創作進行整體的考察，我們將
會發現它們的內容或風格存在著一種互補的關係，即寫實與抒
情，現實批判與理想闡發的變奏和交響。在藝術思想上，吳濁
流不遺餘力地同時張揚兩大文學觀，即介入文學與中國民族主
義文學。本章將概述和探討吳濁流的文學主張與創作風格。其
中小說部分主要分析其中短篇，長篇小說《亞細亞的孤兒》、
《無花果》、《台灣連翹》以及隨筆集《黎明前的台灣》則在
後面另闢專章論述。

第一節　介入文學與中國民族主義文學

　　作家的文學觀與創作實踐孰先孰後其實不易也不必區分，
而且並非每一位作家都有系統的文學思想。但要討論一個作家
的創作，我們只能從這樣一個事實或假定出發，即作家的寫作總
是某種文學觀念作用的過程，這種文學觀念或顯或隱地推動著他
向藝術構思的深處走去。因此，在分析吳濁流的具體作品之前，
先就其文學觀念進行一番檢視和梳理，也許並非多餘之舉。

　　吳濁流是一位作家和詩人，不是理論家和批評家，他的
文學觀不是以嚴謹的理論思維表述，而是以隨筆形式發表或
流露的。然而，這一類隨筆卻也較爲詳盡地闡明了他的文學
主張。

　　吳濁流的文學觀可歸納爲以下八個部分。

　　一，文學是對歷史與現實的書寫：

　　我寫的小說帶有歷史性的性格，所寫的各篇都是社會真相
的一斷面，……若將此十九篇連串起來，日據時代及光復後的
社會情形之投影，以及政治的影響不消說，同時，社會的歪風
畸形怪相也可以窺見的，所以亦可作爲本省社會之內幕來看
吧。[1]

　　（《亞細亞的孤兒》）不是本人的自傳。胡太明可以說是
代表日據時代的本省智識分子，久子小姐的優越感也就是在台
灣的日本女性的典型。[2]

　　（《亞細亞的孤兒》）是用台灣在日本統治下的一部分史
實來做背景。[3]

　　這本小說（《亞細亞的孤兒》），我透過胡太明的一生，
把日本統治下的台灣，所有沉澱在清水下層的污泥渣滓，一一
揭露出了。登場人物有教員、官吏、醫師、商人、老百姓、保
正、模範青年、走狗等，不問台日人、中國人的各階層都網羅
在一起。無異是一篇日本殖民統治社會的反面史話。[4]

關於寫〈先生媽〉的動機，當時我在台灣新報做記者，台灣總督府極力推行皇民化運動，在推行皇民文學期間，軟骨頭的本島人文士亦有參加，掛著文學奉公會會章，得意揚揚，闊步橫行，令人側目，我看到敢怒不敢言。[5]

〈糖扦仔〉和〈先生媽〉的主角錢新發一樣，是日據時代御用紳士中的代表人物。

〈陳大人〉是寫為虎作倀，賣族幫凶的台灣人警察。[6]

我對外省作家有一個希望，即中日戰爭時，有很多可歌可泣的抗戰史實，如以此為背景寫成小說，例如把台兒莊、大場鎮、長沙、長白山、緬甸等地，我國軍民英雄抵抗的血戰記錄起來，可留於後世。此等歷史小說，要根據史實，所以要趕快著手，再過十年就無法採訪，現在寫還有老一輩參戰的英雄可以請教。[7]

二，文學要具有教化意義：

（我）又不想永久默然站著不動，若要動，最好做些或有益於國家民族的文化事業，我想到此，才毅然再走上文學這條路。[8]

一個真正愛國的作家，不僅要面對現實，把「思想沒有痕跡地化入作品」，以發揮文藝的潛移默化作用，而且更應該刺激社會、領導時代，走進一個清新明朗的境界。[9]

國父（孫中山）是民主政治家，他可以常在我們國人的身邊，不像聖人仰之彌高，所以要編成傳記小說，借此又可以陶冶國民的情操。

……編入小說來啟發國人，則我們國人不知不覺中，很容易就注入了國父的精神。[10]

《瘡疤集》上冊，我已提出了四個主角來代表日據時代的副產物，台灣人與淪陷區中國人之醜相。光復後，這種醜相照理應該斂跡的，但事實上並不然。

所以下冊我將繼續選其具有特色的醜相，描寫出來呈獻給讀者們，以為國人警覺。[11]

回想我寫這篇小說（《亞細亞的孤兒》）的動機，是因為我們在殖民地生存的本省知識階級，任你如何能忍耐善處，最少限度也要遭受到像這篇小說中的主角一樣的精神上的痛苦的。所以，我寫這篇小說來給有心的日本人看看，並且留給我們後代的人知道。[12]

以台大的工藤先生為中心，每月十五日集會，以閒談文學為名，有時也拿出時局問題來私語。皇民奉公會本部顧問台大中村教授亦來參加，於是我寫這篇〈先生媽〉小說給他看，暗中希望他反省。[13]

研究（日據時代的台灣文學）須要全盤，不可單據有漢族氣骨的東西。進一步，還要研究反骨的另一面如御用、走狗、幫凶等作品，以補救民族精神。

......

台灣人作家之中，也有應聲蟲，甘為走狗，鼓吹皇民文學來瞞騙台胞青年為日本而死戰，所以我想研究文學史的學者，不是單研究有民族精神的作品就算了。再進一步，研究御用文學、皇民文學及皇民文學會活動的作家及其性格，也可以留於後世以為警惕。[14]

我想各新時代有新生命的文章，應該由內容來決定形式，不是拿從來的形式來決定文章的好壞的吧，這須要大家向此目標邁進，才能產生優秀作品吧。[15]

文藝若不能大眾化，國人的文化水準恐怕永遠不能提高。[16]

三，文學不是工具：

（文學）不能拿來做工具，無論是商業上，抑是政治上或其它都不行。如果拿來做工具的話，一定影響到文學本身的生命。原來文學的生命是藝術，所以文學不能游離藝術；一旦作為工具時，就不能兼顧文學本身的藝術生命。例如文學拿來做商業工具，要達到買賣的目的，就要有商品的價值，須具商品價值的作品，就不能不考慮大眾的口味，為合大眾的口味，就要迎合大眾，要迎合大眾怎麼能顧及文學本身的文藝生命呢？所以商品化的文學，哪有價值可談？
......

我主張文藝就是文藝，不可做其它的工具，才是無價之寶吧。[17]

口號與宣傳混在文學之中，文學成為工具，致使傷害文學本質及其生命。[18]

「反共八股」和「口號文學」，是一對孿生兄弟；專門擺弄這類文字的人如果說他們大腦平滑，沒有思想，似不為過。……我虔誠地祈禱：愛國家、有良知的文藝作家，自覺自發地運用你們的思想和文藝技巧，以棄絕味同嚼蠟的「口號文學」吧！[19]

四，文學要經得起歷史的檢驗：

一個文藝家其作品須要經得起歷史的批評，而且要對得起子子孫孫，才有文藝價值可言。
……
文藝作家若不丟掉口號文學及模仿文學，將來恐怕無法經得起歷史的批判，也不能對得起子子孫孫吧。[20]

五，文學維持和體現生命的價值：

文藝一門，雖然就像我們人身某種維他命，不吃不會死，吃了也不能馬上見其效果。可是長期缺乏，若不加以補給，一定會影響其健康，不但影響本人甚至可以影響到其子子孫孫。[21]

碰到此時局，誰都不能苟全性命，白死豈不可憐？不如再冒日警逮捕之險，偷寫一本誰都不敢寫的小說，比白死總比較有價值吧！[22]

為文藝而死是死而無憾。[23]

六，要在繼承民族優秀文化的基礎上，吸收外國文學的長處，建設適應時代的中國文學：

要改革詩，第一不要模仿而要自主自立；第二要像屢次改革一樣，要保存中國詩的本質及好處；第三語言很重要，用中國的語言和文字，要有中國式的表現技巧，不得隨便。[24]

現在我們第一要恢復中國人的自信，尤其是詩人最敏感，最敏感的詩人還在模仿不知自主自立。難怪連做中國人的自尊心都失去的青年，趨向洋奴化。

……中國的詩不可永久停頓在唐宋時代，須要近代化，此點無人反對，只是不可失去志氣和信心，像每次改革那樣，不要模仿，拿出勇氣來創造有中國文化格律的新詩，才對得起祖宗。

……做中國詩要用中國的語言，中國的語言有中國的風格與韻律，脫離中國語言的格律就是變質，不能稱為中國的詩了。

……凡以前受過日本教育的人，難免對中國文化認識不足，而對日本文化評價過高，誤以為中國不及日本。

……不可誤解我的主張是復古，我主張的固有文化格律，不是指固有形式，而是主張固有文化的傳統和風格，千萬不可丟棄漢詩的靈魂和哲學的奧妙的意境，及典雅的措詞，尤不可抹煞漢詩重人格、重個性的優美傳統。[25]

我國的固有文學，淵源很深很厚，寬度甚廣，與西洋文學相比絕不遜色。……

我們的固有文學，不消說須要近代化，但近代化不是西

化，亦不是日化，所謂近代化要將固有文化的優點及其特質繼承下來，不能拿西日文學來代替，須要自主自立的。[26]

我們的固有文藝因悠久歷史帶來的壞處，固然不是沒有，但不可一切否定，要採取科學方法，起初不妨拿壞的來否定，否定到最後，是不是還有好的東西存在，若是有的話，應該拿來研究研究。[27]

要拿外國文學來比較，檢討我國文學發見其弱點，採長補短，不可盲目模仿，要採取開明的態度，尊重我們固有文學的優點拿來做經線，採取外國文學的優點拿來做緯線，織成最優秀的中國文學的新作品，才是正路。[28]

我主張要拿固有文化格律做不動的定點，有此定點就不怕西洋文化搖撼，若無的話，就會被西洋文化全棚搖倒。……有此不動的定點以後，還要採取開明的態度，再加吸收外國文化的新血來補救我們的詩的生命，但不可盲目模仿。……這才是我們今後的正路。

總而言之，中國人應有中國人的詩，形式適應時代，隨它轉變無妨，但絕不能模仿外國的詩來代替。[29]

漢詩非近代化不行了。所以主張今後漢詩之表現，要意深、字淺、句圓、深入淺出，才有妙味。[30]

提倡新詩，我也很贊成，但不可排除舊詩，致使影響青年的心理。

……

　　漢詩是中國文學之結晶，有傳統，有精義，有靈魂，有血液，有骨髓，可與民族共存榮，豈可置之不問，其寶貴實在此。

……

　　漢詩具有中國固有文化的特色。是漢民族最高智慧的表現，實非近代文明所能輕易望及的。

　　漢詩的價值還有一個寶貴的理由，漢詩是我民族創造的文化的精華，所以沒有模仿性，……現在的新詩，虛心來講，其價值還未能與漢詩同列來論。[31]

　　我們中國的文學，比起日本的商品化的翻譯文學，淵源很遠，基礎很堅，有這樣的傳統，不必仿人，盡量將祖先的文化相續起來，但不可幽閉在祖先傳來寶貴的文化中，貪眠蛻化，更不可墨守成規，被已有成就的舊文學作品所束縛，不能發展，徒然模仿它；……我們一定須要再加研究，將固有文化，拿來現代化，創成現代中國文學來與世界文學並肩競秀。[32]

　　七，創造有中國風格的新作品是台灣文學的使命：

　　希望青年一心一德負起建立中國文化風格的文藝責任。[33]

　　希望做新詩的人，趕快自主自立，另樹一幟，創造有中國文化格律的白話詩，來與世界文學並駕齊驅。[34]

　　創造有中國文化格律的新作品，才是台灣文藝的使命。[35]

八，台灣文學的特殊性要與中國和世界文學的普遍性相統一：

> 現在中國文學，具有另一種特殊性質。現在我們在台灣特殊環境下掙扎，其文學也在這樣環境下苦悶，若是不承認這樣特殊環境，也無法創造有生命的作品，其作品一切變為虛空或是虛偽的，怎麼也談不起文學的價值。所以現在的中國文學須要認清楚台灣的特殊環境，才有實在性，根據實在的特殊性，才能產生優秀作品，須要這樣做，文化沙漠才有文化價值的作品可談。[36]

> 文藝一面是特殊性，一面是普遍性。特殊性是因環境、歷史、傳統各有不同，其產生的作品，自然有特殊的個性，但這個性要具備有普遍性才稱好作品。……
> 台灣文藝要根據台灣的特殊環境而產生一個個性，這個性又要合於中國的普遍性，同時具備世界的普遍性，才有價值可言。[37]

吳濁流的上述文學主張，前五個部分可歸結為「介入文學」的精神，後三個部分則反映了一種中國民族主義文學觀。

吳濁流走上文學道路有一定的偶然性。但這對一個作家而言並不說明任何問題。很多作家都是不期然而然地進入文壇的。而且，以吳濁流的敏感的氣質和秉性而論，他最終成為作家或許也是冥冥中的一種必然。儘管缺乏文學生涯的心理準備，但出生在中華民族反對帝國主義侵略、挽救民族危亡的時代，生活在日本殖民統治下的台灣，時時目睹著殖民者的殘酷暴虐，感受著亡國奴的痛苦和恥辱；同時，從小受到中國傳統

文化特別是中國古典文學的熏陶，又處身於台灣新文學的現實主義語境之中，因此拿起文學之筆，便可能會描畫出一種「爲人生的藝術」，並且會打上一種民族性格的烙印。台灣光復後海峽兩岸長期分裂對峙，國民黨當局在台灣實施戒嚴統治的冷峻現實，也使他手中的筆無法離開台灣的鄉土和人民，他別無選擇地繼續以文學的方式表現自己對台灣現實的關懷與對中華民族未來的展望。誠然，吳濁流的文學思想是隨著他的世界觀、祖國觀和創作的逐步成熟而成型的，而並非一開始起步他就具備這樣明確的介入精神和民族意識。

　　「介入」，是指對現實與人生的深切關懷。介文入學，也就是關切現實與人生，創作主體具有強烈的干預生活意識的文學。法國存在主義哲學家、作家薩特（Jean-Paul Sartre）曾詳細論述過寫作的介入性質。薩特認爲，語言也是一種行動方式，是行動的某一特殊瞬間，人們不能離開行動去理解語言。說話之所以是一種行動，是因爲任何東西一旦被人叫出名字，它就不再是原來的東西了，「它失去了自己的無邪性質」。如果你對一個人道破他的行爲，你就對他顯示了他的行爲，於是他看到他自己。由於你同時也向所有其他人道破了他的行爲，他知道自己在看到自己的同時也被人看到；他不經意做的動作這一來就如龐然大物那樣存在，爲所有人而存在，它與客觀精神相結合，獲得新的規模，它被回收了。這以後，這個人又怎麼能照原來的方式行動呢？當一個人的行爲被人評論後，他就不得不面臨著兩種抉擇：或者固執地繼續這一行爲，明知故犯；或者放棄。所以，「我在說話時，正因爲我計劃改變某一情境，我才揭露這一情境；我向自己，也向其他人爲了改變這一情境而揭露它；我觸及它的核心；我刺穿它，我把它固定在

衆目睽睽之下；現在它歸我擺布了，我每多說一個詞，我就更進一步介入世界，同時我也進一步從這個世界冒出來，因爲我在超越它，趨向未來。」[38] 根據這一理論，薩特認爲，作家是選擇了某種次要行動方式的人，他的行動方式就是通過揭露而行動。因爲寫作就是一種說話，所以也就是揭露，而「揭露就是改變」。他還指出，文學「是一面批判性的鏡子。顯示，證明，表現：這就是介入」。[39] 文學介入，歸根結底就是承擔全世界，承擔整體。寫作既是提示世界又是把世界當作任務提供給讀者的豪情。在介入觀的基礎上，薩特將文學的作用提到相當的高度：「不管你是以什麼方式來到文學界的，不管你曾經宣揚過什麼觀點，文學把你投入戰鬥；寫作，這是某種要求自由的方式；一旦你開始寫作，不管你願意不願意，你已經介入了。」[40] 從介入文學觀出發，薩特因而倡導一種生產文學、實踐文學。當然，薩特的介入文學觀未免過於誇大了文學的功用，同時將介入視爲文學的一種先天性質，不僅與其「存在先於本質」的存在主義理論自相矛盾，而且其絕對化的結論也難以面對文學史的複雜事實，即歷史上和現實中既有爲被壓迫者代言的文學，也有爲壓迫者歌功頌德的文學。在後者的情形中，寫作不僅不是揭露和改變，而且還起著掩蓋和維持現狀的作用。因此，與其說介入是文學的先天規定性，毋寧說是主體自我選擇的結果。然而，薩特的介入觀畢竟認識到了文學的介入功能，指出並肯定了文學的社會和歷史意義，並強調作家參與歷史進程和文化創造的責任，因此是一種積極的文學觀，有其合理性的一面。

　　介入文學可以是一種現實主義文學或具有現實主義文學品格，但並非所有的現實主義文學都有強烈的介入意識。薩特本

人就對現實主義評價不高，並刻意對介入文學與現實主義作出了區隔。他認為，現實主義由於相信能夠對現實作出公正的描繪因而是一種謬誤。因為現實不可能被公正地描繪——既然連知覺本身都是不公正的，既然只要人們叫出對象的名字，對象就已經被改變等等。其實，如此全面切斷介入文學與現實主義之間的聯繫並不合適。薩特所說的只是一種關於現實主義的理解。而且介入文學如果脫離一定的創作方法必定無從實現。當然，介入文學也不一定僅歸結為一種特定的創作方法。就現實主義而論，我們不妨將是否具有介入精神而將其區分為積極與消極兩種。如此來衡量吳濁流的小說寫作實踐，則他的介入文學主張最終體現為積極的現實主義創作方法。我們稍後將論及。

　　另一方面，以「介入」定義吳濁流的文學觀，並非說明吳濁流是一個薩特意義上的「戰鬥」作家，[41] 而是對其關切歷史與現實的文學主張和人文情懷的涵括。吳濁流並不是一個吶喊著意識形態口號的激進作家，其文學對現實的介入主要是自覺地以對歷史與現實的真實書寫，把「思想沒有痕跡地化入作品」，訴諸讀者的良知和審美情感，來達到鑄造民族精神並影響社會現實的目的。

　　吳濁流的文學觀並無形成系統的理論，然而它卻具有理論的辯證邏輯，因而散見於多篇隨筆的文學主張卻也呈現出某種內在統一性。「我寫的小說帶有歷史性的性格，所寫的各篇都是社會真相的一斷面，……若將此十九篇連串起來，日據時代及光復後的社會情形之投影，以及政治的影響不消說，同時，社會的歪風畸形怪相也可以窺見的，所以亦可作為本省社會之內幕來看吧。」「我對外省作家有一個希望，即中日戰爭時，有很多可歌可泣的抗戰史實，如以此為背景寫成小說，例如把

台兒莊、大場鎮、長沙、長白山、緬甸等地，我國軍民英雄抵抗的血戰記錄起來，可留於後世。此等歷史小說，要根據史實，所以要趕快著手，再過十年就無法探訪，現在寫還有老一輩參戰的英雄可以請教。」……這些議論顯示著這樣一種認識：文學要介入現實，首先應該對歷史與現實進行真實的書寫。即既要表現民族的「可歌可泣」的光輝歷史與英雄人物，也要表現平凡的生活與人生；既要表現生活的光明，也要揭示社會黑暗與畸形人物。而對社會「真相」和「畸形怪相」的描寫不是目的，在此前提下要形成文學的教化作用：「一個真正愛國的作家，不僅要面對現實，把『思想沒有痕跡地化入作品』，以發揮文藝的潛移默化作用，而且更應該刺激社會、領導時代，走進一個清新明朗的境界。」「回想我寫這篇小說（《亞細亞的孤兒》）的動機，是因為我們在殖民地生存的本省知識階級，任你如何能忍耐善處，最少限度也要遭受到像這篇小說中的主角一樣的精神上的痛苦的。所以，我寫這篇小說來給有心的日本人看看，並且留給我們後代的人知道。」……文學的教化意義並不等於喪失文學的獨立性，要求文學成為政治或商業牟利的工具。就台灣的具體環境而言，文學也不應該拿來做反共政治的工具，從而淪為反共宣傳的空洞口號：「『反共八股』和『口號文學』，是一對孿生兄弟」，因此「愛國家、有良知的文藝作家」，應該自覺地棄絕「味同嚼蠟的『口號文學』」。只有堅持文學對現實的介入，同時保持文學作為審美藝術的特性與獨立性，文學才能經得起時間的考驗，才能經得起歷史的評判，從而具有恆久的藝術魅力和審美價值：「一個文藝家其作品須要經得起歷史的批評，而且要對得起子子孫孫，才有文藝價值可言。」「文藝作家若不丟掉口

號文學及模仿文學，將來恐怕無法經得起歷史的批判。」作家通過文學作品介入，投射自己對現實人生的深切關懷，並且以作品中表現出的作家良知喚起社會良知，實踐自己的人生抱負，履行自己的社會責任，從而維護生命的尊嚴，實現生命的價值和獲得超越性的生命意義。因此，文學「就像我們人身某種維他命」；也因此，從事文學創作「比白死有價值」，「為文藝而死是死而無憾。」

　　值得指出的是，吳濁流的介入文學觀與中國民族文化傳統和中國（大陸和台灣）新文學的主流是一脈相承的，因此有著一定的民族根源和民族色彩。吳濁流不僅深受中國古典文學熏陶，熱衷漢詩創作，而且受到中國五四新文學的影響。[42] 日本學者尾崎秀樹也看到了這一點。他在評論吳濁流的長篇小說《亞細亞的孤兒》時就曾指出：「中國文學的傳統活在它裡面。在魯迅和茅盾裡面可看到的屬於人生派的凝視現實之眼，也存在於吳濁流。……我感到產生這樣作品的文學風土裡，似乎有大陸文學傳統的根。」[43] 從古代孔子的「詩，可以興，可以觀，可以群，可以怨」，[44] 《毛詩序》的「詩有六義焉：一曰風；二曰賦；三曰比；四曰興；五曰雅；六曰頌。上以風化下，下以風刺上，主文而譎諫，言之者無罪，聞之者足以戒」，[45] 白居易的「文章合為時而著，歌詩合為事而作」，[46] 到近現代的嚴復、夏曾佑的「（文章）宗旨所存，則在乎使民開化」，[47] 康有為的「僅識字之人，有不讀經，無有不讀小說者。故六經不能教，當以小說教之；正史不能入，當以小說入之；語錄不能喻，當以小說喻之；律例不能治，當以小說治之」，[48] 梁啟超的「欲新一國之民，不可不先新一國之小說」，[49] 「支那人之愛文學也，如愛性命，有熱心之革新

家起，欲革新各種社會，必革新各種文學投國民之所好，而導之於各種完全人格之域」，[50]一直到五四新文化運動中胡適的「推倒雕琢的阿諛的貴族文學，建設平易的抒情的國民文學。推倒陳腐的鋪張的古典文學，建設新鮮的立誠的寫實文學。推倒迂晦的艱澀的山林文學，建設明瞭的通俗的社會文學」，以及魯迅所力行的「為人生」、「揭出病苦，引起療救的注意」[51]和成為「改革社會的器械」[52]的「遵命文學」，[53]再到台灣新文化運動所追求的「自新自強」[54]的民族解放目標，和台灣新文學的先驅張我軍、賴和、楊雲萍、楊守愚等所開闢的台灣新文學的現實主義道路，中國文學形成了一種「言志」、「達意」、「宗經」、「載道」的重教化的主流傳統。雖然從各國文學中也能找出這樣一條線索，然而從吳濁流所置身的歷史和文化語境來看，比起本民族文學傳統，外國文學對他的影響畢竟要間接得多。即使他的不少作品是用日語寫的，對日本文學也有廣泛涉獵，但他並不由此「對中國文化認識不足，而對日本文化評價過高，誤以為中國不及日本」。相反，他認為，「我們中國的文學，比起日本的商品化的翻譯文學，淵源很遠，基礎很堅，有這樣的傳統，不必仿人」。因此，日本文學對他的影響也是次要和有限的。

如果說，吳濁流文學思想中的介入觀念，其民族色彩還不是十分鮮明的話，他關於文學形式的主張，則具有強烈的民族性，是一種中國民族主義的文學觀。

「民族」一詞在漢語中於近代才開始普遍使用。中國大陸一九七九年版的《辭海》將「民族」定義為：一，泛指歷史上形成的、處於不同社會發展階段的各種人們共同體。二，人們在歷史上形成的一個有共同語言、共同地域、共同經濟生活以

及表現於共同文化上的共同心理素質的穩定的共同體。[55] 但它卻對「民族主義」給予了較爲狹窄的定義:「資產階級對於民族的看法及其處理民族問題的綱領和原則。在不同的歷史時期和不同的國家起著不同的作用。」[56] 該書一九九九年版也基本維持了這一定義。《辭海》的定義旣反映了一種歷時性的狀況,即多年來中國大陸學術界對「民族主義」一詞基本上是當作消極意義來使用;也說明了一種共時性的情形,即「民族主義」的內涵至今並沒有統一的認識。中美合作編譯出版的《簡明不列顚百科全書》對「民族主義」的解釋是:「民族主義可以表明個人對民族國家懷有高度忠誠的心理狀態。⋯⋯不過直到十八世紀末葉,民族主義才開始普遍被認爲是塑造人們公共的以至個人的生活中起決定作用的因素。」[57] 其中,「民族主義」一詞是中性的,並無貶義。近年來,隨著全球化帶來的一系列問題,民族主義思想和關於民族主義的研究在世界範圍內重新出現了一股熱潮,對民族主義的解釋也不一而足。有的觀點認爲,民族主義是民族成員對其民族國家的政治認同,其包括兩個重要層面,一是民族國家的制度;二是民族成員的民族意識和激情,表現爲對民族國家的至高無上的忠誠。有的觀點則將愛國主義與民族主義進行嚴格的區分,將前者界定爲對共和制度民族國家及其生活方式的熱愛之情,而將後者釋義爲對以相同文化、語言、種族爲基礎的國家、社區或集團的效忠;並認爲前者是比較理性的,後者是非理性和狂熱的。

民族主義之歧義紛紜,其實正說明了民族主義形態的多樣性。雖然民族主義的形成是與近代民族國家的出現相聯繫的,但民族主義以後的多樣性發展顯示了其核心內涵並不在於對國家制度而是對「民族」——有共同語言、共同地域、共同經濟

生活以及表現於共同文化上的共同心理素質的穩定的共同體的熱愛。因此本書對民族主義定義為：民族成員對一個民族的高度忠誠和奉獻，尤其是對本民族文化優越性的強烈自我意識。

民族主義可以是非理性的情緒和情感，也可以是理性的思維、意識形態、社會和政治運動，還可以是這些方面的結合。民族主義在各國的歷史條件下的發展使世界上產生了不同性質的民族主義，自由主義、社會主義、保守主義、極權主義、殖民主義、法西斯主義等等都是民族主義的表現形式。所謂共和派愛國主義和民族主義的區分，其實可以視為民族主義的兩種形態。

民族主義在中國也表現出各種不同的形態。如同有的學者所指出，在中國，國粹主義的民族主義要求保存儒家文化，與政治上的保守主義相對應。孫中山的三民主義，要求創造資本主義經濟及其相關組織結構，是具有現代化歷史意識的民族主義。共產主義民族主義，或曰中國化的馬克思主義，以革命運動為手段，訴諸人民民主專政的國家。各種社會力量在現代化的過程中都參與了中國民族主義的歷史建構，並賦予「中國民族主義」以多重涵義。[58]

台灣作家陳映真在其一篇文論中，亦曾指出：「包括中國在內的亞洲民族主義，……帶著鮮明的反帝國主義性質，而有別於西方的民族主義。」他並認為，台灣「鄉土文學中的民族主義，正是中山先生的民族主義；正是亞洲式的、反帝國主義的民族主義」。[59]民族主義既然並非是貶義的、靜止的概念，而是一個非本質化的、活躍的歷史範疇，其意義的多重性只有在具體的歷史語境中才能獲得充分解釋，因此，將吳濁流的創作主張同時界定為民族主義的文學觀，是一種積極的評價。而

且，它更能揭示出吳濁流文學觀念的真實面貌。

在政治意識形態上，吳濁流信奉三民主義。他曾說過，孫中山是他「最景仰的偉人」，今人應將孫中山的三民主義學說「再加研究加以普遍化」，如同曾子、子思、孟子等作《大學》、《中庸》弘揚孔子的思想，「國父的學說也應該像孔門弟子一樣來強化才對」。[60] 他還說過：「我到另一個世界見了國父孫中山先生，他老人家一定會握住我的手說：『在台灣，只有一個吳濁流是我的信徒。』」[61] 他的民族主義思想裡自然含有三民主義的成分。而且，民族問題也正是三民主義所要解決的首要問題。三民主義中的民族主義最初提出時是以推翻滿清政府、建立漢族人政府為目標的。一九二四年一月，在〈中國國民黨第一次全國代表大會宣言〉中，孫中山重新解釋了三民主義，指出其中的民族主義一方面是「中國民族自求解放」，「免除帝國主義之侵略」，「使中國民族得自由獨立於世界」；一方面是「中國境內各民族一律平等」，承認「中國以內各民族之自決權」，並「於反對帝國主義及軍閥之革命獲得勝利以後，當組織自由統一的（各民族自由聯合的）中華民國」。[62]

然而，吳濁流文學觀中體現的民族主義思想，卻更多的是一種國粹主義。儘管作為政治意識形態的國粹主義與三民主義是截然不同──如果不是相反的話──的兩種歷史和文化想像。吳濁流的國粹主義以繼承和提倡以儒家學說為中心的中國文化傳統尤其是文學傳統為依歸，[63] 而三民主義作為一種建構了「中華民族」這一嶄新概念的中國民族主義的完整意識形態，體現了關於社會、國家、公民之間關係的現代思想。包括三民主義在內的「現代中華民族的民族意識就是在一百多年來

的社會運動、政治運動和革命運動的過程中誕生的，在這個意義上說，它不僅與中國傳統文化沒有關聯，甚至是在批判儒家文化基礎上的新文化，是在吸取了帝國主義時代的先進意識形態和國家理論後所構造出來的」。[64]

不過，國粹主義並非一定就是反現代性的。正如民族主義具有不同的性質和形態，作為民族主義範疇的國粹主義也在不同的歷史時期表現出不同的形式和內涵，因此須相應作出區別的評價。二十世紀二〇年代中國文壇出現的《學衡》和《甲寅》派，以「昌明國粹」和維護文言文為宗旨。台灣則有連雅堂以「六藝之書」、「百家之論」和「離騷樂府之音」的捍衛者自居，譏嘲「今之學子」是「秕糠故籍」、「持西人小說戲劇之餘，丐其一滴沾沾自喜」和「不足以語汪洋之海」的「坎井之蛙」。[65] 如果脫離具體的時空來分析，「學衡」、「甲寅」派和連雅堂的主張不無合理之處。然而在中國文化正艱難而又義無反顧地進行現代性轉換的歷史關頭，這些意見的不合時宜也是顯而易見的。吳濁流文學觀的國粹主義是與「學衡」、「甲寅」派和連雅堂們同一疇域還是別具境界，也必須回置於具體的歷史和文化時空中進行考察和探討。

台灣文壇二十世紀五〇年代甚囂塵上的反共「戰鬥文藝」，使文學淪為國民黨政權及其反共政治的附庸和御用工具，公式化、概念化的「反共八股」和「口號文學」的泛濫不僅歪曲現實，顛倒歷史，而且使文學的美學內涵喪失殆盡。而六〇年代風靡一時的現代主義文學思潮，在客觀上取代「反共八股」，引進西方現代主義文學觀念、方法，拓寬台灣文學的視野，豐富台灣文學的藝術表現手段，培養催生出相當一批優秀作家和作品的同時，也顯露出了很大的負面意義。由於國民

黨的白色恐怖和戒嚴體制，完全割斷了台灣文學和祖國大陸文學的聯繫，台灣的文學界被迫將視線轉向西方。而國民黨政權營造的一切唯美國馬首是瞻，崇美媚美的社會和文化環境，使台灣文化界不少人士對西方的思想和價值觀缺乏一種批判的眼光和尺度。在這樣的背景下引進西方現代主義，必然是採取單向的完全接收的態度。一些文化界和文學界人士甚而將現代化與全盤西化劃上了等號。現代主義取代反共「戰鬥文藝」而一躍成為台灣文學的主流話語，造就了新的話語霸權，對其它文學樣式的話語空間無形中構成了壓制；更嚴重的是，現代主義在台灣的盛行，造成了全盤西化的迷思。歷史地來看，全盤西化其實是一種不可能成功的社會和文化改造策略，因為每一種民族文化都有其自身的條件和內在的必然性，其獨特的「水土」決定了對他者文化的吸收只能是選擇性的。但在一個短暫的時期內，全盤西化作為一種現實的思潮，其試圖以外來文化一勞永逸地解決所有本土問題的虛妄性質卻為表面咄咄逼人的進取姿態所掩蓋，徹底的民族虛無主義一時間會成為有吸引力的問題解決方案，因而對民族文化構成巨大的挑戰和衝擊。但這種挑戰和衝擊也必然會激起民族文化的捍衛者的反彈。人們可從二十世紀七〇年代的台灣新詩論爭和鄉土文學論戰中看到這種激烈的反彈。但吳濁流早在六〇年代就已積極投身於對具有全盤西化傾向的台灣現代詩的批判之中，從而標示出自己作為中國民族文化的堅決捍衛者的歷史形象。

吳濁流指出，台灣「現代的青年，茫然不知有祖宗傳下的偉大文化遺產，任外國的學者拿去作為文化榜樣，而我們的青年，相反地視固有文化等如垃圾，不值一文，放棄而不談，其結果產生無根的思想，像浮萍一樣，風一來就搖動，可左可右

可前可後，這樣現象從哪一角落來看，都是同樣的。因為他們沒有根，就不能根生大地，也不能根深蒂固發育起來。所以只好巧仿，巧學外國文化，都是像借人家褂子來舞的演員一樣，難合體格，心理上產生種種矛盾。因此不知不覺種下莫名其妙的奴化思想和自卑精神，在這樣精神狀態下，就不能自主自立。心理上不時動搖，看到新的東西，不論好壞就盲目附和服從。」[66] 他認為那種對西方文學的生搬硬套只是模仿到了外國的手法和形式，而對這些藝術形式與其所源自的歷史文化土壤、與一個民族獨特的哲學與美學觀念的綿密關聯一無所知，「效法沒有法人的知性，仿俄又沒有俄人的追求到底的深刻性，仿德又沒有德人的幽玄幻想的神秘性，仿英又沒有英人的典雅的現實性，仿日又沒有日人的箱庭式的情調，」那麼所炮製出來的只能是一些徒具新潮外表而無主心骨的作品，這樣的作品是「永遠都甘媚外國人的鼻下，不能自主自立的」。[67] 正是在批判對西方現代主義盲目追隨的風氣的基礎上，吳濁流提出了他的國粹主義觀點。「我們的固有文藝因悠久歷史帶來的壞處，固然不是沒有，但不可一切否定，要採取科學方法，起初不妨拿壞的來否定，否定到最後，是不是還有好的東西存在，若是有的話，應該拿來研究研究。」「漢詩是中國文學之結晶，有傳統，有精義，有靈魂，有血液，有骨髓，可與民族共存榮，豈可置之不問，其寶貴實在此。」「漢詩具有中國固有文化的特色。是漢民族最高智慧的表現，實非近代文明所能輕易望及的。」「漢詩是我民族創造的文化的精華，所以沒有模仿性，……現在的新詩，虛心來講，其價值還未能與漢詩同列來論。」「我國的固有文學，淵源很深很厚，寬度甚廣，與西洋文學相比絕不遜色。」「唐詩人的印象描寫和抽象描寫是

我們祖先的遺產，這種描寫方法不但詩詞上可用，還可以應用其它文藝作品上，其技巧絕不輸歐美作家的描寫法。」[68]「西洋近代文學的自然描寫及心理描寫，比我們的印象描寫和抽象描寫還是落後，所以我們對印象描寫及抽象描寫要進一步深究的，我們唐宋的詩詞賦的描寫方法豈無發掘的餘地呢？」[69]「我們中國已有很美麗的月亮，又何必羨慕外國的月亮呢？原來日本的文學是由中國文學影響以成就，現在模仿日本文學者頗多，蔚爲風氣，豈不是徒勞呢？」[70]……這些在吳濁流的隨筆中多次重複出現的詩論，浸透著深沉的民族感情，流露著論者對中華悠久的歷史文明與燦爛文化的強烈認同感和自豪感。正是有了這樣發自內心深處的認同感和自豪感，他才在現代主義的潮流在台灣島橫衝直撞的時刻登高吶喊：「現在我們第一要恢復中國人的自信，尤其是詩人最敏感，最敏感的詩人還在模仿不知自主自立。難怪連做中國人的自尊心都失去的青年，趨向洋奴化」！這些詩論還說明，吳濁流並非將全部的民族傳統都視作國粹。[71] 他所提倡的國粹，希望保存的國粹，是經過時間證明了的中國文化中的優秀部分，是中國文學的「精義、靈魂、血液、骨髓」，是中國傳統詩人「重人格、重個性的優美傳統」，是創造了燦爛輝煌的歷史文化的中國人的民族自信心、民族尊嚴和民族精神。

　　每一個民族的文化傳統都是在歷史過程中產生，因此都是一種歷史性的存在。只有認識到這一歷史性，後人才能對傳統進行正確的評判、繼承和揚棄，從而超越傳統的歷史侷限去從事新的創造。吳濁流在這一問題上是清醒的。他看到民族文化傳統裡也有渣滓和糟粕，有因停滯不前而產生的「壞處」和「弱點」。因此，傳統需要改造才能獲得新生。「漢詩非近代

化不行了」,「中國的詩不可永久停頓在唐宋時代,須要近代化」,「我們的固有文學,不消說須要近代化」,「我們一定須要再加研究,將固有文化,拿來現代化」……這些同義反覆的語言表達的即是革新傳統的焦慮。而要對民族傳統進行現代化轉換,西方文化作爲參照系的引進不可避免:「要拿外國文學來比較,檢討我國文學發見其弱點,採長補短」,「吸收外國文化的新血來補救我們的詩的生命」。吳濁流的國粹主義表現出的不是閉目塞聽、固步自封的狹隘和偏執,而是一種「拿來主義」的開放性的科學態度。這種「拿來主義」不是「盲目模仿」,而應是吸收「外國文學的優點」以促進中國文學的現代化;這種現代化也「不是西化,亦不是日化,」「不能拿西日文學來代替」,而應是「要自主自立的」,「尊重我們固有文學的優點拿來做經線,採取外國文學的優點拿來做緯線」,以「織成最優秀的中國文學的新作品」,「織成合時代的我們中國詩」。這也就是魯迅所說的「外之既不後於世界之思潮,內之仍弗失固有之血脈,取今復古,別立新宗」。[72] 只有這樣創造出來的「現代中國文學」才能與世界文學「並肩競秀」、「並駕齊驅」。顯然,是一種弘揚國粹的急切願望使吳濁流呼籲革新傳統,因爲只有「漢詩現代化」、「固有文學現代化」,中國的民族文化傳統才能重新煥發光彩和魅力,中國的民族文學才能因其表現出的優越性而與各國文學對話,才能進入世界文學的視野,成爲世界文學的一個重要的組成部分。

這樣恢弘的理論眼界和遠大的奮鬥目標,要求的不是一種「盲目模仿」和「全盤西化」的文學現代化,而是立足於民族傳統基礎上的自主的文學現代性建構,這一現代性建構體現的是一種民族性的意向和維度。吳濁流因之提出建立「中國文化

風格」和「中國文化格律」的主張，並認爲這就是當代台灣文學的迫切使命。

　　實現中國文學與世界文學「並肩競秀」、「並駕齊驅」，使幾千年文明古國的古老文化以煥然一新的現代面貌出現在世界的面前，是同時「信仰儒家思想」[73]的吳濁流心中揮之不去的夢想。他以這一夢想來籲求台灣文學的現代性走向，也是從這一夢想出發來考察台灣文學的特殊性。由於歷史所造成的台灣與祖國大陸的長期睽隔，致使台灣文學在作爲中國文學的一個分支，具有中國文學的普遍共性的同時，也具有其明顯的特殊個性。這特殊個性是因「台灣固有台灣特殊的氣候、風土、生產、經濟、民情、風俗、歷史等」[74]而產生。在日本殖民主義統治下，台灣文學是直接受帝國主義壓迫的文學；在國民黨政權統治時期，戒嚴體制和與祖國大陸繼續分裂的政治狀態，也使得台灣文學作爲中國文學的另一種面貌呈現，「具有另一種特殊性質」。吳濁流因此才指出，「現在我們在台灣特殊環境下掙扎，其文學也在這樣環境下苦悶，若是不承認這樣特殊環境，也無法創造有生命的作品，其作品一切變爲虛空或是虛僞的，怎麼也談不起文學的價值。所以現在的中國文學須要認清楚台灣的特殊環境，才有實在性，根據實在的特殊性，才能產生優秀作品」。但吳濁流還認爲，認識到台灣的特殊環境，使在這一環境中創作的作品具有台灣的「實在的特殊性」，並不是台灣作家的最終的根本目的。台灣文學要獲得具有普遍意義的藝術價值，必須將台灣文學視爲中國文學整體的一部分，將台灣文學的特殊性與中國文學的普遍性相統一；而也只有這二者的統一，才能使作品具有民族的整體特徵，將此民族特徵與「世界的普遍性」即人類的共性相結合，作品才會

具有真正的價值。吳濁流的這一思想，無疑貫穿著民族文學發展的辯證法，即俄國文學批評家別林斯基（Vissarion Grigo-ryevich Belinsky）所說的「越是天才的詩人，他的作品越普遍，而越是普遍的作品就越是民族性的、獨創的」。[75]

通過對吳濁流文學觀念中關於傳統與現代、中國與世界關係的表述的梳理，我們大抵可以結論，他的中國民族主義-國粹主義的文學主張，是一種在民族傳統的基礎上融合他者文化進行文化創新，以化解全盤西化思潮所帶來的民族文化危機的企圖。其開放性與合理性，應該說是二十世紀二〇年代拒絕放棄文言文的國粹派們所不具備的。

第二節　小說：介入的寫作與諷刺的藝術

一

吳濁流生前以詩人自許，[76]然而觀其一生的創作，當是小說的成就最引人注目。

吳濁流的小說計有短篇〈水月〉、〈筆尖的水滴〉、〈泥沼中的金鯉魚〉、〈歸兮自然〉、〈功狗〉、〈五百錢之蕃薯〉、〈陳大人〉、〈先生媽〉、〈糖扦仔〉、〈友愛〉、〈銅臭〉、〈閒愁〉、〈三八淚〉、〈老薑更辣〉、〈幕後的支配者〉、〈矛盾〉、〈牛都流淚了〉，中篇〈波茨坦科長〉、〈狡猿〉、〈路迢迢〉，長篇〈亞細亞的孤兒〉、〈泥濘〉，自傳體長篇〈無花果〉、〈台灣連翹〉。

吳濁流的小說，是他的介入文學觀念的具體體現。它繼承了中國文學直面現實、關懷人生的以文載道的傳統，連接著中國文學尤其是五四新文學的源頭和血脈。他的小說在空間上表

現的是作者身處的台灣的社會生活，在時間上則可劃分爲兩段：日據時期、台灣光復至二十世紀七〇年代。祖國意識、民族意識的覺醒和對台灣鄉土的深沉的愛，使他的小說大多自覺地成爲對現實人生的眞實書寫，帶有很強的記錄歷史與干預現實的願望和色彩；加上台灣獨特的歷史文化語境，尤其是台灣新文學的現實主義氛圍的影響，這一切使現實主義的方法成爲其小說創作的必然選擇。

現實主義要求客觀和眞實地描寫現實生活。現實主義文學往往著力於對人物的生存狀態及其社會關係、歷史處境進行生動的揭示。吳濁流所生活的時代，歷經日本殖民主義對台灣的統治由盛而衰最終崩潰、台灣光復後國民黨政權實行長達三十八年之久的戒嚴體制，社會生活總體上處於一種緊張和壓抑的狀態。吳濁流的小說首先自覺而如實地描繪了台灣社會的這種沉重現實。同時，其介入文學觀又使得他並非無動於衷地對現實進行照相式的機械的複寫，並非「零寫作」，而是在作品中灌注了強烈的情感，賦予作品一種批判的基調，以圖干預和影響現實。

吳濁流的小說處女作〈水月〉發表於一九三六年。儘管這是受到五湖公學校的日本同事袖川小姐的言語刺激而寫，帶有偶發的因素，然而，這篇作品的主題卻是十分嚴肅的。小說的主人公仁吉中學畢業，他雖無深博的學問，但在學校時也是個高才生，「執起筆來也可以一揮而就，說起話來亦口若懸河滔滔雄辯」，這在日本殖民統治者實行「差別教育」政策，本島人民享受不到應有的受教育權利的台灣，仁吉已經算得上是鳳毛麟角的知識分子了。仁吉也自許頗高，以爲前途無限，自信蛟龍終非池中物，總有一天自己要留學日本，將來成爲一個大

政治家、大實業家和學者等等。對於因家境貧寒不得已進農場
當雇員，他只當是暫時之計。直至跟一個農場女工結婚成家之
後，他也未墜青雲之志，仍常常在心裡安慰妻子也安慰自己：
「太太，你不用愁，忍耐一時我就可以出頭。」他以太太的理
想丈夫自居，幻想「有朝一日飛黃騰達，至少也要雇一兩個僕
婦來伺候她」。然而，十五年過去，仁吉的景況毫無變化，甚
至更顯悲慘：五個孩子呱呱落地，年復一年的艱苦的勞作，永
遠無法擺脫的貧困的生活，使仁吉未老先衰，太太更是滿臉憔
悴焦黃。那留學的念頭只是夢幻泡影；出人頭地的遠大抱負萬
丈豪情，終如鏡花水月，原是一場空⋯⋯這篇小說可謂是對殘
酷的日本殖民統治的強烈控訴。作者不僅描述了仁吉一家的貧
苦無望的生活，而且還將筆觸伸向人物的社會政治背景。作者
筆下的仁吉，之所以墮入如此慘苦的境地，不是因為他缺少知
識和才華，也不是因為他沒有為農場付出勤勞和奉獻，而是因
為日本殖民統治者在台灣實行差別待遇的政策：

　　這十五年間他雖然對「會社」有過不少的貢獻，但「會
社」對他卻從來也沒有改善過他的待遇，⋯⋯現在一旦看到現
實的無情，再和那自己共事的日本人來比較，同是中學畢業，
在「會社」的年資又不如自己，卻沒有一個不是已升為課長或
主任的，僅剩他一個人到了不惑之年，仍然是個雇員。日本人
的薪水不但比台灣人高，而且又加上六成的津貼，他們又有宿
舍，所以生活安定，都有餘錢可供貯蓄。現在的製糖會社雖然
每年很賺錢，只是對台灣人這樣刻薄，⋯⋯[77]

　　作者在指出主人公處於殖民地的社會、政治和經濟關係中

的可悲定位後，還通過仁吉的內心活動發出反抗的聲音：
「（仁吉）想到這裡，禁不住怒火沖天，這樣的環境，豈是大
丈夫可以忍受的呢？」誠然，在殖民主義者高壓和嚴酷的統治
下，作者所安排的仁吉的反抗只能是一個書生徒勞而不斷破滅
的夢：「一瞬之間他的凌雲鬥志，猛然復起，禁不住熱血奔
流，竟毫不顧忌的，就向太太大聲嚷：『蘭英、蘭英我要去東
京！』」然而，〈水月〉這樣的描寫已構成了對不平等、不人
道的殖民統治政策的批判和抗議。這篇小說另一方面也顯示了
作者的勇氣和膽識。

　　〈水月〉的敘事技巧對批判與抗議主題的烘托和暗示產生
了有力的作用。小說的故事情節性較淡，它主要以細節的描寫
達到對主題的步步逼近。小說通過仁吉的視角寫出主人公家境
的困苦、妻子疲憊老相的面容和初生嬰兒饑餓的啼哭，營造出
一種觸目驚心的悲情的氛圍：

　　被煤煙熏得黑黑的六疊榻榻米的房裡，太太抱著吃奶的嬰
孩，仍在酣睡著打鼾。旁邊像西瓜大的頭，一顆一顆排著好幾
個，仁吉瞪著眼睛看妻子的睡相，乾枯的頭髮蓬鬆地下垂著，
面上汗毛長長的，想必很久沒有修容了吧。仁吉借著窗櫺透進
來的暗淡的陽光，看到老婆的臉，不覺著了一驚。瘦削的臉
孔，顴骨高聳，臉色青黃，眼珠塌入很深，眼角的皺紋重重，
仁吉愈看愈怕，未經打扮的臉孔，全無血色。衰弱的臉孔就像
鍍鋅的白鐵皮一樣，鋅已剝落，露出了生鐵，滿面像是生鏽一
樣地，愈看愈覺其老。可是她才三十歲呢！但看臉容卻像四十
歲以上。還不止哪，像五十歲了。為什麼老得這樣快？……
（她）每朝四點就起來燒飯，照顧孩子，餵豬，飼雞，餵鴨，

然後帶了便當下田去做工，所以，白天和仁吉很少見面。在農場裡，她叫七歲的女兒照料嬰兒，可是這個嬰兒時常會發脾氣，肚子餓想吃奶的時候，就放聲大哭。那饑餓的呼聲悲哀地斷斷續續灌入她的耳朵，但不等到休息時間，是不能獨自抽身去看顧他的。……仁吉的太太若是停一下手，那個看似斯文的監工，就很野蠻地破口大罵。所以她只好默默地舉起鋤頭繼續工作。可是她，人雖然在田裡，她的心，總是牽掛著家中，五歲的阿清和三歲的阿木，不知會不會和鄰家的壞傢伙打架，……

……

　　她的不安的心情從在學校的長男愁起，到樹下休息的嬰兒。直到握著鋤頭的手，漸漸無力支持，冷汗滿身，連心臟的鼓動似乎也能聽到，最後連氣都要喘不過來，才挨到休息時間。於是她才拖著重重的雙腳，去樹下照料嬰兒，那哭得眼睛浮腫的嬰兒見到母親，更哭號得淒慘了。[78]

　　〈水月〉雖然是吳濁流的小說處女作，但顯露了不凡的敘事技巧。作品篇幅簡短，蘊含卻頗為豐富。它所呈示的物質時間是主人公仁吉在拂曉時分的一番內心活動的短暫片刻。然而，通過仁吉的思維，又展現了更長遠的心理時間。仁吉從中學畢業到農場當雇員的十五年的經歷，在心理時間中獲得了提綱挈領的勾畫。同時，在仁吉的視角所展開的心理時間中，敘述者以白描的手法表現沉重的生活對仁吉妻子的容貌的無情摧殘，毫無人道的殖民者農場對兒童幼小稚嫩的生命的漠視。作者不是運用傳統的全知視角而是選擇第三人稱有限視角（即仁吉的視角），縮短了小說人物與讀者的距離，增加了作品敘事

的逼真性和自然感,加重了作品的情感分量,更容易調動讀者閱讀和闡釋的積極性, [79] 喚起讀者對人物命運的同情,並激發對小說批判和抗議主題的共鳴,從而起到了一種促使讀者認識殖民統治制度不平等和無人性的真實面目的啟蒙作用。

吳濁流開篇小說即展現出的對社會問題強烈關注和現實批判的特徵,預示了其小說創作日後的發展方向。

與〈水月〉同年發表的〈泥沼中的金鯉魚〉,則是表現女性問題。主人公月桂容貌美麗,而且畢業於女學校,因此成為男人們爭相求婚的對象。但月桂嚮往的是真正的愛情,她心中所幻想的「一生的伴侶,值得自己貢獻一切的人」,是「明朗、純情、柔和、文雅、英俊、意志堅強、有學問、重感情」的人。為了等待這樣的伴侶出現,她寧肯二十四五歲了還待字閨中。而有錢人在她的眼裡則是「魔鬼化身」。因為「事實上只要有錢就可以擁有三妻五妾。而且社會風氣又以姨太太表示身份,華麗的社交界也以姨太太的多少來競相驕傲」。但她的叔叔在她父親逝世後,卻把她許給一有錢人做姨太太以換取六千元聘金。憤怒的月桂逃出家門,到一家果物輸出公司應聘。由於公司的社長是她上學時經常碰見的人,彼此都有好感,所以立即被錄用。然而幸運卻是厄運的開始。社長在一個雷雨交加之夜引誘並姦污了她。月桂內心燃燒著復仇的烈火,可是經過反覆思考,她對自己的不幸產生了新的認識:像社長這樣的道德敗壞之徒「千千萬萬比比皆是」,因為「整個社會像泥沼一樣,污波濁浪滾滾不息」。要復仇就不應僅報這樣的私仇,而且要將泥沼似的整個社會「全部浚渫清淨」才算報復得痛快。因此,她決心「獻身為被人欺負,被人污辱,被人歧視的婦女們」提倡的女權運動:

　　她就決心參加文化協會，和先覺女士共同奮鬥。於是她就
急忙地準備南下台中，等到曙光射入室內的時候，天也晴了，
她就意氣飛揚地，為搭南下的第一班車而向車站奔去。[80]

　　小說表明了吳濁流對台灣女性命運的關切和同情。而且這
是一種超越了男性立場偏見的對女性生存境遇的深刻理解。作
者還看到，女性問題是在具體的歷史時空中存在的，女性解放
不可能脫離社會的解放而單獨實現。因此，作者安排了月桂南
下台中參加文化協會的結局。

　　這篇作品同樣顯示了吳濁流小說創作的宏闊視野，即作者
不侷限於事物表像的細枝末節，而是透過表象背後，將人物描
寫和故事開展與更寬廣的社會背景和歷史環境的呈現相勾連，
從而賦予人物命運更悠遠深長的意義。

　　發表於一九三七年的〈功狗〉，刻畫了一個效忠殖民教育
政策最終卻落得淒慘下場的可憐蟲的形象。主人公洪宏東是貧
苦人家子弟，以優異成績畢業於公學校後，被聘為公學校的代
用教員。他兢兢業業地對待自己的工作。為配合在台灣推行農
業化政策，日本殖民當局指令教育界加強農業教育。所謂農業
教育主要就是農業勞動，一般教員都心存牴觸，只是敷衍了
事。而頭腦單純的洪宏東卻是比任何教員都要賣力地執行。他
帶領學生建築堆肥舍，改良學校農場的土壤，種出優質作物。
儘管學生荒廢了大半學業，但他卻得到學校和教育當局的表
揚，校長還憑藉他的賣力升了官。洪宏東繼而又積極充當殖民
當局推行「社會教育」亦即日語教育的忠實工具，白天教完學
校的課，晚上接著教夜校的課。如此勤勤懇懇埋頭苦幹了二十
年，多次受到了當局的讚賞。雖然他精神十足，但付出了損害

健康的代價，患上了肺病。病後三個月，他接到了學校一紙免
職的命令。如果是正式教師，離職後還有退職金可領，而他只
是代用教員，無緣享受這一待遇。小說的結尾，米店、雜貨店
老闆等上門討債辱罵老母，長子向妻子要書籍費，五歲的幼子
問他要買糖果錢，躺在牆上貼滿各種各樣獎狀的房間裡的洪宏
東，不禁悲從中來，放聲嚎啕大哭……

　　〈功狗〉的主題是抨擊殖民制度的不平等。作者對主人公
不無諷刺，但更多的是寄予同情。洪宏東所遭遇的不平等不僅
僅是屬於他個人的，他的悲哀實際上也是包括作者在內的台灣
知識分子和台灣人民的悲哀。這是〈水月〉中的現實批判主題
的繼續延伸。這篇小說是以作者熟悉的教師生活為題材，因而
顯得內容飽滿，細節信手拈來。與前述〈水月〉和〈泥沼中的
金鯉魚〉不同，作者在這篇作品中運用的是全知敘述模式，以
方便敘述者居高臨下地觀察和把握主人公的行動，而不為人物
的視角所侷限。在敘述者全知敘述視角的觀照之下，主人公的
積極賣力行為顯得更其愚蠢，因而使小說在顯露批判鋒芒的同
時，還具有諷刺意味。

　　如果說〈功狗〉中的洪宏東只是一個可憐的犧牲品，那
麼，〈陳大人〉中的巡查補（台灣人警察）陳英慶，則是徹頭
徹尾的民族敗類。這篇小說創作於一九四四年，此時的吳濁流
正目睹日本帝國主義一步步走向末日，因此內心的民族意識開
始萌發。〈陳大人〉於台灣光復後發表，小說對陳英慶的批
判，已具有鮮明的民族立場。巡查補的角色原本是卑微的，但
正如小說所言，在日據時期，這巡查補「就是台灣人出身的最
高官吏」。為虎作倀狐假虎威的虛幻特權使得這類角色因極度
自我膨脹而最終變態，從民族立場的顛倒而至於人倫的棄置和

人性的徹底淪喪。陳英慶藉口「在亭仔腳不得劈竹篾」，將正在亭仔腳下劈竹篾的舅舅一腳踹倒。面對舅舅且驚且怒的斥責，他傲然指著頭上戴著的巡查補帽子說：「我有了這頂帽子，再不能叫你阿舅。」他的上司支廳長看上了劉舉人的祖傳古董，他就誣陷劉舉人「藏匿軍器」，並打劉舉人的嘴巴，逼得後者乖乖地獻出古董。他帶日本警察捉拿了抗日志士錢鐵漢。他對權力的濫用達到了瘋狂的程度：

> 遇到沒有靠左邊走的人，赤膊挑擔的人，不去市場設攤而在路上賣菜的人，或是看不中意的人，觸犯他的官威的人，都憑陳大人的感情好惡，不論貴賤，老弱男女，都毫不容情，或罰鍰，或打嘴巴。[81]

有一個屠夫沒有遂他敲詐勒索的目的，使他受到父親的一頓教訓，他便對屠夫大施淫威：

> 陳大人回到支廳，就出拘票，不分青紅皂白，把屠夫打到半死，任他哀求，任他道歉都不理睬，把屠夫的主人和使用人全部拿來折磨以後，放在拘留所，關了二十九天，還吊銷了屠獸基照，才得息事。[82]

陳英慶霸占有夫之婦阿菊後，還誣指阿菊的丈夫老李賭博，將老李拘留五天後，判笞刑二十五板。後者被打得「坐不得，站不起，只是像狗一樣爬回去」。

小說的結局是，陳英慶因敲榨有錢人老黃，後者買通日本刑事兼特工大島，將陳英慶檢舉革職。陳英慶的姘婦阿菊及他

與前妻生的女兒當了暗娼。兩年後淪落爲乞丐的陳英慶來找阿菊，被阿菊當著一群嫖客的面轟出門外……

日據時期的台灣是一個警察社會，警察手握生殺予奪的絕對權力。而絕對權力帶來的必是絕對腐敗與瘋狂。賴和的短篇小說〈一桿「稱仔」〉首先開掘了警察壓榨台灣百姓的主題，小說裡那個欺負主人公秦得參的巡警與陳英慶這一形象何其相似乃爾。吳濁流在警察橫行的殖民統治年代裡冒險寫下〈陳大人〉這篇小說，不僅是對賴和的現實主義文學精神的繼承，而且也是因爲現實處境給予他內心的深刻感受。在自傳體長篇小說《台灣連翹》中，他曾敘述自己五六歲時經歷的一件事情：

有一天，警察大人來到我家。那「大人」並非日本人，而是台灣籍的巡查補。姓廖，是母親的遠親。照理應該先向母親問好才是禮貌的，由於他是警察大人的緣故，架子大，母親先向他問好，他也不過從鼻子裡「唔」了一聲，根本不加理會。自個兒走進正廳，坐在椅子上，轉動著眼珠探看著屋中的情形。……父親恭恭敬敬地立在他的旁邊。廖某態度蠻橫地面對父親，查問著家中的每一個人。不久，喝了一口母親奉上的茶，才響著佩劍走了。父親和母親送他到門樓。「大人」出到外庭，狗便狂吠起來。我家的狗，平時是不會對人吠的，恐怕連狗也感覺到這訪客不是正派的，瘋狂地吠起來。廖大人憤怒地大聲加以喝斥，狗反而更靠近廖大人的身後，廖大人更爲憤怒，拔出佩劍想殺掉狗，母親見狀，驚惶地跑過去，想用竹棒把狗趕開，不小心滑了腳，掉到旁邊的溝裡去，折了手腕，而廖大人反而責罵母親，這樣還不算，父親又被帶去派出所，訓了一大堆話之後，又科予五十分錢的罰金。印在我幼小的心靈

157

的廖巡查補的凶蠻的嘴臉，在過了六十多年後的現在，想起來還會不寒而慄。[83]

　　同時，吳濁流從小受祖父的儒家思想的薰陶，嚮往儒家倡揚的理想人格和情操，而為日本殖民者充當走狗和打手的巡查補之類則多是信奉「有奶便是娘」的寡廉鮮恥之徒，使他尤其深惡痛絕：

　　如果出了一個當巡查補，做日本憲警的走狗的兒子，那是族人的恥辱，都認為倒不如殺給豬吃才好。[84]

　　我們台灣人很討厭守護日本帝國主義的看門狗──警察。當時有一句流行的話說：「花是苦楝，人是警察。」這是套用「花是櫻花，人是武士」的話，用來揶揄警察的橫暴。台灣人絕不是只恨日本人的警察，對橫暴的台灣人警察更為憎惡。[85]

　　無所不在的警察網絡是殖民統治下的台灣社會令人窒息的現實。由於吳濁流對這一現實有著深刻的觀察和體會，因此〈陳大人〉雖然採取的是漫畫式的描寫手法，但具有極強的真實感。這篇小說不是簡單地出於拓展題材的需要，而是這一題材涵蓋著一個廣闊的社會面相，觸動著殖民統治的敏感部位，因此引發作者的創作衝動。小說的意義並不侷限於為台灣文壇提供了又一個描寫巡查補的文學文本，為台灣文學的人物畫廊又增添了一個角色。它的意義是超出文本之外的，或者說它的文學文本聯繫著社會政治的「巨文本」。它是作者對殖民地台灣黑暗的警察制度的形象記載和憤怒指控。

　　短篇小說〈糖扦仔〉原是長篇小說《亞細亞的孤兒》中的一節。《亞細亞的孤兒》在日本出版時，編者認為累贅而刪割。然而，作為短篇小說來看，它倒也能獨立成篇，後來吳濁流將之收入《瘡疤集》出版。主人公糖扦仔言行舉止純屬地道的地痞流氓，然而論地位卻是鎮上的「體面人」，擔任協議會員、保正、壯丁團長等要職。小說介紹了「糖扦仔」這一名號的來歷：「糖扦仔不是他的真名，是花街柳巷章台藝閣裡的雅號。這個雅號是有其事實根據的。糖扦仔本來是檢查糖的成色時，檢查官所用的工具。長有五寸，檢查官用它插入糖袋，取出少許的糖來看。他對新來的女人都要嘗嘗新，跟那工具一樣，所以得來這個雅號。」[86] 糖扦仔「不但在小街，在大街上也是個有勢力的人」，因此他敢於胡作非為，橫行霸道。他看到麵店老闆娘的女兒月英長得可愛，在公學校讀書的成績又好，便想娶來做姨太太。他跟貪圖錢財的月英的雙親約好，由他出學費讓月英讀女校，畢業後與他成親。月英從女校畢業後，方知此事，很生氣又無可如何，只是誓死不願嫁給糖扦仔。而糖扦仔一邊在等待月英答應親事，一邊在月英家開的麵店裡嫖妓。月英去同學胡秋雲家，認識了秋雲之兄胡太明並與之相愛。然而糖扦仔最終與老闆娘合謀，將熟睡中的月英強姦。被污辱了的月英悲憤地投潭自殺。這篇小說有女性主義的意涵，表現了台灣知識女性對自由愛情和婚姻的誓死追求，但更大的著眼點仍在於對糖扦仔這一民族敗類及其產生的社會背景的批判。

　　民族敗類往往集中出現在歷史的重大關頭。日本殖民者在台灣推行的「皇民化運動」，也就是從物質到精神全方位的「去中國化」，企圖根本改變台灣人的民族認同，以徹底鏟除

台灣人民對祖國的信仰，對源遠流長、博大精深的中華文化的強烈依戀。在殖民當局爲了達到這一目的而採取軟硬兼施手段的壓力之下，民族敗類應運而生。與〈陳大人〉一同發表於光復之初的〈先生媽〉，便是刻畫了這樣一個民族敗類形象。錢新發本是貧苦人家子弟，讀書畢業後娶了有錢人小姐爲妻。依靠妻家的勢力，開了私立醫院。他醫術平平，但欺騙患者有方，因此醫名隆盛，財源滾滾。虛假的名聲和巨額的財產，使他成爲地方「有力的士紳」，得到殖民當局的信任。當局推行作爲「皇民化運動」組成部分的「國語家庭」和改姓名等措施，錢新發積極響應，首先成爲「國語家庭」，「全家都禁用台灣話」；「爭先恐後，把姓名改爲金井新助」；建日式房子；還要全家穿和服，學習體現「日本精神」的洗臉、喝茶、走路、應酬等等，每晚唱日語歌、彈日本琴……他不僅以「皇民化」爲榮，而且還想「壟斷」，當聽說當局又允許別人改日本姓名後，他「憤慨不已」，大罵那些也跟著改姓名的人。而錢新發的母親則與他相反，堅持不學日本話，不肯過日式生活，將和服用菜刀砍斷。先生媽生病臨終前，再三囑咐「不可用日本和尙」。錢新發在她死後並不遵行遺囑，「葬式不用台灣和尙，依新式舉行」。錢新發終於將自己「鍛煉」成了一個數典忘祖的「皇民」。

台灣光復後，國民黨政權的腐敗，尤其是「二・二八」事件的發生，使台灣人民的希望很快破滅。詩人氣質的吳濁流，對這一幻滅的體驗更加深刻。中篇小說〈波茨坦科長〉就是在這樣的心緒下寫出的。這篇作品延續了他的諷刺和批判的風格，然而，其諷刺和批判的對象已不是昔日的殖民統治者及其走狗，而是本民族的腐敗政權及其催生的政治和經濟暴發戶。

小說主人公范漢智本是南京汪僞政權的漢奸特務，日本投降後隱瞞身份混入接收人員行列來到台灣。在台灣，他憑著科長的頭銜「接收」了很大的日產房子，還獲得了憧憬祖國的台灣姑娘玉蘭的愛情。范漢智到台不久就露出了利令智昏、貪婪粗俗的原形，與奸商糾結幹起走私、賄賂、盜伐森林等等勾當。他計劃大發一筆之後便溜往香港。正在如意算盤即將實現之際，他的漢奸罪惡暴露，被當局逮捕歸案。小說不僅描寫了范漢智這一集漢奸、官吏、流氓、騙子、暴發戶於一身的人物，而且表現了台灣光復初期，國民黨統治集團貪污腐敗成風、全島掀起搶掠日產的狂潮、台灣百姓對國民黨當局由希望轉爲失望的社會狀況。同時，范漢智固然是混入台灣的漢奸，然而，他成功躋身於接收人員的隊伍就已說明了國民黨政權的很多問題。作者批判的鋒芒不僅針對范漢智這一人物，而且指向整個腐敗的權力體制。因此，小說安排了這樣的結尾：負責緝捕漢奸的搜查隊長在火車站抓獲了范漢智後，當局的緝煙人員則當著群眾的面搶走了煙販子的煙和錢。隊長回到本部悶悶不樂：

　　忽而看見辦公室裡的全部職員不要說，甚至工友也同樣笑嘻嘻，不論哪一個人的臉都跟過去所檢舉的漢奸或貪污的臉相像，真使人厭惡。搜查隊長竟發生「四萬萬五千萬，怎麼會有這麼多漢奸和貪官污吏呢」的錯覺。[87]

　　這篇小說對范漢智這一人物性格的塑造頗爲成功，這得益於作者對人物的細節描寫。如寫范漢智和玉蘭到飯館吃飯：「不一會桌上便擺滿了山珍海味，一盤盤一碗碗，都是珍饈異饌，可是她（玉蘭）只吃了兩三盤的菜就飽了，然而范卻狼吞

虎嚙著，饕餮貪饞使人吃驚。」[88] 寫玉蘭眼裡的范漢智在臥室裡的舉止：「把皮鞋都拿上『床間』放。不單這樣，有時候他竟忘記脫鞋子，像雞一樣走上來，這一切使她覺得他是個完全沒有教養的老粗。」[89] 這些細節揭示了范漢智的貪婪和粗鄙本色。〈波茨坦科長〉比起作者以前的小說手法顯得更加嫻熟，更具有藝術分量，但小說所蘊含的社會意義仍是作者最傾力之所在。

〈狡猿〉寫的是台灣光復後取代日據時期御用紳士而在鄉村呼風喚雨的一個「新人」──江大頭的形象。江大頭光復前以「吹牛角做巫師，借神幌子賣假藥，行密醫騙錢財」為生，光復後「接收」了日本人的田地、柑園、房子，又弄到了一個中醫執照，很快就發了財。他「工於心計，又詭詐，再加上善於活動和玩花樣」，因此由光棍而做了里長、鄉民代表、業佃調解委員會的調解委員。每天神氣活現地四處招搖鑽營。江大頭憑藉手中的財力，競選上了縣議員。他與權貴和縣長相勾結，以募捐建橋的名義大發其財；又接著行賄拉票當上了省議員。在省議員任上被捕後，江大頭在獄中仍終日盤算：「要歪就是大的，一碰上機會來個通天大歪特歪，刮他一個飽，然後逃往海外，逍遙自在，豈不妙哉。」[90] 小說一方面以喜劇的諷刺筆法塑造江大頭的形象，一方面通過江大頭的傳奇般的發跡及周圍人對他的議論，揭開光復後台灣社會的種種黑幕和畸形現象，表達了強烈的社會批判意識。這是一種頗為徹底的姿態，作者不僅揭露和批判了國民黨政權的全面腐敗及台灣社會風氣的嚴重敗壞，而且指出了從大陸回台的「半山」即台灣籍的國民黨官僚們比外省官僚有過之而無不及的貪婪。同時，作者雖然安排了江大頭最後的敗落，但又設計了一個耐人尋味的

結尾：江大頭被捕三年後，一個過路客向江大頭的村人傳播消息說江大頭早已連人帶財產溜到日本，仍然「大歪大發」。這一結局暗示著江大頭雖然被逐出政界，然而當初使他發跡的那個腐敗體制仍然安如磐石。這一體制使江大頭逍遙法外，也使張大頭李大頭繼續占據要津。

〈銅臭〉敘述的是「國大代表」沈國大裝神弄鬼大肆斂錢的故事。沈國大先是神化和編造自己的「革命」經歷，騙取百里鄉人的信任。之後他利用鄉民的迷信，精心設計了「佛祖現身托夢」的圈套，讓鄉民捐款建廟，自己裝成活佛享受善男信女的香火膜拜和金錢「樂捐」。正當他計劃挾帶騙來的大筆金錢「溜出海外做寓公，享受現代文明的快樂」之時，不料樂極生悲，一病不起，很快嗚呼哀哉。死後人們發現他竟藏著四百五十餘萬元的黃金和美鈔。沈國大生前「所說的為國為民的話」，終被拆穿是掛羊頭賣狗肉。〈銅臭〉與〈狡猿〉頗有異曲同工之妙，不同的只是沈國大是外省舊吏，江大頭是本省「新人」；且兩個人物的行為似乎是逆向運動：一個是失意政客假充活佛，一個是巫師神漢混入政界。但兩個人物的目標則是一致無二──金錢及其所帶來的物質與官能享受。

〈三八淚〉、〈幕後的支配者〉、〈牛都流淚了〉、〈老薑更辣〉、〈矛盾〉、〈閒愁〉、〈友愛〉等篇，亦都是反映台灣光復後的社會現實。這些作品所展現的視野更為廣闊，凸顯著作者對灰暗現實的強烈批判和對在社會底層艱難掙扎的人們的真摯同情，體現著作者的社會良心與人文關懷。〈三八淚〉裡靠給人打短工為生的老實農民牛皮哥，四十多歲仍在打光棍。他省吃儉用，將血汗錢攢起以備娶妻之用。年積月累，他攢的錢也頗為可觀。然而，老實巴交的他不知物價飛騰、貨

幣貶值爲何物。直到當局頒布法令，以四萬比一的比率將舊台幣兌換新台幣。牛皮哥辛辛苦苦攢下的一百六十一萬元舊台幣換來的只是四張十元紙幣、兩枚一角銅幣、五枚一分鋁幣。多年的血汗錢竟如此「蒸發」了。牛皮哥無法相信這「自盤古開天以來都沒有人聽見」過的事實而變瘋了。〈幕後的支配者〉中，美雲與丈夫阿九哥本是眞心相愛。阿九哥在外國留過學，在日據時代家境較爲殷實。然而光復後，因不懂中文、國語也說不好，二十年一直找不到職業。他對務農也一竅不通。然而他不肯向現實低頭的「硬殼」性格卻始終不變。美雲瞞著丈夫入了基督教。她對基督並無信仰，入教只是爲了領取教堂發給教徒的奶粉、麵粉等配給品。阿九哥最後認識到自己多年來的無能和耽於空想的錯誤，決心種植香蕉養家餬口，而美雲則決定不再去教堂。這篇小說除了諷喻阿九哥這樣的缺乏「實行力」的知識分子，更揭示了光復初期基督教在台灣的發展，依靠的並不是信仰的魅力，而是以物質誘惑來吸引和征服民眾。那奴化人的看不見的力量，那使人低頭就範的「幕後的支配者」，不是神，不是主，而是金錢。作者意在砭刺光復後台灣整個社會崇拜金錢物質的風氣，而張揚人間的眞情與不崇洋媚外、不向金錢臣服的堅強的民族意識。

〈牛都流淚了〉寫飼養奶牛賣奶爲生的阿古頭因國產奶粉滯銷，製奶公司停止收購牛奶而被迫將一頭奶牛出售給屠戶。但這頭奶牛第二天起即不肯吃草了。屠戶來牽牛時，牛竟然對主人雙膝跪下雙眼流淚。阿古頭的祖父阿清伯堅決阻止了賣牛的交易。小說借楊議員之口說出了導致「殺牛賣肉」這一幕發生的因由：「現在的許多大員，崇洋、拜洋成性，眼中哪有酪農呢？酪農要死了，他們還在公開反對提高關稅、保護本國生

產措施。……其實只是為了私心，被（外國）奶粉商人利用而已。」[91] 作品的政治指向極為明顯。

〈老薑更辣〉是一篇構思頗為特別的作品，基本上由兩個人物的對話組成。小說情節很簡單：八十五歲的黃金岩老漢的三孫子阿真繼兩個哥哥之後出國留學，兒子阿狗在家裡大宴賓客慶賀。來賓中有一位曾在大陸當過省長的舊官僚，人稱劉舊省長。黃老漢與劉舊省長在入席之前閒聊了一番。小說主要表現的是這兩個人物談話的內容。在一般人眼裡，出國留學是光宗耀祖的大好喜事，當然值得慶祝。但在黃金岩看來，這卻是「沒出息」的行為。他數落大孫子出國五六年，已畢業在美國教書，並與外國女郎結婚生子，沒有回來一次，連家都不愛；二孫子三年前去美國，還在做掃庭園洗碗洗廁所的小使（工友），是「下賤貨」；如今他又唆使弟弟出國，並給弟弟找了一份替美國人管理庭園的勤工儉學工作，其實也是做小使。黃金岩進而縱論：「我國的留學生在外國做了下賤回來也下賤，專講究貪污，因為他們在學生時代做了下賤，所以也感不到貪污是下賤的吧！」[92] 對劉舊省長的貪污是「因為國家貧窮，薪津不夠生活」的觀點，黃金岩反駁道：「你看新聞，官越大，貪污越大，這不能說他們是為生活問題吧。我想他們在學生時代做過下賤，所以到老也下賤吧。」[93] 當他得知劉舊省長的五個兒子都在美國讀書畢業並已工作時，又有如下的對話：

> 「在美國怎麼不回來為國家服務呢？」
> 「噢，他們要再深造。」
> 「深造何用？」
> 「將來為報效國家用的。」

　　「現在，國家不需要人材？要等將來才用？你剛才說過，生在這個大時代，不吸收外國文化，不能為國家建設，你的話前後已矛盾了你還不知道。……」[94]

　　對劉舊省長標榜自己信基督教，黃金岩還就「是否有中國人的天堂」發出了一些令對方哭笑不得的妙論。這篇小說雖然運用的是誇張手法，但緊扣的是台灣的社會現狀，因此有很強的現實感。

　　〈矛盾〉表現的是一齣因統治當局的不合理政策導致的悲劇。八十二歲的阿審伯做夢也想不到，自祖宗來台住了五代人，而且是祀奉祖宗的祖堂所在的房子，居然今天自己不能住了，非要賣給別人才行。不是房子陳舊不能住人，也不是要徵地，而是當局要徵高額「地價稅」，阿審伯的兒子耀宗薪水難以維持，只好決定賣掉。阿審伯怎麼也想不明白自己的房子自己居住，又不出租，這「地價稅」從何談起？因此他認為這是兒子耀宗誆騙他。當賣房最終成為事實時，他承受不了這一打擊，突發腦溢血而死。小說不僅從阿審伯的言行和心理活動的角度來反襯當局政策的悖謬，而且通過耀宗同事的議論直接點出問題的要害：

　　「這個問題應該老早由立法委員提議的。可是現在的立法委員統統都是聰明人，他們大多數在這裡沒有地皮，事不關己就不說了。」
　　「是的，現在當局只顧眼前的利益，沒有考慮到思想的根源，我們中國人須要重視祖宗，所以不能不考慮祖堂及家廟存在的問題，若不分皂白課稅，難免有不合理的現象的。因為課

稅搖動到民族主義的根本思想，我想是不智的。」

……

「聽說，基督教堂可請免稅，更令人費解。」[95]

〈矛盾〉值得注意之處在於，作者選取這一題材，顯然不僅由於「地價稅」給阿審伯們帶來的即時災難和悲劇，而且是著眼於這一政策對幾千年綿延的中華民族的風俗和民族情感造成的衝擊。在小說中吳濁流不僅繼續了對國民黨當局的批判，而且這種批判是從中國民族主義的立場和角度出發的。

作者於一九五八年創作的〈閒愁〉，以第一人稱的敘述模式，寫台北一個普通家庭一天之內的生活。「我」的女兒下午與同學去郊外遊玩。到了該吃晚飯時，女兒還沒有回來，「我」和妻子開始坐立不安。「我」的腦子裡隔一會兒就冒出一個報紙上登過的情殺案凶殺案……正當「我」和妻子緊繃的神經瀕臨崩潰要去報警，女兒終於回來了。這篇小說與作者的其它作品比較，風格較為含蓄和平和。然而，它從一個普通人家一天內的日常生活擷取的片斷，折射的正是特定時期台灣社會的起伏動盪。儘管鋒芒藏而不露，但寒光依稀可感。

〈友愛〉敘述了台灣光復初期一對青年男女的友誼。第一人稱主人公Ｋ先生和Ｓ小姐是少年時代同鄉朋友。兩人分別十幾年後在火車上重逢，又開始了來往。兩人一起散步、交談、看電影，友誼迅速升溫。然而Ｋ先生已有家室，兩人終於理智而又傷感地分手。表面上看，這是吳濁流的中短篇小說裡較少政治色彩的作品。然而它相當深刻地表現了光復後台灣青年的思想苦悶。這一苦悶的產生又是與社會政治、經濟的狀況分不開的。Ｓ小姐向大陸來的女性看齊，學會了抽煙、喝酒、跳舞

等時髦，但還是找不到職業；K 先生本有一份工作，然而機關人事變動，由於他沒有裙帶關係，因而被迫辭職，也成爲失業隊伍的一員。作品這樣描寫這一時期台北街頭的情景：

> 光復後像我一樣無目的地在街上逛逛的人增加多了，男男女女一樣的搖搖擺擺蹣跚地走著。你看衡陽路、西門一帶那麼多人。其中也有摩登青年，也有太妹型的小姑娘，也有衣冠齊整的紳士，表面上看來不消說也像紳士，但是認真再看，個個都染有一點欺騙和虛僞的文明病，內心充滿了權謀、術數，胸中有的是縱橫策略。照理他們在街上可以聳肩闊步，事實上卻不是這樣，因為他們沒有高度的理想，胸中的血液不能高鳴，統統都蹣跚在現實上打算，看到錢就拼命奔走，一旦不達目的就動搖焦躁，所以，雖是青年都沒有熱血，也沒有朝氣蓬勃的氣象，個個臉上都是硬繃繃的連笑得天真的都沒有。[96]

作者筆下台北街頭夢遊一般搖晃移動的人群，這喪失了勃勃生氣和崇高理想，只爲金錢和卑下的目標流竄的人群，恰似一幅世界末日的圖景，而不像是剛剛趕走了殖民統治者、回歸祖國懷抱的光復氣象！這篇小說無疑存在著對國民黨政權的失望和譴責的潛話語。

於一九六七年完成的〈路迢迢〉，吳濁流本是作爲長篇小說來寫，小說擬分爲三部分，然而最終僅完成第一部分。因此，讀者見到的〈路迢迢〉只是一部中篇小說。作品敘寫了台灣光復前後一對互相愛慕的台灣青年與日本少女的微妙複雜的心理及最終黯然分手的命運。主人公何思源是報社記者，爲了躲避美機空襲裝病從台北回到鄉下老家。日本教師藤田一家也

疏散到村子裡來。何思源與藤田的女兒君子產生了感情。然而，殖民統治下台灣人與日本人地位的不平等使他遲疑不決。起初他想，即使兩人的結合不遭日本當局的反對，君子也必將受到日本同儕的排斥。日本投降後，他認為求婚的機會來了，但又覺得這有些趁人之危，會讓對方誤解為是同情而不是愛情。君子也感覺無能為力。台灣光復後除少數留用人員外，在台日本人被悉數遣返。她喜歡何思源，然而她又必須與父母一起回國；日本作為戰敗國，她不能奢望何思源會去日本。因此直到藤田一家被遣返日本，兩個人仍不敢公開表達愛情。小說從另一側面揭示了日本軍國主義者發動的侵略戰爭給台灣人民和普通日本人民帶來的災難。為了支撐戰爭殘局，日本殖民者向台灣人民強徵各種物資，台灣老百姓受到加倍的壓迫與侮辱；而普通的日本人則在戰爭中承擔著子弟充當炮灰而家破人亡的厄運，戰敗後又從往日的特權地位一落千丈淪為賤民。尤其是那些持有反戰思想的日本人，更是感受著強烈的痛苦和無奈。藤田因對台灣人抱有同情，在學校曾遭到日本教師同仁的毆打；他三個兒子都上了戰場，兩個已戰死，一個下落不明。藤田在台灣生活了四十多年，日本國內已無熟人，他並不想回國，然而日本成為戰敗國的現實決定了他只能接受被遣返的結局。藤田太太受軍國主義思想影響，曾認為兒子們戰死「是為天皇陛下成了護國英靈」，所以她並「沒有什麼遺憾」，但當她得知日本戰敗，日本人都要被遣返後，這才醒悟到枉死了幾個兒子，這是一場沒有意義的戰爭。小說還寫何思源的妹妹愛珠與藤田的三兒子正雄互相產生好感。正雄雖是神風特攻隊員，但是被迫走上戰場的，他告訴愛珠打算駕飛機離隊到澳洲或印度向盟軍投降。作者鋪設的這一條附線意在揭示戰爭中日

本青年的可憐命運，同時也是為小說的後續發展埋下伏筆。小說結尾，何思源望著藤田一家乘船遠去的方向，下定決心去日本追隨君子，也是預示著小說還有進一步的構思。

〈路迢迢〉是一部未完成的長篇，但作為中篇小說來看，它的主題、故事和結構還是比較完整的。就小說的完成部分而論，〈路迢迢〉所欲表現的主題不是男女的愛情，而是剖示日本殖民統治給台灣人民和普通的日本人帶來的心靈傷害與扭曲，日本軍國主義發動的侵略戰爭給中日兩國人民造成的巨大痛苦和創傷。

〈歸兮自然〉以一隻飼養在一個鄉下小學教師家裡的貓「我」的視角，描述了主人丁及周圍其他人的種種虛偽卑劣的品質。丁是學校的首席訓導，[97] 在這一職務上待了二十年，而他的同學不是做了較大的學校的校長就是督學。他雖然表面上說要淡薄名利，寵辱不驚，但當督學來校視察時他卻慌張得在課堂上將「玻璃」寫成了「烏鴉」。「我」後來找到了情侶「白兒」，貓的幸福引起主人丁一家的嫉妒和嫌惡，因此合力打死了「白兒」，還吃了「白兒」的肉。「我」生下了與「白兒」的愛的結晶——五隻小貓，卻被主人一家扔進池塘淹死。「我」最後悲憤地離開主人的家，離開人間，而走向蒼鬱的森林，回歸大自然。〈歸兮自然〉是吳濁流小說裡唯一一篇具有濃厚現代主義色彩的作品。它明顯地受到了日本明治時期作家夏目漱石的長篇小說〈我是貓〉的影響。雖然〈歸兮自然〉在一定程度上影射了日據時期台灣的現實，但作品也沒能擺脫夏目漱石的〈我是貓〉只是泛泛指責抽象的人性的侷限。〈歸兮自然〉所影射的只是一種抽象的現實，它對作品的時代背景、「我」的主人丁的文化身份（如日籍還是台籍）並無明確的交

代。作品不是對人性的缺陷的手術，而是對全部人性亦即人類的質疑。它的主題是模糊和消極的。小說於一九三六年七月寫作完成，翌年發表於《台灣新文學》雜誌。這是吳濁流初登文壇的作品，還處於摸索尋找創作路向的階段，未免有不成熟和模仿的痕跡。

吳濁流的長篇小說《亞細亞的孤兒》、《無花果》、《台灣連翹》，與他大多的中短篇小說相一致，同樣體現關懷社會和人生，張揚民族意識與社會正義，批判專制威權與利益壟斷的宗旨，是其小說創作的高峰。對這幾部作品的分析稍後將進行。

一個介入作家，他的創作在一定程度上總是特定社會的歷史與現實的記錄。正如十九世紀法國現實主義文學大師巴爾扎克（Honore De Balzac）所說：「法國社會將要作歷史家，我只能當它的書記，編制惡習和德行的清單、搜集情慾的主要事實、刻畫性格、選擇社會上主要事件、結合幾個性質相同的性格的特點揉成典型人物，這樣我也許可以寫出許多歷史家忘記了寫的那部歷史，就是說風俗史。」[98] 綜觀吳濁流的小說創作，現實主義的風格追求始終貫穿其大部分的作品中。他的作品反映的正是日本殖民統治時期和光復後的台灣社會的歷史與現實面貌，展現了台灣人民的苦難與抗爭，表達了台灣人民盼望中華民族復興的強烈心願，和對建設自由、民主、平等的美麗繁榮的新台灣理想的熱切追求，其作品中的人物塑造有的達到了典型的高度（如〈陳大人〉中的陳英慶，〈先生媽〉中的錢新發，〈波茨坦科長〉中的范漢智，《亞細亞的孤兒》中的胡太明），因而吳濁流小說在某種意義上也是台灣社會風俗的記錄，是一部半個多世紀的台灣社會的形象歷史。

歷來對吳濁流的評價中，有一種觀點頗為流行，即認為吳

濁流的小說有濃厚的社會性。但這種社會性「多少也損害了小說應有的藝術性」；而且「吳濁流的寫實是粗獷的，缺乏現代的氣息」。[99] 這種評價有所根據，但並不全面。所謂「社會性」，當是指吳濁流小說對社會現實的耿耿於懷和執著描寫。然而，這樣並不見得就一定損害小說的藝術性。美國小說家亨利‧詹姆斯（Henry James，一八四三～一九一六）也很推崇技巧，曾批評托爾斯泰（Tolstoy, Leo）和陀斯妥耶夫斯基（Dostoyevsky, Fyodor）的作品缺乏結構，但也說過這樣的話：「你如果沒有對現實的感覺，你不會寫成一部好小說」；「一個人按自己的趣味講話，才能講得最好，所以，我可以大膽地說，現實（具體記敘的堅實性）的氣息，在我看來，似乎是小說的最高德性」；小說的一切其它優點「都不能不俯首貼耳地依存於這一個優點。如果這個優點不存在，其它優點都等於零」。[100] 應該說，對社會現實的關注正是吳濁流「自己的趣味」所在。誠然，他的小說在藝術上並非已臻完美之境界，但其不足也並非在於「社會性」，而是在描寫外部現實的同時，沒有更細微地挖掘和揭示人物的內心世界，表現與外部現實一樣甚至更波瀾壯闊、更紛雜迷亂和更大喜大悲的人的靈魂的生死搏鬥。美國符號主義美學家蘇珊‧朗格（Susanne. K. Langer）說：「與必須為一部作品賦予『真實的氣息』相比較，對於文學來說第二個重要的問題就是使它保持虛構性。」「不僅要把事情納入經驗的模式，而且要從本質上保證它們的文學形式。」蘇珊‧朗格認為利用小說中的人物轉述事件，這種方法可以成功地保證故事中虛構世界的某種方向。因為通過一個人的頭腦來過濾事件，可以保證它們與人的情感和遭遇相符合，並為整個作品——動作、背景、對話和其它所有方面——賦予

一種自然和統一的看法。〔101〕其實，虛構性的獲得和文學形式的保證，除了蘇珊‧朗格所推崇的這種「利用小說中的人物轉述事件」，還有它種方法，比如表現人物的內心世界也是一條重要途徑。因為人的心理活動固然也是一種真實的活動，但是，它畢竟不具備如同生活的外部現實那樣的可供摹仿的「外表」，而只能是一種想像性或抽象性的描述，因此，對人的內心活動和精神世界的描寫，無論多麼「真實」，它仍然顯示著比對外部世界的再現更強的虛構性。不過，我們也不可以這樣的標準對吳濁流的小說一概而論。在有的小說中，注重外部現實表現是小說具體的風格所規定的，這一點我們稍後將論及。而且，吳濁流中短篇小說中「粗獷的寫實」、對人的精神世界的忽略或粗率處理，在長篇小說《亞細亞的孤兒》中卻得到了很大程度的彌補，從而一舉攀上了長篇小說藝術的高峰。我們將在下一章中進行分析。

二

　　吳濁流小說的一大藝術特色，是其辛辣的諷刺。作者偏愛諷刺，他對這一手法的運用也達到了較為嫻熟高妙之境地，有的作品堪稱諷刺的傑作。

　　吳濁流寫有一些諷刺詩。如七絕〈戀棧〉：「官場善舞制人先，自我宣傳巧十全。宦海老人新學說，素餐八十謂青年。」〔102〕〈自由〉：「光復以來倡自由，自由今古實難求。人間那及空中鳥，日日何妨任意啾。」〔103〕然而諷刺詩在其詩歌中所佔比重很小。他對諷刺手法的運用主要體現在小說創作中。

　　吳濁流小說的諷刺對象主要有兩種人，一種是中間人物，一種是反面人物。

在小說處女作〈水月〉中，就已包含諷刺的因素。小說的主題雖然是批判日本殖民統治當局對台灣人民的壓迫和不平等待遇，但主人公仁吉對殖民者的本質缺乏認識，無視殘酷的現實，心比天高，沉浸在留學日本和出人頭地的幻想中而不知醒悟，仁吉身上表現出的殖民地部分知識分子軟弱無能渾渾噩噩的生存狀態，也是吳濁流在小說中所譏諷的（在某種程度上也是作者的自嘲）。不過，這種諷刺是隱蔽和溫和的。畢竟，是罪惡的殖民統治造成了殖民地知識分子的人生悲劇。因此，作者這樣寫下小說的結尾：

> 「我的先生，你結婚以來抱著的美夢還沒有醒嗎？你想，堅兒今年念六年級，不久就要上中學，你還在夢想去東京留學。你想，你的孩子，你自己的學費……。」
>
> 仁吉也不敢再自討沒趣，只是長長的嘆了一口氣而已。可是他的少年時代所抱的理想，他所憧憬的世界，他的美麗的夢，縱然已經過了十年二十年，還是那樣美麗地盪漾在心頭。
>
> 啊！像初戀的美夢，甜蜜和艷麗。
>
> 藕雖斷而絲仍連，啊！仍然像初戀一樣的心情，永遠不會忘掉，他的夢想像水裡的月亮一樣，圓了又缺，缺了又圓。[104]

如此結尾，既有諷刺，也有同情。仁吉的形象，是相當一部分台灣知識分子的命運的縮影，在某種程度上也有作者的影子，因為仁吉遭受的殖民統治的壓迫和不平等待遇，也正是作者所經歷的現實和遭遇。因此，作者心中交叉著複雜的情感，而非一種單純的思緒。

這種諷刺與同情混雜的情形，在〈功狗〉中也有體現。主

人公洪宏東爲推行殖民當局的教育政策立下汗馬功勞，對這種爲殖民者效忠的奴才思想和行爲，作者是持諷刺態度的。然而，洪宏東以健康爲代價的賣命並沒能換來殖民當局的絲毫垂憐，當他病倒床上生死難卜之際，接到的是當局毫不留情的一紙辭退書，一家老小陷入生計無著之境地，洪宏東上天無路入地無門：

> 他不知不覺又滴下眼淚，不知爲什麼？連他自己都不曉得，只是淚水一滴一滴湧出，忽然嗚嗚地再抑不住胸中悲傷放聲大哭了，哭了好像心中的痛苦就可以輕鬆一點，於是哭！再哭！哭得心中所有的不平和憤恨都哭盡爲止！[105]

〈功狗〉的這一結尾仍具有一定的諷刺性，但諷刺之意味已很微弱了，作者實際上也在爲主人公一灑同情之淚。小說之所以安排這樣的結局，與作者此時尚未能解決民族與國家認同的困惑有關。三〇年代的吳濁流對日本殖民當局仍抱有一定的幻想，因此對當局歧視台灣人的政策，與其說是仇恨，不如說是怨恨。〈功狗〉所表現的悲情遠大於憤怒與冷嘲。

〈幕後的支配者〉也存在諷刺的因素，而且是多重的諷刺。一是針對光復後二十年間台灣的基督教會。二是針對基督教的假信徒。三是針對女主人公阿九嫂的先生阿九哥。作者諷刺基督教會，因爲它不是靠教義而是靠所謂配給奶粉、麵粉之類物質誘惑吸引民衆。而對基督教的創始人耶穌，吳濁流始終是崇仰的。他在遊記〈談西說東〉裡記述參觀耶穌誕生地時說過「耶穌一生的奮鬥及遭害一一映在眼前，覺他偉大」。他之所以對基督教會不抱好感，是因爲「很多人利用他來吃飯或享

受,令人討厭」。在吳濁流心目中,耶穌精神如今早已蕩然無存,如〈看長崎原子爆彈跡〉一詩中,就有「基督精神死,問誰代申冤」[106]句。〈幕後的支配者〉借上海姥之口嘲諷了基督教會,也為上海姥這類假信徒畫出了一幅漫畫:

　　世間總是騙來騙去,我們假做信徒來騙神,食神明飯的人依靠我們去掛名、勸募、救濟來騙錢,騙得錢來建教堂,祿在其中,食有餘穿有餘。其剩下的錢,買些配給品來配給我們,若論有罪,我們騙神是小事情,他們騙人罪惡更大,因為要騙人,連神都被他騙了。……你要知道基督教徒,不是像我們想像中的那樣純真,博愛也是口頭禪而已。我舉一個例給你聽,上帝博愛反對戰爭,可是它的信徒卻沒有人遵守這條教理,一旦利害相反時,就不擇手段,用最殘酷的方法來解決的。第二次世界大戰時,教徒拿一顆原子彈去炸長崎,長崎是東方基督教發祥地,在德川時代曾有出過二十六個殉教聖人,這是基督教歷史上最光榮的一頁,可是這顆原子彈偏偏落在這裡,可憐大浦崗上,曾誇東洋第一的教堂,一瞬之間被炸得瓦飛牆倒,犧牲了六萬餘人。……若是我們大家不來領配給品呢,他們的教堂也怕不能存在,神父也無對象可以傳教吧。所以我們依靠神恩,神依靠神父,神父是依靠我們的,這不是一個三角循環的道理嗎?神父拿我們來做資料報告本國的慈善家說:我們怎麼可憐,怎麼淒慘,報告越壞越有人憐惜、越有人救濟。這樣堂皇的教堂統統是由我們為資本建造的。所以說來領牛奶麵粉不是騙神的。

　　美援也好,日援也好,神援也好,拿得到就是橫財,一躍變為紳士,變為太太,也有酒,也有肉,也有車,也有馬,任

你逍遙自在，所以人人都樂於這樣。……所以基督教堂聳立雲霄，不論深山僻地都有了，比銀行更多了，若是沒有牛奶麵粉的話，我想，也像孔子廟一樣，無人燒香吧！[107]

小說諷刺阿九嫂的先生阿九哥，是因為他一方面很清高，堅決反對阿九嫂去教堂裝信徒領配給，一方面又無任何實際行動和能力改變家庭的貧困狀況。作品通過阿九哥醉後的酒話讓人物自嘲和反省：

今天碰到阿清伯，他說：「看人面不如看泥面，前幾年我曾勸你，你沒有耕過田，不曉得營謀，你的田是看天田，是依靠池塘的，你的池塘灌溉兩甲餘的土地是不夠的，不如留一半來種水稻就足夠，一半來種水果，那時候你說：種柑要七八年，種荔枝也是一樣需要好幾年，種葡萄你說無經驗，也很麻煩，最後我勸你種朳仔，當時你還同意我的意見。若是你種朳仔的話，老早出產了。可是你沒有實行力，……[108]

阿九哥的這番自白，實際上是作者對人物的一種諷刺。但採取的是一種委婉迂迴的方式。

諷刺與笑具有內在的聯繫。二十世紀俄羅斯思想家、文學理論家巴赫金（M. M. Bakhtin）認為，古希臘羅馬的諷刺文學與民間節日笑謔、辱罵有著內在的深刻聯繫，而且在其後的進一步發展中，這種諷刺也沒有斷絕自己同當時的民間節慶的笑謔形式的聯繫。諷刺作品的形式結構與形象都是由笑謔組織起來的，雖然表面上笑並沒有出聲。[109] 既然諷刺就是一種無聲的譏笑，而吳濁流將仁吉、洪宏東、阿九哥這類貧賤弱小的人

物也加以諷刺或者說取笑──儘管是溫和的，是否對諷刺的誤用或濫用？這不僅是一個修辭問題，還是一個價值問題。其實，在現實生活中，弱者和小人物身上也是存在可笑的因素的，他們並不因為階級身份而天生與可笑絕緣。然而，他們如果可笑也決非因為其階級身份。英國文學家梅瑞狄斯（George Meredith，一八二八～一九○九）說過：「貧窮是從來不可笑的；除非貧窮而想裝得上流（而那是無望的），或者妄想比闊氣，比排場（而那是愚蠢的），企圖用自己的襤褸掩飾起自己的一無所有，那時它才顯得可笑。」[110] 吳濁流將諷刺的矛頭對準小人物，是在一種人道主義關懷的觀照之下進行的。在吳濁流的筆下，〈水月〉裡的仁吉、〈功狗〉裡的洪宏東和〈幕後的支配者〉裡的阿九哥有可笑的一面。他們之所以可笑不是因為他們的貧窮和卑微，乃是由於他們備受壓迫身處受奴役之境而不知覺醒，或雖有認識而不知行動。作者在他們身上施以諷刺是符合諷刺藝術的內在規律的。

　　諷刺除了笑謔因素，還混雜著多種情感成分，具有多種功能。同時，由於對象的不同，還存在分寸的把握、強度的區別等問題。巴赫金在分析古希臘和羅馬的諷刺時指出，阿里斯托芬（Aristophanes）的喜劇已經是相當成熟有力的社會政治性諷刺；而賀拉斯（Quintus Horatius Flaccus）諷刺的特點，是對當代現實的敏感，當代現實在賀拉斯的諷刺作品中是自由譏諷的對象；尤維納利斯（Juvenal）的諷刺針對被否定的現實，出現了一種新的語調──憤怒，憤怒彷彿取代了諷刺笑謔的位置。[111] 吳濁流小說中的諷刺，則是這些複雜因素的混合。上述〈水月〉、〈功狗〉、〈幕後的支配者〉的諷刺即已不僅指向人物本身，而且也指向了導致人物悲劇的現實的社會政治；諷

刺中的成分已不止於笑謔，而是交織著憤怒的情感。他的小說中的諷刺具有強烈的社會批判色彩與功能。這在〈陳大人〉、〈糖扦仔〉、〈先生媽〉、〈波茨坦科長〉、〈狡猿〉、〈銅臭〉和〈老薑更辣〉等作品中體現得尤其明顯。

　　如在〈陳大人〉中，作者開頭即以「亭仔腳踢翻舅舅」這一詼諧的細節生動地刻畫了陳英慶當上日本人的鷹犬而表現出的一副小人得志的嘴臉。隨著他掌摑鄉紳劉舉人，捉拿抗日志士錢鐵漢，刑懲不遂其勒索的屠夫，霸占阿菊並笞打阿菊丈夫，以及對百姓瘋狂變態的侮辱折磨，作者笑謔的諷刺也逐漸轉化為憤怒的激情。〈波茨坦科長〉描寫范漢智混入接收人員行列來到台灣之初，舉止言行尚能裝出一副紳士模樣。然而情節推進到范漢智獲取玉蘭的愛情後，作者便剝下人物的偽裝，讓范漢智一步步露出原形。從舉止的粗俗，到從事犯罪勾當，最後往日漢奸罪事發而被捕。應該指出的是，范漢智這一人物身上並無多少可笑之處，〈波茨坦科長〉的諷刺指向的是范漢智之類人物所寄生的藏污納垢的國民黨政權。小說借玉蘭周圍人的議論諷刺光復後外省人與台灣本省人之間的地位差別。那是玉蘭以前的「鷗會」同事蕙英新婚後攜其新郎、年輕的國民黨軍官到她家作客之後：

　　蕙英走了後，大家都在討論跟外省人結婚的事，母親的意見是說蕙英真聰明，日本時代執「鷗會」的牛耳，雖在戰時物資難入手的當兒，能由軍部毫無困難地得到黑市買不到的東西，統制的肉、油、毛巾、肥皂等都可不花錢得到。接著鄰居的老伯伯說：
　　「日本人來台時，大稻埕有些流氓只出去迎接了一下，後

來就被嘉獎，而且還封了貴族的。」

「唉呀！那有什麼稀奇呢！還有更便宜的，有一個跟某陸軍軍官燒飯的老媽子的兒子，因懂得二三句日語就得到勳六等呢。」

玉蘭的父親這樣把從鄰長那裡聽出來的故事介紹給大家，在這個時期跟外省人搭上關係最有利，這是一般人的意見。[112]

在眾人的心目中，光復後國民黨政權對台灣人民的歧視政策和所表現出的趾高氣揚神態，幾乎與日據時代的景象如出一轍。作者以街談巷議的方式，把國民黨政權的虛偽外表撕下，揭示其統治之荒唐可笑的一面。而小說結尾搜查隊長感覺身邊所有人的臉都跟過去所檢舉的漢奸或貪官的臉相像，甚而產生「四萬萬五千萬，怎麼會有這麼多漢奸和貪官污吏呢」的幻覺，則是一種對現實的憤怒情緒的宣洩。

吳濁流的諷刺的另一個特點，是憤怒釋放後的冷靜。其小說中的反面人物，作者一般都安排了一個類似因果報應的下場。但這並非一個大快人心萬事大吉的結局，而是問題的延伸和伏筆。〈波茨坦科長〉以搜查隊長的幻覺作尾聲。〈陳大人〉中的陳英慶最後雖敗落為乞丐，然而這是管理王爺會的老黃為掩蓋自己貪污，買通大島刑事的結果。陳英慶倒楣了，但其他像他這樣的民族敗類仍在為虎作倀欺壓百姓。〈狡猿〉中的江大頭雖銀鐺入獄，但作者安排了一個江大頭逃到日本的傳聞作結局。〈銅臭〉也以沈國大暴卒後，一個鄉民的一段議論作為警策：「沈國大人人尊敬他是活佛，可是這個佛，比人更愛錢，死了都捨不得錢，還要拿這樣多錢去陰間，他所說的為國為民的話，都是掛羊頭賣狗肉的啊，好巧妙的西洋鏡，終有

拆穿的一天了吧。」[113] 作者安排的這番議論，表面是就死人沈國大而發，實際上諷刺的矛尖指向的是那些還活著的沈國大們。在這幾篇作品中，作者最終都擺脫了憤怒的情緒，復歸冷峻的沉思和耐人尋味的敘述。

德國哲學家黑格爾（Georg Wilhelm Friedrich Hegel）對諷刺這樣定義：「一種高尚的精神和道德的情操無法在一個罪惡和愚蠢的世界裡實現它的自覺的理想，於是帶著一腔火熱的憤怒或是微妙的巧智和冷酷辛辣的語調去反對當前的事物，對和他的關於道德與真理的抽象概念起直接衝突的那個世界不是痛恨，就是鄙視。」「以描繪這種有限的主體與腐化墮落的外在世界之間矛盾為任務的藝術形式就是諷刺。」但黑格爾從其強調主體與客觀世界的和解這一藝術觀出發，並不推崇諷刺這種風格，他認為諷刺是一種抽象的智慧，一種固步自封的、違反現實的道德，不可能使虛偽的可厭的東西得到真正的詩的處理，在真理裡達到真正的和解。「藝術不可能停留在這種抽象的內在的思想與外在客觀世界的分裂而不違反藝術所特有的原則。主體方面應當看作本身是無限的，自在自為的，它儘管不容許把有限現實看作就是真實的，卻也不和有限現實處在單純的對立狀態，對它取否定的態度，而是要進一步走向和解」。[114] 黑格爾對諷刺的考察未免片面。因為他只看到了諷刺對客觀世界的否定的一面，而沒有看到諷刺所包含的肯定。正是因為這種肯定因素的存在，使諷刺風格仍能造就出偉大的作品。

與黑格爾對諷刺的消極評價相反，巴赫金從創作者對所寫現實的一種特殊態度出發對諷刺作出這樣的界定：「諷刺是對當代現實不同方面的形象性否定，它又必須包含（以不同形式和在不同的具體與明顯程度上）積極的方面，即對美好現實的

肯定（席勒所說的『作爲最高現實的理想』）。」他還指出，「在諷刺中，形象性否定可以採用兩種形式。第一種形式──笑謔的：把否定的現象描繪成可笑的東西加以嘲諷。第二種形式──嚴肅的：把否定的現象描繪成討厭的、可惡的、令人反感和憤怒的東西。最基本和最常見的諷刺形式是第一種，即笑謔式的諷刺；……有時在一部作品中兼有諷刺否定的兩種形式（如薩克雷）。」[115] 吳濁流的〈波茨坦科長〉可謂兼有諷刺否定的這兩種形式的作品。小說總體上是對國民黨政權和光復後台灣某些社會現象的笑謔諷刺，然而具體對主人公范漢智，則將他處理爲「討厭的、可惡的、令人反感和憤怒的」人物。〈先生媽〉則是體現了「對現實的形象性否定」和「對美好現實的肯定」。這篇小說以對比的手法，一方面諷刺錢新發不遺餘力地將自己鍛煉成日本皇民的種種言行醜態，一方面歌頌性地表現了錢新發的母親即先生媽堅持民族意識，抗拒「皇民化」的凜然氣節。在先生媽的身上，顯然寄寓了作者的理想。在〈幕後的支配者〉中，雖然諷刺了阿九哥，但也肯定和讚揚了他最後決定行動的覺醒。

不過，吳濁流的諷刺小說，並非都是同時表現了反面和正面兩種人物形象。像〈陳大人〉〈波茨坦科長〉〈狡猿〉〈銅臭〉等，作者表面上所描寫的只是一種令人絕望和窒息的黑暗現實，其中似乎看不到美好的、理想的光焰。然而，我們不能因此下結論，認爲吳濁流是一個悲觀主義者。魯迅曾指出：「如果貌似諷刺的作品，而毫無善意，也毫無熱情，只使讀者覺得一切世事，一無足取，也一無可爲，那就並非諷刺了，這便是所謂『冷嘲』。」[116] 法國哲學家和美學家柏格森（Henri Bergson）也說過：「當心靈中有理想主義時，作品中才有現實

主義，也可以說只是由於理想的存在，我們才能和現實恢復接觸。」[117] 從吳濁流文學的整體來考察，作者有著一顆詩人的赤子之心，他的內心燃燒著理想主義之火炬。他熱切期望中國民族文化的發揚光大，期望一個政治清明、民主自由和不崇洋媚外、有民族尊嚴的台灣的出現。他的諷刺小說的批判現實主義精神，正是源於理想主義的激情。

諷刺在很大程度上構成了吳濁流小說的藝術風格。我們在這裡可以再討論一下所謂吳濁流小說的社會性問題。前述我們已指出吳濁流小說的不足並非在於「社會性」，而是其在描寫外部現實的同時，沒有更細微地挖掘和揭示人物複雜的內心世界。同時也指出，我們不可以這樣的標準對吳濁流的小說一概而論。在吳濁流的一部分小說中，注重外部現實表現是小說具體的風格所規定的。這部分小說，即指他的諷刺小說。諷刺小說由於其笑謔風格，在很大程度上限制甚至阻止作品對人物內心的探索。悲劇人物形象的產生，是作家豐富而深刻的內心探索與對外部現實敏銳細緻的觀察和捕捉的結晶。而其中起主要作用的，是對人物內心世界的拓展和揭示。這是一種向內的注視。但喜劇人物的塑造則與此相反。如同柏格森所說，相對於悲劇，喜劇的觀察完全不同，「這是一種向外觀察。不管一個戲劇家對於人性中喜劇性的東西感到多大的興趣，我們都很難設想，他會在自己身上去找尋喜劇性。何況他也找不到它們。這就因為只有當我們處於不自覺的狀態時，才會顯得可笑。正因為這樣，所以這種觀察，必須在他人身上進行。……停留於表面，喜劇的觀察不過是皮相，人與人相交結而又彼此相類似的皮相。此外，它就再也不能深入一步了。即使它能夠再深入一步，它也並不願意，這就因為在深入的過程中，它也是無所

得的。過分地深入於人格的內部,把外部的結果與潛在於內部
的原因聯結在一起,一定會危害並終於犧牲效果中一切可笑的
東西。」他還認為,笑的目的是匡正謬誤,而所匡正的人數應
當盡量求多。它選擇的是那些可以重複產生的特性,因而並不
是和某一個人的個性不可分割的東西,也就是說,是一種具有
共同性的特性。由於喜劇是描寫類性的,又以匡正謬誤和教訓
為其目的,所以它不同於其它藝術。它並不像「純藝術」一
樣,不關心現實的利害。喜劇通過把笑組織起來,把社會生活
當成自然環境;它有時甚至服從社會生活的衝動。[118]柏格森
指出的喜劇的這一特性其實也是諷刺小說的內在規定性。諷刺
小說與喜劇有著本質的關聯。兩者都是通過譏諷嘲笑的方式來
達到對醜惡落後的東西的形象性否定,和對美好現實或理想的
肯定。吳濁流小說的「社會性」,很大的原因是「向外的觀
察」這一喜劇和諷刺小說共同的藝術規律所決定的。沒有花更
多的筆墨探觸人物的心靈世界,只有在他的不具諷刺因素的小
說裡,才成為一種缺陷。而面對其諷刺小說,這樣的評價便顯
得不得要領。因為這是一種風格的特徵,而非風格的失敗。

　　吳濁流的諷刺小說,還體現了對中國諷刺文學優秀傳統的
繼承和發揚。中國文學傳統的優秀諷刺藝術強調生活的真實和
社會教化作用,如同魯迅所說:「諷刺的生命是真實;不必是
曾有的實事,但必須是會有的實情。所以它不是『捏造』,也
不是『誣衊』,既不是『揭發陰私』,又不是專記駭人聽聞的
所謂『奇聞』或『怪現狀』。它所寫的事情是公然的,也是常
見的,平時是誰都不以為奇的,而且是誰都毫不注意的。不過
這事情在那時卻已經是不合理,可笑,可鄙,甚而至於可惡。
但這麼行下來了,習慣了,雖在大庭廣眾之間,誰都不覺得奇

怪；現在給它特別一提，就動人。」[119] 被魯迅稱作中國文學「說部中乃始有足稱諷刺之書」的清代吳敬梓的《儒林外史》，「所傳人物，大都實有其人，而以象形諧聲或廋詞隱語寓其姓名，若參以雍乾間諸家文集，往往十得八九」；同時，又是一部「以公心諷世之書」。[120] 吳濁流的諷刺小說，所擷取的都是台灣現實生活的素材，而且注重作品批判醜惡、針砭時弊、矯正風俗人心的社會意義。他的諷刺作品雖然不一定像《儒林外史》那樣有真人原型，但它們所描寫的生活和人物確是台灣社會可感可觸的普遍現實。日據時期警察的驕橫毒辣，惡霸的魚肉百姓，「皇民化」運動孳生的民族敗類；光復後國民黨政權的惡性統治，應運而生的政治投機分子、騙子，以及唯美日馬首是瞻的崇洋媚外的社會風氣，在他的小說中成為諷刺的對象。他善於從世俗推崇的價值觀中發現荒誕並以之作為諷刺的素材。在〈老薑更辣〉中，他諷刺了世人皆以為榮的留學和定居美國這一時尚，對以信基督教作標榜者亦冷嘲熱諷，嬉笑怒罵。小說借鑒《儒林外史》的筆法，通過人物自相矛盾的言行來諷刺其虛偽。如黃金岩以「官越大，貪污越大」的事實證明劉舊省長所說貪污是「因為國家貧窮，薪津不夠生活」的荒謬；又以國家建設亟需人才的道理反駁了劉舊省長關於五個兒子留美不歸是為了將來報效國家的可笑說法。〈銅臭〉中的沈國大嘴裡高唱「三民主義」，大肆渲染其「革命經歷」，實際上卻是一滿腦銅臭、利欲熏心之徒。

　　〈先生媽〉則明顯地受到魯迅《阿Q正傳》諷刺手法的影響。錢新發爭當上「日本語家庭」，又首先獲准改叫日本姓名「金井新助」，以為自己真成了一個「日本皇民」，得意洋洋，感到臉上無比有光。然而，當局又發表第二批改姓名的名

單，四五個只算是「第二流家庭」的人也獲准改名，他便覺得
不舒服了，自尊心就像崩了一角，優越感被動搖了。於是電話
急召與他一起首批獲改日本姓名的大山金吉前來商議。作者唯
妙唯肖地寫了兩人的如下對話和情景：

> 「千載奇聞。賴良馬改了姓名，不知道他們有什麼資格
> 呢？」
> 「唔！豈有此理……呵呵！徐發新，管仲山、賴良馬……
> 同是鼠輩。這般猴頭老鼠耳，也想學人了。」
> 金井新助忽然拍案怒吼：「學人不學人，第一沒有『國語
> 化家庭』，又沒有榻榻米，並且連『風呂』（日本浴桶）也沒
> 有。」
> 「這樣的猴子子徒知學人，都是スフ。」（原文 Staple Fib-
> er 人造纖維，非真貨之意。）
> 「唔！」
> 「當局也太不慎重了。」
> 二人說了，憤慨不已。沉痛許久，說不出話來。金井新助
> 不得已，亂抽香煙，將香煙和嘆氣一齊吐出來，……[121]

以上的對話和描寫，令人想起《阿Q正傳》第一章中阿Q
酒後對人說他和趙太爺原來是本家而招打的那段情節：

> 那知道第二天，地保便叫阿 Q 到趙太爺家裡去；太爺一
> 見，滿臉濺朱，喝道：
> 「阿Q，你這渾小子！你說我是你的本家麼？」
> 阿 Q 不開口。

　　趙太爺愈看愈生氣了，搶進幾步說：「你敢胡說！我怎麼會有你這樣的本家？你姓趙麼？」

　　阿Q不開口，想往後退了；趙太爺跳過去，給了他一個嘴巴。

　　「你怎麼會姓趙！——你那裡配姓趙！」 [122]

　　吳濁流還注意吸取客家民間的俚語，如〈狡猿〉中，陳阿三挖苦江大頭競選議員就是「鳥仔」，天生伯給江大頭當助選運動員就是「大赫卵」。此外還有「狐狸不知尾巴臭」、「莠哥」、「歪哥」、「鱸鰻（流氓）」等許多客家語言。這些俚語有的不免過於尖刻或不雅，但總的來看在小說的具體語境中還是適宜的，使得其諷刺更顯生動風趣，並達到否定諷刺對象的效果。

第三節　詩歌：民族形式與性靈

　　吳濁流雖以小說聞名，但自視為詩人。這不僅因為他的詩歌（基本上是舊體詩）作品數量不少，還因為他的詩人氣質。他的詩歌結集有《藍園集》、《風雨窗前》、《濁流千草集》、《吳濁流選集》、《晚香》、《濁流詩草》，共有二千多首。

　　如果說吳濁流的小說主要體現了他的介入精神的話，他的詩歌則是其民族主義——國粹主義文學主張的深入實踐，是其反覆倡議的「中國文化格律」的具體嘗試。

　　當然，吳濁流提倡「中國文化格律」即中國風格的作品（尤其是詩歌），並非僅推重形式而輕視內容。與其小說比較，吳濁流詩歌中的抒情主體是一個執著的理想主義者，這個理想主義者奮力不懈地追求個性的自由和解放。但這是要不斷

地與外部現實的壓抑和內心深處的憂鬱作鬥爭才能獲得的自由和解放。因而感時傷事即對人間百態的描寫與對醜陋現實的批判也是其部分詩作的題旨，這一部分詩作可視為其小說的介入精神的延續。不過，更多的詩作表現的是詩人自己內心與靈魂的漫遊、歷險、喜悅和哀悲。

我們先對吳濁流的詩歌作一番考察。

吳濁流詩歌以抒情詩為主，但也有敘事詩。從題材方面可劃分為這幾大類：感時懷古；述志自勵；愛情與友誼；家庭親情；風景遊記；悼亡憑弔；應酬唱和；打油笑謔。從形式而言，有五絕、七絕，五律、七律，五古、七古。

一，感時懷古。

吳濁流的這一類作品，不少是抒發對中華民族歷史命運的感嘆與對祖國的憧憬眷戀之情，湧動的是作者的民族主義─愛國主義激情：

> 爆竹聲喧迫歲回，中原西望愈傷來。
> 羞觀左衽多憂憤，愧戴儒冠百念灰。
> 憔悴山河非昔日，艱難國步賴誰才。
> 閒居懶聽匡時笛，檻外梅花數點開。
> 七律〈和岳三老歲暮感懷〉[123

> 信有人間行路難，徒教勝利陷偏安。
> 膽寒怕夢干戈動，葉落西風雁影單。
> 漫說安邦無上策，須知民意造榮繁。
> 虛心若效張良策，忍把相殘骨肉看。

危機戀棧古今嘆，信有人間行路難。
痛恨中原爭種種，釀成華冑禍般般。
淫刑漫縱敲皮骨，污吏誰教陷虎豻。
四萬萬民須反省，懸崖勒馬共辛酸。

熱血橫流似急湍，常憂祖國幾忘餐。
未聞傲者操權久，信有人間行路難。
滿眼瘡痍生地獄，良疇兵禍變沙灘。
莫因飯碗爭天下，同挽狂瀾莫等閒。

平生自愧戴儒冠，忍睹神州骨肉殘。
為我先行天下亂，護民施政自由寬。
未聞道德安邦否，信有人間行路難。
否極泰來還是夢，佇看民主解愁顏。

崇拜黃金是異端，須將熱血挽狂瀾。
應知鼠輩潛天下，未見松筠怕歲寒。
不僅范蠡留義魄，豈無關羽表忠肝。
從來歷史多矛盾，信有人間行路難。

　　　　七律五首〈信有人間行路難（和漢
　　　　　文君拾杜甫句作轆轤體）〉[124]

偏愛詩人癖，無為誤半生。不才非業果，多病履榛荊。
輾轉追親淚，憂愁痛國情。少陵時入夢，佳句總難成。
　　　　　　　　　　五律〈偶成〉[125]

神州遍地泣哀鴻，骨肉相殘熱戰中。
落日豪華餘艷在，殘威尚染滿江紅。

七絕〈偶感〉[126]

讀書憂患始，尸位漫貪生。國步艱難日，何堪烽火盈。
秋風何寂寞，霜氣透疏櫺。箕豆相煎急，中原帶血腥。

五絕〈偶成〉之二、三[127]

遍地瘡痍感，苦分骨肉憂。蠻風摧故土，濁水禍瀛洲。
兄弟鬩牆下，江山半壁留。重重晴又霧，東海一孤舟。

五律〈偶感〉[128]

澳門門外立多時，西望中原慨嘆之。
兄弟鬩牆燃豆殼，釜中豆泣本同枝。

囂然世事本無奇，時局紛紛將欲移。
歷史循環今既定，不須慨嘆不須悲。

愁煙怨霧鎖重重，望斷自由卻笑儂。
擊楫寧無千里志，雄心未已振寰中。

七絕三首〈在澳門與大陸隔界地點遠眺有感〉[129]

　　在這些詩作中，作者表達了對民族歷史的反思與對祖國的深摯戀情，而且還寓含著對兩岸分裂、同胞隔絕的痛心和哀傷。

　　另一些詩作，則直接反映和批判了國民黨腐敗政權統治下的台灣社會的黑暗現實：

光復十七載，瘡痍迄未收。劣紳為廢舉，金棒出風頭。
稅吏敲商戶，貪官上酒樓。自由只高唱，為國幾人憂。

回憶作奴役，淪亡五十秋。過喉忘苦熱，憂國愧前羞。
舞弊官商結，滿城風雨愁。馬關條約恨，痛定再思不。

五律二首〈光復節有感〉[130]

人人光復節歡呼，誰記曾淪日寇奴。
巧吏不知亡國恨，天天猶在鬧貪污。

七絕〈光復節有感〉[131]

還有的詩作表現了作者對中華民族仁人志士的景仰：

欲明大義反遭殃，痛哭臨流獨斷腸。
人去千秋遺跡在，汨羅沉骨不沉香。

七絕〈屈原沉江〉[132]

明知虎穴攖強虜，凜凜精忠孰與儔。
十九星霜甘雪窖，誰思此牧為神州。

七絕〈蘇武〉[133]

東方廿紀一豪雄，帝制驅除唱大同。
遺囑精神今昔感，滿園春色有無中。
未成革命身先死，長使斯人淚不窮。
今日紫金山下過，停車拜謁仰英風。

陵廟堂堂半嶺留，精靈常在護民憂。
鍾山今尚騰王氣，一望中原四百州。

七律、七絕〈謁中山陵〉 [134]

二，述志自勵。

這一類的詩作抒發了作者的意氣和志向，流露出詩人堅強
不屈的性格和樂觀豪邁的情操：

執鞭尸位十餘年，潤筆休嗤薄俸錢。
久雨方知晴日好，息肩才覺俗情牽。
半肩行李空懷壯，兩袖清風自適然。
變幻人間同塞馬，任他宦海幾推遷。

七律〈休職有感〉 [135]

神經作痛臥床中，臘鼓冬冬迫歲窮。
待治心情愁更切，有靈藥石望奇功。
文章無價嗟時異，世味辛酸歷古同。
且把吟詩忘病苦，耐寒松柏待春風。

七律〈歲暮感懷〉 [136]

歲月感何匆，今朝花甲逢。雄心猶未已，壯志每懸空。
往事多荊棘，前途夢彩虹。生涯憂患始，忍耐效愚公。

五律〈花甲書懷〉之一 [137]

百轉迴腸熱，莫疑心火紅。長逢時勢亂，久為逆流忡。
清淡容吾老，無私悟色空。遠方多美景，變幻有無中。

五律〈偶成〉[138]

逝水韶光何太匆，今朝六十又春風。
倩看細菊依籬下，唯愛孤梅傲雪中。
到處青山迎逸客，難拋壯志學仙翁。
敢將禿筆評中外，力挽狂瀾策大同。

七律〈六十初度〉[139]

臨危心愈壯，有難莫辭艱。詩要吟千首，梅經雪不殷。

五絕〈苦病寄鍾肇政〉之三[140]

夢過人生七十何，山河雖復恨猶多。
不辭玉碎填滄海，震起文瀾萬丈波。

七絕〈讀芳格來詩有感〉之三[141]

三，愛情與友誼。

　　愛情與友誼的篇章在吳濁流的詩歌中佔有很大的比重。這部分的作品集中而鮮明地展示了詩人宏富熾熱的情感世界和真誠坦率的性格。愛情是人類永不枯竭的情感，也是文學的一個永恆的主題。人類的愛情是千姿萬態的。有幸福的愛情，也有痛苦的愛情；有平凡的愛情，也有偉大的愛情；有現實的愛情，也有夢想中的愛情……吳濁流的詩篇表現了愛情的無限複雜的內涵和豐富多彩的形態：

　　低頭眼含淚，使我內心憂。相對無言久，她愁我更愁。

五絕〈無題〉之一[142]

柳腰纖細意姍姍，畫餅充饑淚自潸。
蝶夢春光春易老，頓教薄命是紅顏。

愁中得句懶推敲，明月何堪上柳梢。
總為東風頻問訊，春情一片總難拋。

年年回憶食秋瓜，折柳長堤別緒賒。
猶記當年分別話，路旁不採意中花。

相如持病為憐香，飄泊桃花引恨長。
一領青衫千點淚，痕斑猶在惹人傷。

孤燈獨宿夜悠悠，輾轉懷卿徒自羞。
蠟燭有心似流淚，替人憔悴替人愁。

七絕〈雙峰餘情〉之十五、十
八、廿一、廿二、廿六 [143]

一縷痴情可奈何，千愁萬解總徒勞。
沈沈客舍燈無焰，永夜懷人月自高。

情到深時意更狂，一時如隔九星霜。
愁懷奈得黃昏候，獨對青山望夕陽。

繡閣春深鎖碧雲，隔簾消息總難聞。
風清月白無聊夜，一樣心情兩地分。

流浪江湖月幾圓，傷懷莫看並頭蓮。

人生苦悶多情淚，應有痴魂哭杜鵑。

　　　　　　　七絕〈劍潭筆淚〉之二、三、四、六[144]

寂寂春宵欲睡難，孤燈挑盡獨憑欄。

詩成未敢香箋寄，又恐伊人帶淚看。

　　　　　　　　　　七絕〈客舍愁思〉之三十[145]

　　吳濁流愛情詩的一個值得注意的特點，是其多描寫男方雙方無法結合的愛情，因此，愛情始終停留在相思和幻想階段：

恨不相逢未嫁時，當年何必意遲遲。

十分秋色團圓夜，獨對嫦娥只自悲。

　　　　　　　　　　　七絕〈雙峰餘情〉之四[146]

識君猶記廿年前，熱血猶留友愛篇。

太息使君先有婦，暗彈清淚染詩箋。

花謝蜂愁舊夢痴，純真神聖有誰知。

傷心莫問往時事，恨不相逢未娶時。

　　　　　　　　　七絕〈回憶青春〉之三、十[147]

　　吳濁流以七絕形式創作的長詩〈芳草夢〉，叙述了男主人公與戀人從相識、相愛到分手的過程。全詩纏綿悱惻，感情深沉，其中一些描寫頗為真率大膽。作品中生動精闢的句子俯拾皆是，透出一種巨大的心力：

　　林間小路共徘徊，神秘心靈叩不開。
　　奮力抱來深一吻，牡丹花下不知哀。

　　寂寞林中葉落聲，風吹草動變虛驚。
　　突然放手急離去，似失秦珠十五城。

　　身不自由戀是痴，愛情如水水流西。
　　水到成河河到海，汪洋巨浪潰長堤。

　　默默無言呆一時，無言愈久愈生悲。
　　早知戀愛原非福，投入愛河悔已遲。 [148]

　　作者在〈芳草夢〉中營造了一種迷離朦朧的意境，以表達理想的愛人可望而不可親的痛苦與感傷。吳濁流的婚姻家庭雖然頗為美滿，但他與夫人並未經過戀愛的結合，在感情生活上，這對一個情感豐富的詩人而言未免是一種不幸，至少是一種深深的遺憾。他以愛情詩來寄託自己今生已無可能實現的愛情理想。他的愛情詩因而也多是描寫有始無終、有情人難成眷屬的男女哀怨。〈芳草夢〉或可視為吳濁流愛情詩的代表作。

　　吳濁流描寫友情的詩篇，情深意重，亦別具境界：

　　上智校庭映夕輝，紛紛葉落似花飛。
　　千言萬語難分手，步步回頭不忍歸。
　　　　　　　　　　七絕〈與陳永昌博士握別〉 [149]

　　歸去扶桑不易逢，神馳千里苦縈胸。

忽聞君病驚疑起，望斷雲山幾萬重。

七絕〈驚聞工藤教授臥病〉 [150]

四，家庭親情。

家庭親情也是吳濁流極力抒寫的一個題材。這方面的詩作描繪出了詩人作爲一個仁愛的丈夫、操心的父親以及孝順的兒子、慈悌的兄弟的形象。如以下兩首：

爆竹滿城揚，老妻忽臥床。茫然迷似睡，佳節也渾忘。
一連三晝夜，茶水未曾嘗。縱使長不醒，如何不慌張。
除日無佳味，元旦亦尋常。只望老妻醒，無心對壺漿。
初二才知覺，舉家喜若狂。醒來只流淚，惹我增悲傷。

五古〈老妻除日臥病〉 [151]

凡事毋須多怨嘆，精神一到總無難。
青山何處無荊棘，荊棘叢中苗秀蘭。

七絕〈示兒〉 [152]

吳濁流還善於將親情置於社會關係和現實事件中表現。與廣闊的社會背景相聯繫的親情，顯得更爲感人，也更有意義：

彈爆轟轟貫耳鳴，愁心一片故鄉情。
萬雷齊震乾坤動，似有妻兒喚我聲。

七絕〈十月十二日美機轟炸
台北在防空洞內感作〉 [153]

為女變傻瓜，求人只自嗟。豈知平日友，多是巧言家。

五絕〈為兒求職感〉[154]

五，風景遊記。

風景遊記在吳濁流詩作中不僅數量多，而且想像自由奔放，語言瑰麗絢爛，表現了詩人展開心靈之雙翼，遨遊天地自然的浪漫情懷。作者並不孤立地表現風景，而是即景生情，情景連結，景中有情，有人，有生命的運動。人與風景、人與自然互相對話，彼此交融。有的作品，在寫景之中還融入了民族歷史和懷念祖國大陸的主題：

興會淋漓到佛堂，危岩欲墜路羊腸。
憑欄一望青山外，紅葉紛紛亂夕陽。

蕭森蛇木薜蘿牽，處處山花分外妍。
九曲溪流聲漱玉，靈峰一柱獨擎天。

斷續疏鐘入耳遙，聽來俗慮谿然消。
一行初見雲中寺，爭渡蹁躚獨木橋。

七絕〈遊獅山〉[155]

澳底灣頭舊跡存，當年日寇若雲屯。
而今尚有千秋恨，長作怒潮拍岸奔。

七絕〈重過澳底〉[156]

百戰英雄跡尚留，吳淞烽息幾經秋。

滔滔不盡長江水，今日猶疑帶血流。

七絕〈過吳淞炮台〉[157]

一塔聳雲霄，憑欄望眼遙。神州何處是，萬頃水迢迢。
奇峰高插漢，孤島海西流。烽火夕陽處，蒼波萬里愁。

五絕〈鵝鑾鼻遠眺〉[158]

六，悼亡憑弔。

吳濁流的悼亡詩，一類是為死去的親人和友人而作，一類是憑弔新聞媒體報導的不幸死者。前者感情沉痛哀婉，後者則體現了詩人對弱者的悲憫與同情，寓含著強烈的正義感與社會良心：

涕淚紛紛嘆命何，哭妻學唱鼓盆歌；
明知生死皆由命，一片痴心舊夢多。

拚命文章不足誇，人生如夢夢如花；
可憐只為山妻死，卻使心情亂如麻。

結髮夫妻四九年，金婚將近忽呼天；
半天荊棘同甘苦，悲莫悲兮怨命堅。

七絕三首〈哭妻〉[159]

端節祭亡妻，忽然痛定悲；六神難自主，不覺放聲啼。
失妻暗自痴，失戀更難醫；自嘆命多舛，有誰憐憫伊。
飲泣暗吞聲，傷情只自驚；昏昏朝復暮，虛脫入愁城。

五絕三首〈五月節祭妻〉[160]

鐵路腥腥血尚存，幽花細草伴黃昏。
有情最是屯山月，偏照不歸軌上魂。
　　　　　七絕〈吊小公務員因貧投軌自殺〉[161]

七，應酬唱和。

吳濁流與友人之間的題詠唱和，大都是作者真摯情感的流露，而非敷衍虛應之作，有的作品還注入了身世感，時或出現佳構：

屢寄好書來，燈前信手開。夜深几案上，如友笑相陪。
　　　　　五絕〈謝村上知行贈書〉之二[162]

自從光復後，真偽更難分。舉世黃金重，論文獨有君。
十載空閒過，詩書付水流。人心皆喪亂，道義問誰修。
萬能金世界，冷眼笑詩人。楚國多狂士，寧無感慨新。
　　　　　五絕三首〈與寶川煮酒論文〉[163]

八，打油笑謔。

在吳濁流的眼裡，沒有不能入詩的題材。他的打油笑謔詩既是一種自嘲自娛，顯示詩人樂觀的生活態度，有時也是一種對世相的諷刺：

離家十二天，日日快如仙。到處風光好，家書那值錢。
　　　　　　　〈談西說東〉[164]

畢竟山妻得子遲，親朋戲我已鬮之。
生男本是平凡事，免得人言少個兒。

七絕〈得兒〉之二 [165]

西姑嬌態頗天真，含笑端茶奉客人。
可惜語言渾不解，不能談笑不能親。

悔不當初學語言，而今後悔有誰憐。
談情須要由言始，浪費秋波不值錢。

〈談西說東〉

偶向花街過，綠肥紅瘦妍。秋波頻送我，休惱老詩顛。

五絕〈過花街〉 [166]

伴得名花醉一時，並肩攝影亦相宜。
今宵暢飲今宵別，別後還驚夢寐馳。

有心猶恐恨無緣，半日相陪在酒邊。
愛汝聰明嬌百囀，尚留低語意纏綿。

七絕二首〈於醉月樓與女伶攝影〉 [167]

乘興花都作夜遊，人千人萬那知羞。
通宵不掛一絲舞，假媚裝嬌近下流。

〈談西說東〉 [168]

扭腰搖腿不為奇，濯濯雙峰動客痴。

　　開放涵關生紫氣，滿場觀眾假無知。
　　〈素脫麗部（在布宜諾斯艾利斯欣賞探戈舞作）〉 [169]

　　此外，栗社時期吳濁流的擊缽吟詩，作者後來僅將幾首收進自編的作品集，因此我們無法窺其全豹。但新近發現的〈祝皇軍南京入城〉一詩，讓我們瞭解了在那個時代，吳濁流也曾有過這樣的敗筆。但在吳濁流一生的詩歌創作中，這只能說是一個插曲，而且這樣的詩至今我們只看到一首。所以這並不能影響我們對吳濁流詩歌的總體分析和評價。

　　吳濁流的漢詩，並無虛幻怪誕的想像、神秘莫測的意境、誇張膨脹的語言和錯綜複雜的結構。他的詩歌呈現給讀者的是人間的形象、現實的意境、書面語與日常口語綜合的語言和不以標新立異為旨歸的構思，而且他的若干漢詩還可視為現實主義的風格，除了以上例舉作品中的一部分之外，還有如七絕〈戀棧〉：「官場善舞制人先，自我宣傳巧十全。宦海老人新學說，素餐八十謂青年」；[170]〈光復時〉：「酒地花天光復時，海風儘管吹牛皮。桃花巷口黃昏候，滿載汽車輕薄兒」；[171]〈送禮山再赴上海〉：「又是艱難苦別時，莫因時局亂生悲。山河雖復瘡痍滿，肯把中原醫不醫」[172]……等等。但他的漢詩整體上體現了詩人主觀創造性的高度調動，詩人在作品中表現了各種不同的情緒、幻想、想像與理想，抒情主人公的角色規定並非是單一的，而是顯示出多重和對立的面貌：嚴肅-幽默，爽朗-憂鬱，喜悅-哀傷，狂歡-憤怒……詩的語言風格也呈現出純樸、穠麗、凝重、明快等等的多面性。觀其漢詩，的確是充分表現了詩人「性靈」的自由的創作。

　　「性靈說」是中國傳統美學的一個範疇，意即真性情、真

情感、「我」或「真我」。明代「公安派」袁宏道首倡「獨抒
性靈，不拘格套」的文學主張，清代的袁枚又加以發揮，其在
《隨園詩話》中發出了諸如「作詩，不可以無我」；「詩者，
心之聲也，性情所流露者也」；「詩難其真也，有性情而後
真」；「詩人者，不失其赤子之心者也」等詩論。吳濁流未必
熟稔中國傳統美學理論尤其是「性靈派」詩學，但他的詩歌走
的正是寫真我、抒真情的路子。詩人吳濁流保有一顆赤子之
心，在他的眼裡，沒有不可入詩的事物；在他的筆下，沒有不
可談說的話題。他的詩作裡，既有「熱血橫流似急湍，常憂祖
國幾忘餐」、「四萬萬民須反省，懸崖勒馬共辛酸」、「崇拜
黃金是異端，須將熱血挽狂瀾」、「不辭玉碎填滄海，震起文
瀾萬丈波」、「不僅范蠡留義魄，豈無關羽表忠肝」這樣的廟
堂之憂、風雲之志，也有「縱有風雲會，無心向此求」、「飄
零拋鬥志，有意問漁樵」、「放懷須獨嘯，野趣效山翁」、
「莫問生平願，只求健此身」這樣的江湖之思、消沉之氣；既
有「端節祭亡妻，忽然痛定悲；六神難自主，不覺放聲啼」這
樣的哀痛，也有「暢談借酒力，感慨話當年；不覺吾年老，狂
歌達九天」這樣的開懷；既有「相如持病為憐香，飄泊桃花引
恨長」、「一縷痴情可奈何，千愁萬解總徒勞」這樣的深情，
也有「伴得名花醉一時，並肩撮影亦相宜」、「有心猶恐恨無
緣，半日相陪在酒邊」這樣的遊戲；既有「文學雖無價，真理
不可無」、「國父有遺教，堅忍耐煩哉」這樣的莊重，也有
「畢竟山妻得子遲，親朋戲我已閹之」、「男女紛紛假自由，
並肩擁抱最風流」這樣的詼諧。他甚至將自己出國觀看色情表
演的情形寫成詩歌而毫不隱諱，除了以上所舉的〈素脫麗部
（在布宜諾斯艾利斯欣賞探戈舞作）〉，類似的還有如〈南美

遊記〉中「椰樹蕭蕭南國風，幾多心事似霓虹。春宮電影春情畫，惱煞東方一老翁」[173] 這樣的詩作。其誠實坦率堪稱罕見。「詩難其真也，有性情而後真。」[174] 吳濁流詩歌的大膽無忌正是詩人真性情的充分展現。

前人論性靈，又總是與「趣」（情趣，風趣）相聯繫。袁宏道曾云：「世人所難得者唯趣。趣如山上之色，水中之味，花中之光，女中之態，雖善說者不能下一語，唯會心者知之。」[175] 他認為趣得之自然者深，得之學問者淺。並例舉說，兒童不知有趣然而無往而非趣。小孩子無機心的舉手投足，可謂人生之至樂，「趣之正等正覺最上乘也」。而山林之人，無拘無縛，自在度日，雖不求趣而趣近之。即使是愚昧不肖之人，其終日或為酒肉，或為聲色奔忙，但因率心而行，無所忌憚，無所望於世，故能不顧舉世之非難譏笑而我行我素，這也是一種趣。反而是那些「年漸長、官漸高、品漸大」之人，身心如戴桎梏荊棘，全身上下毛孔骨節俱為知識所束縛，對倫理道德越陷越深，而其離趣也就越來越遠。袁枚亦云：「味欲其鮮，趣欲其真，人必知此，而後可以論詩。」[176] 他認為，雖然孔子說過「剛毅木訥近仁」，但在做詩這件事上，「人可以木，詩不可以木也。」指出有的人學杜詩，不學其剛毅，而專學其木，這就變成「不可雕之朽木」了。他還將有格無趣的詩斥為「土牛」。誠然，一個重人格和有社會良心的詩人，不能僅求趣而不及其餘。正如袁枚所承認，作詩也與作史一樣，才、學、識三者不可或缺，「而識最為先。非識，則才與學俱誤用矣。」[177] 吳濁流乃關切國運民瘼之士，為人亦頗文質彬彬，道德文章自然是其創作的追求。但他不因此「識」而對道德文章作狹義的理解，也不因此而泯滅作品的靈機與生

氣。相反，童心、天趣、眞我在他的詩中活潑盎然，詩人的性靈
坦然流露。作者的器識和人格底蘊，使其下筆坦蕩，無掛無礙。

　　直寫性靈無疑是對「溫柔敦厚」這一中國古代正統詩敎的
反叛。「溫柔敦厚」說源自《禮記・經解》：「孔子曰：『入
其國，其敎可知也。其爲人也，溫柔敦厚，詩敎也。……其爲
人也，溫柔敦厚而不愚，則深於詩者也。」孔子的「溫柔敦
厚」說對後世產生了極大的影響。即使是諷刺詩，古代詩評家
也要求含蓄委婉。而且有的題材乾脆就是創作的禁區。而吳濁
流並不爲儒家正統的詩敎所拘束，在選題方面甚爲自由，在語
言表達方面無拘無束。他的打油笑謔詩和一些愛情詩，如以儒
家正統詩敎來衡量，是夠不上「溫柔敦厚」的標準的。但「溫
柔敦厚」並不是詩歌審美的唯一標準。丹麥文學史家勃蘭兌斯
（George Bramdes）曾指出十九世紀法國浪漫主義作家繆塞
（Alfred de Musset）的作品風格有一種「不可思議的活潑艷麗
的優雅，這種不怕丟醜的詼諧的天才，既有一種令人解脫的效
果，又有一種令人著迷的效果」。[178] 吳濁流的這些打油笑謔
詩和愛情詩，或諷刺了現實世相，或表現了詩人天眞的性格與
生命的激情，其選材的自由與語言的大膽後面所隱含的價值
觀，並不是傾斜的。詩人浪漫頑皮的性情，「不怕丟醜的詼諧
的天才」，也仍是「止乎禮」。即使一些涉及色情的描寫，給
予讀者的感受也是謔而不虐。

　　對詩人吳濁流而言，詩歌不僅是一種藝術創作與藝術形
式，更是一種生命的體驗與存在方式，是一種把握與提煉人生
的審美哲學。詩歌因詩人而誕生，而詩人亦因詩歌而撫摸人
生，抒發性情，從現實的嚴厲禁錮中獲得情感的解脫和精神的
解放。吳濁流的漢詩極大地體現著詩人的主觀性，它貼近現實

而又超越現實，既再現現實的喜怒哀樂，又以審美的目光觀照人生，在冰冷的現實中構築人類情感的暖巢，營造生活的詩意。在他的愛情詩中，他表現了對完美的愛情的熱切憧憬和執著追求；在描寫親情與友誼的詩篇裡，他展示了一種人與人之間的美好的感情。他也將自己的社會理想與願望寄託與融化於詩中。在詩歌這一審美的天地，他盡情地唱出生命的心聲，隨心所欲地揮舞情感的畫筆，塗抹出人性內涵的豐富層次與色彩。

　　一個作家的創作不是前無古人後無來者的橫空出世的孤立現象，而是在一定的社會歷史與文化語境中的創造，他的作品文本總是與文學史上的其它文本構成一定的互文性。「創作一首詩或一部小說的活動本身就意味介入了某種文學傳統，或者至少與某種詩歌或小說觀念有關。」〔179〕吳濁流的漢詩深受中國古典詩歌偉大傳統的熏陶和滋養。他對李、杜詩歌十分陶醉。在一篇論詩的隨筆中，他曾這樣寫道：「英國的卡萊爾（Thomas caglyle，一七九五～一八八一）說，『印度可以放棄，不可無沙翁。』我也有同樣感想：『英國人看沙翁值得印度，我們的李白也值得東三省及內外蒙古吧。』我們中國人有李白、杜甫這樣的大詩人，實是無上的光榮，雖有杜甫的詩才可以與李白比擬，但其天才還比不上李白，而且杜甫生前也最尊敬李白，關於李白的詩，就做十幾首可以證實。我想，今後縱使有像李白詩才的人，也難有像李白的天才吧。」〔180〕他還有詩云：「興讀李青蓮，吟懷自豁然。詩中無俗味，恰似遇神仙」；〔181〕「欲遂平生願，波濤萬丈淵。疏狂非任性，常夢李青蓮。」〔182〕

　　除了李白、杜甫之外，吳濁流在作品和詩論中推崇的中國古代詩人還有屈原、陶淵明、王維、孟浩然、李煜、李清照

等。他的一些詩作也能看出中國古典作品的影響痕跡。如五絕
廿五首〈苦悶草〉，就有陶詩的影子。他更有以〈晚菊〉爲題
的兩首五絕和一首七絕：「笑倚東籬下，年年獨自開。多來秋
又去，梅雪喜相陪。」「依舊倚東籬，晚香節不移。漫嫌秋色
淡，獨放傲霜枝。」「不怕西風故放遲，傲霜皓魄夢仍痴。依
人籬下君休笑，一遇淵明天下知。」[183] 而〈苦悶草〉中的
「放懷須獨嘯，野趣效山翁。暫臥幽林下，山花落滿紅」和五
絕〈郊外雜詠〉之四的「獨坐聽松吟，山深絕足音。漫然有所
悟，不意鳥驚心」[184] 這樣的詩句，頗神似唐代王維的「獨坐
幽篁裡，彈琴復長嘯。深林人不知，明月來相照」（〈竹里
館〉）與「木末芙蓉花，山中發紅萼。澗戶寂無人，紛紛開且
落」。（〈辛夷塢〉）。吳濁流的七絕〈重陽日與女友由瑞芳
到雞籠山遠眺〉：「登高盡日樂融融，遠眺雞籠興更濃。落日
豪華看不厭，多情留戀隔江紅」[185] 與五絕〈自題晚香〉之
二：「晚晴眞可愛，遠寺一聲鐘。日落餘輝艷，江山萬里
紅」，[186] 則令人想起唐代李商隱的〈樂遊原〉：「向晚意不
適，驅車登古原。夕陽無限好，只是近黃昏。」〈晚晴〉：
「深居俯夾城，春去夏猶清。天意憐幽草，人間重晚晴。並添
高閣迥，微注小窗明。越鳥巢幹後，歸飛體更輕。」李商隱的
這兩首詩都是登高望遠之作。不過吳濁流化其意而用之，表現的
是一種壯美的景象和豪邁的詩情，一掃義山詩的感傷與陰柔。

　　吳濁流的一些詩作，善用中國古典詩歌的比興手法。所謂
比興，後漢鄭衆注《周禮》說：「比者比方於物也，興者託事
於物。」[187] 南朝劉勰《文心雕龍‧比興》這樣定義：「比
者，附也；興者，起也。附理者切類以指事，起情者依微以擬
議。」又說，「比顯而興隱」，「興之託喻，婉而成章」。簡

言之，比即比喻，興即寄託。興與比的區別在於興在文中還有
起興人之情的作用；另一方面，比是明顯的比喻，興是隱蔽的
寄託，比明顯的比喻更委婉。吳濁流深諳比興的妙用，並在漢
詩創作中加以實踐。如七律〈綠鸚鵡〉：

　　性慧多機振綠衣，能言識主羽禽稀。舉頭宮闕重重鎖，回
首隴山事事非。舊侶飄零難獨舞，翠襟捐盡欲孤飛。時來幸有
開籠日，莫作尋常青鳥歸。

　　吳濁流自己解釋，這首詩是他在日據時代在西湖公學校執
教時創作，寄託了「沉淪亡國的苦悶及憧憬祖國的心情」。他
還說：「像我這樣期待光復的人不鮮，不幸他們大多數沒有見
到光復而逝世。我的祖父芳信公也是其中之一人，他的一座很
大的祖堂被日軍燒掉，祖父險失一命，幸得天佑逃脫。他是讀
書人，主張子弟不讀日本書，他的意念：不久就能光復。常常
自言自語說：『暫等一時，恢復中原。』可是他等了十七年，
等不到光復就飲恨黃泉了」。[188] 如依作者所云，詩中的綠鸚
鵡即為作者自比，「舊侶飄零」當喻那些已看不到台灣光復的
人們。綠鸚鵡在籠中的孤獨掙扎和「舉頭宮闕」、「回首隴
山」，盼望「開籠日」「莫作尋常青鳥歸」，寓意作者內心對
日本殖民統治的憤懣，對自由解放與回歸祖國的嚮往。當然，
即使此詩真有此寓意，還不能說明作者內心已有了清晰的民族
和國家認同。因為在寫下此詩之後，一九三七年十二月，栗社
徵詩祝賀日軍攻占南京，作者還應徵寫了一首「皇民詩」。直
至赴大陸之前，對於認同問題作者的內心是矛盾和混沌的。但
撇開詩的內容不論，單從寫作手法來看，綠鸚鵡和「舊侶」是

比，整首詩則是寄託，即興。比興手法多見於吳濁流的愛情詩。如「無端細雨亂愁多，楊柳春風近愛河。欲寄相思問芳訊，傷心難作自由歌」（〈芳草夢〉）；「黃蜂有意繞花邊，花本無心枝上妍。一到三春花事了，分飛各地別無緣」（〈回憶青春〉）等。

　　吳濁流執著地堅持漢詩即舊體詩創作，這固然與個人的興趣和長年的修養造詣分不開，但更重要的一個原因，是相對於新詩來說，舊體詩是純粹的民族文學形式，而這一形式聯繫著博大精深源遠流長的中國傳統文化。吳濁流多年浸淫其中，感受和認識到民族傳統的巨大魅力。這一魅力不僅表現於其所蘊含的「精義」，而且表現於如舊體詩這樣的具體的「形式」。與新詩相較，舊體詩要求更嚴的格律，因此難免被新詩詩人視作束縛思想的自由表達而棄之不顧。但吳濁流以其一系列詩論並以自己的創作實踐力申，舊體詩的格律並不必然是內心表達的桎梏，它也可以是一種自由的而且更具審美意味的民族文學形式。因此，吳濁流在肯定和繼承中國古典詩歌傳統的同時，也注意探索如何運用舊體詩這一形式更自由地表達詩人的心聲。亦即，不僅詩歌的思想內容要有時代氣息，而且在形式方面也要有所創新。他提出「今後漢詩之表現，要意深、字淺、句圓、深入淺出，才有妙味」這一「漢詩近代化」的主張，其具體的體現，就是他的詩歌基本上是用常用字而不用生僻字，而且基本上不用典。

　　他還提出，敘事、寫景的詩，唐宋詩人已創造了令人炫目的輝煌，但在抒情詩方面今人尚有可用力的餘地：

　　　　我想，漢詩還有發展之餘地，敘事、寫景的詩，唐宋的詩

人已登峰造極；但抒情詩方面，雖有香奩詩、無題詩，其作品不多，尚未產生像海涅專做抒情詩的大家。所以，對這方面，還有發掘的餘地。因為我們中國人的抒情詩，其發展走了樣，變為詞，詞之發達，雖有成就，可以補救漢詩的抒情詩，但漢詩的本質已被改變了。所以，用已有成就的填詞的白描手法，來做漢詩的抒情詩，一定有可觀的。[189]

吳濁流的愛情詩〈芳草夢〉，就體現了上述這一主張的嘗試。這部由一百廿二首七絕綴成的詩作，將敘事、抒情與寫景融於一體，而且在一定程度上運用了「填詞的白描手法」。

以多首絕句相聯的形式寫作長詩，是吳濁流的獨創。這是他認為，絕句的長處在於句絕而意不絕，但缺陷是字數太少，僅二十字或二十八字，思想感情的容量難免受到限制。況且人類的思想越來越複雜，今人的思想與情感如以嚴格的絕句形式來表現，無法盡情發揮。因此，他運用多首絕句相聯，或一篇聯數首的手法進行創作，從而既獲得絕句蘊味無窮的悠長，又補救了其字數太少，形式過於簡單的缺點。除了〈芳草夢〉，它如〈苦悶草〉〈雙峰餘情〉〈劍潭筆淚〉〈客舍愁思〉等都是以絕句相聯寫成的長詩。這是吳濁流在繼承中國古典詩歌傳統基礎上所作的一種探索，也是他的漢詩個性的體現。

吳濁流關於舊體詩的「意深、字淺、句圓」的主張及其實踐，以及他所提出的中國詩歌在抒情詩方面尚不及西方成就的觀點，儘管可以商榷，但這表現了他力圖超越傳統的思考，表現了他並非泥古不化，對古人輝煌的成就盲目膜拜無所作為，而是以審視性的目光面對傳統，以創造性的構想面向未來。

吳濁流對於創新是慎重的。他並不像某些新詩（吳濁流稱

自由詩，他認爲詩並無新舊之分）詩人一樣，絞盡腦汁地在形式上變幻花樣。一種文體的形成是歷史的沉澱與選擇的結果，具有相對的穩定性，因爲它暗含特定歷史階段人類的審美趣味乃至藝術規律。如果一種文體可以橫空出世，那麼它必將是如同泡沫一般「其亡也忽」，曇花一現。吳濁流深知這一道理，他在理論上主張「漢詩到現在要轉變，無人反對，但，不是一朝一夕就可以完成，需要長期，或者要幾百年的時間，經有名無名的天才之努力才能完成的」；在實踐上也是謹慎地探索，而不是進行如同某些新詩人那樣的革命性的顛覆。他曾戲擬一首題爲〈悲鳴〉的自由詩，諷刺那些只想趕時髦在形式上動腦筋而作品內容空洞的詩人：「荒謬了的詩人／超越一切的愛情，都埋葬了／任你感嘆任你詠嘆／所有抒情　象徵　意象／你的自打自吹／都打不倒人間的不平／也吹不出人間的自由／自由　自由　自由／多麼美麗　多麼可愛　又多麼可怕／許多英雄　爲你犧牲　爲你流血／只在憧憬　只在追／追　追　追／詩人呀詩人／爲什麼荒謬了／熱情　熱血　都埋葬了／你相似法螺／內在虛空／無心無肝　哪有靈魂／忘卻自己的詩歌／只在模仿　只在吹／吹　吹　吹／吹不出自由／吹不出眞理」。[190] 文學史的事實證明，一種文體的出現、成熟、衰弱或變化是需要經歷漫長的時間的。相對於舊體詩，新詩固然是一種更貼近時代的詩體，但也不可否認，它在形式上至今仍未臻成熟。舊體詩雖在今天與大衆的審美趣味出現了距離，但作爲一種詩歌形式，它仍然有其存在的現實空間。吳濁流執著於舊體詩創作，既是對中國傳統文化的迷戀和個人的審美偏好，也是對一種藝術規律的深刻體認使然。創作需要激情，而形式的創新則須經過深思熟慮和時間考驗，激進的姿態在這裡派不

上用場。二十世紀西方的大詩人艾略特（T.S.Eliot）曾指出，
當一種「關於共同文體的標準存在時，希望獨創的作家就不得
不進行更細緻的思考了。在明確、適當的限度內進行獨創，要
比隨心所欲或者首先要求與眾不同的創作需要更大的才華和更
多的勞動」。[191] 在艾略特看來，不僅在文體的限度內進行獨
創更應提倡，而且表現日常感情的詩歌也更有價值，因為詩人
的使命並不是尋求標新立異的情感：「詩界中有一種炫奇立異
的錯誤，想找新的人情來表現：這樣在錯誤的地方找新奇，結
果發現了古怪。詩人的職務不是尋求新的感情。只是運用尋常
的感情來化煉成詩，來表現實際感情中根本就沒有的感覺」。
[192] 吳濁流的漢詩正是力圖在中國古典詩歌格律的限度內實現
自我創造，從日常的生活和情感中獲取詩意的昇華。在台灣特
殊的歷史和文化語境中，吳濁流樂此不疲地堅持舊體詩創作的
意義，其詩作自由而又有所約束、浪漫而又不流於怪異的風格
和成就，隨著時間的推移，正日益浮現和彰顯。

第四節　散文：歷史和文化視角

　　吳濁流在其文學生涯中，還創作了一系列散文。其散文可
分為隨筆和遊記兩大類。篇幅較長的前者有〈黎明前的台
灣〉，後者有〈南京雜感〉、〈東遊雜感〉、〈談西說東〉、
〈東遊雅趣〉、〈東南亞漫遊記〉、〈南美遊記〉、〈印澳紐
遊記〉、〈非印遊記〉等。吳濁流散文的突出特點之一是其語
言敘述的詩意色彩。作為一位具有較高中國古典詩詞修養的詩
人，吳濁流的散文尤其是遊記常常貫穿著詩意的敘述，有些作
品如〈東遊雜感〉甚至以詩帶文連綴成篇。它如〈談西說東〉
〈東南亞漫遊記〉等作品也穿插了大量的舊體詩。另一方面，

一些散文的語言近似生活語言。吳濁流的文藝隨筆，儘管探討的是理論問題，也多出之以日常的語言，口語、俗語不時閃爍文中。如以下幾段：

> 文學也是同樣的理由，不能拿來做工具，無論是商業上，抑是政治上或其他都不行。如果拿來做工具的話，一定影響到文學本身的生命。原來文學的生命是藝術，所以文學不能游離藝術；一旦做為工具時，就不能兼顧文學本身的藝術生命。例如文學拿來做商業工具，要達到買賣的目的，就要有商品的價值，須具商品價值的作品，就不能不考慮大眾的口味，為合大眾的口味，就要迎合大眾，要迎合大眾怎能顧及文學本身的文藝生命呢？所以商品化的文學，哪有文藝價值可談？
> ……
> 我主張文藝就是文藝，不可做其他的工具，才是無價之寶吧。（〈文學就是文學，不是工具〉）[193]
> 文學就是文學，要有絕對自由意境才能產生好作品，拍馬屁不是文學，喊口號也不是文學，文學是藝術，不能拿來做工具，像日本當作商具也無成就，戰前拿去做政具也不行。（〈對文學的一二管見〉）[194]

這些帶著口語色彩的文論具有一種形象和生動的效果。然而，在探討學術問題和進行理論思辯時，口語色彩的語言呈現出一種形式與內容不相協調的文體錯位。從修辭學的立場上看，這是對語體的負偏離，因而對語言與語體的和諧以及由此產生的敘述的力量不可避免地造成損傷。以過於日常性的語言進行理性的思辯，這是吳濁流文藝隨筆的一個令人遺憾的文體

缺陷。

　　不過，語言並非衡量一個作家創作的唯一尺度。吳濁流的散文也並非全部都存在著語體的負偏離現象。他的敘事、寫景和抒情散文多融樸實與詩意於一體，他的文藝隨筆思想內容也是健康的，充滿個性的。他的隨筆和遊記散文一樣對讀者仍獨具魅力。

　　吳濁流散文的魅力，來自作者在詩意敘述之中所採取的歷史和文化視角。

　　一，歷史視角。

　　吳濁流的散文，蘊含著深刻的歷史感。他很少陷入瑣細枝節的糾纏不休之中，而是善於從眼前的表象看到遼遠的背景，從現實的問題觸摸深邃歷史的脈搏。這種歷史感在他的隨筆中尤其突出鮮明。

　　在〈漫談台灣文藝的使命〉中，他提出文藝是特殊性與普遍性相結合的產物。特殊性是因環境、歷史、傳統的差異而產生的個性；而這一個性要具備普遍性才能成為好作品。他以廣東音樂為例，認為廣東音樂是由廣東的特殊環境而產生的個性，此個性同時又具備了中國的普遍性，因此才能成為中國音樂的代表之一，並在世界樂壇中佔有一席之地。他進而指出，中國文藝歷史悠久，傳統穩固，歷史與傳統帶來的好處與壞處都很多。我們的很多青年因只看到其壞處而對歷史與傳統一概否定；但外國人卻極力研究和發掘中國文化傳統，以作榜樣或參考。他最後結論：「我希望檢點我們的文學的弱點，採外國文學的長處來補短，尊重我們固有文學的優點拿來做經線，採取外國文學的優點拿來做緯線，織成最優秀的中國文學，創造有中國文化格律的新作品，才是台灣文藝的使命。」[195]

在〈我辦台灣文藝及對台灣文學獎的感想〉中，他指出台灣文藝長期停滯在五四時代，沒有更大的發展，原因之一是老一輩的作家視自己之作品為奇珍，拼命宣傳，互相捧場；另一方面不許青年人插足文壇。「試觀我們古代的情形就不然了。例如王勃在童年，參加滕王閣的盛宴，那樣的場面，閣都督本來有意安排給女婿一展才華，不料假裝謙讓，請來賓作序的時候王勃慨然領命，當時王勃僅十四歲，是一個區區童子，竟留下千載名文，若是現下，夢想也不可能的。我想，唐代之盛，亦由如此作風而興的。」[196]吳濁流以王勃作《滕王閣序》的典故，說明因為年輕人能夠脫穎而出，所以才有唐朝之強大興盛。台灣文藝界應學習繼承唐代的這一好傳統，注重培養青年作家。

在〈我設文學獎的動機和期望〉中，他指出不應盲目模仿西方和日本文學，因為永久拜倒在別人的腳下，變為別人的徒弟，便無自主自立的文學價值可言。台灣的青年作家應將目光投向博大精深的中國文學傳統：「我們的文學有傳統，有結晶，有骨髓，有血液，有精華。舉例言之，僅唐詩一門，倘使不許日本人利用的話，則日本研究唐詩的學者、大學教授、學生、書店、出版社、印刷工等等，因此失業者至少十萬人以上，甚至上百萬吧。」「可憐漢詩的本家，我們的教授、學生，開口哥德，閉口拜倫，眼中哪有李白、杜甫呢？因此竟產生西化大師，致使青年們盲目崇拜他們，比李後主、李清照、曹雪芹等大家更甚」。對民族傳統的珍愛與對重振台灣文學這一歷史使命的認識，使吳濁流在文中大聲疾呼：「青年們，我們的崇高的文學，尚停頓在唐宋時代，不能近代化，還沒有繼承人，其責屬誰？故希望青年一心一德負起建立有中國文化風

格的文藝責任。」〔197〕

　　〈漢詩須要革新〉引經據典，力申旣要繼承中國古典詩歌
的優秀傳統，又要有當代的新的創造。他批評胡適的「『舊詩
人』所走的路是一條死路，沒有前途」的觀點，指出「白話
詩，不是排除異己就能產生的作品，其內容若無中國傳統的文
化格律存在，徒然淺白爲能事的話，那是類如山歌了」。〔198〕
他還以中國詩歌史上的掌故軼事，批評當代台灣的擊缽吟詩人
徒重形式，偏好華詞麗句而忘卻詩的靈魂。他分析《唐詩紀
事》所載唐代詩人賈島與韓愈推敲詩句「僧推月下門」的故
事，得出自己不同的見解。賈島在驢上爲「僧推月下門」還是
「僧敲月下門」遲疑不決之時，碰上京兆尹韓愈，韓愈速斷
「敲」字爲佳。這一掌故傳爲千古美談。後人亦多讚賞韓愈將
「推」改定爲「敲」字的高明。然而，吳濁流認爲，「敲」在
字面或聽覺上雖比「推」爲雅，但從實際情形思考，要先敲才
能開的門必定有閂，此處必與凡俗的民房一樣，而非超然方外
之寺院。若用「推」字效果就不一樣，就顯得此寺門出入很自
由，不論何時都可任意自在地自推自關，不用麻煩他人，與俗
界不同。因此，在意境上更幽雅脫俗，更富於詩意。然而韓愈
這個大詩人一語定奪後，無人質疑，以爲問題得到了最完滿的
解決。但詩並非如此簡單，詩的奧義其實是無窮的。有的詩表
面看來字句華美，但內容空虛；也有的詩表面平凡淺俗，但隱
藏深義，愈嚼愈有味。吳濁流又以唐代劉希夷的詩句「年年歲
歲花相似，歲歲年年人不同」；李白的「白髮三千丈，緣愁似
個長」；杜甫的「家書抵萬金」；清代沈德潛的「奪朱非正
色，異種也稱王」，等等，來證明這一道理。正是在深刻理解
中國古典詩歌的基礎上，文中所提出的對漢詩的三個改革主張

（一要意深、字淺、句圓，深入淺出；二要以數首或多首絕句相聯的形式，突破絕句字數太少的侷限；三是五絕的語言較接近生活語言，可用來補救新詩之過於淺俗。此外，他還認為應考慮改編詩韻）顯得更具說服力。

〈為自由詩說幾句話〉則提出，自由詩（新詩）乃至小說、繪畫、音樂等，也都要有「中國固有文化格律」，這樣才會有「中國文藝特色」可言。所謂固有文化格律，不是指「固有定型」即固有形式，而是指「固有傳統的風格」。就自由詩而言，是「不可丟棄漢詩的哲學的奧妙的意境，也不可抹殺漢詩重人格、重個性的優美傳統」。[199]

〈對詩的管見〉、〈看鷄栖王的作風——須要創作有中國風格的新詩〉、〈詩魂醒吧！——再論中國的詩〉、〈有關文化的雜感一二〉、〈漫談文化沙漠的文化〉、〈川端康成演講的弦外之音〉等篇，也都聯繫中國文化傳統和中國歷史上的偉大作家及作品，或申言漢詩的寶貴，或強調「尊重我們固有文學的優點拿來做經線，採取外國文學的優點拿來做緯線，織成最優秀的中國文學的新作品，才是正路」。[200]

《黎明前的台灣》是一部寫於一九四七年四月至五月的隨筆，時值腥風血雨的「二‧二八」事件之後不久。在作品中，作者頗多從歷史的角度深入探討台灣社會面臨的各種問題，並指出台灣青年應走的道路。本書第五章將詳細分析。

〈日本應往何處去〉，通過對日本歷史進行剖析，說明日本征服世界的野心有著深刻的歷史根源。吳濁流認為，日本歷史上的幕府制度，形成了以武力玩弄政治的傳統，人民遭受武士階級的任意宰割。明治維新運動也並沒有真正提高人民的權利，人權只是一個招牌而已，明治時期的日本政權實際上是變

形的幕府。軍閥和官僚代替了幕府，實施的仍是「武家政
治」。軍閥集團以戰爭為解決問題的手段，當戰爭獲得一兩次
勝利後，就把所有的問題訴諸戰爭去解決。但自稱天下無敵的
日本軍閥最終也被日本資產階級所操縱，成為他們的看門狗，
終於招致失敗的命運，同時也使日本人民受累遭殃。吳濁流指
出，日本應走的道路只有一條，那就是世界的公道。所謂世界
的公道就是為人民而設的政治。

　　歷史視角不僅存在於吳濁流的隨筆中，在他的遊記中亦同
樣運用。敘述四○年代初旅居大陸見聞的遊記〈南京雜感〉，
力圖通過對南京的自然和人文風貌的描繪，捕捉「中國性格的
朦朧的姿影」。六朝古都南京，給予吳濁流諸多歷史的啟悟。
他筆下的每一道風景，每一處古跡，每一個見聞，都浸潤著歷
史的幽情，散發著歷史的氣息。在「大陸的魅力」一節中，他
寫道：

　　四百餘州的大陸，這裡五千年的歷史和四億的人民，在一
個文化之下過著社會生活。不僅如此，它的餘勢，成了南洋華
僑，支配著南洋的經濟、社會。……
　　中國經常在不安與變幻無常的社會變動的痛苦中，而頑強
地維持著偉大的存在，確為不可思議。幾度亡了國，而每一次
亡了國之後，別的民族便被漢民族同化了。也許是屬於孔子所
說的殺身成仁之類。這偉大的同化力，究竟在哪裡？實有檢討
的必要。近代國力一步步衰退，在英美的桎梏下苟延殘喘著，
依然具有很大的包容力。試看南京的日本人，不是在不知不覺
中改換其生活方式嗎？尤其是日本姑娘，很喜愛地穿著漢裝
的，時有所見，而中國姑娘穿和服的，卻一個也看不見。……

……

事實上，中國人是老而仍壯，梁灝八十凌駕青壯年得狀元及第，蘇老泉二十七歲始立志求學。所以，老人仍不為遲，充滿了從此開始的希望。[201]

在「中國是海」一節中，他又寫道：

中國儼然像海，不論什麼樣的，全抱擁在懷中。具有融合日本人、印度人、西洋人等世界各人種的偉大潛力。……中國是海，是想填也無法填的海。是世界上不能沒有的海。不知海的性質，而以為海是危險的地方，無可如何的地方，而順其自然則不可；而想要清淨這海的企圖，也是不可能的。不如把海當海看待，才有辦法解開我們的謎。[202]

在上述文字中，歷史的視角是與文化的視角結合在一起的。

二，文化視角。

文化視角與歷史視角，共同構成吳濁流散文的兩大敘述方式。特別是在遊記中，他往往從文化的角度談論觀感，而且其中往往蘊含著中外文化比較的話語。〈南京雜感〉還有一節「江南文化與日本文化的交流」。作者在這一節中說，南京是一座在文化史上留下許多記錄的古都，然而屢遭兵燹破壞，比日本的京都或奈良，名勝古跡更荒頹得厲害。他發現，南京和日本的文化交流，最明顯地體現在住宅建築方面，風格頗多一致之處：

華麗的建築，都蓋著和日本一樣的瓦。家中的地板升高，

鋪著木板，木板的寬度和日本房屋的邊廊也差不多。南京後街
的古老的雙層的建築物中，和日本的古老建築一般樣子的，柱
子、欄杆等外面的構造全部相同的，也是這裡那裡殘留著。房
間的窄小，似乎亦與日本房屋一脈相通。他如江南地方的茶館
使用的碗，和日本人吃飯用的碗的形狀、大小都相同，令人想
像在日本飯碗稱茶碗，諒必由這裡來的。由此觀之，日本文化
由江南來的不少。〔203〕

　　〈南京雜感〉寫於日本侵華戰爭期間，作者無視日本軍國
主義狂妄自大的民族優越感，秉筆直書「日本文化由江南來的
不少」，實乃意味深長。

　　寫於一九六五年的〈東遊雜感〉，吳濁流在開端即以自豪
和感慨的心情描寫了中國古典詩歌在日本的影響。這甚至決定
了他以漢詩為中心寫作這篇遊記。他先回憶四〇年代在南京
時，與日本友人西島五一偶然談起楚辭，後者竟能將〈漁父〉
一篇吟哦出來，令他大吃一驚。他想到日本人必須借助一套煩
瑣的「返點」方法才能誦讀我國詩文，十分費力，沒想到西島
五一竟能背誦；自己作為一個漢詩人，且可用本民族語言誦
讀，而不必借助「返點」，卻不能背誦〈漁父〉全文，真是慚
愧。接著他談到去年旅日時，參觀上智大學的校慶大會。會上
有男女學生穿著和服盛裝，吟誦中國唐代詩人王維的〈送元二
使安西〉。主人還要求他也吟一首，他只好吟唱李白的〈清平
調〉以應。那時他心想，如果讓日本朋友們聽到祖父吟漢詩那
樣的朗朗聲調，不知該有多好。祖父沒有教給他吟唱漢詩的方
法，真是十分惋惜。接下來，他又敘述在日本出席一個結婚派
對，見到婚禮上一位女士吟詠漢詩，一位男士演劍舞。他不禁

既自豪，又慨嘆。自豪的是「漢詩早已深入日本國民生活當中」，慨嘆的是「在自己的國家裡，漢詩久已不被顧及，棄如敝屣」。他寫道：

> 我以為漢詩乃中國文學的精髓，不獨為最高的藝術，而其量之多，其質之優秀，真真可以與世界水準媲美。由這些觀點，於是我就想到要以漢詩為中心來寫一篇旅行記。[204]

環球遊記〈談西說東〉，[205] 也有多處從文化著墨。他參觀泰國皇宮，看到皇宮範圍內有許多寺院，作者這樣寫道：「寺前很多石像，都是由潮州運去的。這石像的雕刻非常好，而且有美術的價值，在此也可以看見我們的文化之偉大。」他很讚賞泰國重視自己民族文化的做法。由吃泰國菜和欣賞泰國古典舞，感慨「泰國人雖努力走向現代化，不像在台的中國人盲目模仿，他們對自己的文化還很尊重保持其好處。例如音樂不是完全西化，還保持它的傳統」；進而又想到，「我們的現代詩和音樂界，丟掉一切傳統和優點，忘卻自己而奴化，寧不令人寒心呢」。作品寫到土耳其伊斯坦布爾的博物館，也有這樣的話：「其中有元明清時代的中國製的有美術價值的陶器陳列著，其種類之多及其精巧，可以誇耀我們中國固有文化了。」他注意丹麥哥本哈根的建築文化，「沿途的房屋特別清淨美麗。沒有古色蒼然的。磚造最多，有色的磚，白色的壁統統很新」。由此他生出聯想和感嘆：「我小的時候，大屋都是紅磚瓦造的。因為在台的日人要抹殺我們的民族意識，厭惡中國色彩，亂罵支那色。因此紅磚紅瓦的建築隨之減少了。在此看各種各色的磚造，美麗好看，令我無限的感慨。」遊意大利

的羅馬,他寫道:「我觀光一日,得知古代羅馬之盛,感覺文化之厚,傳統很豐富,令人肅然起敬。回想我們的故鄉台灣沒有文化傳下,僅台南一角,除了延平郡王遺下一點遺跡之外,其他等於零,難怪乎外人批評是文化沙漠。可惜還有不瞭解此意,不承認的。我曾在台灣文藝宗旨中有『以期在文化沙漠中培養新的幼苗,進而使其茁壯綠化』來呼籲青年,使之覺醒。但被人罵得傷心,不得已刪除了。我現在希望他來此觀看一下,一定可以瞭解我的意思。其他,如有坐井底觀天式,自信過強的人,請他們來此看一次,比較一下,才能生憤慨的心情,之後來建設新文化一定有益的。」寫到翡冷翠(佛羅倫薩),他讚嘆「意大利的遺產之偉大,其雄厚無比的固有藝術,實令人景仰」。他又發議論:「我認為,台灣的文化人、畫家、作家有機會都應該來此觀光,才知得羅馬和翡冷翠的美術家的偉大精神,例如一張桌費了十四年的苦心才完成,一張畫費十年八年不足奇,類似的例子很普遍。其心之專,令人敬服。但我們的美術家及作家,費了三五天或三兩月就想博人好評,縱使天才也是難的。但我們的先覺先賢不都是隨便的,例如唐詩人賈島:『二句三年得,一吟雙淚流。知音如不賞,歸臥故山秋。』」

在遊記中,吳濁流通過中外文化的比較,愈加肯定中國傳統文化的偉大,同時也為這一偉大傳統在當代沒有得到很好的繼承而憂心忡忡。他對外國文化並不盲目崇拜或輕視,而是既承認外國文化的長處,也看到其負面的東西並進行批評。在〈東遊雜感〉中,吳濁流談到在日本觀光期間讀了日本作家井上靖的小說《敦煌》。他認為這部以中國歷史為題材的小說寫得並不成功。原因是井上靖對中國人的文化心理與性格並不瞭

解。小說設計主人公、宋朝舉人趙行德前往敦煌的動機，是為
了追求性的自由。吳濁流分析了古代中國知識分子的思想觀念
與生活方式：三國時的孔明在未下山前，在臥龍岡集合同志，
享受詩書琴棋之樂；竹林七賢逃避竹林之中，過著仙人般的自
在生活；東晉的陶淵明對政治社會雖然絕望，但對人生的態度
卻與佛教的主張有所不同，並不絕望，他於詩酒之中終其餘
生，悠然自得。除了這些獨善其身的典型，也有不少知識分子
向外尋求建功立業，如漢代張騫、班超、唐蒙，唐代玄奘等，
尤其是開闢了「絲綢之路」的張騫，給予後世以深遠的影響。
吳濁流據此評斷，《敦煌》主人公趙行德的性格，與中國古代
知識分子的心理有著很大的距離，因而顯得不真實。況且敦煌
乃中國西域的佛教聖地，佛教徒如果讀了這本小說，說不定會
認為是對佛教的一大褻瀆。吳濁流指出，當今一些作家喜歡套
用西方的思考方式，寫起小說，便非「性」不可。這種只求
「有趣」不問是否合理的小說，只能是一種商業性的大眾文
化，與嚴肅的純文學不可等量齊觀。

　　在〈談西說東〉中，他通過寫參觀拿破侖墓地，對東西方
的英雄觀作了一番比較：「東方英雄和西方英雄差得很遠。我
國的項羽，日本的西鄉南洲寧死而不作階下囚。由這點看之，
拿破侖戀戀不捨其生，與俗人無異。」他對基督教文化也有自
己的思考。遊覽耶路撒冷的宗教古跡，他這樣寫道：「這地
方，小崗起伏，樹木很少，一片荒涼，只有新建的樓廓處處高
聳，但樓廓也無庭園及樹木配合，只有灰白色的壁。兼之山崗
上連草都不生，到處是石磊，而且在太陽下曝曬，赤地的反射
和灰白色的樓房的反射使我感覺難耐。這種地方產生基督教，
豈是無理由的呢。」他記述參觀耶穌誕生地伯利恆：「耶穌一

生的奮鬥及遭害一一映在眼前，覺他偉大，同時感覺很多人利用他來吃飯或享受，令人討厭。」寫羅馬的古鬥獸場，他再次穿插關於基督教的思索：「這很大的鬥獸場還留有當年痕跡，可以想像羅馬貴族的非人性生活。他們好勝、好鬥，鼓勵勇士與猛獸鬥爭來作樂。其中不知道犧牲了多少人命呢？可是他們一方面崇拜基督的博愛，建造很多偉大的寺院來救世，另一方面鼓勵非人性殘忍的鬥爭來作樂。此間的矛盾尚留於後世基督教徒。現在的基督教徒到處建教堂來救世，但他們一出教堂就研究武器，競爭製造大量殺人武器不感覺矛盾，現在的基督教徒，口唱基督精神，手做殺人機器，這也是傳自古羅馬人的遺風吧。」

歷史與文化的視角不僅建構著吳濁流散文的敘述框架，而且賦予了其厚重的底蘊。作者通過這兩個視角表現了對中華民族歷史和文化的讚美、眷戀和思考。儘管其文藝隨筆存在著一定程度的語體偏離的問題，但因其中獨特的歷史與文化透視，同時也因其歷史觀與文化觀所包含的人道主義與中國民族主義思想，這些作品仍然具有重要的意義和價值，成為二十世紀台灣文學和中國文學的寶貴財富。

〔1〕〈吳濁流選集·自序〉，台北，廣鴻文出版社一九六六年十二月初版；轉引自張良澤編：《吳濁流作品集·台灣文藝與我》，台北，遠行出版社，一九八〇年二月再版，第一九八頁。

〔2〕同上。

〔3〕吳濁流：〈亞細亞的孤兒·日文版自序〉，台北，草根出版事業有限公司，二〇〇一年八月第十一刷，第Ⅳ頁。

〔4〕吳濁流：〈回顧日據時代的台灣文學〉，張良澤編：《吳濁流作品集·黎明前的台灣》，台北，遠行出版社，一九八〇年二月再版，第六二、六三頁。

〔5〕吳濁流：〈泥沼中的金鯉魚·自序〉，張良澤選編，台南，大行出版社，一九七五年九月初版；轉引自張良澤編：《吳濁流作品集·台灣文藝與我》，同上，第二〇三頁。

〔6〕同上，第二〇四頁。

〔7〕同上，第二〇五頁。

〔8〕吳濁流：〈瘡疤集（下卷）·自序〉，台北，集文書局，一九六三年十一月初版；轉引自張良澤編：《吳濁流作品集·台灣文藝與我》，同上，第一九四頁。

〔9〕吳濁流：〈要經得起歷史的批判〉，張良澤編：《吳濁流作品集·台灣文藝與我》，同上，第五四頁。

〔10〕吳濁流：〈我最景仰的偉人〉，張良澤編：《吳濁流作品集·台灣文藝與我》，同上，第八頁。

〔11〕吳濁流：〈瘡疤集（下卷）·自序〉；轉引自張良澤編：《吳濁流作品集·台灣文藝與我》，同上，第一九五頁。

〔12〕吳濁流：〈亞細亞的孤兒·中文版自序〉，台北，草根出版事業有限公司，二〇〇一年八月初版第十一刷。第Ⅲ頁。

〔13〕吳濁流：〈泥沼中的金鯉魚·自序〉；轉引自張良澤編：《吳濁流作品集·台灣文藝與我》，台北，遠行出版社，一九八〇年二月再版，第二〇三頁。

〔14〕吳濁流：〈回顧日據時代的台灣文學〉，張良澤編：《吳濁流作品集·黎明前的台灣》，台北，遠行出版社，一九八〇年二月再版，第五八、六四頁。

〔15〕吳濁流：〈光復廿年的感想〉，同上，第一八二頁。

〔16〕吳濁流：〈漢詩須要革新〉，張良澤編：《吳濁流作品集‧台灣文藝與我》，同上，第七四、七五頁。

〔17〕吳濁流：〈文學就是文學，不是工具〉，同上，第四三～四五頁。

〔18〕吳濁流：〈大地回春〉，同上，第四一頁。

〔19〕吳濁流：〈要經得起歷史的批判〉，同上，第五五頁。

〔20〕同上，第五三頁。

〔21〕吳濁流：〈給有心人一封信〉，同上，第五頁。

〔22〕吳濁流：〈回顧日據時代的台灣文學〉，張良澤編：《吳濁流作品集‧黎明前的台灣》，台北，遠行出版社，一九八〇年二月再版，第六三頁。

〔23〕吳濁流：《台灣連翹》，台北，草根出版事業有限公司，二〇〇〇年九月初版第五刷，第二五六頁。

〔24〕吳濁流：〈設新詩獎及漢詩獎的動機〉，張良澤編：《吳濁流作品集‧台灣文藝與我》，台北，遠行出版社，一九八〇年二月再版，第三五頁。

〔25〕吳濁流：〈詩魂醒吧！〉，同上，第一一二、一一三、一二九、一三三頁。

〔26〕吳濁流：〈我設文學獎的動機和期望〉，同上，第三一、三二頁。

〔27〕吳濁流：〈漫談台灣文藝的使命〉，同上，第一八頁。

〔28〕吳濁流：〈漫談文化沙漠的文化〉，同上，第一七五頁。

〔29〕吳濁流：〈對詩的管見〉，同上，第九六頁。

〔30〕吳濁流：〈詩魂醒吧！〉，同上，第一三〇頁。

〔31〕吳濁流：〈漢詩須要革新〉，同上，第七三、七九、八五頁。

〔32〕吳濁流：〈瘡疤集（上卷）‧自序〉；轉引同上，第一八八、一八九頁。

〔33〕吳濁流：〈我設文學獎的動機和期望〉，同上，第三二頁。

〔34〕吳濁流：〈漢詩須要革新〉，同上，第八五頁。

〔35〕 吳濁流：〈漫談台灣文藝的使命〉，同上，第一九頁。

〔36〕 吳濁流：〈漫談文化沙漠的文化〉，張良澤編：《吳濁流作品集・黎明前的台灣》，同上，第一七五、一七六頁。

〔37〕 吳濁流：〈漫談台灣文藝的使命〉，張良澤編：《吳濁流作品集・台灣文藝與我》，同上，第一七頁。

〔38〕 （法）薩特：〈什麼是文學？〉，《薩特文論選》（施康強譯），北京，人民文學出版社，一九九一年四月初版，第一〇二頁。

〔39〕 （法）薩特：〈關於我自己〉；轉引自施康強：《薩特文論選》「譯者導言」，同上，第二〇頁。

〔40〕 （法）薩特：〈關於《家庭的白痴》〉，《薩特文論選》（施康強譯），同上，第一三六頁。

〔41〕 薩特在二戰時期曾經參加地下抵抗組織，並且信奉馬克思主義。

〔42〕 張良澤〈不滅的詩魂〉一文說，吳濁流「讀的作品很多，而且日本的有名作家作品他都讀過，並且他受中國古典文學的影響也很大，從小就在漢字的環境中長大，受中國文學的影響，後來走上了漢詩這條路。至於新文學方面，他的小說及文學創作，除受日本作家影響之外，主要受中國五四運動以後新文學的影響。三〇年代的作品大概在台灣都可以看到，如胡適、陳獨秀、周作人、魯迅……等，都可以從大陸流傳到台灣」。台北，《台灣文藝》雜誌第五八期，一九七八年三月。

〔43〕 （日）尾崎秀樹：〈吳濁流的文學〉，台北，《台灣文藝》雜誌第四一期，一九七三年十月。

〔44〕 《論語・陽貨》，楊伯峻：《論語譯注》，北京，中華書局，一九八〇年十二月第二版，第一八五頁。

〔45〕 轉引自北京師範大學中文系編：《文藝理論學習參考資料》（上）。遼寧瀋陽，春風文藝出版社，一九八一年十二月初版，第一四〇頁。

〔46〕 白居易：〈與元九書〉；轉引自游國恩等主編：《中國文學史》，北京，人民文學出版社，一九六三年七月初版，第一二〇頁。

〔47〕 嚴復、夏曾佑：〈本館附印說部緣起〉；轉引自韓毓海主編：《二十世紀的中國：學術與社會・文學卷》，濟南，山東人民出版社，二〇〇一年一月初版，第六頁。

〔48〕 康有為：〈日本書目志〉；轉引同上，第七頁。

〔49〕 梁啟超：〈論小說與群治之關係〉；轉引同上，第八頁。

〔50〕 梁啟超：〈論支那文學與群治之關係〉，轉引同上，第八頁。

〔51〕 魯迅：〈我怎麼做起小說來〉，《魯迅全集》第四卷，北京，人民文學出版社，一九八一年初版，第五一二頁。

〔52〕 魯迅：〈《中國新文學大系》小說二集序〉，《魯迅全集》第六卷，同上，第二三九頁。

〔53〕 魯迅：〈《自選集》自序〉，《魯迅全集》第四卷，同上，第四五六頁。

〔54〕 《台灣青年》雜誌創刊號卷頭詞，一九二〇年七月十六日；轉引自呂正惠、趙遐秋主編：《台灣新文學思潮史綱》，第二三頁。

〔55〕 《辭海》縮印本。上海辭書出版社，一九八〇年八月初版，第一八〇四頁。

〔56〕 同上，第一八〇五頁。

〔57〕 《簡明不列顛百科全書》第六卷，中國大百科全書出版社，一九八六年三月初版，第六頁。

〔58〕 徐迅：《民族主義》，北京，中國社會科學出版社，一九九八年七月初版。

〔59〕 陳映真：〈在民族文學的旗幟下團結起來〉，《陳映真文集・文論卷》。北京，中國友誼出版公司，一九九八年十一月初版，第四二六、四三一頁。

〔60〕 吳濁流：〈我最景仰的偉人〉，張良澤編：《吳濁流作品集・台灣文藝與我》，台北，遠行出版社，一九八〇年二月再版，第三、九頁

〔61〕 吳濁流：《台灣連翹》，台北，草根出版事業有限公司，二〇〇〇年九月初版，第五刷，第二五六頁。

〔62〕 轉引自尚明軒：《孫中山傳》，北京，北京出版社，一九八一年九月第二版，第二七三頁。

〔63〕 吳濁流的儒家思想，已有台灣學者相繼指出。黃靈芝認為「吳（濁流）先生說是詩人或文藝家，倒不如說是受過儒家思想熏陶的讀書人」。黃靈芝：〈我所認識的吳濁流先生〉，台北，《台灣文藝》第五三期，一九七六年十月。陳昭瑛則指出「吳濁流終其一生都沒

有脫離客家人以儒教傳家的精神」，「吳濁流的漢學生涯以漢詩為歸宿，而他的詩觀傾向儒家」。陳昭瑛：《台灣儒學的當代課題：本土性與現代性》，北京，中國社會科學出版社，二〇〇一年七月初版，第一二六、一二八頁。葉石濤亦云吳濁流是「信仰儒家思想的舊式自由主義者」（葉氏並解釋「舊式自由主義是還沒同社會主義結合的那種自由主義」）。葉石濤：《文學回憶錄·懷念吳老》，台北，遠景出版社，一九八三年版，第四八頁。

〔64〕 徐迅：《民族主義》，北京，中國社會科學出版社，一九九八年七月初版，第一五〇頁。

〔65〕 連雅堂：〈台灣詠詩〉（林小眉）「跋」；轉引自呂正惠、趙遐秋主編：《台灣新文學思潮史綱》，昆侖出版社，二〇〇二年一月初版，第三五頁。

〔66〕 吳濁流：〈漫談文化沙漠的文化〉，張良澤編：《吳濁流作品集·黎明前的台灣》，台北，遠行出版社，一九八〇年二月再版，第一五六頁。

〔67〕 同上，第一六四、一六五頁。

〔68〕 同上，第一六八頁。

〔69〕 同上，第一七五頁。

〔70〕 吳濁流：〈川端康成演講的弦外之音〉，同上，第二〇〇頁。

〔71〕 吳濁流曾對台灣光復後國民黨當局匆忙廢止日語的舉措表示不滿和批評：「國粹論諸君，你們開口漢民族，閉口漢民族，但你們試把西裝、鞋子、洋紐扣、領子等外國製品脫掉吧，恐怕剩下的只有辮髮一條而已。現在，不是連那辮髮也剪掉麼？」吳濁流：《黎明前的台灣》，同上，第一二一頁。

〔72〕 魯迅：〈文化偏至論〉，《魯迅全集》第一卷，北京，人民文學出版社，一九八一年初版，第五六頁。

〔73〕 葉石濤語。見〔63〕。

〔74〕 張深切：〈台灣新文學路線的一提案〉；轉引自安興本：《衝突的台灣》，北京，華文出版社，二〇〇一年九月初版，第五二頁。

〔75〕 （俄）別林斯基：〈論人民的詩·第二篇〉；轉引自北京師範大學中文系編：《文藝理論學習參考資料》（上），北京，春風文藝出版社，一九八一年十二月初版，第五九六頁。

[76] 鍾肇政說:「吳氏如此一再印行舊體詩,並且死後曾發現留有一紙條,要我在他的墓碑上題『詩人吳濁流之墓』,可見吳氏終其一生很以『詩人』自許。而他對詩的方面,偏愛漢詩也是人所共見的事實。」鍾肇政:《鐵血詩人吳濁流》。「吳濁流學術研討會」,一九九六年十月五日,台灣新竹縣立文化中心。

[77] 吳濁流:〈水月〉,張良澤編:《吳濁流作品集‧功狗》,台北,遠行出版社,一九八○年二月再版,第六頁。

[78] 同上,第一～三頁。

[79] 關於不同敘述視角的分類、性質及功能,西方學者作了大量的研究。中國大陸學者申丹在《敘述學與小說文體學研究》一書中對此有詳細介紹和討論。作者在比較全知敘述的優劣時指出其有兩大特點:「在敘事手法上所享有的極大自由度;上帝般的敘述中介破壞了作品的逼真性和自然感。」申丹:《敘述學與小說文體學研究》,北京大學出版社,二○○一年五月第二版。第二二二頁。

[80] 吳濁流:〈泥沼中的金鯉魚〉,張良澤編:《吳濁流作品集‧功狗》,台北,遠行出版社,一九八○年二月再版,第二七頁。

[81] 吳濁流:〈陳大人〉,同上,第六五、六六頁。

[82] 同上,第六五頁。

[83] 吳濁流:《台灣連翹》,台北,草根出版事業有限公司,二○○○年九月初版第五刷,第二二、二三頁。

[84] 同上,第一七頁。

[85] 同上,第五○頁。

[86] 同上,第八四頁。

[87] 吳濁流:〈波茨坦科長〉,張良澤編:《吳濁流作品集‧波茨坦科長》,台北,遠行出版社,一九八○年二月再版,第七一頁。

[88] 同上,第四四頁。

[89] 同上,第四三、四四頁。

[90] 吳濁流:〈狡猿〉,同上,第一七六頁。

[91] 吳濁流:〈牛都流淚了〉,同上,第二八○頁。

[92] 吳濁流:〈老薑更辣〉,同上,第二八七頁。

〔93〕同上，第二八八、二八九頁。

〔94〕吳濁流：〈牛都流淚了〉，同上，第二九〇、二九一頁。

〔95〕吳濁流：〈矛盾〉，同上，第二九九頁。

〔96〕吳濁流：〈友愛〉，同上，第二三二頁。

〔97〕翻譯成中文的這篇小說對貓的主人職務的交代有些含糊不清。先是
敘述：「雖說是老貓（按，『老貓』是主人丁的綽號），可是（原
文如此，當為「在」之誤）村子裡是三長官之一的地位，執文教之
牛耳的師宗，部下有五六人，可以說，無鳥的鄉下蝙蝠做大哥了。
他部下也是多怪物，最有趣的是有萬年首席之綽號的老教師，二十
年如一日，在同一學校為首席訓導，一直沒有做校長的希望的存貨
備品。」從此段文意看，「萬年首席」似乎是丁的一個部下。但往
後又有這樣的文字：「他（主人丁）不失為一個萬年首席，有其異
常的『首席觀』，⋯⋯」。吳濁流：〈歸兮自然〉，張良澤編：
《吳濁流作品集‧功狗》，台北，遠行出版社，一九八〇年二月再
版，第一九一、一九二、一九四頁。從小說整體來判斷，「萬年首
席」即為丁。

〔98〕（法）巴爾扎克：〈《人間喜劇》前言〉（陳占元譯）；轉引自伍
蠡甫主編：《西方文論選》（下卷），上海譯文出版社，一九七九
年十一月新一版，第一六八頁。

〔99〕葉石濤：〈吳濁流論〉，《台灣鄉土作家論集》，台北，遠景出版
社，一九七九年三月初版，第一二二頁。

〔100〕（美）亨利‧詹姆斯：〈小說的藝術〉（楊烈譯），伍蠡甫主編：
《西方文論選》（下卷），上海譯文出版社，一九七九年十一月
新一版，第五一二、五一三頁。

〔101〕（美）蘇珊‧朗格：《情感與形式》中譯本（劉大基、傅志強、
周發祥譯），北京，中國社會科學出版社，一九八六年八月初版，
第三三九、三四〇頁。

〔102〕吳濁流：《吳濁流選集（漢詩‧隨筆）》，台北，廣鴻文出版社，
一九六七年四月初版，第一〇六頁。

〔103〕同上，第一二三頁。

〔104〕吳濁流：〈水月〉，張良澤編：《吳濁流作品集‧功狗》，台北，
遠行出版社，一九八〇年二月再版，第七頁。

〔105〕吳濁流：〈功狗〉，同上，第四七頁。

〔106〕 吳濁流：《吳濁流選集（漢詩‧隨筆）》，台北，廣鴻文出版社，一九六七年四月初版，第一七九頁。

〔107〕 吳濁流：〈幕後的支配者〉，張良澤編：《吳濁流作品集‧波茨坦科長》，台北，遠行出版社，一九八〇年二月再版，第二一四、二一五、二一一頁。

〔108〕 同上，第二二一頁。

〔109〕 （俄）巴赫金：〈諷刺〉（苗澍譯），錢中文主編：巴赫金著作系列之《文本 對話與人文》，石家莊，河北教育出版社，一九九八年六月初版，第二一、二三、二四、二五、三一頁。

〔110〕 （英）梅瑞狄斯：〈喜劇的觀念及喜劇精神的效用〉（周煦良譯）；轉引自伍蠡甫主編：《西方文論選》（下卷），上海譯文出版社，一九七九年十一月新一版，第八六頁。

〔111〕 （俄）巴赫金：〈諷刺〉（苗澍譯），錢中文主編：巴赫金著作系列之《文本 對話與人文》，石家莊，河北教育出版社，一九九八年六月初版，第二七、三〇、三一頁。

〔112〕 吳濁流：〈波茨坦科長〉，張良澤編：《吳濁流作品集‧波茨坦科長》，台北，遠行出版社，一九八〇年二月再版，第二五、二六頁。

〔113〕 吳濁流：〈銅臭〉，同上，第一九七頁。

〔114〕 （德）黑格爾：《美學》中譯本第二卷（朱光潛譯），北京，商務印書館，一九七九年一月初版，第二六六、二六七、二七〇頁。

〔115〕 （俄）巴赫金：〈諷刺〉（苗澍譯），錢中文主編：巴赫金著作系列之《文本 對話與人文》，石家莊，河北教育出版社，一九九八年六月初版，第四二、四三頁。

〔116〕 魯迅：〈什麼是「諷刺」？〉，《魯迅全集》第六卷，北京，人民文學出版社，一九八一年初版，第三二九頁。

〔117〕 （法）柏格森：〈笑〉（徐繼曾譯）；轉引自蔣孔陽主編：《二十世紀西方美學名著選》（上），上海，復旦大學出版社，一九八七年十一月初版，第一四九頁。

〔118〕 （法）柏格森：〈笑之研究〉（蔣孔陽譯）；轉引自伍蠡甫主編：《西方文論選》（下卷），上海譯文出版社，一九七九年十一月新一版，第二八四～二八六頁。

〔119〕魯迅：〈什麼是「諷刺」？〉，《魯迅全集》第六卷，北京，人民文學出版社，一九八一年初版，第三二八頁。

〔120〕魯迅：〈中國小説史略〉，《魯迅全集》第九卷，同上，第二二〇、二二二、二二五頁。

〔121〕吳濁流：〈先生媽〉，張良澤編：《吳濁流作品集・功狗》，台北，遠行出版社，一九八〇年二月再版，第一一〇、一一一頁。

〔122〕魯迅：〈阿Ｑ正傳〉，《魯迅全集》第一卷，北京，人民文學出版社，一九八一年初版，第四八八頁。

〔123〕吳濁流：《吳濁流選集（漢詩・隨筆）》，台北，廣鴻文出版社，一九六七年四月初版，第二二二頁。

〔124〕同上，第二二三、二二四頁。

〔125〕同上，第二〇二頁。

〔126〕同上，第一〇九頁。

〔127〕同上，第三八頁。

〔128〕同上，第二一二頁。

〔129〕台北，《台灣文藝》第五二期（一九七六年七月）。

〔130〕吳濁流：《吳濁流選集（漢詩・隨筆）》，台北，廣鴻文出版社，一九六七年四月初版，第二一四頁。

〔131〕同上，第一四一頁。

〔132〕同上，第一一六頁。

〔133〕同上。

〔134〕同上，第一五六頁。

〔135〕同上，第二二一頁。

〔136〕同上，第二二五頁。

〔137〕同上，第二一〇頁。

〔138〕同上，第二一四頁。

〔139〕同上,第二二六頁。

〔140〕同上,第六〇頁。

〔141〕同上,第一四七頁。

〔142〕同上,第七六頁。

〔143〕同上,第八三、八四頁。

〔144〕同上,第八五頁。

〔145〕同上,第九二頁。

〔146〕同上,第八一頁。

〔147〕同上,第九二、九三頁。

〔148〕同上,第一三二、一三三頁。

〔149〕吳濁流:〈東遊雜感〉,同上,第三七九頁。

〔150〕吳濁流:《吳濁流選集(漢詩‧隨筆)》,同上,第一〇八頁。

〔151〕同上,第二四八頁。

〔152〕同上,第一二〇頁。

〔153〕同上,第一一九頁。

〔154〕同上,第五三頁。

〔155〕同上,第一一一、一一二頁。

〔156〕同上,第一一一、一一二頁。

〔157〕同上,第一五四頁。

〔158〕同上,第四四頁。

〔159〕轉引自呂新昌:《鐵血詩人吳濁流》,台北,前衛出版社,一九
     九六年四月初版,第一六六頁。

〔160〕同上,第一六八頁。

〔161〕吳濁流:《吳濁流選集(漢詩‧隨筆)》,台北,廣鴻文出版社,
     一九六七年四月初版,第九六頁。

〔162〕 同上，第六四頁。

〔163〕 同上，第四一頁。

〔164〕 台北，《台灣文藝》第二三期（一九六九年四月）。

〔165〕 吳濁流：《吳濁流選集（漢詩‧隨筆）》，台北，廣鴻文出版社，一九六七年四月初版，第一一六頁。

〔166〕 同上，第六六頁。

〔167〕 同上，第九四頁。

〔168〕 台北，《台灣文藝》第二三期（一九六九年四月）。

〔169〕 轉引自呂新昌：《鐵血詩人吳濁流》，台北，前衛出版社，一九九六年四月初版，第一八三頁。

〔170〕 吳濁流：《吳濁流選集（漢詩‧隨筆）》，台北，廣鴻文出版社，一九六七年四月初版，第一〇六頁。

〔171〕 同上，第一一九頁。

〔172〕 同上。

〔173〕 台灣《自立晚報》，一九七四年十一月十日。

〔174〕 袁枚：《隨園詩話》卷七，北京，人民文學出版社，一九八二年九月第二版，第二三四頁。

〔175〕 《袁宏道集箋校》卷十《敘陳正甫〈會心集〉》；轉引自敏澤：《中國美學思想史》第二卷，山東濟南，齊魯書社，一九八九年八月初版，第六六六、六六七頁。

〔176〕 袁枚：《隨園詩話》卷一，北京，人民文學出版社，一九八二年九月第二版，第二〇頁。

〔177〕 同上，卷三，第八七頁。

〔178〕 （丹麥）格奧爾格‧勃蘭兌斯（George Brandes）：《十九世紀文學主流》中譯本第五分冊（李宗杰譯），北京，人民文學出版社，一九八〇年九月初版，第一二〇頁。

〔179〕 （美）喬納森‧卡勒：《結構主義詩學》中譯本（盛寧譯），北京，中國社會科學出版社，一九九一年十月初版，第一七七頁。

〔180〕吳濁流：〈對詩的管見〉，張良澤編：《吳濁流作品集・台灣文藝與我》，台北，遠行出版社，一九八〇年二月再版，第九一、九二頁。

〔181〕吳濁流：〈讀李白集〉，《吳濁流選集（漢詩・隨筆）》，台北，廣鴻文出版社，一九六七年四月初版，第四二頁。

〔182〕吳濁流：〈偶成〉，《濁流詩草》，台北，台灣文藝雜誌社，一九七三年一月版。轉引自黃美娥：〈鐵血與鐵血之外：閱讀「詩人吳濁流」〉。《吳濁流百年誕辰紀念專刊》，台灣新竹縣文化局，二〇〇〇年十二月。第四〇頁。

〔183〕吳濁流：《吳濁流選集（漢詩・隨筆）》，台北，廣鴻文出版社，一九六七年四月初版，第三三頁。

〔184〕同上，第四九頁。

〔185〕同上，第一四六頁。

〔186〕《濁流詩草》；轉引自黃美娥：〈鐵血與鐵血之外：閱讀「詩人吳濁流」〉。《吳濁流百年誕辰紀念專刊》，台灣新竹縣新文化局，二〇〇〇年十二月，第四〇頁。

〔187〕轉引自周振甫：《詩詞例話》，北京，中國青年出版社，一九七九年五月第二版，第二一八頁。

〔188〕吳濁流：〈我最景仰的偉人〉，張良澤編：《吳濁流作品集・黎明前的台灣》，台北，遠行出版社，一九八〇年二月再版，第三、四頁。

〔189〕吳濁流：〈漢詩須要革新〉，張良澤編：《吳濁流作品集・台灣文藝與我》，同上，第七四頁。

〔190〕吳濁流：《吳濁流選集（漢詩・隨筆）》，台北，廣鴻文出版社，一九六七年四月初版，第二七九、二八〇頁。

〔191〕（美）艾略特：〈批評家和詩人約翰遜〉，王恩衷編譯：《艾略特詩學文集》。北京，國際文化出版公司，一九八九年十二月初版，第二三三頁。

〔192〕（美）艾略特：〈傳統與個人才能〉，同上，第七頁。

〔193〕張良澤編：《吳濁流作品集・台灣文藝與我》，台北，遠行出版社，一九八〇年二月再版，第四三、四五頁。

〔194〕同上，第五〇頁。

〔195〕同上，第一九頁。

〔196〕同上，第二四頁。

〔197〕同上，第三二頁。

〔198〕同上，第七二、七三頁。

〔199〕同上，第九〇頁。

〔200〕吳濁流：〈漫談文化沙漠的文化〉。張良澤編：《吳濁流作品集·黎明前的台灣》，台北，遠行出版社，一九八〇年二月再版，第一七五頁。

〔201〕張良澤編：《吳濁流作品集·南京雜感》，同上，第一一四、一一五頁。

〔202〕同上，第八九頁。

〔203〕同上，第八八頁。

〔204〕吳濁流：《吳濁流選集（漢詩·隨筆）》，台北，遠行出版社，一九八〇年二月再版，第三五三、三五四頁。

〔205〕發表於台北《台灣文藝》第二二、二三期（一九六九年一月、四月），同年四月與〈東遊雜感〉一起結集〈談西說東〉，由台灣文藝雜誌社出版。

第三章
台灣新文學的豐碑

　　吳濁流的長篇小說《亞細亞的孤兒》是台灣新文學史上引人注目的一部經典作品。雖然《亞細亞的孤兒》不是台灣新文學史上的第一部長篇小說，但它的誕生依然具有里程碑式的意義。因為它是台灣第一部描寫包括台灣同胞在內的中國人民反抗日本帝國主義、表現中華民族偉大精神的長篇巨製。此前的台灣新文學，雖有反抗日本殖民統治的作品，如賴和、楊逵等人的小說，但他們的作品或只是描寫對侵略者零星的、個人的報復，或因形式的短小而無法涵括更廣闊複雜的歷史與現實內容。而《亞細亞的孤兒》則表現了近代以來包括台灣同胞在內的中華民族的仁人志士從帝國主義的侵略和壓迫中覺醒，最終自覺地投入反抗侵略者的波瀾壯闊的民族解放運動的一個側面，是中國人民民族解放事業和建立現代民族國家的歷史追求的一個見證與縮影。本章將專門對這部作品進行分析。

第一節　《亞細亞的孤兒》的故事

　　春天的一個明媚的日子，九歲的胡太明被爺爺胡老人領著爬山穿林去到私塾雲梯書院拜訪塾師彭秀才。彭秀才是胡老人同窗。胡老人此行目的是請彭秀才收下這個孫兒做學生。胡老

人要讓孫子學習漢文。但如今鄉間私塾幾乎都停辦了，剩下的這間雲梯書院能挺到何時也是個未知數。雖然太明太小不能走讀，但胡老人認爲再等下去就太遲了。所以決定讓太明寄宿。就這樣，太明在苦楝花開的陽春三月，入讀雲梯書院。

太明在書院最初是讀《三字經》。吸食鴉片又愛養蘭菊的彭秀才教學非常嚴厲。一天，太明跟同學們在書院外面玩耍，被一頭水牛用牛角頂傷了腰，昏迷過去。太明的父母聞訊趕來，在身爲中醫的父親的醫治下，他得以化險爲夷。由於國民學校再三勸導學生入學，雲梯書院很多學生都轉學了。彭秀才接受了另一家書房的聘請。胡老人只好在家裡親自給太明講授四書五經。後來，在一位具有漢學修養的國民學校教員林先生的再三勸說下，胡老人才把太明送進公學校（國民學校）讀書。

太明公學校畢業後，考入「國語」（日語）學校師範部學習。四年後，他走上社會，當了一名鄉間公學校教員。他任教的學校很偏僻，與他一同報到的是從女高畢業的日籍女子內藤久子。太明一到學校就發現台籍教員與日籍教員的待遇不平等，台灣人遭到後者的歧視。學校的台籍女教員瑞娥對太明有好感，太明戀慕的卻是內藤久子。然而台灣人與日本人之間地位的懸殊，又使太明在久子面前自慚形穢。他只能將單相思埋藏在心裡，將全部精力傾注到教學上。在學校裡日本教員隨便打學生，太明像自己挨打似地感到痛苦。在學校例行的一次「實地教學研究批評會」上，有日籍教員指責學生日語發音不準確，應由台籍教員負責。台籍的曾導師不服，起身與日人校長抗辯。曾導師並當衆將平時以日、台籍爲順序排列的教職員名牌重新以職位高低爲序排列。曾導師第二天即自動辭職。他還給太明寫了一封信，表示自己決心研究科學，希望太明繼續

發展「偉大的愛的教育」。曾導師事件極大地震撼了太明的內心。校長為了離間太明和久子，將久子調走。太明在久子臨行前想向她表達愛情，久子卻拒絕說這是不可能的，因為她和他不是同類人。太明墜入痛苦的深淵。為了打開自己的前途，他決定去日本留學。

太明到東京後，先找到在明治大學法學院求學的師範同學藍。藍勸告他在這裡不要說自己是台灣人，要裝成日本人。太明不願說謊，租到房子後，他不再隱瞞自己是台灣人。藍有一次給他帶來一本《台灣青年》雜誌，並勸他加入他們的組織。太明翻閱雜誌，看到裡面都是些極富政治色彩的文章，很容易煽起青年讀者慷慨激昂的情緒。但他覺得自己是來求學的，以後要走研究科學的康莊大道，所以不能投身政治。太明考上了物理學校。藍帶了朋友詹來祝賀，並再次勸他加入組織。太明不置可否，大家不歡而散。一天，藍帶他去參加中國同學會主辦的演講會。太明說出自己是台灣人，引起與會學生的竊竊私語，有人懷疑他是間諜。太明憤怒地離去。

太明結束在日本的留學回到台灣。太明的族兄志達煽動將由胡老人管理的胡家祖傳祭祀公產分掉。胡老人精神受到刺激，不久即臥病不起，辭別人世。胡老人死後，太明家便分了家。太明接受從前國民學校的同事黃的聘請，進入黃的農場當會計。農場女工阿新嫂難產，周圍人由於無知而處理不當，致使產婦死亡。太明對女工們進行速成教育，教她們日語、算術和一些生理衛生知識。農場經營不景氣，太明主動辭職。

糖業公司為架設台車軌道，挖掘胡家祖墳，太明母親上前阻止，被日本監工打了。此事如果訴諸法律，根據以前的例子，不論理由如何充分，台灣人絕對是不能勝訴的。母親雖然

沒有受傷，但太明感到自己的心頭已經受了無法治癒的深刻創傷。他夢想著能把自己從這種痛苦中解脫出來的新天地，於是心中開始編織渡海到中國大陸去的夢。以前在國民學校的同事曾導師來看他。曾導師辭職後先去日本留學，畢業後在中國大陸一所大學當教授。他也勸太明到大陸遊歷。曾返大陸約兩個月後，太明收到他寄來的一封信，裡面裝著一份就職通知書——原來曾已把太明推薦給南京某國立模範女子中學當教員。

太明從基隆坐船到上海，在上海遊玩幾天後轉赴南京。在火車上，一位從蘇州上車的少女給他留下了印象。他先住曾家，因他不會說普通話，所以聘請一位教師每天來教他一小時的普通話。太明學普通話大有進步，便到模範女子中學去執教。不久，太明又接替了曾在一所私立日語學校的兼職教員職務。在第一次上課點名時，太明發現那位在火車上給他留下印象的少女也在這個班上，名字叫淑春。太明便藉故與她接近。兩人開始頻繁約會。太明向淑春求愛，淑春躊躇一段時間後接受了太明的愛情。一個月後，兩人正式結婚。淑春從金陵大學畢業時，太明希望她在家料理家務，但淑春卻在外交部謀了一份工作。淑春的興趣也發生了變化，對跳舞、打牌和看戲很是熱衷，還結交了一群投她所好的青年官員。淑春生下她和太明的女兒。但體力復原後她又恢復了以前的作風。太明感到他與淑春之間產生了無法彌補的裂痕。在日語學校學習的外交部參事張經常和太明談論中國的時局問題。太明漸漸為他所同化，認為自己不應總為私事所煩惱，而要憑藉教育的力量，去激發學生愛國的熱情。

西安事變後不久，胡太明因間諜嫌疑被警察逮捕。在牢房裡，他想著出去後一定要回台灣去。在崇敬他的兩個女學生的

幫助下，他成功越獄。不久，他從上海搭船回到台灣。然而，在台灣他同樣感受到警察的可怕。從基隆到台北的火車下車後，他發現自己被人盯梢。他不敢在台北逗留，徑直回鄉。在故鄉車站，又被派出所找去盤問了一番。到家後的第二天，又有警察登門打擾。為了監視他，一些高級特務和警員頻繁光顧他暫寄居的妹夫的醫院。特務命令他以後出門時要事先向派出所報告。他外出時也有特務跟蹤。

日本侵華戰爭全面爆發後，殖民當局在台灣進行各種戰爭動員。太明的哥哥志剛積極響應當局推行的「皇民化運動」。太明被徵入伍，不久被派遣到廣東。他每天耳聞目睹日軍對中國老百姓和抗日志士的殘酷折磨和殺害，精神上感到極大的痛苦，良心上日甚一日受到煎熬。一天，日軍槍殺一批被捕的中國抗日軍人，年僅十八歲的游擊隊長就義前表現了寧死不屈、大義凜然的英雄氣概。擔任翻譯的太明受到刺激，在刑場上昏倒。隨後他被送回台灣。

為了配合戰爭，殖民當局加緊對台灣老百姓的勒索。當局組織搜索隊挨家挨戶搜索糧食，在太明家搜出了一箱糧食。太明母親第二天即病倒了，不久即離開人世。太明的異母弟志南起初不願參加「志願軍」，終被學校當局逼迫就範。日本襲擊珍珠港，發動了太平洋戰爭。太明又產生了到大陸去的念頭，但因無法得到赴大陸的簽證而不能成行。他決定在環境條件許可的範圍內，過一種積極的生活。他在糧食局的外圍機構納入協會謀得一份差事。協會借著糧食局的權勢，做的是中間剝削的勾當。太明不久便覺得在協會做事很愚蠢。他想念在大陸的妻女，越發想赴大陸。

太明辭去納入協會的工作，應日本友人佐藤之邀到台北去

當雜誌編輯。佐藤是一位有正義感的日本人，太明很佩服他的正直和學識。太明在台北見識了日本知識界為侵略戰爭效命的種種人和事，還被迫參加了義務勞動。日本在戰場上節節失利，佐藤決定回國，雜誌因此停刊。太明又回到故鄉。

　　志剛的兒子達雄從大學回來，想參加「特種志願兵」。太明勸阻了他。太明的弟弟志南被「勞動服務隊」徵召，在工地上累倒，得不到救治，臨死前被用擔架送回家。志南的死，強烈地震撼了太明。他覺得這種厄運還將會降臨他自己和父親的頭上。他想著自己迄今碌碌無為一事無成，耳邊不斷傳來志南的母親阿玉的哀哭，還似乎聽到志南臨終的叫喊，他的腦子裡一片混沌，所有的思維終於崩潰……志南死去的第二天，太明在胡家大廳牆上題寫了一首「反詩」。他還對跑來看熱鬧的眾人怒罵甘當日本人的走狗者。不久，太明從村子裡消失了。有人說他乘船到了對岸，還有人說從昆明方面的廣播電台收聽到太明對日本的廣播。

第二節　《亞細亞的孤兒》的雙重主題

　　吳濁流的大陸之行是他人生的重大轉振點。大陸之行使他認清了日本帝國主義的侵略面目和本質，民族意識和民族感情被從心靈深處喚醒，在他的胸腔湧動奔突。一腔沸騰的熱血終於轉為創作的衝動，激發文學的靈感。長篇小說〈胡太明〉（《亞細亞的孤兒》）於一九四三年動筆，一九四五年殺青，一九四六年問世時台灣已光復。中國人民八年浴血抗戰和世界反法西斯力量的打擊，使曾狂妄一時的日本帝國主義一步步趨向土崩瓦解，日本對台灣長達半個世紀的殖民統治亦走到了盡頭。吳濁流見證了這一段可歌可泣的歷史，並將這段歷史化作

一部《亞細亞的孤兒》。歷史的內在驅動力在催生這部小說的同時，灌注了它宏偉的氣質，賦予了它史詩的品格。

《亞細亞的孤兒》的意義是極其豐贍的，讀者可以從多方面、多視角對這部作品進行詮釋和解讀。從小說內容來考察，反抗殖民主義與帝國主義，重建自我文化身份與民族認同，則是構成這部作品的兩大主題。

這雙重主題在小說中同時展開。作品一開始，就側寫了帝國主義侵略與殖民主義統治給中華民族帶來的文化浩劫與心靈巨創。小說的第一篇，作者敘述胡老人帶著太明去雲梯書院：

老人今天帶太明到這裡來，原想請彭秀才來教育他的，但彭秀才認為通學距離太遠，對於九歲的太明不大相宜，勸他過一兩年再說。可是胡老人無論如何要讓孫兒學習漢文，現在鄉間的私塾都停辦了，除了雲梯書院再也沒有別的地方，就連這雲梯書院，也不知道什麼時候會招致封閉的厄運，所以他覺得再等一兩年就太遲了。

由於胡老人竭力堅持，終於決定把太明送入雲梯書院，為了通學不方便，所以改為寄宿。老人離開心愛的孫兒，心裡雖然有些捨不得，但為了他的學業前途，也不得不硬一硬心腸。[1]

作品寫彭秀才到胡家拜年：

正月初三俗稱「窮鬼日」，照例須燒些門錢打發窮鬼的，而且那天人們都不出門。但下午彭秀才卻破例來拜年，他站在院子裡欣賞了一會春聯，接著便被迎進客廳裡。彭秀才和胡老人寒暄了一陣，太明恭恭敬敬地捧出一個托盤，托盤裡擺著四

碟糖果。彭秀才且念且撿：

「食紅棗年年好。」

拿了兩顆紅棗吃著。又撿兩片冬瓜說：

「食冬瓜年年加。」

然後喝了一口茶，接著便開始讚美胡家的春聯說：

「『一庭雞犬繞仙境，滿徑煙霞淡俗緣。』的確不錯，真有脫俗的風格，如果不是像你這樣達觀的人實在辦不到的。」

「你今年的春聯怎麼樣？」胡老人受寵若驚地問彭秀才道。

「不行，不行。」

彭秀才一面謙遜推托著，一面隨口吟道：

「大樹不沾新雨露，雲梯仍守舊家風。」吟畢，又把春聯寫在紙上遞給胡老人看。

「好極了！」胡老人讚美道：「大有伯夷叔齊的氣派。」但他接著又改用感傷的語氣說：「不過雲梯書院的舊家風，不知是否能像你這春聯所說的守得住⋯⋯？」他這樣嘟噥著，依依之情溢於言表。

「如果雲梯書院被封閉的話，」彭秀才黯然道：「漢學便要淪亡了！」[2]

作品還這樣寫了胡老人與侄孫志達的如下對話與心理活動：

「叔公！」志達乘機勸告老人道：「還是把太明送到學校裡念書吧，這是時勢呀！」

「無論時勢怎樣，學校裡卻學不到四書五經了！」

胡老人總是這樣回答。

胡老人對於西洋文化只持一種恐懼的態度，並不怎麼心悅

誠服，何況日本文化不過是西洋文化的一支小流而已。胡老人
心目中所憧憬著的是，春秋大義、孔孟遺教、漢唐文章和宋明
理學等輝煌的中國古代文化，因此總想把這些文化留傳給子
孫。[3]

　　小說裡的這些描寫頗爲意味深長，它們首先揭示了帝國主
義的侵略給中國傳統文化帶來的巨大破壞和深重危機，而在淪
爲殖民地的台灣，這種破壞和危機是毀滅性的。儘管胡老人和
彭秀才輕視西洋文化的態度並不可取也不會有效，但這種態度
源自近代的西方文化是伴隨著軍艦大炮強行闖入中國的大門這
一事實，因而是一種反抗的姿態。作者並不完全贊同胡老人的
偏執，因此小說安排胡老人後來對西方科學有了新的認識，並
同意太明進公學校念書；但作者對胡老人的反抗姿態無疑是欣
賞的。同時，胡老人和彭秀才對儒家文化的固守，也是一種對
自我身份與民族立場的堅持。

　　胡老人、彭秀才對殖民統治者採取的是一種文化抵抗策
略，而小說中的藍、詹、曾和游擊隊長等人，則是進行轟轟烈
烈的政治鬥爭或血火交迸的武裝抵抗。藍、詹被投入牢獄。藍
出獄後做了律師，但思想的鋒芒依然銳利。曾不堪忍受殖民壓
迫從學校辭職後，起初想走科學救台灣之道路，但後來他到中
國大陸，獲得了更開闊的視域，生發了更深刻的思想，最終加
入了抗日的行列。他深切地理解中國的現實，也理解台灣人的
悲劇命運。他一邊鼓勵太明到大陸去，一邊提醒他作爲一個台
灣人可能面臨的困難。小說中有如下抒情式的段落：

　　「我們無論到什麼地方，別人都不會信任我們。」曾把複

雜的環境向太明解釋道：「命中注定我們是畸形兒，我們自身
並沒有什麼罪惡，卻要遭受這種待遇是很不公平的。可是還有
什麼辦法？我們必須用實際行動來證明自己不是天生的『庶
子』，我們為建設中國而犧牲的熱情，並不落人之後啊！」

　　……

　　「老胡！建設中國的路程是非常遙遠的，絕不可輕浮急
躁。你只要看揚子江，那滔滔的長流，它的流速多麼驚人，我
們也必須具有這種大河流的胸懷。」[4]

　　「空虛的理論現在絕對行不通了，」臨別時曾緊緊地握著
太明的手說：「只有實際的行動才能救中國。希望你趕快從幻
想的象牙塔中走出來，選擇一條自己應走的路，這不是別人的
事，而是你自己命運有關係的問題！」[5]

　　小說關於十八、九歲的游擊隊長面對侵略者的屠刀從容就
義的情節描寫，則成為作品中的高潮之一：

　　「你是什麼學校畢業的？」

　　「師範學校。」

　　「你的部下有多少人？」

　　「……」

　　「你的部隊駐扎在什麼地方？

　　「要殺就殺，不必多問！」

　　說著，那青年哈哈地大笑起來，充分地表現出有敵無我的
精神。

　　……

　　……最後輪到那暗殺隊隊長處刑了。

「軍屬！」那隊長突然用尖銳的聲音向太明喊道。

太明邊顫抖著走向前去翻譯。

「不要刀砍，用槍決！」那暗殺隊隊長要求說。

「不行，浪費子彈。」

「那麼，墓穴給分開吧。」

「不成，只掘了一個。」

「……」

「其他有什麼遺言沒有？」

「沒有，那麼，好吧！這是最後的機會了，請給我一支香煙！」

他的神態非常鎮定，毫無懼色，這個要求終於被接納了。太明燃起一支香煙，塞在他的嘴裡，他津津有味地吸著，口裡吐出一縷縷白煙。抽完以後，他用極乾脆的口氣說：

「不要眼罩！我是軍人！」接著他又喊道：「謀事在人，成事在天，十八年以後又是一條好漢……」

他的話沒有說完，又只聽見「嘿！」地一聲吆喝，那隊長的頭顱便脫離了肢體，骨碌碌地滾到溝穴中，接著肢體也傾跌下去。[6]

胡老人、彭秀才作爲老一輩中國人的代表，他們對帝國主義和殖民主義一直堅持不合作的反抗態度，他們的內心深處始終不曾發生自我身份與民族認同的危機。小說中的藍、詹、曾和游擊隊長等，是對侵略者與殖民者絕不妥協地抵抗的革命者形象，他們也已不存在身份與認同的困惑。然而，他們是中國知識青年的先覺者的形象，而不是大多數中間狀態的知識分子尤其是殖民地台灣的知識分子的典型。從屈辱的奴隸生涯中奮

起抵抗，從顛倒錯亂的生存狀態中重新指認自己的文化身份與重鑄自己的民族靈魂，在太明這樣的知識分子身上，其發生是非常遲鈍，其生成也是十分緩慢的。吳濁流自己就曾說過：「胡太明不能清理中產階級個性的矛盾，一生都在苦惱中苦悶不已。這大概可以代表日人統治下台灣知識階級的八成。」[7]作者也曾是這「八成」中的一員。從某種角度來看，寫出太明這樣中間狀態的台灣知識分子從殖民主義的壓迫和對自我身份的迷惑中逐漸覺醒，最終克服孤兒意識，樹立民族自信心，投身中國人民民族解放運動的歷史洪流之中，這樣的形象更典型、更真實和更有普遍意義。

《亞細亞的孤兒》以太明這一出生在日本殖民統治時期的知識分子為主人公，並以許多筆墨塑寫胡老人、彭秀才、藍、詹、曾等舊文人和新式知識分子，還重點敘寫了「皇民化運動」的情形，小說實際上是從文化的鏡像來透視日據時期的台灣社會。吳濁流生前曾一再聲明《亞細亞的孤兒》不是自傳，並說自己的經歷有與胡太明不同的地方：一，他幼時沒有進過書房讀書；二，沒有留學日本；三，雖然他做過小學教員，但婚前所服務的學校，都沒有日本女教員，不曾與日本女性談戀愛；四，他曾回祖國，但未曾和淑春那樣美的女人在一起；五，他沒有被殖民當局徵作軍屬，派到廣東去；六，他的父親雖然也是醫生，但是沒有姨太太；七，他的兄弟沒有人做過保正。[8]然而，吳濁流的經歷與小說胡太明也有不少吻合或相似之處，更重要的是，小說所表達的中心思想與情緒，與作者的精神信念無疑有著內在的關聯。作者雖然沒有加入革命運動和武裝抵抗的行列，但創作《亞細亞的孤兒》時的吳濁流，對革命和抵抗的戰鬥已是支持和景仰的。作者與胡老人、彭秀才的

民族主義思想，與藍、詹、曾、游擊隊長和覺醒後的胡太明，感情上是共鳴的。在此意義上說，《亞細亞的孤兒》是作者對二十世紀上半葉包括台灣人民在內的中華民族的民族精神的探索和展現，也是對作者自己心靈的剖析和反省。以知識分子作為主人公，實質上並不是一種創作的偶然性。巴勒斯坦裔美國學者薩義德（Edward W. Said）指出：「近代史中的主要革命，知識分子無役不與；主要的反革命運動，知識分子也是無役不與。知識分子一直是運動的父母，當然也是子女，甚至是侄甥輩。」「在黑暗時代，知識分子經常被同一民族的成員指望挺身代表、陳訴、見證那個時代民族的苦難。」[9]《亞細亞的孤兒》塑造了太明等知識分子的形象，固然是與作者對生活的熟悉和對人物的把握程度有關，但更是知識分子作為人民代言人的歷史真實的內在體現。

胡太明所生活的時代，日本殖民主義統治在台灣已經進入了穩定期。長期的殖民統治，在太明這一代人身上已造成了自我身份與民族認同的淆混與迷亂。從對殖民者的畏懼順從到挺身反抗，從身份認同的迷惑轉為對民族解放的追求，這樣的變化是如何發生的呢？《亞細亞的孤兒》通過描繪胡太明的外在經歷與剖析其內心波瀾，令人信服地揭示和展現了主人公思想和行為的轉變過程。

小說開頭關於胡老人帶太明到雲梯書院的敘述，既是表現胡老人和彭秀才的抵抗精神，也是描寫胡太明的文化啟蒙。然而，自此時至其民族意識最終覺醒前的漫長歲月裡，這種啟蒙其實是太明陷入文化認同迷惘的肇始。作為一個九歲的孩童，太明並不理解漢學的價值和意義。進了書院後，他也沒有培養出對漢學的興趣。他不可能像爺爺和彭秀才那樣憧憬秀才和舉

人榮耀的年代，「他似乎茫然覺得那些都是滅亡的命運」。相
反，他的堂兄志達倒挺能吸引他的注意。因為，「志達會說日
本話，是個預備警員（巡查補），人家都稱他『大人』，到處
有勢力。……志達走過的地方，到處都飄浮著一陣香皂般的爽
朗的香氣，那是鄉下人稱為『日本味』的一種文明的香味。在
當時還用木浪子或茶子洗衣服，用山茶洗臉的時代，肥皂的香
味是被公認為高貴的珍品的。太明在這樣的人物身邊，也許顯
得有幾分輕薄，但他總覺得頗有新時代的感覺。」太明覺得時
代已經改變了，不明白為什麼爺爺非要他讀四書五經？一頭是
爺爺的期望，一頭是「新時代」，他「宛如一葉漂流於兩種不
同時代激流之間的無意志的扁舟」。而進入公學校後，他覺得
和雲梯書院相比，「校內朝氣蓬勃，運動場和教室都是那麼寬
敞和明亮」，「這裡所見的事物，一切都顯得很新奇」。[10]

　　作為殖民者壓制的結果，此時的台灣，漢語已從母語淪為
邊緣語言，漢學即儒家文化瀕臨絕滅，以傳授儒家文化為業的
書房已被公學校所取代。雖然公學校所教授的內容有很多是西
方先進的知識，但它們是以殖民者的語言傳授的。殖民者的語
言已篡奪漢語的地位成為「國語」。這對台灣人民的影響是內
在而深刻的。米歇爾‧福柯（Michel Foucault）在談到語言問
題時曾指出：「表面上，言語很可能無足輕重，但是圍繞著它
的禁律很快就會揭示出它與欲望和權力的聯繫……言語絕不只
是把衝突和統治體系語詞化……它是人類鬥爭的真正目的。」
[11] 殖民者正是通過對殖民地人民母語的剝奪，將殖民者的語
言強加給被殖民者，從而將殖民統治「語詞化」。通過破壞和
消滅被殖民者的民族文化載體──語言，淆混被殖民者的文化
身份，改變其民族認同，最終徹底奴役被殖民者的身體與心靈。

　　自然，此時的太明是不可能認識殖民者的荼毒的。相反，從「國語」（日語）師範學校畢業後，他自認爲已經鍛煉成一個有抱負的「新時代的文化人」。當他「負起時代所賦予的使命」，興致勃勃地赴任鄉下的公學校教員時，才發現了事情不大對勁。首先是殖民當局的差別待遇政策造成的日籍和台籍教員的嚴重對立。日本教員不僅享受著優於台灣教員的物質待遇，而且在精神上對後者極端歧視，還動輒打罵學生，使「整個學校籠罩在日本人那種有恃無恐的暴戾氣氛中」。其次是太明對日本同事內藤久子的愛情幻想的破滅。「有時，看見久子穿著鮮艷的和服在散步，她那美麗的倩影，常使太明對她無限地傾慕。」「在太明的心目中，久子是美好無比的，對於他，久子正如『羽衣舞』中所見的，是一位白璧無瑕的理想女性，是一位絕對的理想女性，簡直可以和天上的仙女相比擬。」然而，作爲殖民者陣營的一員，久子的內心充滿了優越感，對台灣人常常持批評和輕蔑的態度。這種傲慢的品性其實與其它殖民者並無二致。「這一切，太明並非不知道，但久子的這種缺點，非但沒有減少太明對她的思慕，反而使他的戀情日見增長。」在久子面前太明時時自慚形穢，自怨自艾：「太明卻覺得正視她是件痛苦的事。他的愛情越衝動，越使他感到自己和久子間的距離——她是日本人，我是台灣人——顯得遙遠，這種無法塡補的距離，使他感到異常空虛。」「她是日本人，我是台灣人，這是任何人無法改變的事實。」對遙不可及的愛情的絕望使太明轉而痛恨自己的血緣：「自己的血液是污濁的，自己的身體內，正循環著以無知淫蕩的女人作妾的父親的污濁血液，這種罪孽必須由自己設法去洗刷……」[12]

　　隨著殖民統治的深入人心的「成功」，殖民者的文化壓抑

機制使被殖民者日漸對本民族文化失憶，文化認同陷入混亂，直至不知不覺地發生逆轉。殖民者的文化乃至殖民者本人從面目猙獰的他者而變爲令被殖民者羨慕和追求的「美麗」形象。面對著殖民者的「高貴」血統，被殖民者往往會自慚形穢，陷入深深的自卑之中。絕望的被殖民者轉而憎恨自己的傳統、文化、種族，憎恨自己的形象、自己的皮膚乃至自己的血液……弗朗茲‧法儂（Frantz Fanon）曾尖銳地洞察了被殖民者因精神受虐而發生的這種心靈變態：

　　我不得不直視白人的目光。我背負著一種陌生的重擔。在白人的世界裡，有色人在身體發展的圖表上遇到重重困難。……我被手鼓聲，食人魔，知識貧乏，拜物教，種族缺陷……所擊垮，我讓自身遠離我自己的存在……除了斷肢、切除、用黑色的血液濺污我的整個身軀的大出血外，我還能是什麼呢？[13]

　　久子的拒絕擊垮的不僅是太明的愛情，而且是他的「存在」。讓太明身心崩潰的這一次打擊成爲他刻骨銘心的巨痛，也成爲他日後靈魂蟬蛻和昇華的強力催化劑。

　　太明的同事曾導師不堪忍受殖民者的歧視，起而與校方抗爭，並辭職而去。這件事是對太明內心第一次強烈的震撼。但他並沒有因此就從懵懂的思想和生活中醒悟。當久子以「我跟你是不同的」爲由拒絕了他的求愛，太明在絕望之餘，將留學日本當作「打開自己新生的扉頁」的希望。太明到日本後，甚至對這片殖民者的本土產生了好感：

　　到東京來以前，他曾經到京都去拜訪一位朋友，對於這個

古都,立刻發生極佳的印象:那裡的居民、街道、景物,一切都顯得靜謐和安定,而且都有良好的品格。那裡有悠久的歷史,以及經過漫長歲月孕育出來的高度文化。所接觸的人物都非常和藹可親,甚至食堂侍者、旅館下女、公共汽車女車掌、百貨店女店員……,都極有教養;尤其青年女性那種優美的氣質,給予太明很新鮮的印象,太明認為這是一個美麗的國土,和一群可愛的人民。

東京不像京都那樣靜謐,是一個容易使人神經疲勞的都市。不過,那兒的人們卻很溫文。太明在任何地方向人問路,他們都熱心地、不厭其煩地告訴他,而且他們說話的口氣,也絕不像台灣的日人那樣粗魯。連警察看來也很和氣。[14]

太明的上述見聞和感受也許的確是「真實」的。這些見聞使他對日本和日本人油然生出羨慕之情。然而,他並未清晰地意識到,日本愈「美麗可愛」,愈顯出台灣的「醜陋」和悲慘。日本人的「良好的品格」、「極有教養」、「優美的氣質」和「溫文和氣」的另一面,就是對台灣人的「粗魯」和奴役。弗朗茲・法儂如此揭穿殖民者與被殖民者的這種差異和對立:

殖民者的城鎮建得非常牢固,全都由石塊和鋼筋築成。它是陽光明媚的城鎮;路面鋪著瀝青,垃圾箱吞噬一切丟棄的什物,包括看不見、知不道、想不出的東西。大概除了在海上之外,殖民者從來不露他們的雙腳;但即使在那裡,你也絕不會近到可以看見它們。雖然他們的城鎮的街道乾淨平整,甚至連小洞和石子都沒有,但他們的雙腳還是穿著結實的鞋子。殖民者的城鎮是腦滿腸肥的城鎮,悠閒自得的城鎮;它的腹腔總是

裝滿好的東西。……

　　屬於殖民地人民的城鎮，起碼是土著居民的城鎮，黑人的
村莊，麥地那式的小城，限制留居的市鎮，都是一種名譽掃地
的地方，居住著聲名狼藉的人們。他們在那裡出生，至於在什
麼地方和怎樣出生無關緊要；他們在那裡死去，至於在什麼地
方和怎樣死去也無關緊要。那是一個沒有開闊空間的世界；在
那裡，人們一個挨一個擠著居住，茅舍也一個挨著一個搭在一
起。土著的城鎮是饑餓的城鎮，沒有麵包，沒有肉食，沒有鞋
子，也沒有煤炭和陽光。土著城鎮是趴著的城鎮，是滾在泥沼
裡的城鎮。它是塞滿黑鬼和流浪漢的城鎮。土著窺視殖民者的
目光是渴望的目光，羨慕的目光，表達了他們對所有權──各
種所有權──的夢寐以求：在殖民者的飯桌上吃飯，在殖民者
的床上睡覺，可能的話還跟他妻子睡在一起。殖民地的人是好
妒忌的人。殖民者對此非常清楚；每當他們的目光相遇時，他
總是採取守勢，痛苦地判定：「他們想占據我們的位置。」這
倒是真的，因為所有的土著居民天天都在夢想占據殖民者的位
置，至少每天夢想它一次。[15]

　　無論在台灣和日本，這時的太明對殖民者的優越地位和物
質生活所發出的只是一種由衷的欣羨，並由此對自己血緣的
「低劣」而深深自卑。他雖然讚嘆殖民者如此這般的生活，
「無限地傾慕」屬於殖民者階層的久子這樣「白璧無瑕的理想
女性」，並渴望娶其為妻，但他的思想中尚未產生「占據」殖
民者位置的明顯意識。他對從事革命活動的藍和詹不以為然，
刻意與他們保持距離。但這並不能解決內心的煩惱。一方面他
認為「如果所有的青年都投身政治而不從事學問，台灣的學術

園地無疑地將會荒蕪」；另一方面他也無法否認藍所說的有一定道理：「如果台灣青年做任何事業的先決條件，必須先解脫他們自身的政治束縛，那麼台灣青年所能走的路，也就只有政治一途了。」[16] 在日本，他也切身體會到作為一個台灣人的複雜處境和自尊心經常受到的傷害：對日本人，不能暴露自己來自台灣；在中國大陸留學生面前，也不能堂堂正正地說出自己是台灣人。他不像藍和詹那樣具有清醒的民族意識，能認識到這是日本帝國主義對海峽兩岸人民的離間政策造成的毒害。因此他對中國同學會主辦的演講會無動於衷。當廣東留學生陳和會場裡的人因他是台灣人而懷疑他是間諜時，他的自尊心再次受到打擊，對自己的身份也更加迷惘了。

留日畢業回到台灣的太明，經歷了一連串的挫折和失望。求職受挫、爺爺氣死、農場衰落，尤其是母親被糖業公司的日本監工毆打，在他心頭烙下了深刻的創傷。他開始憧憬祖國大陸。然而，半殖民地半封建的中國大陸顯然並不是一片樂土，雖然上海女學生的美麗令他迷醉，但更震動他的是亂七八糟的現實景象：

有口銜煙斗的妄自尊大的西洋人，有庸俗而略帶小聰明的日本人，有盲目崇拜西洋的女人，也有叫化子和路邊的病丐……此外還有體軀壯碩但已完全去勢的印度人，他們腰間掛著「盒子炮」，神氣活現地守望在銀行、公司和工廠的門口，如今這些人除了乖乖地替別人當忠實的「看門狗」以外，再也沒有其他的生路了。不過，印度人雖然還算馴良，但那掛在腰間發著黑光的鋼鐵殺人武器──「盒子炮」──太明因為看不順眼，總覺得有些不舒服。[17]

　　南京人的泡澡、打牌，在太明看來也是一種麻痺精神的不良嗜好。遊覽了這座六朝古都的名勝古跡之後，他的心得是「領悟到人世間所有的努力，到頭來仍不免落得空無所有」，「像以前那樣整天爲國家、社會的問題而憂心，該是多麼愚蠢的事」。他腹誹孔子、孟子、釋迦牟尼和耶穌基督等這些聖賢「太過自負」，認爲「人總應該有人的生活」，他下了這樣的結論：「人生的幸福就是健康，以及和志趣相投的可愛女性過著和平的生活。」[18] 如果是在太平歲月，這樣的信條也許是正常的，但在三〇年代的中國，一個知識分子懷著這樣的人生宗旨，無論如何是一種不切實際的幻想。出於這樣的人生宗旨，以及對大陸女性理想化的愛慕，使太明匆匆忙忙地與在火車邂逅的淑春戀愛結婚。婚後才發現兩人志趣和性格並不相投，淑春其實是一個虛榮和輕佻的女人。太明對戀愛婚姻的美好理想至此實際上已破滅。

　　日本加緊侵略中國的步驟使得時勢變得緊張，太明的台灣人身份給他惹來牢獄之災。太明在學生幫助下越獄，從上海乘船回台時，發出無限感慨：「再會吧！大陸！以後不知幾時再來了！」[19] 不難理解，此時此刻這一感慨其實含著「以後再不來了」之意。大陸之行並沒能使太明尋找到身份認同，反而是再次體會到處於夾縫中的孤兒的苦楚。

　　從大陸回台的太明，復陷入從留日歸來時的種種痛苦和憤怒之中。如果說有所不同，那麼就是警察、特務的頻頻光顧和跟蹤。「七七事變」之後，抗日戰爭全面暴發，殖民當局對台灣的統治更加高壓和嚴厲。太明親歷了「皇民化」運動。他當保正的哥哥志剛按日式改造房子，認爲紅色「太中國化」，因此把家中牆壁都漆成「日本風味的顏色」，連廁所也改爲日式

的。家裡設了神龕，夫婦二人穿著和服去參拜「神社」，一切言行都模仿日本人的樣子，甚至吃的也是「日本飯」。而街上的男女青年，都不約而同地穿起「國民服」和「戰時裝」，台灣裝和漢服則被視爲「敵性」服裝……所謂「皇民化」，亦即從文化上「去中國化」。這就是法儂所指出的「殖民主義不會簡單地滿足於把它的統治強加於被統治國家的現在和未來，……殖民主義不會僅僅滿足於把一個民族藏於手掌心並掏空該民族大腦裡的所有的形式和內容，相反，它依一種乖張的邏輯轉向並歪曲、詆毀和破壞被壓迫民族的過去。」[20] 民族文化是民族歷史的凝聚和積澱，文化旣是民族的現實，也是「民族的過去」。「皇民化」運動所要摧毀的就是中華民族的「現在」和「過去」。太明反感「皇民化」運動，與周圍捲入運動狂熱的群衆保持距離。他讀《墨子》，思索老子、莊子和陶淵明這些古賢的人生哲學。但他又覺得這些哲學面對今天的現實也派不上用場。他感到無比的孤獨。其實這孤獨是他的民族意識覺醒的前奏。而隨後的被徵入伍派遣到廣州充當隨軍翻譯，耳聞目睹日軍對大陸人民的奸淫擄掠和殘忍殺戮，同時亦見證大陸愛國靑年英勇對敵慷慨就義的悲壯場面，太明的民族情感終於眞正被喚醒，他開始爲自己所擔任的角色難堪和痛苦，在頑強不屈的抗日志士面前感到「莫大的威脅」——這是因爲對方精神上的強大而產生的顫慄，他的靈魂被深深地震撼，良心遭受極大的譴責。刑場上的昏厥，正是他脫胎換骨的開始。

太明被從廣州遣送回台後，雖然表面上與往日無異，但內心世界已改天換地。兩次不同的大陸經歷，使得一種新的寬廣的精神視野已經悄悄地擴展了他的胸懷。歷史意識與民族背景在他的心目中已不再虛無飄緲，而是眞實清晰地呈現，具體可

感地為他所擁有。他明確地意識到，「皇民化」運動到頭來只能是一齣人間活劇。他還看到，絕大多數的台灣人民仍保存著健全的民族精神，目前的局勢只是黎明前的黑暗。他萌生了重回大陸「尋求沒有矛盾的生活」的念頭，並以無花果和台灣連翹的頑強精神自勵。在納入協會，他敢於駁斥已「皇民化」的同事對中國的攻擊。在台北，看到靠寫投機文章混世的「文學奉公會」會員的醜態，他立志不為名利而寫作。他還認識到，台灣大學的日本教授們的學術精神早已滅亡，「他們唯一的使命，就是為當局政策擔任開路工作，也就是掛了『學府』的招牌，以達成『思想侵略』的目的。」[21] 他教育想從大學退學參加「特種志願兵」的侄子達雄不應為日本殖民者賣命。

但太明的情感火山仍處在能量積蓄的階段，尚未達到爆發的臨界點。即使母親被為「皇民化」積極效力的志剛氣死，他也只是體會到一種在黑暗現實面前的無力感。重返大陸的念頭也因戰爭的隔絕而只得暫時打消。直至弟弟志南被強徵去「勞動服務隊」勞動，因極度勞累和折磨而死去。太明在悲慟之中隱約看到弟弟的死並不是最後的悲劇，死亡的厄運將會降臨到自己所有親人的頭上。他對自己迄今為止消極的人生產生了悔恨，各種反省和自譴的念頭在心中此起彼伏，導致了他一生備受壓抑的情感的總爆發。壓抑的沉重和情感的激烈聚變而成的巨大能量，使得爆發是以發狂的方式釋放出來。「志為天下士，豈甘作賤民？擊暴椎何在？英雄入夢頻。漢魂終不滅，斷然舍此身！狸㽽狸㽽！（日人罵台灣人語）意如何？奴隸生涯抱恨多，橫暴蠻威奈若何？同心來復舊山河，六百萬民齊蹶起，誓將熱血為義死！」[22] 這首題於胡家大廳牆壁上的「反詩」，標誌著太明的最終覺醒。小說的結尾，太明偷渡大陸，

投身中國人民爭取民族解放的偉大的抗日戰爭之中，則是其反抗精神的完美昇華，也是其孤兒意識的徹底克服，是其文化身份與民族認同的重新確立。小說的雙重主題至此同時完成。

　　《亞細亞的孤兒》勾勒了一段驚心動魄的歷史進程，摹繪出一幅無比壯麗的歷史畫卷，也表現了中華民族生生不息的強大生命力和永不屈服的堅強民族魂。小說所表現的台灣知識分子（曾和胡太明）最終在祖國大陸參加抗日鬥爭，以血肉之軀投入中華民族抵禦外侮的浴血奮鬥的故事，是有事實背景的。一九三七年中國抗日戰爭爆發後，愛國的台灣同胞紛紛回祖國大陸加入抗戰的行列。這一時期先後從島內及海外赴大陸的台灣同胞達五萬多人。他們有的加入共產黨，有的加入國民黨，也有的組織了抗戰團體，如台灣革命青年大同盟、台灣革命民族總同盟、台灣獨立革命黨、台灣國民黨、台灣青年黨、復土血魂團等。此外還有台灣義勇隊、少年團、醫療隊、戰地服務隊等等。其中台北縣籍的抗日英雄李友邦領導的台灣義勇隊和台灣少年團是台胞的抗日武裝，為中華民族的解放事業建立了卓著的功勳。[23]《亞細亞的孤兒》在一定意義上也是為赴祖國大陸參戰的台灣抗日志士樹碑立傳。

　　《亞細亞的孤兒》不僅是中國民族主義文學文本，而且小說的寫作本身，也是一種「用利筆做刀劍，和日本壓迫者做面對面的戰鬥」。[24]吳濁流曾經談到這部小說的寫作過程：「當時筆者所住的房子，前面是台北警察署的官舍，一連排著十數間，其中也有熟悉的特高兩三人。在這環境下，要寫這篇小說的第四篇、第五篇是不大方便的，因之有點兒畏縮感。可是，諺云『燈檯下照不到亮光』，出其不意，反而安全，這樣想著就沒有遷居了。但也不能不防萬一，於是寫好就藏在廚房的炭

籠下面,有了一些數目就疏開到鄉下的故鄉去。……如果被發現的話,不問事屬好壞,馬上被認爲叛逆或是反戰者來論罪,命必休也。」[25] 只有聯繫近現代中國歷史和中國人民反對帝國主義的民族解放事業,只有聯繫中國人民尋求建立現代民族國家的歷史性奮鬥,才能對《亞細亞的孤兒》這部小說進行完整的解讀和釋義。

從世界文學的範圍來看,《亞細亞的孤兒》又是表現殖民地經驗的一個文本,從而成爲殖民地人民反抗殖民主義統治的文學的一個組成部分。台灣半個世紀的淪亡經歷,使得這種「殖民統治社會的反面史話」與第三世界國家的歷史創傷有著某種一致性。

然而,《亞細亞的孤兒》的抵抗主題固然是奠定其在台灣文學史乃至整個中國文學史上的經典地位的要素,它另一表現台灣知識分子尋找自我文化身份與民族認同的主題,其重要意義同樣不可低估。從這一角度來考察,我們甚至可以認爲這是作者吳濁流的一部「心靈自傳」。在某種程度上,它比作者另外兩部自傳體小說《無花果》和《台灣連翹》更眞實地映現了吳濁流的內心歷程。

認同(Identity,又譯「同一性」)理論是美國精神分析學家埃里克・H・埃里克森(Erik. H. Erikson)於二十世紀五○年代提出的。所謂認同,就是人們對於自我身份的「確認」,是回答和解決諸如「我是誰?我曾經是誰?我想成爲誰?人們認爲我是誰?」等一系列問題。亦即說,認同是對自己與社會的關係的定位。埃里克森認爲:「在人類生存的社會叢林中,沒有同一感也就沒有生存感」,[26] 因此,每個生命個體一生中的每一個時期都在尋求認同,以獲得自身切實的生存感。埃里

克森將人的生命周期劃分爲八個階段。[27] 他認爲，在每個人不同的生命階段，同一感呈現著明顯的差異。而青年時期是一個最關鍵的時期。這一時期的主要心理狀態是「認同／認同混亂」，生命個體的「認同危機」往往在此時出現。因爲青年是個體的生理和心理基本成熟的時期，青年人爲了體驗整體性，必須在他設想自己要成爲什麼人與他認爲別人把自己看成並希望變成什麼人之間，顯示出一種不斷前進的連續性。因此青年時期是一個必要的轉折點，一個決定性的時刻。在這一時刻中，發展必須向一方或另一方前進，安排生長、恢復和進一步分化的各種資源。而一種「堅實的內在的同一性」即具有穩定性的認同的確立，有賴於青年人從那些與其有密切關係的社會集體的集體同一感的支持，這些社會集體即是他所從屬的階級、民族和文化。埃里克森指出社會歷史和意識形態對身份認同具有重要的影響。身份認同的時間性有兩個方面：一是個人生命的發展階段，一是歷史的時期。身份認同往往產生於「自己的唯一生命周期與人類歷史某一時刻片斷的巧合之中」；另一方面，社會也可以通過承認並肯定它的年輕成員的身份，從而對他們的正在發展的同一性發揮一定的作用。而意識形態在個體的身份認同中扮演著重要的角色。意識形態爲青年人的同一性萌芽提供作爲框架的一種地理——歷史意象，如果沒有意識形態的信奉，青少年必將經受著價值混亂的痛苦。[28]

　　埃里克森的認同理論指出了身份認同與人的生存的不可分割的聯繫。然而，就甲午戰爭後的台灣知識分子而言，他們對自身文化與民族身份的認同表現出比埃里克森的理論所闡述的更爲複雜、艱難與坎坷。《亞細亞的孤兒》中的胡太明的形象，就是歷經了這種複雜、艱難與坎坷途程的台灣知識分子的

典型。甲午戰爭後，台灣淪為日本的殖民地，除了政治、經濟
等方面的殘酷壓迫之外，殖民者還千方百計改變殖民地人民的
認同。母語遭到壓制乃至禁廢，殖民者的語言成為「國語」，
民族文化日趨式微淪亡，而殖民者的離間政策在兩岸同胞之間
製造了深深的鴻溝與誤解……歷史的巨變使台灣人民面臨空前
的認同危機。而對出生於甲午戰爭後的台灣知識分子來說，這
種危機尤其深重。青年時期之前的太明，認為以儒家為代表的
中國民族文化「都是滅亡的命運」，相反，只有「會說日本
話」，才有「新時代的感覺」；比起傳授四書五經的書院，公
學校更「朝氣蓬勃」，更「寬敞和明亮」，「一切都顯得很新
奇」。其身份認同是混亂和模糊的。青年時期到來之後，由於
生理和心理的成熟，他的認同需求更加強烈。而日本殖民者並
不把台灣人視為自己的同類，大陸人則對自己的同胞抱著成見
和誤解，這一切加重了太明的認同危機。夾縫中生存的尷尬，
認同的迷惘，使太明在日本、中國大陸乃至在台灣本島，都體
會到一種流亡的感覺。因為無法求得身份認同，即使在自己的
祖國，在自己的家鄉，也形同悲慘的孤兒……太明身上發生的
這種認同危機，並不僅存在於青年時期，而是延伸到青年之後
的生命時期。對於台灣知識分子而言，認同更是受到歷史的巨
大牽制與影響。殖民統治對思想的箝制，「皇民化」對漢語和
中國民族文化的摧殘，正是殖民者企圖以其殖民主義意識形態
為台灣人民的身份認同「提供作為框架的一種地理──歷史意
象」，從而改變台灣人民的文化和民族認同。殖民者的這些毒
辣措施，的確造成了許多知識分子的認同迷失和錯亂。太明最
後之所以告別了孤兒的悲情，結束了在自己的祖國的流亡感，
以發狂的方式題寫反詩，在眾人面前高聲叫罵殖民者及其「走

狗」、「皇民子孫」、「模範青年」、「模範保正」，最後潛
逃大陸，加入祖國人民抗日鬥爭的行列，重建了身份認同，是
因為像藍、詹和曾這樣的台灣革命者的榜樣和精神的鼓舞，也
是因為像年輕的游擊隊長這樣的祖國大陸抗日戰士的英雄氣概
的感染和啟迪。太明的這一尋找認同的曲折歷程，猶如法儂所
指出的殖民地作家其實也是其他殖民地知識分子所經歷的三個
追求階段：

　　第一階段，民族知識分子證明他已經吸收了占領者的文
化，他的作品與宗主國的對應作品非常吻合。……這是無區別
吸收的時期。
　　第二階段，本土作家受到了困擾，他決定記住自己是什
麼。……
　　第三階段，也稱為戰鬥階段，曾經在人民中沉沒並且和人
民一起沉沒的本土作家現在正好相反，他要搖醒人民。他不再
把自己的領地當作人民昏睡的一個光榮場所，而是成為人民的
喚醒者。戰鬥的文學，革命的文學，民族的文學，到來了。
……
　　可是，本土知識分子遲早會意識到，民族的存在不是通過
民族的文化來證明的，相反，人民反抗侵略者的戰鬥實實在在
地證明了民族的存在。……當一個民族進行反對殘酷的殖民主
義的武裝鬥爭甚或政治鬥爭之時，傳統的意義發生了變化。在
這個階段，所有在過去形成的消極抵抗的技巧都遭到強烈的譴
責。[29]

　　法儂還指出，詩人也就是知識分子「應當明白，任何事情

都不能代替義無返顧地拿起武器與人民站在一起」。「為民族
文化而戰首先意味著為民族的解放而戰,只有在這樣的基石之
上,才能進行文化建設。」「這場衝突之後,不僅殖民主義消
失了,殖民化的人也消失了。」[30] 胡太明正是法儂所呼喚和
描繪的這樣一個最終拋棄了所有的「消極抵抗的技巧」,為
「民族的解放而戰」的殖民地覺醒的知識分子形象。而《亞細
亞的孤兒》也因此被賦予了民族文學的戰鬥的品格。作為民族
文學戰鬥精神的載體的《亞細亞的孤兒》,鑄造了民族的意
識,「使民族意識有模有樣」(法儂語),為民族意識打開了
無限的新視野。它擔承起控訴殖民者罪惡、表現民族苦難和拯
救民族命運的責任,是用時空形式表達的民族自由與人類自由
意志。而最終選擇了為民族解放而鬥爭的戰士胡太明,作為一
個克服了孤兒意識和認同危機的台灣知識分子的典型形象,作
為一個從自己的身上剝除了殖民化與奴化的新人形象,輝耀著
台灣文學史和中國文學史。而作者吳濁流,也通過《亞細亞的
孤兒》的寫作,最終告別了殖民時代的認同迷惘,而成為一個
堅定和堅決的中國民族主義者。

第三節　《亞細亞的孤兒》的敘事

一　語言問題

　　文學是語言的藝術,語言對於文學的重要性自然不言而
喻。然而,二十世紀以來,文學研究與文學批評對語言的關
注,卻是前所未有的。二十世紀西方文學批評經歷了三次大的
轉向,其中之一就是語言論轉向。語言論在俄國形式主義批
評、英美新批評、現象學批評、結構主義批評和解構主義批評

等西方當代批評方法中，都佔有中心的地位。語言問題並非突然產生，而是隨著文學的發展，人們發現語言蘊含著比以往的文學研究所觸及與揭示的意義遠爲豐富和深刻。分析吳濁流於日本占領台灣時期，以日文創作的《亞細亞的孤兒》的敘事藝術，不僅無法避開語言問題，而且其中還具有相當的複雜性。

　　吳濁流是在日據時代接受的教育，日本殖民當局從最初的壓制中文到蘆溝橋事變後全面禁止中文的政策，這些因素都造成了他掌握中文的困難。台灣光復後，吳濁流刻苦學習中文，但因年齡及健康原因，除了漢詩外，他的中文水平僅能達到寫一些短文及若干短篇小說的程度，篇幅較長的作品，都是以日文創作。在日據時期，他直接以日文發表；光復後，他則先以日文寫出，然後再請人譯成中文發表。[31]

　　《亞細亞的孤兒》也是以日文創作並發表的。作者起草這部小說時取名《胡太明》，最初於一九四六年九月開始出版時改爲《胡志明》，分四篇單獨出版。前三篇和第四篇分別由台北國華書局和《民報》總社出版發行。一九五六年，這部日文長篇小說由日本的一二三書房出版，因《胡志明》這一書名與越南共產黨領袖胡志明的名字巧合，爲避免誤會，作者將其易名爲《亞細亞的孤兒》。一九五七年，《亞細亞的孤兒》在日本由廣場書房再版，再次改名爲《被弄歪了的島》。《亞細亞的孤兒》中文版直至一九五九年六月才在台灣問世。該書由高雄黃河出版社出版時改名爲《孤帆》，中文譯者爲楊召憩。一九六二年六月，由傅恩榮譯、黃渭南校的《亞細亞的孤兒》由台北南華出版社出版。對這兩個中文譯本，作者都不甚滿意。一九六四年十月十四日，吳濁流在致鍾肇政的信中說：「我很贊成出版《台灣光復二十周年紀念專輯》。若要放進我的作

品，我想排進《亞細亞的孤兒》。因為，老實說，傅恩榮先生
所翻譯的《亞細亞的孤兒》，以小說的文章而說，是非常拙劣
的。《孤帆》的文章不錯，但是有許多掉落的地方。在日本出
版時，也曾被刪除掉一部分。因此，參照兩者之後，以《孤
帆》為主來補足就可以。在發行《台灣文藝》之前，我曾做了
一些修改，不過以後就放棄了。如果你能把這件事加入計劃
中，或許能完成。因為人老就失去熱忱，行事都免不了被動性
的，等於不得已在做。而且，身體又不如意，若能依你的計
劃，照我的意思翻成中文小說，那就是最痛快不過的事。所
以，要請你幫忙。」十月十九日，在另一封信中，吳濁流又感
慨「為要整理《亞細亞的孤兒》也想靠別人」。[32] 一九六六
年台北廣鴻文出版社出版《吳濁流選集》小說卷，收入《亞細
亞的孤兒》，吳濁流親自作了修訂。但從他此前的談論可知，
由於中文水平的不足，這種修訂必定是有限的。一九七七年台
北遠行出版社出版《吳濁流作品集》（張良澤編）六卷本收入
了《亞細亞的孤兒》。此後，張良澤編，台北遠景出版事業公
司一九八○年版、一九九三年再版和台北草根出版事業有限公
司一九九五年初版的《亞細亞的孤兒》，都是同一版本，雖然
均未注明譯者，但草根版收入了吳濁流的〈中文版自序〉，這
篇自序是作者為一九六二年的南華版寫的。因此，可知遠行
版、遠景版、草根版與南華版也是同一版本。大陸中國現代文
學館編、北京華夏出版社一九九九年一月初版的《吳濁流代表
作》一書，也收入了《亞細亞的孤兒》，與遠行、遠景和草根
版系同一版本，末尾亦如此注明：「一九四五年用日文寫成。
一九六二年，台灣南華出版社。」

　　由於中文水平不足產生的語言障礙，吳濁流曾說「我的作

品主要是在內容而不在於表達能力」。[33] 一個秉持著民族主義精神的作家，不能熟練掌握自己的母語，而只能運用殖民者的語言寫作，無疑十分痛苦和尷尬。這也正是日本殖民主義給台灣人民和知識分子所造成的一種深重的傷害。文學語言是民族國家的自主性的一個標誌，是建立現代民族國家的一個組成部分。「關於語言，最重要之處在於它能夠產生想像的共同體，能夠建造事實上的特殊的連帶。」[34] 建立現代民族國家，正是反抗帝國主義與殖民主義侵略和壓迫的現代民族解放運動的最終目標，也是包括台灣新文學在內的中國現代文學的敘事中心。作為一部反映台灣人民反抗日本殖民統治的文學巨著的《亞細亞的孤兒》，卻不得不以日文寫成和發表，誠然是一件遺憾的事情。而中譯本存在的缺陷，不僅給作者，也給讀者和研究者帶來了很大的困擾。

　　然而，不能因為以上情形的存在我們就可以得出《亞細亞的孤兒》的中譯本不值得重視的結論。事實上，再忠實的翻譯也不可能完全再現原文的面貌，因為從原文到譯文畢竟發生了語言轉換。翻譯常常是直譯和意譯的結合運用。直譯從表面上看比意譯更忠實原文，卻有可能偏離原意，導致「買櫝還珠」、「得筌忘魚」的結果。而意譯關注原意的表達，但無法還原話語層面的原型。美國敘述學家費蘭（J. Phelan）對文體下的定義是：「文體指一個句子或一個段落中經過意譯會失去的成分。」[35] 意譯會失去文體，即失去原文的語言和修辭特徵。但從另一方面來看，翻譯並不純然是消極的過程——翻譯也使原文獲得了新的生命。二十世紀德國的思想家和文學批評家瓦爾特·本雅明（Walter Benjamin）認為，如果譯文是一種形式，那麼可譯性就是某些作品的一個本質特徵。正是這種可

譯性使得翻譯成爲可能：「任何譯文，不管多麼優秀，與原文相比都不具有任何意味。然而，它確實由於原文本質的可譯性而最接近於原文；……因爲譯文比之原文而晚到，又由於重要的世界文學作品在其發源的時代都沒有發現它們選中的譯者，所以，它們的翻譯便標誌著它們持續生命的階段。」[36] 今天的台灣和大陸讀者大都是從中譯本來接觸和閱讀吳濁流的《亞細亞的孤兒》及其它作品，而吳濁流文學的聲譽和影響，與這些中譯本應該說是更有關係。何況，作者並非完全不懂中文，在他生前假別人之手進行的作品中譯，其譯文或已經他本人過目認可，或經他親自修訂，儘管他不一定很滿意。這些事實說明，《亞細亞的孤兒》中譯本與一般外文作品的中譯本有很大的不同，即它的原著作者在一定程度上也是譯者之一，是原著思想與情感的大致眞實的傳達。

二　敘事藝術

　　《亞細亞的孤兒》中譯本不足二十萬字。它並不具備史詩作品一般所呈現的結構繁雜、人物衆多、篇幅龐大等雄偉外貌。然而，它的主題的深刻性、題材的歷史性、內容的廣闊性等等，使得這部長篇仍然是一種宏大的敘事，具有史詩的內在品格。

　　《亞細亞的孤兒》的史詩品格，與現實主義的創作方法所特有的思想、情感與藝術力量表裡相關。正是現實主義的風格，使這部小說獲得史詩意義和高度的藝術成就。然而，一些關於《亞細亞的孤兒》的評論，對此缺乏足夠的認識。如葉石濤這樣認爲：「這部小說隱藏著熊熊燃燒的理想之火焰，已經有了一部偉大小說必備的骨架。可惜，小說的技巧和構成皆陳

舊，表現方法迂腐，缺乏新鮮的現代人感覺，阻礙著它躋入世界文學之林。」[37] 葉石濤這一段話被許多論者贊同性地引用，而其片面性沒有被發現和質疑。其實，這樣的評價等於肯定了《亞細亞的孤兒》的主題思想（葉氏所理解的主題），又否定了這部小說的藝術技巧。一個作家的作品，其藝術技巧如果一無是處，理想再「熊熊燃燒」，骨架再「偉大」，又有何意義？

《亞細亞的孤兒》的現實主義風格與色彩，並不說明其藝術手法的「陳舊」和「迂腐」。一種創作方法的「新」與「舊」不純以自然時間來衡量，也不能從僵化的概念出發而遽下判斷，如認為現實主義因為歷史悠久所以就一定是陳舊迂腐的，而現代主義、後現代主義因為晚生就一定是「現代」和「後現代」的，就是「新鮮」的。這種形而上學的思維方式無法把握客觀世界，與文學史的事實也相悖違。如同世上不存在一片靜止不動的樹葉，文學史上也不存在一種超越時代而凝固不化的創作方法。古典現實主義與現代現實主義，即使精神是相通的，樣貌也一定是相異的。古老的現實主義如果不斷發展也可以歷久而常新；現代主義、後現代主義如果陳陳相因也可能領一陣風騷之後而速朽。因此，我們評估《亞細亞的孤兒》的藝術性，不是衡量它採取的創作方法是傳統的還是現代的，而是考察它在借鑒已有的創作手法時是否注入了主體的精神、個性的因素和時代的氣息，亦即作者是否創造性地繼承和發展了文學傳統，歷史的風格在作者的筆下延續的同時是否獲得了創新。

確實，《亞細亞的孤兒》具有濃郁的傳統現實主義尤其是中國傳統現實主義文學的色彩，它以寫實的筆法，忠實地描繪了台灣長達半個世紀的殖民地歷史的社會面相，「把日本統治

下的台灣，所有沉澱在清水下層的泥污渣滓，一一揭露出來」；勾勒了殖民地台灣形形色色的眾生相，將「教員、官吏、醫師、商人、老百姓、保正、模範青年、走狗等，不問日、台人、中國（大陸）人的各階層都網羅在一起」，因此小說「不異是一篇日本殖民統治社會的反面史話」。這也正是十九世紀的巴爾扎克所說的作家要當社會這個「歷史學家」的「書記」，要寫出社會的「風俗史」的現實主義文學主張。在與中國傳統文學藝術手法的聯繫方面，吳濁流自己認爲《亞細亞的孤兒》應用了唐詩的印象描寫和抽象描寫這兩種「我們祖先的遺產」。他曾例舉小說中胡太明在日軍中擔任翻譯審訊少年游擊隊長以及以下兩個片斷來闡明：

　　他（胡太明）聯想到結婚的問題，於是自言自語：如果結婚就會生小孩子來，就是增加自己同樣的人，會被人叫『狸呀』而蔑視。這『狸呀』一代就夠了，何必再來呢？

　　有一次朝會，太明所教的級長，因些小的事，被拉了出來質問，那個學生雖是小孩，卻把所懂的日語，全部使用出來，釋明事實的真相，可是這反而給值日的日人老師逆鱗的效果，值日老師喝道：

　　「這個小鬼，驕傲無禮。」

　　順勢舉起右手，給那個學生一個耳光，於是學生也不再說明了。只是眼裡含滿了眼淚，默不作聲。

　　這時值日老師，大概是心裡覺得有點兒不好意思就說：

　　「不論什麼，你要講什麼！講講看。」

　　做出安撫的意態，不過，已經受了打擊的小小心靈，那能用一點點的安撫的話，使他鬆懈？不孩固執地默然不答話，這

時值日老師暴跳如雷。罵道：

「這個小鬼，狡猾，狡猾。」

歇斯底里的吼著，好像失去了抑制，索性兩手俱出，掄鐵扇似的連著打了好幾個耳光，終於哭起來了。這值日日人老師怒氣未消又叱說：

「這樣沒有勇氣的本島人，那能做日本國民——」嚕嚕蘇蘇的亂罵一陣。

太明看著，感覺到好像自己被打罵似的心痛。他想這是太過分了。可是對這個場合也是無可奈何的。[38]

對前一個片斷，吳濁流斷定為「抽象描寫」。他說：「這段描寫，說明台灣人淪陷期間，嘗盡日人蔑視的苦楚，日人的優越感，台灣人的苦悶，若用西歐作家的描寫法，豈不是須要數百頁紙張？但用我們祖傳的抽象表現，僅僅三、四十個字就夠了。自己的子孫，會被叫『狸呀』，不如一代為止，何必再生。煩悶到此，百苦都可以推想，豈有必要心理描寫，或其他描寫呢？」對後一片斷，他認為是「印象描寫」：「這一段僅十幾行就可以繪出日本人對台灣人的態度，不但優越感，其橫蠻無理，使人憤慨。／日人教師對一個小小的孩子，他們就拿出平日對付台灣人的心腸，若是你釋明真相，他認為是狡辯，罵你『驕傲無禮』；若是默然不答，他就罵你『狡猾』；若是不爭氣，他就嘲笑你是懦弱沒出息，罵你『這樣沒有勇氣的本島人，那能做日本國民——』。／由這三句罵言，可以表現本島人在殖民地所枷的桎梏暴露無遺。這樣省略的印象描寫，不過也是從先人的手法變化出來的。」[39]

吳濁流所說的抽象描寫和印象描寫，是相對於自然描寫和

心理描寫而言。但這種劃分法顯然不是很科學。這四種描寫方法其實很難清晰區分。所謂抽象描寫與印象描寫不見得就是唐詩人所發明並爲中國人所獨有,而且二者之間的界限也很模糊。而自然描寫與心理描寫並不是落後的手法,如何運用、是否運用得當應視具體的創作而論。更重要的是,這四種描寫在文學作品中往往是彼此交錯相互融合的。如上述吳濁流所舉的第一個片斷,實際上也是關於胡太明的心理描寫。自言自語與一般的人物話語有所區別,它是一種心理活動的延伸,與心理活動尙未完全脫離。尤其是此段太明的自言自語並未加引號(引號具有表現聲音的功能),亦即說,人物並沒有發出聲音,因此明顯屬於一種心理活動。這樣,在心理描寫裡就包含了吳濁流所說的抽象描寫(表現),或是抽象描寫(表現)包含了心理描寫。

《亞細亞的孤兒》對中國文學傳統的繼承,並非如作者所說的抽象描寫和印象描寫,而是體現在完整的結構、生動的故事、帶懸念的情節、自然時間順序的敘述以及明快的風格等這些典型的中國人的審美趣味。同時,它在形式上類似章回體小說,每一章節都有標題,儘管不是對仗體。尤其是,它將對聯、漢詩、民俗等中國傳統文化融入小說之中,與中國古典小說一脈相承。然而,如果僅止於此,它將難免「陳舊迂腐」之嫌,而無法攀上小說藝術的高峰。

要對《亞細亞的孤兒》的藝術成就作出公允的評價,不僅要將它與西方古典與現代小說相比較,還要將其置放於中國現代文學與台灣新文學的視野裡觀察。在中國現代文學史上,雖然也出現了現代派的作品,如劉吶鷗、施蟄存、穆時英等的小說,但他們的小說大都遠離宏大題材,不可能成爲代表時代敘

事的史詩性作品。現實主義是中國現代文學的主流。而《亞細亞的孤兒》在台灣新文學中，如前所述，是第一部抵抗帝國主義的長篇小說。在中國現代文學的現實主義創作這一主流裡，《亞細亞的孤兒》的題材是特殊的。僅憑這一點，即可奠定《亞細亞的孤兒》在包括台灣新文學在內的中國現代文學史上的顯著地位。現實主義文學並非千篇一律，就《亞細亞的孤兒》而言，它的敘事手法既具有同時代現實主義小說的共性，也表現了個性化的風格特徵。

　　在當代敘述學理論中，敘事作品常被分為「故事」與「話語」兩個層次。所謂故事，即「所指」，是被敘述的內容；話語，即「能指」，是敘述故事的口頭或筆頭話語，在文學中，也就是文本。作品中的各種表現手法，一般被歸入話語層次。[40]《亞細亞的孤兒》的故事層次既體現傳統文學的影響，也融合著現代小說的因素。傳統文學的故事建立的是一種因果關係，故事情節循著開端-發展-高潮-結局這一因果鏈遞進演化。現代小說則不再重視因果關係，其故事情節更多地體現出偶然性、片斷性的特點。而且不少現代作家更注重探索的是人物的內心世界，其作品多表現出「情節淡化」甚至「無情節」。美國結構主義敘述學家查特曼（S.Chatman）則區分了「結局性的情節」和「展示性的情節」。他認為，敘事作品從邏輯上來說都是有情節的。傳統的故事情節屬於結局性情節，其特點是有一個以結局為目的的、依循因果關係而開合的完整演變過程。而意識流等現代作品中的情節屬於展示性的情節，其特點是「無變化」和「偶然性」。這種情節以展示人物為目的，不構成任何演變；作者僅用人物生活中一些偶然發生的瑣事來引發人物內心活動以及展示人物性格。[41] 傳統文學與現代派文學

建構故事情節的不同手法，與各自的歷史和現實語境、美學理想以及讀者的閱讀反應等因素相關。應該承認，傳統文學「結局性的情節」與現代派文學「展示性的情節」這兩種故事特點，各有所據，也各有得失，不宜厚此薄彼。結局性情節並不一定就是落後陳舊，展示性情節也不一定就是最好的情節。但文學史上的許多作品往往偏守一隅，壁壘森嚴，傳統文學對展示性情節不屑一顧，現代派文學則極力排斥結局性情節。《亞細亞的孤兒》的敘事則是將結局性情節和展示性情節兩者結合一起，使兩種結構故事方法的優長都得到了發揮。胡太明入私塾、進公學校、當教員、留日、返台任農場會計、赴大陸任教並結婚生女、回台不久又被徵兵派到大陸、目睹抗日志士英勇就義精神受到刺激被遣送回台、供職納入協會、到台北當雜誌編輯、雜誌停刊返回鄉下、因同父異母弟志南被徵役致死而瘋狂、最後潛渡大陸參加抗日鬥爭……作品故事脈絡清晰，情節按照開端、發展、高潮、結局這一傳統模式演繹，太明周圍的人物，如祖父、父、母、兄、妹、弟等的命運變遷，也都清楚交代。但另一方面，在大的故事框架內，作品也安排了不少展示性的情節，這主要是表現在對太明的內心活動的描寫。《亞細亞的孤兒》心理描寫的比重之大，是傳統的現實主義小說所罕見的。這些心理描寫對深化主題、揭示人物性格起著重要的作用。但與現代派文學有所不同的是，現代派小說的心理描寫，一般是為了展示人物，而不是為了結構故事。《亞細亞的孤兒》的心理描寫，不少卻是同時具有連結情節、作為故事的一鏈並推動故事發展的功能。如以下兩段：

　　他（太明）翻開一本《墨子》讀著，墨子的非戰論比孟子

的和平論更為積極，論旨明快，令人越讀越感心神舒暢。墨子畢生竭力抗衡歷史的悲劇，但他的學說在戰國時代的社會情勢中，只像滾滾濁流中的一滴清泉而已。無論墨子怎樣力竭聲嘶地呼籲和平，但他個人的力量究竟是太微渺了！

太明合上《墨子》，心中思索著知識分子悲慘的共通性。他認為凡是有良心的人，心目中必然經常存著墨子；可是，古時的那些知識分子，無論在什麼時代，總是被遺棄於歷史以外，而徒自悲傷憤慨，那些人其實只是漂浮於歷史洪流中的無根的浮萍而已。太明又想：從前的老、莊、陶潛等人，也許還可以避免捲入歷史的洪流，但現代人卻不可能。在現代這種「總體戰」的體制下，個人的力量幾乎已等於零，無論心中願意與否，在「國家至上」的命令下，任何人都難逃捲入戰爭漩渦的命運。老、莊和陶潛的智慧，對於現代的社會，已經失去規範的力量了……太明這樣想想，那樣想想，思潮此起彼伏，整夜沒有合眼。[42]

這兩段文字是關於太明第一次從大陸返台後，整天無所事事所產生的心理活動的描寫。它們一方面是表現此時主人公的思想，同時，也是這兩段文字之後緊接著的故事發展的過渡情節。跟在這兩段文字後面的另一段開頭是：「第二天，一個可怕的變故發生在太明的身邊：他突然接到一個命令，要他參加海軍作戰。」這樣，前面兩段文字對太明的心理描寫，就為後面的這一變故埋下了伏筆，成為整個情節鏈條中的一環。

《亞細亞的孤兒》的人物塑造也兼具傳統小說與現代小說之長。與完整的故事相應，傳統小說的人物大都是行動型的，人物總是不停地行動。古希臘的亞里斯多德（Aristotle）認為

悲劇是行動的摹仿，而行動是通過人物來表現。他的悲劇人物觀同樣頗能代表傳統小說的人物類型取向：「悲劇的目的不在於摹仿人的品質，而在於摹仿某個行動；劇中人物的品質是由他們的『性格』決定的，而他們的幸福與不幸，則取決於他們的行動。他們不是為了表現『性格』而行動，而是在行動的時候附帶表現『性格』。」「悲劇中沒有行動，則不成為悲劇。但沒有『性格』，仍然不失為悲劇。」「悲劇是行動的模仿，主要是為了摹仿行動，才去摹仿在行動中的人。」[43] 亞里斯多德雖然承認性格是人物品質的決定因素，但由於他將行動看作高於一切，又將情節定義為「對行動的摹仿」，因此就使得故事事件和情節被抬高到比人物和人物性格更重要的位置。亞里斯多德的詩學也因此成為傳統小說的人物大都是行動型的理論根源之一。現代派小說則反轉過來，注重人物的內心世界和深層人格的探索，而忽視人物的行動性和故事性。現代派小說的人物多是沉思型或意識型。如法國作家普魯斯特（Marcel pruost）對現代派文學影響甚巨的名著《追憶似水年華》，作品所展現的內容，是第一人稱主人公躺在病床上的斷斷續續的回憶。在這部小說中，「人的精神重又被安置在天地的中心；小說的目標變成描寫為精神反映和歪曲的世界。」[44] 現代派小說的人物多沉酣於內心思索與想像，人物性格的發展是緩慢甚至是停滯的。傳統小說人物的行動型與現代派小說人物的沉思型，也是各具短長。行動型人物比較符合大眾讀者的欣賞習慣，人物行動往往產生扣人心弦的情節，有力地推動故事向前發展，而且更便於塑造典型人物。但其弱點是不能挖掘人物的深層性格和深層意識，展示在讀者面前的只是人物的外部行動所表現出來的性格外貌。沉思型人物能更深刻地挖掘人物的精

神世界，表現更豐富和複雜的人性內涵，而且能縮短人物與讀者的距離。然而，這種手法無法產生情節懸念和明快的節奏，因此，在縮短人物與讀者的接受距離的同時也弱化了作品對讀者的吸引力。而《亞細亞的孤兒》的人物並非單純的行動型或沉思型，而是二者的合一。主人公胡太明不斷地思考和猶豫，也不斷地行動。這一塑造人物的手法別具意義和效果。如〈大陸的呼聲〉一章，太明的母親因阻止糖業公司為栽培甘蔗挖掘胡家祖墳，被日本監工毆打。太明想訴諸法律，但根據以往經驗，跟日本人打官司台灣人絕對不能勝訴，何況對方擁有眾多法律專家。胡太明「越想越覺得憤恨難平」：

> 「陶淵明也沒有力量治癒這種創傷！」太明扔下書本，這樣大叫了一聲。
> 「究竟應該怎麼辦呢？」
> 太明自小就喜歡這樣發問的，現在又把這問題重新思索了幾遍，但依然無法在心中找到答案。以後不知什麼時候，竟把這問題漸漸地淡忘了。不過那絕不是真正地淡忘，而只是把它埋葬在記憶的深處，一遇心靈上受到新的創傷，那已經埋葬下去的古老的記憶，便會和新的憤怒同時爆發的，因此，他夢想著一個可以自由呼吸的新天地，以便讓自己從這種痛苦中解脫出來。不知從什麼時候開始，他的心目中竟編織了一個橫渡隔海大陸的幻夢。[45]

以上是對太明的心理描寫。第一段雖然表現人物動作，但並非「行動」，而是一種內心活動的餘緒。第二和第三段，狀寫了太明「思索-淡忘-記憶-幻想」這些反覆的心理過程。這是

人物的沉思階段，然而，它不是像現代派小說那樣爲沉思而沉思，而是爲主人公下一個行動──奔赴大陸作鋪墊。這樣的心理描寫儘管是敘述流的放緩，但它仍在沉穩有力地推動敘述流向前演進。

《亞細亞的孤兒》在敘事角度上運用的是傳統的全知敘述模式。所謂全知敘述，就是敘述者無所不知，法國敘述學家托多羅夫（Tzvetan Todorov）用「敘述者＞人物」（敘述者說的比任何人物知道的多）這一公式來表示。此外還有兩類敘述模式：「敘述者＝人物」（敘述者只說某個人物知道的情況）、「敘述者＜人物」（敘述者說的比人物知道的少）。法國敘述學家熱拉爾‧熱奈特（Gerard Genette）將全知敘述改稱爲「無聚焦」或「零聚焦」敘事，將另外兩類稱爲「內聚焦」敘事和「外聚焦」敘事。全知敘述是傳統小說一般採用的敘事模式，這或許是《亞細亞的孤兒》被視爲技巧「陳舊」和「迂腐」的另一原因。其實，全知敘述在二十世紀以來雖然不再享有以前的鼎盛風光，但它作爲一種敘述模式不僅並未絕跡，而且仍然是主要的文學敘事方法之一。全知敘述的缺陷在於，「全知敘述模式在視角上的一個本質性特徵在於其權威性的中介眼光。敘述者像全能的『上帝』那樣觀察事物，然後將他所觀察到的東西有選擇地敘述給讀者。這種超出凡人能力的中介眼光不僅損害作品的逼真性，而且也經常有損於作品的戲劇性。」[46]但它也享有其它敘述模式如第一人稱敘述和以人物眼光爲視角的第三人稱敘述所不具備的敘述自由。全知敘述的敘述者置身故事之外，沒有固定的觀察角度，既可以從外部觀察人物的言行，也可以深入人物的內心，甚至暫時採用人物的視角。這種上帝般無所不知的視角雖然與生活的真實不相符合，卻容易樹

立叙述者的權威性，使叙述者的思想與情感對讀者產生最大的感染和影響。值得指出的是，雖然全知叙述也可以透視人物的心理活動，但傳統的全知叙述小說往往偏重於描寫人物言行，而不注意採用人物視角表現人物的內心波瀾，或以人物視角觀察外部世界。《亞細亞的孤兒》則將全知視角與人物視角同時並重，小說中所展現的世界，旣有來自叙述者的觀察，也有來自主人公胡太明的視角。如以下所引：

　　太明搭上租界的公共汽車，上層很空，只坐著三個女學生，她們手中都拿著封面美麗的外國雜誌和書刊。
　　「這是上海女學生的流行風氣，」同行的曾解釋道：「手裡拿幾本書是最時髦的。」
　　太明認為這也許是把讀書人看做最光榮的封建思想的遺傳，不過，他卻很欣賞她們那種高雅灑脫的趣味。她們所穿的優美上海式女鞋、女襪，以及所提的手提包……，全身上下的色調，都能配合自己的趣味。由於儒教中庸之道的影響，她們並不趨向極端，而圇圇吞棗地吸收歐美的文化；她們依然保留自己的傳統，和中國女子特有的理性。太明像著迷似地凝視著這些女學生，她們那纖細的腰肢、嬌美的肌膚，以及神采奕奕的秋波，不禁使太明墮入迷惘的遐想中：他似乎意識到她們都是遠離開他那社會階層的高貴的小姐。[47]

　　以上是對太明初到大陸見到上海女學生的描寫。其中旣有叙述者的全知視角，也有人物（太明）的有限視角。兩種視角的轉換頻繁而自然。
　　第三人稱的現代小說與傳統小說較大的區別之一，是現代

小說多以人物的有限視角來敘事，而第三人稱的傳統小說基本上是敘述者的全知視角在唱獨角戲。《亞細亞的孤兒》卻能將這兩種視角進行有機的結合。不過，小說中敘述者全知視角向人物視角的轉換僅限於主人公胡太明的身上，敘述者並不將「敘述權力」讓渡給其餘人物。而「適當『隱瞞』某些人物的內心活動有助於產生懸念，增加情節的吸引力」；「避免對次要人物進行較多的內心描寫可避免敘事上的過於繁瑣和面面俱到」；「適當控制對人物內心的透視，也可以有效地幫助調節敘事距離」。[48]《亞細亞的孤兒》以不長的篇幅而成為台灣新文學的巨著，與它採用的這種敘事手法甚有關係。

《亞細亞的孤兒》結尾關於胡太明發瘋的描寫，亦是傳統與現代小說技巧的水乳交融，它既是現實主義的技巧，也是現代派慣用的隱喻與象徵手法。有的學者注意到了小說中關於胡胡太明發瘋的描寫與魯迅〈狂人日記〉中的狂人形象的相似性。[49] 關於這部小說結尾的探討，本書下一節將從多個角度進行。

我們從上述對《亞細亞的孤兒》的「故事」與「話語」兩個層次的分析中可以得出結論，吳濁流的這部小說的技巧雖不新潮，但也包含某些現代技巧的因素。更主要的是，它將已有的小說敘事手法靈活地運用和辯證地統一，由對傳統的活用而使傳統生發出更大和更新的審美魅力。《亞細亞的孤兒》證明了小說的傳統技巧與作品的思想意義一樣其實難以窮盡。小說技巧的新與舊是相對的，如果能出神入化地繼承傳統，那麼「舊瓶」亦可裝新酒，腐朽也能化神奇。

誠然，《亞細亞的孤兒》儘管是台灣新文學的重要成就，但並不意味著它就是一部藝術上白璧無瑕之作。應該承認，它

對殖民主義罪惡的批判尚未自覺地深入到人性的細微層面，從而未能更深刻地揭示出殖民主義對人的靈性的暴殄和對人類精神尊嚴的踐踏。而最大的缺憾，是這部小說與吳濁流的不少作品一樣，作者不能運用自己的民族語言進行創作。文學是語言的藝術，而語言的先天不足對一個作家來說無疑是致命的。但《亞細亞的孤兒》的這一遺憾，也恰恰是中國歷史的一道深深的傷痕。面對著這部作品，我們與其斤斤於它的不完美，不如更多地凝視它的光華。

第四節　《亞細亞的孤兒》的結尾問題

《亞細亞的孤兒》的結尾之所以成為一個「問題」，是因近幾年來海峽兩岸的學者對此有不同的看法，甚至是激烈的爭議。這個「問題」的產生，與近年來台灣社會政治和文化思潮的劇變密切相關，是政治意識形態在文學領域的投射。我們認為，文學固然與它種藝術，與政治、哲學、宗教、道德等同屬意識形態範疇，反映著社會存在，並不可避免地滲透著其它意識形態，但文學的「文學性」（使文學成其為文學的文學話語的潛在性）使它又區別於其它意識形態。因此對文學作品的闡釋，需要進行「文學性」還原。同時，正確地理解一部文學作品，還應考察作品與同一作者其它文本的「間文性」（文本之間的交互指涉）。

理解首先應當是對本文的理解。我們先來看《亞細亞的孤兒》結尾一章〈瘋狂〉的最後五段：

他的神志已完全錯亂了，從此以後，胡太明便變成一個完完全全的狂人。

他每天在村子裡到處躑躅徬徨，又在養魚池或店鋪的招牌上寫著「白日土匪」的字句，那字句指誰是顯而易見的，所以當時曾經引起一個嚴重的問題，但是為了那是狂人的行為，誰也奈何他不得。以後，胡太明時常一連幾天默默端坐在胡家的大廳裡。不久，村人因為忙碌的關係，已不像以前那樣注意胡太明的事了；以後不知什麼時候，胡太明的影子突然從村子裡消失了。

過了幾個月，誰也不知道胡太明的下落。但據當時一個到村子裡來捕魚的漁夫說，曾經有一個像胡太明模樣的男子，乘他的漁船渡到對岸去了。又有人說在他乘船以前，曾經看見他在海邊徘徊。

這些傳說還沒有平息，突然又有人傳說：從昆明方面的廣播電台收聽到胡太明對日本的廣播。可是，胡太明究竟是否真地乘船渡到對岸去？以及他是否真的在昆明？都沒有人能證實。只有他遺留在胡家大廳牆上的字跡，雖然不敢公開展覽，但暗中卻一傳十、十傳百地傳揚出去，因此來看那字跡的人倒不在少數。

這時，太平洋戰爭正漸漸地進入最激烈的階段。[50]

關於以上結尾的論爭，主要是圍繞胡太明是否最終渡海到大陸參加抗日鬥爭這一問題而展開。大陸學者一般都是持肯定的意見。以下引文反映了一些大陸學者對《亞細亞的孤兒》結尾的見解：

最後他（胡太明）掩過眾人耳目，偷渡回到祖國大陸，投身群眾革命洪流中去，為抗日事業，獻出自己的力量。

謝中征〈坎坷的道路　歷史的記錄
——評吳濁流的《亞細亞的孤兒》〉[51]

由他（胡太明）的「狂」，導致了胡太明第三次跨越台灣
海峽，回歸祖國大陸，投身於抗日的革命洪流之中。
白少帆、王玉斌、張恆春、武
治純《現代台灣文學史》[52]

（胡太明）認識到了自己的軟弱，認識到了廣大民眾的智
慧和力量，從而克服了「孤兒意識」，投身到群眾鬥爭的洪流
中去，又偷渡回祖國大陸，積極為抗日民族解放戰爭貢獻自己
的力量。
李旭初、王常新、江少川《台港文學教程》[53]

最後，他（胡太明）偷渡回到大陸，參加到浩浩蕩蕩的抗
日大軍中去了。
趙遐秋〈吳濁流　鐵和血和淚鑄成
的男兒漢・六百萬民齊蹶起〉[54]

……這一切尤其是弟弟的慘死，促成他（胡太明）思想上
的徹底覺醒，更激起他反抗的怒火，促使他要重返大陸「誓將
熱血為義死」。
曹惠民主編《台港澳文學教程》[55]

小說結尾化實為虛，進一步暗示胡太明到大陸親自投身於
抗日運動。

曠新年〈吳濁流小說的孤兒意識〉[56]

作者在按照現實主義的藝術法則，如實地寫出胡太明因內心矛盾而發瘋的悲劇之後，又按照他的政治理想，為胡太明安排了一個佯狂並潛逃到大陸參加抗日的廣播宣傳工作的光明的結局。

曾鎮南〈我所看到的《亞細亞的孤兒》〉[57]

胡太明自己，則再度潛回大陸投身抗日鬥爭。

古繼堂主編《簡明台灣文學史》[58]

相對於大陸學者意見的一致，台灣學者則形成兩派，一派持論與大陸學者相似，一派則另有解釋。以下是前者的一些表述：

作者終於暗示胡太明佯狂，避過日人耳目，又偷渡中國大陸，在抗戰中國的大後方，積極為抗日民族戰爭，貢獻他的力量。

陳映真〈試評《亞細亞的孤兒》〉[59]

他（胡太明）終於無法忍受，他發瘋了，或者如曾君所說的，「選擇自己應走的路」，偷渡到大陸去參加抗戰。

呂正惠〈被歷史命運播弄的人們〉[60]

最後他（胡太明）仍以回大陸參與抗戰作為個人解放的歸宿。

陳昭瑛《台灣儒學的當代課題：本土性與現代性》[61]

　　另一派台灣論者的結論，則與上述見解大相逕庭，而且有的論者的觀點和情緒令人驚異：

　　吳濁流文學思想中，有關「孤兒意識」的爭執正出自《亞細亞的孤兒》結尾的一章——瘋狂。「孤兒」的困境以「瘋狂」和不知所終的懸疑做結，可謂是全書中最具「小說味」的一段，可惜這對想從這部長篇小說找尋「吳濁流」的人，也是最傷神的一章。

　　「胡太明」懸疑的結局關係到吳濁流的「孤兒意識」兩種截然不同的解釋——到底這孤兒意識是以單純地投進渴望已久的「母親」懷抱便消解了？還是投向更惶惑、更淒絕的茫然裡？根據小說的情節發展是可以見仁見智的。因此，在鄉土文學論爭之際，中國情結的患者強調這部作品是「孤兒的歷史」，是為歷史上的孤兒而寫，這些樂觀的民族沙文主義者認定，「孤兒」早隨著下落不明的「胡太明」積極地投向祖國革命建設的行列，療止了孤兒的傷痕、心結。

　　　　　　彭瑞金〈從《無花果》論吳濁流的孤兒意識〉[62]

　　大中國主義的文評者往往針對《亞細亞的孤兒》中，抗議日本殖民統治的若干情節大做文章。他們或直接斷定胡太明戰勝孤兒意識，佯狂逃到中國，參加抗日戰爭，抑或將這部作品視為中國抗日文學的一部分；他們似乎忽略吳濁流戰後作品所呈現，對中國殖民統治者的批判，社會中異化現象的剖析，以及他個人的省思。

　　　　　　　　張國慶〈殖民主義、異化與自
　　　　　　　　我：吳濁流小說的歷史觀〉[63]

　　除了以上兩種涇渭分明的對立觀點，對《亞細亞的孤兒》的結局還存在一種折中解釋：

　　《亞細亞的孤兒》主要描寫的是台灣人認同的危機。……他（胡太明）在家中牆壁上寫反日詩歌，表達了對日本帝國主義的憤懣與抗爭。這小說的中國意識很濃烈，但是相對地也有堅強的台灣意識，因此造成後代人們紛歧的看法。

　　　　　葉石濤〈接續祖國臍帶之後──從四〇年代台灣文學來看「中國意識」和「台灣意識」的消長〉[64]

　　對葉石濤的這一解釋，台灣學者陳萬益認為：「葉氏此段文字相當持平，可以說包容了陳映真的『認同』問題（雖然有文化和民族意識的不同偏重），而又矯正了陳氏主觀改變的胡太明瘋狂的結局，應該是比較可以被接受的。」[65]

　　以上的紛紜歧見表明，如何理解《亞細亞的孤兒》結尾，的確是一個很重要的問題。因為這關係到對這部小說的主題思想、歷史意義以及作者立場的準確闡釋。胡太明是逃到大陸參加抗日鬥爭還是「不知所終、下落不明」，已超出了對一個小說細節理解的技術性差異，它實際上是許多論者關於《亞細亞的孤兒》主題的立論基礎，如果變更對小說結尾的解釋，許多論者的整體論述也許將被迫改寫。

　　準確理解《亞細亞的孤兒》的結尾及全書（結尾關係著整部作品），首先需要從文學作品的闡釋機制著手。

　　一部敘事作品的接受和闡釋傾向，由兩大因素凝聚而成。一是作者的意圖，一是接受者的成見。二十世紀以來，在德國哲學家胡塞爾（Edmund Husserl）的現象學哲學的影響下，解

釋學、接受美學與讀者反應批評理論相繼興起，將讀者推向了審美接受過程的中心地位，作者的意圖或被認為無足輕重，或被認為因無法確定而等於不存在。哲學解釋學的創始人伽達默爾（Hangs-Geog Gadamer）受德國哲學家海德格爾（Martin Heidegger）的解釋學現象學關於理解的「先結構」（或譯「前結構」）和「解釋學循環」論述的啓發，提出了「成見」、「視界融合」和「效果歷史」等一系列命題。他認為，每個人由於成見（人們在理解時的被規定性，如文化背景與人生經歷等）的作用，對同一個文本會有不同的理解。文本的意義只有在閱讀者的參與下才能完成，那種不要讀者參與的文本意義是不完整的，因此，它無法被確認為文本的意義。成見使不同的讀者對同一文本的意義形成了不同的視界。文本的歷史意義是有限的，而且它只能被當代性地接受。伽達默爾強調，作品和它當前的觀賞者之間存在著「絕對的同時代性」。任何歷史意識的加強都不能妨礙這種觀賞者的存在。藝術品的實在及其表現力不可能受它原初的歷史視界的限制，在這種視界內，觀賞者實際上是創造者的同時代人。藝術品只是非常有限地在它自身中保留著它的歷史起源。他斷言，「一般說來，沒有理解會被看作是意味著另一個人的思想在理解者自身中重新實現。……因為歷史研究的真正任務不是去理解主觀的意圖、計劃和捲入歷史的人的經驗。」[66] 他認為，歷史的意義的起源就在於它必須被理解，它需要歷史學家解釋的努力。處於歷史進程之中的人們的主觀意圖很少或絕不會是這樣的，即後代對於事件的歷史評價會進一步證實同時代人對這些事件的評價。當歷史在後人的回顧中再現時，事件的含義，它們的聯繫和它們所涉及的東西，把作者之心拋到了後面，就像藝術品的經驗把作

者之心拋在後面一樣。伽達默爾的哲學解釋學將理解文本作者的主觀意圖認定為不可能，從而將理解者（讀者）推向解釋活動的中心地位。伽達默爾的門生姚斯（Hans Robert Jauss）正是在哲學解釋學的影響下，創立了接受美學。伽達默爾將作者邊緣化、否認作者意圖與本文意義的確定性的理論，遭到了美國文論家赫施（E. D. Hirsch）等人的反駁。赫施認為作者的原意對於作品的解釋起著決定性的作用。作品中有作者的本意存在，而且這一本意是確定的和唯一性的。赫施承認對同一文本存在不同的理解，但這種與作者本意不相符的理解是文本的「衍義」而不是「意義」。所謂「衍義」，是那些在流傳過程中與閱讀者發生關係而生成的意義，這些意義包括給文本附加的意義。由於閱讀者的不同，「衍義」也會不斷地發生變化。而「詞語的意義是人們通過特定的語言符號的順序所表達的意思，也就是那些語言符號所能傳達的（共享的）意思。」[67]

　　「意義」是作者通過文本本身所要表達的意思，這個意思不會因為閱讀者的不同而發生變化。從文學創作的實際經驗來考察，我們認為，文本或作者的主觀意圖構成著作品的意義或意義的主要來源。解釋者由於各自的成見而對作品形成不同的理解，如同魯迅所說，一部《紅樓夢》，「單是命意，就因讀者的眼光而有種種：經學家看見《易》，道學家看見淫，才子看見纏綿，革命家看見排滿，流言家看見宮闈秘事……」[68]一部《亞細亞的孤兒》，也是有人看見反抗，有人卻看見「惶惑」和「淒絕的茫然」；有人看見「孤兒意識」的克服和向祖國的回歸，有人卻看見「孤兒下落不明」和「台獨」……然而對作品的眾說紛紜並不能抹除作者主觀意圖即文本原始意義在形成文本中的關鍵性作用，也無法否認這種原始意義的有跡可

循。對《亞細亞的孤兒》的解釋儘管可以歧見百出，但符合作者原意的解釋只能是一種。在《亞細亞的孤兒》被台灣某些論者引爲「台獨」意識形態歷史資源的情況下，尋找與辨明這部小說的原意顯然不僅必要而且十分重要。

關於《亞細亞的孤兒》結尾的理解，本書作者在本章中早已亮出了觀點。實際上，本書作者的理解與上文提及的大陸學者以及陳映眞、呂正惠和陳昭瑛等台灣學者並無大異。然而，也許持這一理解的學者們大都沒有想到會有另一種面目全非的解讀出現，因此基本不爲自己對此細節的理解作進一步的闡釋。我們認爲，在紛爭已經出現的情況下，這一闡釋的必要性已充分顯現。

「小說的結尾，太明偷渡大陸，投身中國人民爭取民族解放的偉大的抗日戰爭之中」。誠然，本書作者這樣的理解包含著海德格爾所說的「先結構」和伽達默爾所說的「成見」。海德格爾指出，解釋奠基在「先行具有、先行見到、先行掌握」之中，一切解釋都活動在這一「先結構」之中。所謂「先結構」，是指解釋者作爲此在被一定的歷史、文化所先行規定、先行定義的特性；理解者在理解前的經驗、習慣爲其接受新事物確立了參照系。海德格爾說：「把某某東西作爲某某東西加以解釋，這在本質上是通過先行具有、先行見到與先行掌握來起作用的。解釋從來不是對先行給定的東西所作的無前提的把握。……任何解釋工作之初都必然有這種先入之見，它作爲隨著解釋就已經『設定了的』東西是先行給定了的，這就是說，是在先行具有、先行見到和先行掌握中先行給定了的。」「先行具有、先行看見及先行把握構成了籌劃的何所向。意義就是這個籌劃的何所向，從籌劃的何所向方面出發，某某東西作爲

某某東西得到領會。」[69]海德格爾認爲，人們在理解前的「前理解」，在解釋前的「前結構」，構成了「意義」；從「意義」出發，人們才理解了所欲理解的東西。（照海德格爾的說法，人們需要理解的不是「意義」，而是存在者和存在。意義是「某某東西」的可領悟性的棲身之所。）然而，語文學解釋屬於科學認識的範圍，科學論證不得把它本應該爲之提供根據的東西設爲前提。因此，處於「先結構」之中的人類的解釋似乎是一種「循環論證」，這就是早在海德格爾之前在西方就被提出的「解釋學循環」。「解釋學循環」就這樣宿命性地決定人們的理解和闡釋活動總是無可避免的不完善、總是有缺憾的嗎？海德格爾認爲並非如此。儘管「解釋學循環」無可避免，但這一循環也包藏著最源始的認識的一種積極的可能性。「決定性的事情不是從循環中脫身，而是依照正確的方式進入這個循環。」所謂「正確的方式」，就是「不要先認錯了進行解釋所需要的本質條件，這樣才能夠滿足解釋所必需的基本條件」。[70]而怎樣才能不先認錯解釋所需的條件呢？他認爲解釋者要始終不讓先行具有、先行看見與先行把握以偶發奇想和流俗之見的方式出現，解釋的任務始終是從事情本身出來清理先有、先見與先行把握，從而保障課題的科學性。

伽達默爾則認爲，人們就處身於「解釋學循環」之中，這是人的存在特性之一，而無需尋求一個「正確的方式」進入。伽達默爾認爲，解釋總是涉及一種本文對解釋者提出問題的關係，理解本文也就是理解這個問題。在解釋的過程中，「問」與「答」的雙方（理解與被理解者）的視界（「成見」帶給每個人、每個文本的規定性和開放性）相互交融，眞理就在這「視界融合」中彰顯，眞理的彰顯之處就是兩個視界融合產生

的「第三視界」。這「第三視界」也就是一種「效果歷史」。伽達默爾認為，真正的歷史對象不是一個客體，而是自身與他者的統一體，表現為一種關係。在這一關係中，歷史之真實與被理解的歷史的真實同時存在。真正意義上的解釋學就必須要在理解本文時彰顯歷史的有效性。這樣的一種歷史就是「效果歷史」。「效果歷史」不僅是理解和解釋所要追求達到的「第三視界」，而且每一個理解者（解釋者）也都是「效果歷史」的產物。伽達默爾正是在這一意義上否認了作者（被理解者）原意的確定性，因為在理解過程中已經加入了理解者的主觀意識即「成見」。

我們認為，伽達默爾的這種認識並不全面。其理論實際上認為真正的歷史是不可知的，作者（被理解者）的原意是不可知的，這是一種相對主義與真理不可知論的形而上學，他的「視界融合」所彰顯的「真理」，不過是一種主觀真理，而非客觀真理。真理的發現誠然需要經過主觀的認識與實踐，但真理本身是客觀存在的，歷史也是客觀存在的，客觀真理與客觀歷史並不以主觀的意志為轉移。人類已認識與掌握的相對真理，並不能否定絕對真理的存在。「我們只能在我們時代的條件下進行認識，而且這些條件達到什麼程度，我們便認識到什麼程度。」[71]「不是在否定客觀真理的意義上，而是在我們的知識向客觀真理接近的界限受歷史條件制約的意義上，承認我們一切知識的相對性。」[72] 這一辯證唯物主義的真理觀並未過時。我們既要承認已認識的真理是相對真理，也要承認相對真理與絕對真理的互相滲透與互相轉化的可能性；既要承認已理解的歷史是「效果歷史」，也要承認「效果歷史」與客觀歷史的互為條件。這是一個對立統一的過程，而且這一過程是

無止境的。相對眞理與絕對眞理的互相轉化、「效果歷史」與客觀歷史的互爲條件，只能在不斷的前進運動中解決。這是因爲，「人的內部無限的認識能力和這種認識能力僅僅在外部受限制的而且認識上也受限制的各個人身上的實際存在這二者之間的矛盾，是在至少對我們來說是無窮無盡的、連綿不斷的世代中解決的，是在無窮無盡的前進運動中解決的。」[73]

　　正如伽達默爾的「成見」說所指出，人們的解釋活動，人們對每一個文本，對文本中的每一個段落、每一個句子的理解，都不可避免地帶著先入爲主之見。然而，我們之所以不能贊同伽達默爾關於作者意圖無法確認、要「把作者之心拋在後面」的結論，是因爲這一結論並未反映出文本誕生的眞實過程。就像海德格爾所說，解釋學的「循環也包藏著最源始的認識的一種積極的可能性」。在文本面前，理解者的處境無論是位於海德格爾所認爲的人需要「依照正確的方式進入」的「解釋學循環」之外，還是如伽達默爾所說的理解者就在這個循環之中，他所面對的文本及文本的創造者也都是「先結構」或「成見」的產物，一樣帶著、沉澱著先入爲主之見。而「先結構」或「成見」依海德格爾和伽達默爾的定義，是一定的歷史文化的規定性，包括語言、經驗、習慣等等。亦即說，「先結構」或「成見」與一定的約定俗成的文化成規和範式緊密關聯。這就爲理解者的準確解碼提供了途徑和可能性。因爲，人對事物的認識和學習，往往是通過一定的成規和範式進行的。而文本的寫作更是如此。伽達默爾自己也承認：「一種古老的眞理認爲，人只有通過範式才能學習。這種觀點在一個迅速超越自身的、推崇試驗和創造的啓蒙時代已經不太有市場了。但是，如果涉及到語言、講話和寫作，則這種觀點仍然是不可避

免的、令人信服的。雖說在這些領域中一切都表現爲慣例和規則，我們還是要說，唯有這種學習過程才使我們能夠自如地運用語言，進行寫作。」「我們這些學者所信奉的作家，不管他如何謙虛，誰沒有感受到產生於語言規則、語法規則、標準化詞彙標準、正字法以及標點符號的規則的約束！」[74]

　　通過上述的理論辨析和梳理，我們首先得以確認，《亞細亞的孤兒》不可能例外地是依照一定的文學成規創作的，因此作者的創作意圖和作品的原始意義是有可能被發現的。其次，我們找到了一把打開作品之門的「鑰匙」，即對任何作品包括《亞細亞的孤兒》進行解讀，必須依照一定的闡釋範式方能接近作者意圖和作品原義。英國文論家卡勒（J. Culler）指出，文學程式「在人們的闡釋過程中起指導作用，並限定哪些過程才行之有理」。[75] 當代文體學家研究總結出的文學程式有：內容與形式的統一；「意義的法則」，即語言形式有可能產生文學意義；語言形式和文學意義的關聯必須以某種類似關係爲基礎……等等。[76] 傳統的社會歷史批評所遵循的則是另外一種程式，即語言作爲意識形態的載體反映著社會存在這一程式。在本章第二節中，我們對《亞細亞的孤兒》的主題的論述在一定程度上運用的正是這一程式。然而，文學作品是政治意識形態與美學意義的結合體，僅僅從文體學或社會／歷史學批評入手都不能完成對一部作品的完整解釋。正如文學批評中的語境理論所揭示的那樣，對一部作品的意義的闡釋，需要考察決定作品產生的全部語境，即社會歷史語境和文本內部語境。因此，理想的解釋或許是各種方法的綜合運用。我們在本節中試圖結合有關西方當代語言學、敘述學、小說文體學的方法以及主體間性理論和中國古典文論等來闡釋《亞細亞的孤兒》的結尾。

　　《亞細亞的孤兒》的結局，胡太明是逃到了大陸還是下落不明？小說的語言表達是模糊的：「太明究竟是否真地乘船渡到對岸去？以及他是否真的在昆明？都沒有人能證實。」然而，從修辭學的角度來看，語言的模糊表達並不必然意味著意義的模糊。如果僅僅從本文中摘出這三個句子，作為讀者的我們確實無法下任何結論。這三個句子，既不表示胡太明到了大陸，也不表示他沒到大陸。或者說，得出的結論只能是「下落不明」（在某些台灣論者的解釋中，「下落不明」其實有一點是明確的，這就是胡太明沒有逃到大陸。）然而，語言的規定性與文學的闡釋程式並不允許我們作出如此輕率的解釋。

　　巴赫金在其自稱為「超語言學」的理論中指出，語言最重要的功能是交際功能而不是思想功能。當說者言說時，他是向聽者（言語接受者）言說；而聽者在接受和理解言語的意義時，他同時就要對這一言語採取應對的立場：同意或是不同意（全部還是部分同意），補充它、應用它、準備實現它，等等。人們對活生生的言語、活生生的表述的任何理解，都帶有積極應答的性質；任何理解都孕育著回答，也必定以某種形式產生回答（言語或行動），即聽者要成為說者。另一方面，說者本人在某種程度上也是應答者，因為他不是首次打破宇宙永恆沉默的第一個說話者，他不僅須要先有他所用的那一語言體系的存在，而且須要有某些先前的表述（自己和他人的表述）的存在，而他此刻的表述就要同這些表述發生這樣或那樣的關係，每一個表述都是其它表述的組織起來的十分複雜的鏈條中的一個環節。巴赫金的這一說法與海德格爾的「先結構」、伽達默爾的「成見」說有相似之處。但巴赫金在此著眼的是語言學的路向。他接著指出，由於言語的交際性質，言語交際的實

際單位是表述而不是語言單位。語言單位是指可以分解成片斷
的東西，語言單位有語音的（音位、音節、言語節拍）和意義
的（句子和詞語）。而表述則是一個完整的不可分割的意義，
一個表述即是一個意義的完成，它體現著說者結束言說，聽者
即將應答的關係。因此，表述作為言語交際單位，它的邊界在
不同言語主體的交替處，即決定於說話者的更替。表述以言語
主體的更替作為明確的邊界線，以給他人提供說話機會而告
終。一個句子甚至詞語也可以成為一個表述，但要看這一句子
或詞語是否存在說者結束言說與聽者開始應答的關係。如果存
在這一關係，它就是一個表述；如果不存在這個關係，那麼它
就僅僅是一個不表達完整意義的語言單位。

　　針對人們在闡釋活動中常常將句子與表述相混淆的現象，
巴赫金還著重論述了作為語言單位的句子不同於作為言語交際
單位的表述這一問題。他指出，作為語言單位的句子，其邊界
從來都不是根據言語主體的更替來確定的。句子是相對完整的
一個思想，與同一說者的整個表述中其他思想有著直接的關
聯；句子結束時，說者作出一個停頓，以便轉向自己的下一個
思想，用以繼續、補充、更新前一個思想。句子的語境，是同
一言語主體（說者）的言語語境；句子與語言外的現實語境
（情景、環境、此前歷史）的關係，與其他說者表述的關係，
都不是直接的，不是親自實現的，而只能是通過它周圍的整個
語境，亦即通過他的整個的表述。處在語境中的句子，並不具
有決定應答的能力，它只有在整個的表述之中才能有這個能
力。更準確地說，是參與到這個能力之中。「人們交流的不是
句子，正如同不是單詞（在嚴格的語言學含義上）、不是詞組
一樣；人們交流的是思想，亦即表述；而表述是借助於語言單

位（單詞、詞組、句子）構建的；而且，表述既可以是一個句子組成的，也可以是一個詞組成的，不妨說是一個言語單位（主要是對話中的對語）組成的，然而不能因此說，語言單位就變成了言語交際的單位。」[77]

　　巴赫金的理論揭示了言語交際的一種真實狀況。文學作品當然也是一種表述的交流，也是依照人們言語交際的範式（言說——應答）進行的。作者（說者）寫作和發表作品也是一種言說，也期待他人（讀者、聽者）的應答。「太明究竟是否真地乘船渡到對岸去？以及他是否真的在昆明？都沒有人能證實。」我們認為《亞細亞的孤兒》中的這三個句子只是三個語言單位，而尚未構成一個表達完整意義的表述。因為這三個句子無法直接引出讀者（聽者）的應答（無法作出判斷）。從《亞細亞的孤兒》所採用的敘述者無所不知的全知敘述模式來進行邏輯推理，作者當然是知道胡太明的最終去向的。因敘事邏輯的推動，他也必然會對主人公的下落進行交代。他可以用一個或幾個句子來完成這一交代，讓一個或幾個句子成為一個完整意義的表述（如明確寫出「胡太明偷渡到大陸參加抗戰」或「胡太明沒去大陸，但離開了村子」），但也可以通過更多的句子甚至段落章節來完成一個表述，而不一定用一個或幾個句子構成表述作出交代。由於上述三個句子無法引起應答，因此我們可以認為，作者（說者）的言說尚未結束，雖然句子已經戛然而止，但作者的言說仍在繼續（無聲的語言）。如果認為兩個問號和一個句號就構成了一個完整意義的表述，這就陷入了解釋的誤區（消極和懶惰的閱讀）。而認識到三個句子是未完成的表述，進而要對包含這三個句子在內的表述作出應答（積極的閱讀、理解和判斷），我們需要尋找的就不是句號而

是表述的邊界。

我們認爲,《亞細亞的孤兒》關於太明歸宿的表述,不是「太明究竟是否眞地乘船渡到對岸去?以及他是否眞的在昆明?都沒有人能證實」這三個句子,也不是最後一句「這時,太平洋戰爭正漸漸地進入最激烈的階段」,而是包括這四個句子在內的整個小說最後的章回,即〈瘋狂〉這一章。這一章回是關於太明發瘋後的描寫。此前一章〈犧牲〉敘述的則是太明發瘋前的情節。不是作爲章回,而是作爲一個完整事件的表述,〈瘋狂〉恰好夾在兩個應答之間。上一章的結束可以引起我們對作者在胡太明發瘋前的言說的應答;而最後一章的結束可以引出我們對作者關於胡太明發瘋及其歸宿的言說的應答。

《亞細亞的孤兒》小說尾章的表述實際上就是對太明的歸宿的表述。因爲完成了對太明歸宿的表述之後,作者的言說即告終止,讀者的應答由此開始。那麼,這個表述的涵義是什麼呢?〈瘋狂〉一章有幾處描寫特別值得注意。一是太明發瘋後在胡家大廳牆上寫下的「反詩」;二是太明對衆人所說的話;三是衆人關於太明下落的「傳說」。太明的歸宿實際上是由這三個部分組合起來交代的。這三個部分的組合才構成了作者對太明歸宿的表述,這三個部分的組合所產生的涵義才是這一表述的涵義。

志爲天下士,豈甘作賤民?擊暴椎何在?英雄入夢頻。漢魂終不滅,斷然舍此身!狸兮狸兮!(日人罵台灣人語)意如何?奴隸生涯抱恨多,橫暴蠻威奈若何?同心來復舊山河,六百萬民齊蹶起,誓將熱血爲義死!

詩中，「擊暴椎何在」一句，典出漢代司馬遷《史記‧留侯世家》：「良（張良）嘗學禮淮陽。東見倉海君。得力士，爲鐵椎重百二十斤。秦皇帝東遊，良與客狙擊秦皇帝博浪沙中，誤中副車。」[78]「六百萬民齊蹶起」，「六百萬民」是作者寫作這部小說時台灣全島的人口[79]。「蹶」，據《辭海》，音gui去聲（貴），詞義爲：「一、動。二、急遽貌。」[80]故「蹶起」在此可解爲奮起。這首詩表達了兩個方面的內容。一是對日本殖民者的反抗；一是中國民族魂的覺醒。「擊暴椎何在？英雄入夢頻」，「六百萬民齊蹶起，誓將熱血爲義死」等句，喊出了反抗日本殖民統治者的呼聲。「志爲天下士，豈甘作賤民？」「漢魂終不滅，斷然舍此身」和「同心來復舊山河」等句，則是寫出了太明心中的中國民族魂的覺醒和追求。「漢魂」，即中國民族魂（如同吳濁流以「漢詩」指中國格律詩）。「同心來復舊山河」一句尤具意味。何爲「舊山河」？應是指淪爲日本殖民地前的台灣，即作爲中國領土的台灣。如此，「同心來復舊山河」一句何意，已不言自明。

太明寫下「反詩」後，又對衆人朗誦、唱歌和叫罵。其誦、唱和罵的原文是：

「頭家是大哥，大哥是賊頭！人剝皮，樹剝皮，山也剝皮！」

「咿──呀──嗳！白日土匪！哪──嗳──喲！」

「依靠國家權勢貪圖一己榮華富貴的是無心漢！像食人肉的野獸，瘋狂地鼓譟著，你的父親，你的丈夫，你的兄弟，你的孩子，都為了他，他們為什麼高呼著國家、國家？藉國家的權力貪圖自己的欲望，是無恥之徒，是白日土匪！殺人要償命

的，可是那傢伙殺了那麼多的人，為什麼反要叫他英雄？混帳！那是老虎！是豺狼！是野獸！你們知道嗎？」

「你嘴裡口口聲聲嚷著『同胞！同胞！』其實你是個走狗！你是皇民子孫！是模範青年！模範保正！應聲蟲！混帳！你是什麼東西？」[81]

胡太明上述罵的是對台灣人民進行殘酷統治和壓迫的日本殖民者和積極為殖民者效力的漢奸、走狗。在小說所表現的歷史時間和空間裡，人物在大庭廣眾面前表露這些語言和思想，是需要 以生命作為代價的。胡太明說出這些話，不僅是「發瘋」的狀態，也是一種決絕的狀態，一種即將與過去決裂的狀態。「反詩」與「誦、唱、罵」，實際上已預設了胡太明的歸宿。接下來，作者用一連串的曲筆手法作暗示：「過了幾個月，誰也不知道胡太明的下落。但據當時一個到村子裡來捕魚的漁夫說，曾經有一個像胡太明模樣的男子，乘他的漁船渡到對岸去了。又有人說在他乘船以前，曾經看見他在海邊徘徊。」「這些傳說還沒有平息，突然又有人傳說：從昆明方面的廣播電台收聽到胡太明對日本的廣播。可是，胡太明究竟是否真地乘船渡到對岸去？以及他是否真的在昆明？都沒有人能證實。」小說的這兩段敘述，一共安排了三個「傳說」。第一個是胡太明模樣的男子乘漁夫的船到對岸（大陸）去的傳說；第二個是有人看見胡太明在海邊徘徊的傳說；第三個是有人從昆明方面的廣播電台收聽到太明對日本廣播的傳說。三個傳說，第一和第三個基本是同一個內容，即說胡太明逃到了大陸；只有第二個是說胡太明在海邊徘徊，而且是「乘船以前」。這三個傳說的數量比（二比一）與位置的安排並非隨意

而爲，它們不是平等的關係，而是有所側重和傾向性的，數量比與位置的安排加強的是太明逃到大陸之說的砝碼，體現的是「反詩」和「誦、唱、罵」的邏輯演繹，受情節邏輯與人物性格邏輯的推動，受「反詩」和「誦、唱、罵」所規定的語境的制約。至此，胡太明的最後歸宿已昭然若揭。而他「遺留在胡家大廳牆上的字跡，雖然不敢公開展覽，但暗中卻一傳十、十傳百地傳揚出去，因此來看那字跡的人倒不在少數」，這一段描寫也是「反詩」所蘊含的「反抗」與「覺醒」意義的繼續暗示。同時，它對由「反詩」、「誦、唱、罵」和「傳說」所組合完成的關於太明逃到大陸參加抗日鬥爭歸宿的表述，也起著補充和豐富的作用。

關於〈瘋狂〉一章，我們並不只是從一般的語義分析中獲得自己的結論。爲了使觀點更有說服力，還可以繼續作進一步的語言學探討。巴赫金指出，僅僅從語言方面來理解表述還遠遠不夠。在一個完成了的表述中，有三個因素保障和決定著它的完成了的完整性（能引出應答），這三個因素在表述的有機整體中不可分割地聯繫在一起，它們是：一，指物意義的充分性；二，說者的言語主旨或言語意圖；三，典型的布局體裁的完成形式。他認爲，每一個表述都須具有充分的指物意義，在某些事務性領域，如軍事和生產方面的口令和命令，它們的指物意義是最充分的，幾乎沒有產生誤解的可能，但在創作領域，表述指物意義的充分性只能是相對的。表述要達到完成了的完整性，還需要有說者的意圖和說者言說時採用的適當的言語體裁。在這三個因素中，最重要的因素是說者的言語體裁。因爲說者的言語意圖，首先體現在選擇一定的言語體裁；其次是說者的言語主旨以及全部個性和主觀性，應用於他所選取的

體裁中，適應這一體裁，並在一定的體裁形式裡形成和發展。所謂言語體裁就是典型的表述形式，人們總是用一些特定的言語體裁來說話，即使在最隨便的、無拘無束的談話中，我們也是按一定的體裁形式組織言語，而不是胡言亂語。說者（作者）設定的指物意義的任務（主旨）首先決定著語言手段和言語體裁的選擇；其次是情態因素，即說者對自己表述的指物意義內容所持的主觀的情感評價態度。絕對中立的表述是不可能有的。說者對自己言語的對象所持的評價態度，同樣決定著表述的詞彙、語法和布局手段的選擇，表述的個人風格主要是由它的情態方面決定的。情態屬於言語體裁而不屬於作為語言單位的句子和單詞。句子和單詞作為語言單位是中性的、無主的，它們本身不能評價任何東西，但它們可以服務於任何一個說者，服務於不同說者不同的甚至完全對立的評價。表現說者對自己言語對象的情感評價態度（情態）的手段之一，是表情的語調。如表現稱讚、誇獎、讚嘆、斥責、辱罵的評價性言語體裁，都是帶著一定的語調的。說者在選擇詞語時，是以構思中的表述的整體為出發點的，而他所構思所創造的整體，卻總是有情感色彩的；正是這個整體把自己的（實為說者的）情態輻射到說者所選的每一個詞語身上，也就是用整體的情態去感染詞語。語言意義只有在表述中與具體的現實相聯繫；語言與現實相聯繫，才能產生情態的火花。某些表述喜歡選擇某些詞語，這使得詞語具有體裁屬性。而言語體裁作為典型的表述形式，包容著一定的典型的為該體裁所固有的情態。這種體裁情態不是屬於作為語言單位的詞語，不進入詞義之中，而僅僅反映詞語及其意義同體裁的關係，即同典型表述的關係。這種典型的情態和相應的典型語調，不具備語言形式的那種強制力。

總而言之，表述、表述的風格（語體）和布局，是由表述指物意義的因素和它的情態決定的，亦即取決於表述的指物意義因素及說者對此一因素所持的評價態度。

巴赫金進而認為，任何一個具體的表述，都是特定領域言語交際鏈條中的一環。每一表述都以言語交際領域的共同點而與其他表述相聯繫，並充滿他人話語的回聲和餘音。表述的情態，經常情況下不僅是，有時主要地不是由這個表述的指物意義的內涵決定的，而是在同一題目上的他人表述決定的。這表述正是我們（說者）要回應的，要與之爭論的表述；也正是這些他人表述決定著我們（說者）要強調哪些因素，要重複什麼，要選用哪些激烈的（或相反，更溫和的）詞句，要採用挑戰性的（或相反，妥協的）語調，如此等等，不一而足。

我們理解《亞細亞的孤兒》中〈瘋狂〉一章表述的意義，不僅要考慮它的指物意義，還需考察它的言語體裁、情態和他人話語的因素。胡太明的「反詩」，選取的是「漢詩」這一言語體裁；全詩體現著對日本殖民者的仇恨、反抗與對中國民族魂的強烈慕戀和捨身追求的情態色彩；「誦、唱、罵」的言語體裁則是山歌和「瘋語」，體現的是與殖民者及其走狗勢不兩立的情態色彩，兩者的語調都是高亢和激烈的。而其中也交織著胡老人、彭秀才、藍、詹、曾和少年游擊隊長等他人話語的回聲。「反詩」和「誦、唱、罵」的指物意義、言語體裁、情態和他人話語因素，奠基了關於胡太明歸宿的表述。而往下的交代，以「傳說」為言語體裁，以婉轉平緩的敘述語調為情態色彩，則是體現著對胡太明奔赴大陸這一表述的順理成章的完成。「太明究竟是否真地乘船渡到對岸去？以及他是否真的在昆明？都沒有人能證實」，這三個單獨抽出來的句子不具備充

分的指物意義、言語體裁、情態色彩，也不充分反映他人話語，因此它們無法成爲關於胡太明歸宿的完整表述。正如巴赫金所說：「當我們從上下文中抽出單個句子進行分析時，訴諸受話人的痕跡，預測中應答的影響痕跡，對此前他人表述的對話反響，言語主體的交替，遍布在表述內部的微弱痕跡等等，這些便會消失不見，因爲所有這一切都是作爲語言單位的句子所不可能具備的。所有這些現象全是與完整的表述相聯繫的，而一旦這個整體從分析者的視野中消失，這些現象對分析者來說便不復存在。」[82]

　　吳濁流爲何不以明確的語言直截了當地寫出胡太明逃到大陸參加抗戰？我們不妨再結合西方當代敘述學與小說文體學和中國古典文論進行分析。西方敘述學家如安東尼‧伯吉斯（Anthony Burgess）認爲，一類小說家使用「零度」語言或透明的語言，既無隱含意義也不模稜兩可。另一類小說家則注重語言的模糊性，著意利用語言的晦澀、雙關或離心性的內涵。他們的作品不僅是由人物和事件構成的，也是由文字構成的。但也有人（如中國大陸學者申丹）指出，即使是傳統現實主義作家也很少有人使用「零度」語言。只有像美國作家德萊塞（Theodore Dreiser）的《嘉莉妹妹》這樣的少數傳統現實主義作品以及偵探故事、歷險記等以情節取勝的作品採取這一語言策略。[83]《亞細亞的孤兒》雖然是用傳統的現實主義手法創作的小說，但它並非以傳奇性的故事和扣人心弦的情節爲其藝術追求，因此，它並不完全使用「零度」語言。「零度」與「偏離」是法國新修辭學和比利時列日學派修辭學中的重要概念。「零度」是指常規的、中性的話語修辭狀態，「偏離」則是對零度的違反狀態。實際上，無論日常的口頭語言還是文學作品

中的語言，絕對的零度和絕對的偏離都是不存在的。兩者是互相補充、相反相成的對立統一的關係。《亞細亞的孤兒》作為文學作品的審美性質，決定了它的語言藝術性。「太明究竟是否真地乘船渡到對岸去？以及他是否真的在昆明？都沒有人能證實」，從表面上看，這三個句子使用的都是規範語言即「零度」語言，然而這三個句子的修辭手法卻是一種「偏離」修辭，因為它不給出明確的意義。反過來就是說，作者寫下這三個句子，不是為了強調它們的意義，而是出於修辭藝術的考慮，是一種審美的需要。

關於《亞細亞的孤兒》的結尾藝術，還可以借用西方當代小說文體學布拉格學派的穆卡洛夫斯基（J.Mukarovsky）的「前景化」和俄國形式主義學者什克洛夫斯基（Victor Shklovsky）的「陌生化」理論來分析。「前景化」指作者為了作品的美學價值和主題意義對標準語言（語法）有意識的違背或偏離；或指作者出於同樣的目的而頻繁採用的某種語言結構。前者是性質上的前景化，後者則是數量上的前景化。[84]《亞細亞的孤兒》關於太明最後逃到大陸參加抗戰的暗示，也使用了「數量上的前景化」手法。在〈日美戰爭〉一章中，作者寫道：

（太明）心裡突然產生一個意念：那就是趁此機會再到大陸去尋求沒有矛盾的生活。他不能像米店老闆所說的：「不管世局怎樣紊亂，我們只要身邊有兩塊錢就行了」（意指花兩塊錢買一雙高木屐，便可以看那些「皇民派的醜相及日本的失敗」）那樣地袖手旁觀。可是要到大陸去，必須要有大陸方面的簽證，而太明在大陸上的友人，事變以後都遷到內地去了，

並未留居在日軍占領的地區。目下又無法弄到乘船許可證，何況自太平洋戰爭爆發以後，海運已停頓了三個月，航空方面也沒有機會，要設法弄簽證實在是絕無可能，因此太明大陸之行的念頭便不得不暫時打消。[85]

接下來的〈新職〉一章，又這樣寫道：

隨著國際形勢的激變，太明回大陸去的念頭更堅強起來，但他的希望卻始終無法實現。他那種熱烈的願望，終於因申請護照手續過於繁雜而遭受挫折，因此他不得不暫時雌伏以待。他雖然是守株待兔之流，但探究他的心理狀態，卻未必完全消極，他宛如一隻狐猿，正在暗中不斷地窺伺敵人的虛隙。[86]

在更後的〈高風亮節〉一章，又有這樣的描寫：

「紫媛想必長得很大了，她跟著淑春僕僕於抗戰的旅途中，恐怕不能好好地讀書吧？」他（太明）這樣想著，舐犢親情不禁地油然而生，越發激起他回大陸去的意念。他認為在協會裡做事實在太愚蠢，甚至覺得留在台灣都是索然無味。[87]

在接近全書尾聲的〈惡夢初醒〉一章，太明的侄兒達雄受到「皇民化」的蠱惑，為了參加「特種志願兵」，從大學裡回來。作者這樣描繪太明面對正陶醉在「皇民」幻景中的達雄時的內心波瀾：

太明用同情的目光望著達雄，心想：真是一個意志薄弱而

可憐的青年！太明忽然想起以前被徵召的時候，看到祖國的青
年，為抗日而犧牲，慷慨就義的態度。現在對這被騙而不自覺
的台灣青年，感覺更痛心更難堪，他簡直和那些高唱軍歌招搖
過市、喪失人性的荒唐青年完全一樣。[88]

　　以上在小說中重複出現的太明想回大陸的強烈念頭，以及
對他「再到大陸去尋求沒有矛盾的生活」、「不能袖手旁
觀」、「覺得留在台灣都是索然無味」、「宛如一隻狐猿，正
在暗中不斷地窺伺敵人的虛隙」、「想念僕僕於抗戰旅途中的
女兒」、「想起祖國的青年，為抗日而犧牲，慷慨就義的態
度」等等這些心理活動的刻畫，與結尾〈瘋狂〉一章關於太明
潛逃到大陸的「傳說」一起，合成了一種「前景化」的手法。
這一「前景化」的手法對太明最終逃歸祖國大陸投入抗日洪
流，對小說的抵抗和認同主題，起著加強暗示和遞進烘托的作
用。「前景化」的語言敘述所形成的語境，制約和規定著《亞
細亞的孤兒》結尾的構思和敘述。
　　《亞細亞的孤兒》的結尾藝術也具有一種什克洛夫斯基所
倡的「陌生化」效果。什克洛夫斯基認為，藝術旨在使人感知
事物，藝術技巧在於以複雜的形式增加感知的困難，從而延長
並加強感知過程。感知過程是美學的目的所在，所指物並不重
要。[89]誠然，在吳濁流的文學思想中，內容（所指）比形式
（能指）更重要，而且由於語言障礙，他曾經說過自己的作品
的意義主要是在內容而不在於表達能力。他應不會認同什氏所
謂「所指物並不重要」這種主張。但是，吳濁流作為作家和詩
人，不可能對藝術形式掉以輕心。《亞細亞的孤兒》的結尾就
運用了「以複雜的形式增加感知的困難」這一「陌生化」手

段。「陌生化」避免直接指稱人們習以為常的事物，使事物變得新奇陌生，從而使讀者（接受者）產生對事物的清新感受。「陌生化」創造出一種新的審美效果。

《亞細亞的孤兒》的結尾，也切合著中國古典文論所推崇的「含蓄」風格，是這一風格的表現。南朝劉勰的《文心雕龍・隱秀》指出，「文之英蕤，有秀有隱。隱也者，文外之重旨者也」；「夫隱之為體，義主文外，秘響傍通，伏采潛發，譬爻象之變互體，川瀆之韞珠玉也。故互體變爻，而化成四象；珠玉潛水，而瀾表方圓。」「深文隱蔚，餘味曲包。辭生互體，有似變爻。」[90] 劉勰認為，傑出的文章，有的警策，有的含蓄。含蓄是意在言外，微響從側面傳送，文采隱伏而發光，如同爻象變化為互卦，河流蘊藏珠玉。互卦變爻，化成四象；珠玉潛藏水中，使水面產生或方或圓的波紋。深沉含蓄的作品，曲折地包含著無窮的韻味。由語義而產生言外的深意，猶如變爻而成為互卦這一道理。宋代詩評家嚴羽《滄浪詩話》也極力推崇「言有盡而意無窮」的境界，指出：「語忌直，意忌淺，脈忌露，味忌短。」[91] 宋代的詩人梅堯臣說：「含不盡之意見於言外，然後為至矣。」[92] 宋代詞人姜夔云：「語貴含蓄。」[93] 清代詩評家吳喬《圍爐詩話》亦云：「詩貴有含蓄不盡之意，尤以不著意見聲色故事議論者為最上。」[94] 大陸當代學者錢鍾書將含蓄解為：「其意初未明言，而寓於字裡行間，即『含蓄』也。」他還辨析了含蓄與寄託的區別：「詩中言之而未盡，欲吐復吞，有待引申，俾能圓足，所謂『含不盡之意，見於言外』，此一事也。詩中所未嘗言，別取事物，湊泊以合，所謂『言在於此，意在於彼』，又一事也。前者順詩利導，亦即蘊於言中，後者輔詩齊行，必須求之文

外。含蓄比於形之與神，寄託則類形之與影。」[95] 錢鍾書認為含蓄是意義已蘊藏於作品的語言之中，只要順著作品利導推敲就可以明白作者的意思；而寄託則需要到作品之外尋求。含蓄風格在中國古典文學創作中已經常出現。錢鍾書上述的見解即是針對《詩經‧鄭風‧狡童》的創作技巧而闡發。「意竭則神枯，語實則味短，唯含蓄不盡，使人低回想像於無窮焉，斯為上乘矣。」[96] 吳濁流對中國古典詩詞的造詣使其深諳此理，他的不少漢詩作品即頗得含蓄之妙。在《亞細亞的孤兒》結尾的構思中，他也力避「語實味短」，而求「含蓄不盡」，以最大程度地實現小說的審美價值。

　　《亞細亞的孤兒》還隱含著一些偉大的文學作品在人物塑造方面所達到的一個高度：主體間性的揭示。主體間性是胡塞爾先提出，之後海德格爾在本體論的角度上建立了主體間性理論。與主體性理論將存在視為主客體之間關係不同，主體間性理論將存在看作主體與主體間的關係。文學創作的主體間性實踐並非自胡塞爾、海德格爾哲學理論出現之後才存在，而是之前一種尚未獲得理論發現與總結的創作現象。巴赫金就曾指出陀斯妥耶夫斯基是複調和多聲部小說的創造者，是為生活提供基本準則的對話小說的作者。因為他的小說體現了自我與他人的對話乃至自我與自我的對話。而自我與他人同為存在的主體，自我是「自己眼中之我」，他人則是另一個「我」，是他人之「我」。「『我』從本質上就不可能是孤獨的、單個的『我』。必須是（身份平等的）兩個和許多個『我』，兩個和許多個無窮性相互映照和相互確證。」[97] 對話的方法能將客體（實質上是物化了的人）轉化為另一個主體，另一個能展示自己的「我」。巴赫金還提出了作者與主人公這一對概念。他

認爲，審美活動中的作者與主人公的關係，應是兩個不同的主體間的關係。但作者的意識是涵蓋了主人公意識及其世界的意識，作者在主人公面前所持的基本立場是外位的立場。作者在創作中具有一種超視。正是依靠這種超視，作者才能創造作品這一整體並最終完成整體。中國大陸學者近幾年來也開始關注文學作品中的主體間性問題，討論主體分裂成爲不同的自我這一文學現象，認識到作家可以通過幾個不同的自我之間的對話、審視、反思來探究自我、把握自我，揭示自我的深層結構。[98] 台灣學者呂正惠在談到《亞細亞的孤兒》的結局時認爲：「胡太明並不等於吳濁流，而吳濁流對胡太明的人物造型，又必須考慮到曾君這個人的互補作用，也必須考慮到吳濁流所完全缺乏、而胡太明卻被刻意安排的『廣東之行』。」[99]這裡所說的其實就是主體間性問題。小說裡的曾在中國大陸找到了自己堅定的民族認同，他鼓勵胡太明要認識到歷史與現實的複雜性，要具有滔滔揚子江般的寬闊胸懷，要克服自憐自艾和怨天尤人的「庶子」意識，而以實際行動來證明自己「爲建設中國而犧牲的熱情」。曾自己最後也毅然地步入了抗日陣線。而胡太明的廣東之行，則是見證了少年游擊隊長等抗日戰士爲民族解放事業捨身取義、殺身成仁的英雄壯舉。

在《亞細亞的孤兒》中，除了曾和少年游擊隊長以及藍、詹，小說設計的外交部參事張這一人物也在一定程度上加強了主體間性。太明是在南京當日語學校教員時與張結識的。對兩人的交往和談話，小說中有這樣的描寫：

「凡是有利敵行爲的人，我們都可以稱他爲『漢奸』，不過『漢奸』的種類卻不相同。據我看，歷史上的『漢奸』大致

可以分為三種：第一種是無識之徒，他們為了自己的生活，在不知不覺間犯了和『漢奸』同樣的罪行；第二種是利欲薰心之流，他們為了利之所在，便爭先恐後地去攫取，這些人大多數是中產階級或知識分子，他們似乎有點思想，但實際上卻是毫無思想和節操的機會主義者；第三種人的知識和能力都非常高強，但他們卻忘了自己國家的歷史，時機一到，他們便積極地去協助敵人，這種人就是所謂賣國賊。其實第一種和第二種人，都沒有資格稱為『漢奸』，真正夠得上稱為『漢奸』的，就只有第三種人。」

太明在不知不覺間，對張這番憤慨的理論竟聽得非常入神。

「只有青年的熱血和真情才能救中國。」張又接著說：「這是由最近的事實可以證明的，復旦大學生為了不滿當時的外交政策，當外交部長乘火車去執行外交任務的時候，學生們竟睡在火車頭前面，阻止列車前進，他們準備把鮮血灑在鐵軌上，來阻遏這種外交交涉──只有這種拼死的熱情，才能產生拯救中國的力量……」張由於感情衝動，最後的語句竟有些模糊不清了。

太明聽了他的這番話，不禁深為感動，對於自己以前那樣時常為私事所煩惱，或想逃避到古人天地中去的意念，曾深深地作了一次反省。

以後，張時常和太明見面，漸漸地，他給予太明很大的影響，太明不知從幾時開始，竟為他這種倔強的思想所同化了。他認為自己目下所能做到的，只有憑藉教育的力量，去激發學生愛國的熱情。[100]

在《亞細亞的孤兒》的尾聲裡，胡太明的「反詩」和

「誦、唱、罵」所包含的他人話語的回聲中，同樣也可依稀聽到張的上述慷慨陳詞。我們不妨將曾、游擊隊長、藍、詹和張視作主人公胡太明自我的分裂，作品通過這些人物對主人公的包圍、影響與互相爭辯，不斷地形成、補充和推動主人公性格的發展。值得注意的是，在這些人物之中，曾、藍、詹是台灣人，游擊隊長和張是大陸人，他們雖然身份職業各異，但他們抵抗日本侵略者的思想與對祖國的認同和愛戀，卻是一致的。這裡暗含著一個思想：在海峽兩岸覺醒了的知識分子之間，他們的民族正氣與民族認同是相通相連的，在他們的身上並不存在對侵略者的奴顏婢膝，也不存在認同的障礙。正是在這些「其他自我」的包圍、影響之中，在與這些其他自我的爭辯、質疑和駁難之中，主人公自我逐漸蛻變和豐滿，直至最後逃回大陸參加抗戰，最終完成主人公自我形象的「鳳凰涅槃」。我們已於前文指出，胡太明這一人物與作者吳濁流的生平經歷有一些吻合之處，但作者並沒有把自己等同於主人公，而是在創作中對主人公保持著如巴赫金所說的「外位」立場，作品在主人公之外設置了曾、游擊隊長、藍、詹和張等這些人物形象，以這些其他自我作為主人公自我的參照和座標，指示和規約著主人公自我的發展方向。正是這些其他自我保證了作者的外位性，使他得以將主人公的矛盾、猶豫性格和最終的克服這一曲折過程進行富有美學意味的展示，圓滿地完成了主人公自我的形象塑造。

　　有的台灣論者以吳濁流在《亞細亞的孤兒》日文版自序和小說之前的〈本書概略〉甚至書名作為這部作品的主題思想和結尾問題的論點和論據。我們先來看看吳濁流的有關原文：

歷史常是反覆的，歷史反覆之前，我們要究明正確的史實，來講究逃避由被弄歪曲的歷史所造成的運命的方法。所以，我們必須徵諸過去的史實來尋求教訓。

……

原來胡太明的一生，是這種被弄歪曲的歷史的犧牲者。他追求精神上的寄託，遠離故鄉，遊學日本，飄泊於大陸。但，畢竟都沒有找到他安息的樂園，因此，他一生悶悶不樂，感到沒有光明的憂鬱，不時憧憬理想，但卻反被理想踢了一腳，更又遭遇到戰爭殘酷現實的打擊，他脆弱的心靈破碎了。

「唉！胡太明終於發瘋了！

果是個有心人，又怎能不發瘋呢？」

（〈日文版自序〉）〔101〕

《亞細亞的孤兒》這篇，是透過他（胡太明）的一生，把日本統治下的台灣，所有沉澱在清水下層的泥污渣滓，一一揭露出來了。登場的人物有教員、官吏、醫師、商人、老百姓、保正、模範青年、走狗等，不問日、台人、中國（大陸）人的各階層都網羅在一起。不異是一篇日本殖民統治社會的反面史話。

（〈本書概略〉）〔102〕

引上述文字作為論點和論據者說：「吳濁流在其日文版的自序和中文版所附的〈本篇概要〉已經很清楚的將其個人的創作動機，胡太明的形象及其生命歷程和全書的主題都作了交代。」「綜合上述兩段文字，作者的意思很明顯：《亞細亞的孤兒》是日本殖民統治社會的反面史話，胡太明是被殖民的台灣島上被歪曲的歷史的犧牲者，他為了尋求寄託，憧憬理想而

在台灣、日本和大陸之間飄泊，結果其所追求和憧憬的對象都反過來打擊他，再加上戰爭的殘酷，逼得他不能不發瘋。而作者寫作此書的目的，就是自序所說的要『講究逃避』的方法，以免被弄歪曲的歷史再反覆加害於人。」「吳濁流以上引文雖然沒有用『孤兒意識』一詞，對胡太明此一情結的描述已相當清楚。」[103] 然而，這就產生了兩個問題。一是，所謂「講究逃避」的方法，是什麼方法？是所謂「下落不明」、「投向更惶惑、更淒絕的茫然」裡？還是逃到大陸參加抗戰？二是，上述兩段文字，乃至整篇〈日文版自序〉和〈本書概略〉，是否作者對《亞細亞的孤兒》主題和創作意圖的完整闡述？從以上引述的台灣論者的幾段話裡我們找不到第一個問題的答案；而第二個問題的答案論者倒是給出了現成的，即〈日文版自序〉和〈本書概略〉「已經很清楚的將其個人的創作動機，胡太明的形象及其生命歷程和全書的主題都作了交代」。對第一個問題，因申論者語焉不詳，故我們無法討論。對第二個問題我們想說的是，〈日文版自序〉和〈本書概略〉不是作者對《亞細亞的孤兒》主題和胡太明形象的完整闡述。「講究逃避」論者僅注意了吳濁流的〈日文版自序〉和〈本書概略〉，卻沒有留意吳濁流的其它文本所表現的作者風骨、中國民族主義思想及有關《亞細亞的孤兒》的解釋。如在〈我最景仰的偉人〉、〈羅福星的詩與人〉、〈北埔事件抗日烈士蔡清琳〉等隨筆中，吳濁流就表達了對祖國大陸、台灣革命志士和抗日英雄的景仰之情。他為之樹碑立傳的羅福星，是「主張解放台灣復歸祖國」、「捐軀為復舊山河」的台灣抗日英雄；他在臨去世前兩個月寫出的〈北埔事件抗日烈士蔡清琳〉一文所歌頌的蔡清琳，是以「與祖國軍協力趕走日本鬼」作號召而起義的台灣抗

日烈士。在該文中他還寫道:「我想建議在此(北埔秀巒山)建立一個抗日志士祠或紀念碑,來紀念姜紹祖與當時客家抗日義民、蔡清琳及北埔事件的犧牲義士,歸祖國參加抗日犧牲志士鄒洪、彭盛木等合祀一處,永留紀念。但際此媚日時期,近視眼尤多,此建議諒難實現。」[104] 而在〈回顧日據時代的台灣文學〉一文中,他談到了為何要將小說原名《胡志明》改為《亞細亞的孤兒》以及原書名的寓意問題:「因為《胡志明》這個書名,巧合人名,恐被誤會而不得不改的。原來我命此名很多寓意,日據時代的台灣人像五胡亂華一樣被胡人統治,又台灣人是明朝之遺民,所以要志明,此明字是指明朝漢族的意思,而且這個胡字可通何字,所以可以解釋『怎不志明』呢?」[105] 從這番話中可以看出,不是「孤兒意識」而是以祖國意識為歸宿的「孤兒意識的克服」,才是作者創作這部小說的意圖。這番話對我們理解《亞細亞的孤兒》主題、胡太明的形象和最後歸宿提供的信息應不亞於〈日文版自序〉和〈本書概略〉。在引述作者的話來作為自己的論點和論據時,應該注意當代西方學者所提出的「間文性」(Intertextuality,也譯「文體間性」、「互文性」)問題,即文本之間的交互指涉。不僅作者創作的本文與他人作品構成間文性,而且同一個作者的不同文本之間也具有內在的聯繫和互相指涉。構成一部作品的語境的不只是文本外的社會歷史環境,也不只是同一本文內的上下文,而且還包括同一作者的不同文本所編織的話語網絡。只有通過作者的不同文本所構成的話語空間去理解每一個具體的本文,才能達成更接近於作者原意的闡釋。

當我們將反抗與認同確定為《亞細亞的孤兒》的主題,將胡太明逃奔大陸參加抗日戰鬥確定為主人公的最終歸宿之後,

我們再回頭閱讀小說第一章〈苦楝花開的時節〉，映現於我們眼簾中的胡老人帶著九歲的孫兒胡太明翻山越嶺前往雲梯書院學習漢學的情景，使我們獲得了一個新的感悟和發現：《亞細亞的孤兒》的結尾呼應著開頭。它以胡太明學習漢文始，以胡太明逃歸大陸投身抗戰終，體現了一種對圓滿結構與和諧風格的追求。

確實，在現象學美學、解釋學、接受美學與讀者反應批評問世之後的今天，讀者對作品意義最終完成的創造性參與得到空前的強調。對任何一部文學作品的理解，沒有人能聲稱他的解釋是唯一正確的解釋，就連堅決主張作者的意圖才是解釋文學作品「真正的鑑別標準」，並為此與伽達默爾展開了一場著名的爭論的美國學者赫施，也承認「在知識和學術領域則絕不可能有這樣一個專斷的最高法院」。[106] 文學想像是作者的想像，也是讀者的想像。但是，想像的差異並不同時意味著否定共性的存在。因為與所有的文化想像一樣，文學想像也是人的生理自我與社會經驗所生成，它們共享著人類的某些基本價值觀念和文化傳統，而共性就凝聚於這些觀念和傳統之中。因此，對共性的承認是承認差異的前提，對作者的寫作沉澱著人類社會某些基本價值觀念和文化傳統的確信，也是讀者的創造性解讀的前提，否則，人們連簡單的閱讀都無法進行。由於共性的存在，人們根據一定的解釋範式和文學程式，可以分辨出哪些闡釋更合理，或更接近和符合作者的原意。我們之所以強調從解釋範式和文學程式入手，是因為「範式所對應的是人類生理或心理上的某種『傾向』，而且人們越接近一種絕對純樸的狀態，這種對應關係也就表現得越充分。歸根到底，它們必須對應於一種基本的人類的需要，它們必須得產生意義和提供

安慰」。[107] 不僅解釋者需要通過一定的範式進行解釋，而且作者也是根據一定的範式從事創作。本書對《亞細亞的孤兒》的主題和結尾的闡釋，是以接近作者原意爲目標和方向的。誠然，理解者對一個文本的理解，可能並且應該達到比文本作者更好的理解。巴赫金認爲，「深刻有力的創作，多半是無意識而又多涵義的創作。作品在理解中獲得意識的充實，顯示出多種涵義。……創造性理解在繼續創造，從而豐富了人類的藝術瑰寶。」但他又指出，理解者對文本的理解首先應達到文本作者本人對它的理解，「第一個任務——是依照作者本人的理解來領會作品，不超出作者的理解。解決這一任務是十分困難的，通常需要借助大量的資料。」「第二個任務——是利用自己時間上和文化上的外位性。把作品納入我們的語境（對作者來說是他人語境）。」[108] 他認爲這兩個任務是理解的第一階段，接下來的第二階段是科學研究（科學描述、概括和歷史定位）。所謂胡太明「下落不明」，最終「投向更惶惑、更淒絕的茫然裡」，還有其它那些含糊其辭的解釋，並沒有得到至今爲止我們所見到的文學史料的證明與支持，因而我們無法承認它們達到了《亞細亞的孤兒》作者本人的理解。相反，在這些觀點的持有者的論述裡，我們沒有發現合理的闡釋範式的存在，也沒有發現學理的探討與研究。更何況有的論者無視中國收復自己的失土台灣的主權的合法性，而虛構出「民族沙文主義者」、「中國殖民統治者」之類的荒誕概念。充斥於這些論者的文字裡的，是一種對文本的刻意誤讀與對作者原意的隨心所欲的曲解，從中我們看到一種自我誇張的「悲情」遮蔽著學術理性，看到分離主義意識形態的衝動取代了文學思考。

〔1〕《亞細亞的孤兒》，台北，草根出版事業有限公司，二〇〇一年八月初版第十刷。第一七頁。

〔2〕同上，第二二、二三頁。

〔3〕同上，第二五頁。

〔4〕同上，第一四五頁。

〔5〕同上，第一九六頁。

〔6〕同上，第二四三、二四四頁。

〔7〕吳濁流：〈睽違三年　重遊日本〉，台北，《台灣文藝》第四七期（一九七五年四月）。

〔8〕呂新昌：《鐵血詩人吳濁流》，台北，前衛出版社，一九九六年四月初版，第一五九頁。

〔9〕（美）愛德華・W・薩（一譯「賽」）義德：《知識分子論》中譯本（單德興譯），北京，生活・讀書・新知三聯書店，二〇〇二年四月初版。第一六、四〇頁。

〔10〕吳濁流：《亞細亞的孤兒》，台北，草根出版事業有限公司，二〇〇一年八月初版第十一刷，第二四、三〇、三一頁。

〔11〕（法）米歇爾・福柯：《論語言的話語》。轉引自愛德華・W・薩義德：《世界・文本・批評家》（郭燕譯）。《賽義德自選集》中譯本，北京，中國社會科學出版社，一九九九年八月初版，第七六頁。

〔12〕《亞細亞的孤兒》，台北，草根出版事業有限公司，二〇〇一年八月初版第十一刷，第四七～四九頁。

〔13〕（法）弗朗茲・法儂：《黑皮膚，白面具》，轉引自霍米・芭芭：〈紀念法儂：自我，心理和殖民條件〉（陳永國譯），羅鋼、劉象愚主編：《後殖民主義文化理論》，北京，中國社會科學出版社，一九九九年四月初版，第二〇六頁。

〔14〕《亞細亞的孤兒》，台北，草根出版事業有限公司，二〇〇一年八月初版第十一刷，第八六、八七頁。

〔15〕（法）弗朗茲・法儂：《地球上不幸的人們》，轉引自愛德華・W・薩義德：《世界・文本・批評家》（郭燕譯），《賽義德自選集》中譯本，北京，中國社會科學出版社，一九九九年八月初版，第七七、七八頁。

〔16〕《亞細亞的孤兒》，台北，草根出版事業有限公司，二〇〇一年八月初版第十一刷，第九〇、九一頁。

〔17〕同上，第一四八頁。

〔18〕同上，第一六二頁。

〔19〕同上，第二一三頁。

〔20〕（法）弗朗茲‧法儂：《地球上不幸的人們》；轉引自羅鋼、劉象愚主編：《後殖民主義文化理論》中之〈論民族文化〉（馬海良、吳成年譯），中國社會科學出版社，一九九九年四月初版，第二七七頁。

〔21〕《亞細亞的孤兒》，台北，草根出版事業有限公司，二〇〇一年八月初版第十一刷，第三一〇頁。

〔22〕同上，第三二五、三二六頁。

〔23〕安然：《台灣民眾抗日史》，北京，台海出版社，二〇〇三年九月初版，第三一九～三三四頁。

〔24〕陳映真：〈試評《亞細亞的孤兒》〉，吳濁流著、張良澤編：《亞細亞的孤兒》，台北，遠景出版事業公司，一九八〇年三月初版，第六一頁。

〔25〕吳濁流：〈《亞細亞的孤兒》（日文版）自序〉，張良澤編：《吳濁流作品集‧台灣文藝與我》，台北，遠行出版社，一九八〇年二月再版，第一七九頁。

〔26〕（美）埃里克‧H‧埃里克森：《同一性：青少年與危機》，杭州，浙江教育出版社，一九九八年十二月版；轉引自何言宏：《中國書寫——當代知識分子寫作與現代性問題》，北京，中央編譯出版社，二〇〇二年五月初版。第七五頁。

〔27〕埃里克森對人的生命周期劃分的八個階段及對每個階段認同問題的研究是：一、嬰兒期與互相確認；二、兒童早期與表現自主的意志；三、兒童期與角色預期；四、學齡期與任務的自居作用；五、青年期；六、成年初期；七、成年期；八、成熟期。其中他將第六至第八階段統一稱為「超出同一性」時期：「『超出同一性』指的是青年期以後的生命和同一性的應用，以及同一性的某些形式在生命的後面幾個階段中的回復。」轉引自何言宏：《中國書寫——當代知識分子寫作與現代性問題》，同上，第七七頁。

〔28〕（美）埃里克‧H‧埃里克森：《同一性：青少年與危機》，杭

州，浙江教育出版社，一九九八年十二月版；轉引同上，第七五～七八頁。

〔29〕（法）弗朗茲‧法儂：《地球上不幸的人們》；轉引自羅鋼、劉象愚主編：《後殖民主義文化理論》中之〈論民族文化〉（馬海良、吳成年譯），中國社會科學出版社，一九九九年四月初版，第二八二～二八四頁。

〔30〕同上，第二八五、二八六、二九四頁。

〔31〕鍾肇政在〈風雨憶故人〉一文中說：「濁流先生許多年以來已可以用中文寫作，若干後期短篇小說都是用中文寫下的。不過長篇作品，濁流先生一方面是因為字數較多，需費好長一段時間，而且他年紀也著實不小了，常常說長篇寫起來太吃力，還是用日文起草省力些，較可能支撐下去，這就是他仍用日文來寫的緣故。」（張良澤編：《吳濁流作品集》六卷本，台北，遠行出版社，一九八〇年二月再版）。在〈鐵血詩人吳濁流〉一文中又云：「當初，吳氏（指吳濁流——引者按）說要寫此書（指《無花果》——引者按）時就告訴我，長篇作品還是非用日文寫不可。因為中文他畢竟還不太習慣，長期支持，恐有困難。前此，他用中文寫過論文及若干短篇，但數量不多，中篇〈路迢迢〉就是我幫他翻譯過來的。……如今我已想不起這本書（指《無花果》——引者按）是全由我迻譯的，或者請吳氏分攤一些給別的同仁，不過至少可以說，一大部分是由我譯出來的。」（「吳濁流學術研討會」，一九九六年十月五日，台灣新竹縣立文化中心）

〔32〕錢鴻鈞編：《吳濁流致鍾肇政書簡》（黃玉燕譯），台北，九歌出版社，二〇〇〇年五月初版，第一一二、一一四頁。

〔33〕同上，第一二一頁。

〔34〕（美）本尼迪克特‧安德森（Benedict Anderson）：《想像的共同體：民族主義的起源與散布》（吳叡人譯），上海世紀出版集團，二〇〇三年一月初版，第一五二頁。

〔35〕（美）費蘭：《文字組成的世界》；轉引自申丹：《敘述學與小說文體學研究》，北京大學出版社，二〇〇一年五月第二版，第一八四頁。

〔36〕（德）瓦爾特‧本雅明：《翻譯者的任務》（陳永國譯），陳永國、馬海良編：《本雅明文選》，北京，中國社會科學出版社，一九九九年八月初版，第二八〇、二八一頁。

〔37〕葉石濤：《台灣鄉土作家論集‧吳濁流論》，台北，遠景出版社，一九七九年三月初版，第一二三、一二四頁。

〔38〕 吳濁流：〈漫談文化沙漠的文化〉，張良澤編：《吳濁流作品集·黎明前的台灣》，台北，遠行出版社，一九八〇年二月再版，第一六八～一七〇頁。這兩段引文與一九八〇年台北遠景出版事業公司版（張良澤編）和一九九五年台北草根出版事業有限公司版等版本有異，當是另外的版本。

〔39〕 同上，第一六九、一七〇頁。

〔40〕 西方敘述學理論對敘事作品層次的分類也有分歧。參見申丹：《敘述學與小說文體學研究》，北京大學出版社，二〇〇一年五月第二版。

〔41〕 申丹：《敘述學與小說文體學研究》，同上，第四九頁。

〔42〕 《亞細亞的孤兒》，台北，草根出版事業有限公司，二〇〇一年八月初版第十一刷，第二三四、二三五頁。

〔43〕 （古希臘）亞里斯多德《詩學》；轉引自伍蠡甫主編：《西方文論選》（上卷），上海譯文出版社，一九七九年十一月新一版，第五九、六〇頁。

〔44〕 （法）安德烈·莫羅亞〈追憶逝水年華序〉（施康強譯），普魯斯特：《追憶逝水年華》中譯本第一卷。江蘇南京，譯林出版社，一九八九年六月初版，第一頁。

〔45〕 《亞細亞的孤兒》，台北，草根出版事業有限公司，二〇〇一年八月初版第十一刷，第一三二頁。

〔46〕 申丹：《敘述學與小說文體學研究》，北京大學出版社，二〇〇一年五月第二版。第二一五、二一六頁。

〔47〕 《亞細亞的孤兒》，台北，草根出版事業有限公司，二〇〇一年八月初版第十一刷，第一四六頁。

〔48〕 申丹：《敘述學與小說文體學研究》，北京大學出版社，二〇〇一年五月第二版。第二一三、二一五頁。

〔49〕 如丁帆等：《中國大陸與台灣鄉土小說比較史論》（南京大學出版社二〇〇一年五月初版），盧斯飛：〈寒凝大地發春華——論吳濁流的知識分子題材小說〉（吳濁流學術研討會，一九九六年十月五日，台灣新竹縣立文化中心）。

〔50〕 《亞細亞的孤兒》，台北，草根出版事業有限公司，二〇〇一年八月初版第十一刷，第三二八、三二九頁。

〔51〕 《台灣香港文學論文選》（首屆台灣香港文學學術討論會專輯），

福州，福建人民出版社，一九八三年十月版。

〔52〕瀋陽，遼寧大學出版社，一九八七年十二月初版，第二二四、二二五頁。

〔53〕湖北武漢，長江文藝出版社，一九九六年一月初版，第三八頁。

〔54〕趙遐秋主編：《台灣鄉土文學八大家》，北京，台海出版社，一九九九年十一月初版，第八一頁。

〔55〕上海，漢語大詞典出版社，二○○○年十月初版，第三七頁。

〔56〕《吳濁流百年誕辰紀念專刊》，台灣新竹縣文化局，二○○○年十二月，第一八四頁。

〔57〕《曾鎮南文學論集》，河北石家莊，花山文藝出版社，二○○一年八月初版，第一四五、一四六頁。

〔58〕時事出版社，二○○二年六月初版，第一八七頁。

〔59〕吳濁流著、張良澤編：《亞細亞的孤兒》，台北，遠景出版事業公司，一九九三年九月再版，第五八、五九頁。

〔60〕陳義芝主編：《台灣文學經典研討會論文集》，台北，聯經出版公司，一九九九年版，第一三頁。

〔61〕北京，中國社會科學出版社，二○○一年七月初版，第一六六頁。

〔62〕《台灣文化季刊》第二期，一九八六年九月。

〔63〕吳濁流學術研討會（台灣新竹縣立文化中心，一九九六年十月五日）。

〔64〕轉引自陳萬益：〈胡太明及其「孤兒意識」──《亞細亞的孤兒》兩岸評的不同點〉，黃維樑編：《中華文學的現在和未來──兩岸暨港澳文學交流研討會論文集》，爐鋒學會，一九九四年六月出版，第一四五、一四六頁。

〔65〕陳萬益：〈胡太明及其「孤兒意識」──《亞細亞的孤兒》兩岸評的不同點〉，同上，第一四六頁。

〔66〕（德）伽達默爾：《美學和釋義學》（張汝倫譯）。蔣孔陽主編：《二十世紀西方美學名著選》（下），上海，復旦大學出版社，一九八八年一月初版，第四七一頁。

〔67〕（美）赫施：《解釋的有效性》；轉引自（美）卻爾（P.D.Juhl）：

《解釋：文學批評的哲學》中譯本（吳啟之、顧洪潔譯），北京，文化藝術出版社，一九九一年六月初版，第一二頁。

[68] 魯迅：〈《絳洞花主》小引〉，《魯迅全集》第八卷，北京，人民文學出版社，一九八一年初版，第一四五頁。

[69] （德）海德格爾：《存在與時間》中譯本（陳嘉映、王慶節譯，熊偉校），北京，生活‧讀書‧新知三聯書店，一九八七年十二月初版，第一八四、一八五頁。

[70] 同上，第一八七、一八八頁。

[71] （德）恩格斯：《自然辯證法》；轉引自高哲、溫元著、賈建梅主編：《馬克思恩格斯要論精選》，中央編譯出版社，二○○一年八月初版，第八二頁。

[72] 《列寧選集》第二卷，北京，人民出版社；轉引自李秀林、王于、李淮春主編：《辯證唯物主義和歷史唯物主義原理》，中國人民大學出版社，一九八二年四月初版，一九八三年二月第三次印刷，第二一八頁。

[73] （德）恩格斯：《反杜林論》；轉引自高哲、溫元著、賈建梅主編：《馬克思恩格斯要論精選》，中央編譯出版社，二○○一年八月初版，第八一頁。

[74] （德）伽達默爾：〈完美的德語〉，《讚美理論──伽達默爾選集》（夏鎮平譯），上海三聯書店，一九八八年九月初版，第一六四、一六五頁。

[75] 轉引自申丹：《敘述學與小說文體學研究》，北京大學出版社，二○○一年五月第二版，第一三○頁。

[76] 申丹：《敘述學與小說文體學研究》，同上。

[77] （俄）巴赫金：〈言語體裁問題〉（曉河譯），錢中文主編：巴赫金著作系列之《文本 對話與人文》，河北教育出版社，一九九八年六月初版，第一五六～一五八頁。

[78] 司馬遷：《史記‧留侯世家》，北京，中華書局，一九八二年十一月第二版，第六冊第二○三四頁。

[79] 一九四三年十一月底，台灣總人口六百一十三萬人，戚嘉林：《台灣真歷史》，北京，中國友誼出版公司，二○○一年一月初版。第一五四頁。

[80] 《辭海》（一九七九年版，縮印本），上海辭書出版社，一九八〇年八月初版，第一九七二頁。

[81] 《亞細亞的孤兒》，台北，草根出版事業有限公司，二〇〇一年八月初版第十一刷，第三二七、三二八頁。

[82] （俄）巴赫金：〈言語體裁問題〉（曉河譯），錢中文主編：巴赫金著作系列之《文本　對話與人文》，河北教育出版社，一九九八年六月初版，第一八七頁。

[83] 申丹：《敘述學與小說文體學研究》，北京大學出版社，二〇〇一年五月第二版，第二三頁。

[84] 轉見申丹：《敘述學與小說文體學研究》，北京大學出版社，二〇〇一年五月第二版，第八五頁。

[85] 《亞細亞的孤兒》，台北，草根出版事業有限公司，二〇〇一年八月初版第十一刷，第二七三頁。

[86] 同上，第二七四頁。

[87] 同上，第二八九頁。

[88] 同上，第三一八頁。

[89] 轉見申丹：《敘述學與小說文體學研究》，北京大學出版社，二〇〇一年五月第二版，第一六六頁。

[90] 趙仲邑：《文心雕龍譯注》，廣西桂林，灕江出版社，一九八二年四月初版，第三三四、三三五頁。

[91] 轉引自敏澤：《中國美學思想史》第二卷，山東濟南，齊魯書社，一九八九年八月初版，第四八二、四八三頁。

[92] 轉引自曹文軒：《中國八十年代文學現象研究》，北京，作家出版社，二〇〇三年一月初版，第二二四頁。

[93] 同上。

[94] 轉引自周振甫：《詩詞例話》，北京，中國青年出版社，一九七九年五月第二版，第三三五頁。

[95] 錢鍾書：《管錐編》第一冊，北京，中華書局，一九七九年八月初版，第一〇八、一〇九頁。

[96] （清）高步瀛編：〈唐宋詩舉要·序〉；轉引自曹文軒：《中國八

十年代文學現象研究》，北京，作家出版社，二○○三年一月初
版，第二二六頁。

〔97〕（俄）巴赫金：〈陀斯妥耶夫斯基——一九六一年〉（潘月琴
譯），錢中文主編：巴赫金著作系列之《文本　對話與人文》，河
北教育出版社，一九九八年六月初版，第三四六頁。

〔98〕參見劉再復、楊春時：〈關於文學的主體間性的對話〉，廣西南
寧，《南方文壇》雜誌，二○○二年第六期。

〔99〕呂正惠：〈被歷史命運播弄的人們——論吳濁流《亞細亞的孤
兒》〉，陳義芝主編：《台灣文學經典研討會論文集》，台北，聯
經出版公司，一九九九年版，第一三頁。

〔100〕《亞細亞的孤兒》，台北，草根出版事業有限公司，二○○一年
八月初版第十一刷，第一八六、一八七頁。

〔101〕同上，第Ⅳ、Ⅴ頁。

〔102〕同上，第十頁。

〔103〕陳萬益：〈胡太明及其「孤兒意識」——《亞細亞的孤兒》兩岸
評的不同點〉，黃維樑編：《中華文學的現在和未來——兩岸暨
港澳文學交流研討會論文集》，爐鋒學會，一九九四年六月版，
第一四一頁。

〔104〕張良澤編：《吳濁流作品集·黎明前的台灣》，台北，遠行出版
社，一九八○年二月再版，第三七頁。

〔105〕同上，第六三、六四頁。

〔106〕（美）赫施：《解釋的有效性》；轉引自（美）卻爾（P.D.Juhl）：
《解釋：文學批評的哲學》中譯本（吳啟之、顧洪潔譯），文化
藝術出版社，一九九一年六月初版，第一九頁。

〔107〕（英）弗蘭克·克默德：《結尾的意義》中譯本（劉建華譯），
遼寧教育出版社，（英）牛津大學出版社，二○○○年三月初版，
第四一頁。

〔108〕（俄）巴赫金：〈一九七○——一九七一年筆記〉（曉河譯）。
錢中文主編：巴赫金著作系列之《文本　對話與人文》，河北教
育出版社，一九九八年六月初版，第四○五、四○九頁。

第四章
知識分子的激情與理性

　　《黎明前的台灣》、《無花果》和《台灣連翹》是吳濁流寫於台灣光復後的三部作品。《黎明前的台灣》是隨筆集，一九四七年六月出版。《無花果》和《台灣連翹》是自傳體小說，前者於一九六八年問世。《台灣連翹》第一章至第八章於一九七三年發表。餘下的第九章至第十四章一九八六年九月起陸續發表於《台灣新文化》雜誌。這三部作品，從文學成就來衡量，並未及《亞細亞的孤兒》所達到的高度，然而它們在吳濁流的創作中又據有重要的位置。雖然三部作品體裁不完全一致，寫作和發表的時間跨度也很大，但作品的精神卻具有一種內在的連貫性和共通性，猶如三股支流最終匯入一條奔騰的長江大河，這就是它們共同表現了吳濁流對歷史和現實的關注與審視，表現了一個作家的社會良知與責任感，表現了一個知識分子的激情與理性。因此本章將這三部作品放在一起論列。

第一節　建設新中國的激情

　　《黎明前的台灣》以日文寫於一九四七年四月至五月間。同年六月，在台灣出版日文單行本。寫作和發表的時間，正是「二・二八事件」剛發生不久，吳濁流所供職的《民報》停

刊，吳濁流失業在家，終日無所事事，因此花二十來天寫成了
這本集子。

　　《黎明前的台灣》是關於時事、政治、經濟、文化等方面
的隨筆，是一種議論文體。它不刻意於藝術的構思和修辭，因
此其文學性並不強。然而，它對瞭解吳濁流於台灣光復初期的
內心世界、同一時期和以後作品的創作動機與主題都有很大的
裨益。

　　《黎明前的台灣》論及了光復後的台灣社會所面臨的諸多
方面的問題，其議題之豐繁，甚至令人覺得不是這本薄薄的小
冊子的篇幅所能承載。然而作者就是在「二‧二八事件」的腥
風血雨的日子裡一氣呵成地寫出了這本集子。在風聲鶴唳、文
字獄再度勃興的險惡環境中，這本隨筆還不時發出批評國民黨
當局政策的聲音。是什麼原因使得四十七歲的吳濁流，在危險
的時局中表現出這樣的膽量和天真？通讀《黎明前的台灣》全
書，不能不使人得出這樣的結論——是建設新中國的激情燃燒
著吳濁流的內心，鼓舞著他執筆的勇氣。建設新中國，同時也
就是這部隨筆的敘述主題。

　　《黎明前的台灣》分為十一個部分：「前言」、「台灣青
年應走的路」、「奴化教育與對台灣教育的管見」、「與新時
代一起前進」、「為我論與衙門理論」、「宣傳的副作用與反
效果」、「愚蠢的習慣」、「台灣要怎樣才會好？」、「民主
政治與政治人材」、「台灣文化一瞥」、「附錄：對廢止日文
的管見與日文文化的使命」。全書的十個正式的章節其實還可
以壓縮，比如「台灣青年應走的路」和「與新時代一起前進」
這兩章其實論述的問題相似，可以合為一章。

　　將《黎明前的台灣》作一個大致的歸納，它主要提出了這

些觀點：台灣人尤其是台灣的青年們，要學習掌握科學技術，擔當起建設新中國的重任。台灣人也是漢民族，絕不會被日本奴化；而在接受科學教育方面，台灣青年比外省青年還有一日之長。台灣人要克服狹隘的地域觀念，拋棄只謀一己之利的「爲我論」，而要著眼於建設新中國的大目標。政府宣傳要講究技巧，否則將會產生副作用或反效果。光復後的台灣國民黨政府官僚受一些愚蠢的習慣支配，辦事手續繁瑣，工作效率低下。全面廢止日文，是當局的一項愚蠢舉措。台灣人民期望的是有誠意的政治。民主政治需要政治家而不是政客。台灣人民是漢民族中最富於反抗性，最不服異族統治的。他們魄力宏大、意志堅強和富於進取精神，但台灣文化也因長期處於殖民統治下，而不可避免地帶有殖民地的性格。台灣省人和外省人應團結起來，彼此取長補短，共同努力建設一個令人身心舒暢的自由的台灣。

《黎明前的台灣》的一個引人注目之處，是它恢弘的視野和理性的思考。它將台灣的問題放在整個中國的格局裡，又將中國的問題置於世界文明的發展進程中進行討論。在作者的筆下，台灣作爲中國的一部分，台灣的前途與祖國的命運緊密相連，台灣青年應走的路，就是刻苦學習科學文化本領，將建設新中國視爲己任，擔當起建設新中國的歷史使命。在闡述這一點時，作者使用的是全書其餘部分少有的激情洋溢的抒情筆調：

今後的中國不僅靠軍人或政治家，更需要的是：科學家和技術人員，尤其在近代文明落伍的中國，如何需要科學是用不著說的。我國地廣物博，許多資源正待開發，中國的再建非從科學開始不可，而如果沒有科學人材，侈談中國建設，無異於

緣木求魚而已。

　　青年諸君起來吧！你們去做技師，去做礦工，去做技工、建築家、學者……要擔當新中國建設重任的青年們，你們的前途是無可限量的，千萬不要被現實所迷惑，滿足於眼前的小利，至少須想十年或二十年後而選自己要念的書。……

　　要開拓廣大的我中國處女地，有多少人材都不夠的。如果要本省青年動員，只能集中全人口八分之一或十分之一──六、七十萬罷了。再根據個人志願的話，連一半也很難遷移到大陸上去的。這三、四十萬人的青年縱令全部都是技術人員，也不夠建設中國。從這些我們可以看出青年們的前途是如何悠遠，只要我們有一種技術就好。

　　……

　　啊，廣大無邊的我國呵，北有東北的工業地帶，西部長江上游一帶──青海、新疆、西藏等有千古未開的寶藏，南有天賜的寶庫，而南洋的經濟權握在我同胞手裡，亞洲何處沒有我同胞的地方？青年朋友們，你們何必悲觀，我們的前途既遠且大。話雖如此，但青年們如果沒有志氣，只為名利而你搶我奪的話，中國是永遠不能得救的。青年朋友們，你們該懷大志，為科學建設而貢獻一生，各自成為專家、技師、技術人員，為國家民族活躍，中國的前途才會有光明的。[1]

　　在這本隨筆的各個章節中，作者不時重複這些語重心長的諄諄告誡：「要建設中國，一要科學，二要科學，三要科學，四要科學……十七、十八還是要科學。」「中國現在需要的是安貧樂道而把全副精神集中在探究真理的大學教授，和充滿信念而為中國工業生產貢獻心力的青年。」「青年諸君不能以大

陸的科學水準來鑽研科學，而應以世界水準爲努力目標，台灣
青年尤其要爲中國科學與工業生產完成自己應盡的使命。」
「我們應捨棄短視的想法，希望現在起就在學校埋頭研究，十
年、二十年後就能成爲背負中國建設重任的科學家或技術人
員。」「台灣教育如果不養成技術人材，對祖國便不會有什麼
用處。不僅如此，台灣本身也將不會有前途。」「台灣人口倘
再增加，勢非移民到外面不可。青年們如果不向祖國或南洋發
展的話，在台灣會窒息。不過，僅憑赤手空拳到海外去也不
行。如果只靠口齒伶俐，這種人材祖國已太多了，因此還是帶
技術去才行。」「祖國太廣大了，廣袤四百餘州，教育雖然沒
有普遍，但人口太多了，達到世界知識水準的也不少，只憑自
我滿意是無法被祖國承認的。」[2]

　　《黎明前的台灣》的各個章節所討論的問題，都是圍繞著
建設新中國這一主題而進行。作者反駁了台灣光復後出現的有
關台灣因長期受日本殖民統治，因此台灣人受的是奴化教育的
言論。因爲這種意見包含著某種排斥台灣同胞對重建台灣和全
中國的政治權利的潛話語。吳濁流認爲，日本殖民當局爲了鞏
固殖民統治，教育台灣人擁護、協助殖民政策是事實，但日本
當局的教育並沒有成功，台灣不斷發生的抗日事件就可以證明
這一點。台灣人也是漢民族，絕不會被奴化的。日本在精神教
育方面，不僅在台灣，而且在其國內確實推行一種使受教育者
妄信甚至盲從的「奴化教育」；但在科學教育方面，卻是相當
成功，因此今天的台灣青年的科學思想不僅不比大陸青年差，
大體來說還勝一籌。中國的教育傳統是天才教育，而且是作文
教育。天才教育可以使有天分的人充分發揮，但缺乏天分的人
就變成一無可取。作文教育與以實驗實測爲主要內容的現代科

學教育相比,可謂「跛腳教育」。某些外省人在台灣人看來只能講漂亮話而不能做事,與這種作文教育有關。

　　作者也客觀地分析了台灣社會、經濟、文化的不良現象及其根源。他指出,日本戰時在台灣實施強盜式的統制,台灣經濟遭受根本的破壞,赤貧的狀況已暴露無遺,台灣人所「剩下的只有山河罷了」,但許多台灣人卻沒有認識到這一點。他還認為,台灣過去確實存在一種以日本為標準的「台灣殖民式的文化」,這種文化是在日本殖民者壓迫下產生的,可以說是「傀儡式的文化」,比如日據時期的「報國文學會」、「皇民奉公會」宣揚的皇民文學、皇民文化就是如此。傀儡式的文化會產生傀儡式的青年;在這種傀儡式文化之下,六百多萬同胞過了宿命的五十年。因此今天如果不對此好好檢討一番,台灣文化就會被世界文化拋在後面。台灣青年的另一個毛病是不知不覺中會陷入狹隘的地域觀念,不願意離開故鄉向外發展。作者認為,在多年的殖民統治下,台灣人不但要與人為的環境作鬥爭,還要與颱風、水災和地震等大自然的壓迫作鬥爭,因而鬥爭心、競爭心特強,有如虹的魄力,意志堅固而富於進取性,但被日本的鎖島政治所幽閉,致使見聞少,「想雄飛的勇氣變成愚痴的感情」。他認為,台灣青年如果要適應新環境,就要吸取世界文化。要將自己的知識水準與世界水平相比較,從而「拋棄既往台灣地域性的想法」。作者還鄭重指出,台灣社會流行一種「為我論」。所謂「為我論」,即「大凡忘記大多數人的利益,而謀一己之利,這就是屬於為我論,其行為則都是為我行為。」那種狹隘的地方主義、本土主義,也屬於作者所說的「為我論」範疇:

　　「台灣人團結」這一句話也值得注意，裡面包含團結而擁護「我」的意思。此外還叫人誤會：團結做什麼？因沒給人明確的意識，會使青年誤入歧途，而在不知不覺中種植了對抗意識，如果為邁進建設之途而團結的話，還像點話，光叫團結的政客，會使人上當的。

　　有一時期把台語的重要性做誇張的宣傳，這也是為我論，這種為我論最會使台灣青年窒息而有百害而無一利。中國語的通用範圍僅次於英語。凡是中國人，應以不知國語為恥辱才是。到大陸去，有不少外國人——英、美、德國人都會把國語講得很流暢。光復後，居住台灣的日本人也起勁地學我們的國語。你儘管把台灣話講得如何好，一旦到祖國去，便知只是個井底蛙而已。

　　關於這，我要提倡使台灣成為國語模範省，如果為政者在國語普及方面下功夫，在全省各地推行國語的話，台灣不知將變成如何明朗。……

　　懂得了國語以後，本省人與外省人的隔膜也必除掉一半，青年由此明瞭祖國的情形，且會引起想在祖國發展鴻圖的意志，發牢騷的閒情也必隨之消失。[3]

　　作者指出，包括以上所舉的「為我論或為我行為是要建設新中國最要不得的事」。

　　作者對國民黨當局也提出了批評。他指出，政府的公務員有玩弄詭辯的毛病；當局的宣傳不注意講究技巧；政府辦事機構手續繁瑣，效率低下，受「愚蠢的習慣」所支配。他還批評當局全面廢止日文是「愚蠢」之舉。他認為，政府機關報當然應廢止日文，但其它的日文報刊，准許其存在也沒有什麼妨

害。日本戰敗後，日文已解除了武裝，恢復了正常的語言功能。尤其是世界各國的文化成果差不多已譯成日文，因此只要瞭解日文就能接觸到各國文化。另一個事實是，自然科學方面的書，用漢文寫的很少。戰前我國曾向日本派出許多留學生，花費的是寶貴的國幣。而台灣光復，等於一下子有六百多萬留日學生回到祖國來，帶回來了寶貴的各國文化，而當局對此「不但不加培養，反而愚蠢地糟蹋它」。

作者意味深長地說，台灣是天惠豐裕的地方，理論上應是有前途的，但人們卻常常失望。台灣人為什麼失望，他們到底希望什麼？他們需要有誠意的政治。他們需要有誠意的政治家。作者指出，政治家絕不是政客，政客是靠政治吃飯，而政治家是以服務天下為己任。政治家不只是有知識和智慧的人才，實際上大凡民主政治並不必需傑出的政治人才。國民的水準還沒有達到相當程度，因一二政治天才而遭殃的例子古今中外都很多。政治家最根本的是要真正有為天下服務和為民眾犧牲的精神，否則談不上民主政治，民眾也不會相信他。而真正的民主政治限於民選。

抗日戰爭勝利後，國民黨政府代表中國收復台灣。台灣人民將當時的國民黨當局等同於祖國的形象。而對祖國的嚮往與建設新中國的激昂急切之情，使吳濁流對接收台灣的國民黨政權的腐敗與無能給予了善意的理解：

過去我國為排除內憂外患，四億民眾同心協力參加救國的行列，尤其是有為的青年，有的從軍，有的從政，為國家獻出他們的心身。不但如此，科學家、文人、美術家也到前線參加戰爭的行列。換句話說，醫生、技師、畫家也為了救國不是做

政治家，便是做軍人。……這種現象繼續了五十年，因而一旦
進入建設時期時，技師發呆而不知所措，醫生連顯微鏡也忘了
怎麼使用，拿了聽診器也不知道心臟在右邊還是左邊呢？像這樣
的錯誤隨時都有，這一點兒也不稀奇，寧可說是理所當然的。

　　因此，來台灣接收的技術人員或者學者說出種種不合邏輯
的話也不足為怪，他們之中，一定有為國棄筆或以槍代替試管
而從戎的。這是不得已的事。

　　大陸歷史悠久，由歷史而來的好處多，壞處也不少，並且
由於現實是殘酷的，所以沒有夢。於是，感傷性而做甜蜜的夢
的台灣青年碰見懷現實主義的大陸來台人士，驚詫之餘，與外
省人不容易肝膽相照。這也難怪，大陸的環境複雜，被因襲與
傳統壓得疲憊不堪，哪裡還會有談夢的餘裕！但一旦事關現實
問題，他們便會認真起來。你不妨把賺錢的事提出來吧，他們
一定會改變態度的。[4]

　　上述最後一段所謂「賺錢的事」，即作者在書中所云「許
多大陸來台人士為滿足物欲色欲，在街頭奔走競爭」中的「物
欲」是也。這其實是國民黨政權的腐敗性質所導致的一種醜惡
風氣的蔓延。而作者與許多孤苦飄零多年，乍回到祖國懷抱的
台灣同胞一樣，將國民黨當局及其接收人員，即所謂「大陸來
台人士」，視為祖國的化身乃至「真身」，因此對當局和「大
陸來台人士」所表現出的種種醜態陋習，或予以原諒，或進行
溫婉的諷勸。作者對當局的施政還提出了一些建設性的意見。
如說光復後當局投入了二十億元振興台灣糖業，但不種甘蔗的
話，糖廠就無法動工，經濟就無法恢復，政府如果將這些道理
告訴台灣人，台灣人都會一致協力的。又說光復初期台灣的四

百多輛火車機車壞掉了兩百輛,如果當局事先聲明在修好之前,坐火車難免擁擠,這樣可以避免無能之譏。

《黎明前的台灣》寫於「二・二八事件」發生不久,實際上事件的餘波仍未停止。因此作者在書中所流露的對此一事件的態度頗值得讀者注意。除了上述引文中的某些暗示外,書中或隱或顯地涉及「二・二八事件」的文字尚有如下:

瞧鄰國日本吧,他們雖然戰敗,但在艱難辛苦中還想生長下去,而且充滿著新的希望。他們舉國一致,官民團結,為民主國家的建設而努力著。反看我國呢,就在狹小的台灣裡,外省人與本省人也是對立、相爭著。啊,多傻、多胡鬧喲!

自光復以來,到底有多少人能不在時尚裡隨波逐流呢?許多人都患了大頭病,想在政治舞台上爭得一席地,阿狗阿貓都在那裡擁擠,焦急著。政治是一道窄門,容納的人材有限,如此不會發生困難嗎?這種現象不僅我們台灣如此,連全國的青年都患著這種毛病。台灣過去大約三百年間都沒有問津政治的機會,致使政治欲燃燒得更厲害,難怪要誤以為除政治以外是無法救國家民族。從中國百年的大計看來,這種政治病是有害無益而值得我們青年朋友們深思的。

最令人感到奇怪的是:有些大學教授或技術者竟也半路出家,出現政治舞台上,把一知半解的政治常識大模大樣地向民眾發表,裡邊也有相當地位的學者混在一起,真是不可思議的。他們放棄了自己的專長,露出蒼白的臉向民眾講政治的ＡＢＣ,真是滑稽之至!大學教授實應擁萬卷書,超越名利而專心於真理的探究才能令人肅然起敬的,而且一旦發表他們的專門知識,那時才會令人欽佩。啊,台灣的學者和技術家何以放

棄鑽石而換取玻璃呢？這實在太奇怪了。

　　我國市場的廣大，前途的遠大是用不著說的，……我們對於一樁事的看法，判斷不能單憑感覺，而應訴於理性，勿為目前的現象所迷惑才好。

　　易熱易冷就是台灣青年的特徵，最近似乎缺乏光復當時那種熱情。台灣青年的任務在於建設，無論如何要為中國的建設而完成自己的使命才對。旁觀的態度或為小挫折而氣餒是不行的。只要為建設抱著信心，不管路途如何遙遠，一步步地走總有達到目的的日子。如果捨棄這種信念，那簡直是自殺性行為，光復也失去意義了。

　　在殖民地沒有倫理，因此台灣人在不得不猜疑的環境下長成，連不必猜疑的也猜疑，他們過分敏感，三百年來渴望的就是有誠意的政治。只要有誠意的話，稍吃虧也可以忍耐的，因此誠意勝過任何政策。如能上下一致推行有誠意的政治，台灣立刻會明朗化。回到祖國懷抱的現在，應該不再有從前的那種憂懼，但惰性是很難改的，尤其公務員裡面混著不肖分子，更無法清除以前那種心理。事實上，要使台灣明朗化，需有誠意的人。公務員用不著說，各級民意代表也應得其人才行。

　　台灣目前最要緊的事是物價安定，其中只要安定米價，街頭的嘆息會減去九成五；……

　　再者，警政的統一也很要緊，有警察大隊，有法院警察，有專賣局警察，有鐵路警察，有水上警察，因它的命令系統不一致，機關與機關容易發生摩擦。尤其讓有收入的機關擁（有）警察權是不妥的事。如果野心家做了那個機關首長，他就能無限制地強化警方，藉此隱飾劣行，干犯法紀，無往不利。

　　政府現在獎勵人民檢舉，雖有好處也有壞處，往往得不償失，

因社會的人並非全都是君子，為報私怨說不定有不擇手段的。

三百年間以殖民地的地位被榨取的結果，患了政治缺乏症，以為政治家都是很了不起的，於是阿狗阿貓都爭著想做政治家。……

為今之計，我們是不是應該先把台灣目前的政治家病治好？……曾被（日本殖民者）動員的青年應早些丟掉薪水階級的劣根性而從事生產事業，否則戰時那種「跛腳狀態」便不免要持續下去。

本省人則忘記理想和目標，只會吵或發牢騷，別人如果不發號施令，一直站在那裡踏腳。這裡有殖民地的性格，也有它的幼稚和依賴性。男人如此，女人更厲害。[5]

從以上引文可以看出，作者對「二・二八事件」持一種冷靜和理性的態度。他對國民黨當局和台灣民眾都各有微詞。他批評當局政治上的缺乏誠意和低效無能，也批評一些「本省人」過於熱衷政治，忘記了理想和目標──建設包括台灣在內的新中國。作者在書中談到一則報載的新聞：台南工學院因為接收工廠，與當地人發生糾紛。作者評論說，學校的教室或實驗室，都沒有什麼利益可言。而當地一些人「為了自己的利益，強詞奪理，阻擾接收的工作，真是可惡之至！更可怪的是本省參議員、參政員、國大代表諸公對此怎麼保持沉默？」作者還發問：「本省人是不是只想自己的利益而忘記國家的前途呢？」[6]作者對迅速了結「二・二八事件」使台灣社會階級與族群之間加劇的對峙，治癒事件給台灣社會帶來的嚴重創傷，開出了如下藥方：

應打破偏狹的地域觀念，向祖國發展才對。如果固執地域觀念，便容易使人唯我獨尊而變成排外性，這樣是不能成為大人物的。青年們該擯棄這種落伍的思想，與祖國優秀青年攜手協力，為新時代的建設而努力。

說什麼外省人啦，做愚蠢的爭吵時，世界文化一點兒也不等我們，照原來的快速度前進著。因此，我們與其呶呶不休於那些無聊的事，還不如設法使台灣成為烏托邦。比方掉了東西，誰都不會撿去；不關窗戶而眠，小偷也不會進來；吃了生魚片也不會有霍亂、傷寒之虞；在停車場沒有警察維持秩序，大家也很規矩地上下車；沒有人會弄髒公共廁所；做任何事都不會受別人監視；走什麼地方都不會受警察責備；寫任何文章都不會被禁止出售；攻擊誰都不會遭暗算；聳聳肩走路也沒有人會說壞話……這樣努力建設身心寬裕而自由的台灣就是住在台灣的人的任務，從這一點說來，是不分外省人或本省人的。[7]

讀完《黎明前的台灣》，我們不難發現，是「二‧二八事件」促發了這本隨筆的寫作。而作者的寫作動機，是想以自己的思考幫助台灣社會擺脫恐怖和迷茫的氣氛。正如作者在「前言」中所說：「筆者特別希望青年男女和學生們能夠讀讀本書，不過讀了也並不是就能有得救的感覺，但筆者倒以為或許能減少些目前的嘆息吧。」[8]國民黨當局對「二‧二八事件」的殘酷鎮壓使許多當初歡呼抗戰勝利回歸祖國的台灣同胞感到極大的失望和挫折，在台灣社會再次陷入迷惘和民族認同危機的時刻，作者懷著一個愛國知識分子的良知與責任感，既循循善誘、娓娓而談，也慷慨激昂、大聲疾呼，積極申張民族大義，大膽指陳當局施政得失，力圖撥開密布於台灣同胞尤其是

台灣青年心頭的濃霧烏雲。《黎明前的台灣》所湧動的熱愛和建設新中國的激情，正是《亞細亞的孤兒》重建文化身份與民族認同這一主題的延續。我們讀《黎明前的台灣》，耳邊似乎不時迴響《亞細亞的孤兒》中曾導師對胡太明所說的話：「我們為建設中國而犧牲的熱情，並不落人之後啊！」「建設中國的路程是非常遙遠的，絕不可輕浮急躁。你只要看揚子江，那滔滔的長流，它的流速多麼驚人，我們也必須具有這種大河流的胸懷。」「只有實際的行動才能救中國。」……

　　《黎明前的台灣》以其建設新中國的主題而匯入中國現代文學的中心敘事——建立現代民族國家。研究現代民族國家興起的西方學者發現，文學與民族共同體的形成具有緊密的關係。一方面，現代民族主義的政治目標支配著文學的進程，把「民族性」和「民族語言」這些浪漫主義的概念引進文學領域成為明確的「民族文學」；另一方面，通過創造「民族印刷媒介」——報紙和小說，文學參與了民族基礎的構造。大陸學者近幾年來也在探討中國現代文學在建構新中國的歷史進程中扮演的重要角色。有的學者認為，隨著西方民族主義話語和帝國主義對中國的入侵，民族國家的話語成為中國現代的核心話語，關於民族國家的敘事成為中國現代最主要的敘事，「民族解放和建立現代民族國家的主題貫徹了中國現代歷史的始終，構成了中國現代歷史的重要內容，同時也規範著中國現代文學的表述」。[9]「建立一個現代的民族國家以抵抗西方帝國主義的殖民侵略成為了現代中國最根本的問題，有關現代民族國家的敘事於是居於中國現代文學的中心地位。中國現代文學所隱含的一個最基本的想像，就是對於民族國家的想像，以及對於中華民族未來歷史——建立一個富強的現代化的、『新中國』

的夢想。」[10]梁啓超《新中國未來記》、陸士諤《新中國》、劉鶚《老殘遊記》、曾樸《孽海花》、蔡元培《新年夢》等晚清小說不僅包含了對於「新中國」的夢想，而且用高度概括的方式構造和突出了「中國」這一現代時空體。聞一多〈長城下之哀歌〉、〈我是中國人〉和〈七子之歌〉、何其芳〈解釋自己〉、〈新中國的夢想〉、艾青〈雪落在中國的土地上〉、戴望舒〈我用殘損的手掌〉、張愛玲〈中國的日夜〉和穆旦〈讚美〉等詩篇，或聚焦了對「新中國」的想像，或抒發了對民族苦難的憂憤與對中國的熱愛。確實，與建立現代民族國家這一中國近現代史的內在追求相一致，中國近現代文學對新中國的想像之熱切、激情之澎湃是空前的。現代文學史上不僅出現了如《少年中國》《新中國》這樣命名的刊物，而且現代作家們對新中國的焦灼渴望感人肺腑，令人熱血沸騰。梁啓超的散文〈少年中國說〉即借老年人與少年人的對比，抒發了自己對新中國的美好想像與熱烈嚮往：「日本人之稱我中國也，一則曰老大帝國，再則曰老大帝國。是語也，蓋襲譯歐西人之言也。嗚呼，我中國其果老大矣乎？梁啓超曰：惡，是何言！是何言！吾心目中有一少年中國在。……」中國現代作家們不約而同地在自己的作品中想像和建構新中國的形象，這是因為帝國主義的入侵與西方先進科學所反襯的古老國度的積貧積弱，驚醒了國人天朝大國的舊夢，殘酷的現實與西方先進科技所帶來的印刷媒體的發達，激發了中國知識分子的民族救亡與啓蒙意識，激發了中國知識分子對現代民族國家的「共時性想像」。而建立一個現代民族國家即「新中國」，是民族救亡的最終目標，也是民族啓蒙的必由之路。

　　《黎明前的台灣》是中國現代文學的中心叙事在台灣新文

學中的延續，這部隨筆所洋溢的建設新中國的激情，表現了作者吳濁流將自己融入中華民族的歷史奮鬥與追求之中的自覺，也再次印證了吳濁流鮮明的中國民族主義思想立場。

然而，《黎明前的台灣》中的一些論點也不無可商榷之處。比如作者批評台灣青年和知識分子的政治熱忱，是患了「大頭病」、「政治家病」、「政治缺乏症」，是「阿狗阿貓都爭著想做政治家」。他呼籲學者教授應埋頭於本專業的科學研究，青年學生應立志為建設新中國讀書和學習本領，而不是從事政治活動，「放棄鑽石而換取玻璃」。如果是在正常的社會狀態中，這些批評和呼籲的合理性無庸置疑。然而，作者寫作這本隨筆時的社會歷史語境，卻突顯出這些批評和呼籲的不合時宜與迂腐。

一九四七年的中國，國共兩黨及其所領導的軍隊正在展開決定中國命運的生死大搏鬥，大陸戰場炮火隆隆，硝煙瀰漫。國民黨政權的腐敗使其民心喪盡，國軍在戰場上節節失利，國統區愛國民主運動空前高漲，罷工、罷市、罷課和示威遊行此起彼伏，國民黨政權在大陸已陷入四面楚歌的境地，正一步步走向最後的崩潰。歷史也注定了台灣的國民黨當局無法擺脫其腐敗性質，隨著時間的推移，其代表封建主義和官僚資本主義的真實面目逐漸清晰。光復後的台灣面臨著許多棘手的政治和經濟難題。國民黨當局所面對的是他們所陌生的經過日本五十年殖民統治的台灣民眾，新來的官員們對於台灣民眾受到日本影響的觀念和習性感到格格不入，簡單地斥之為「奴化」的表現，他們往往以勝利者、統治者的驕慢姿態出現。在政治上當局不敢或無意啟用台灣本地的人才，僅依賴從大陸調來的官員和少數從大陸回台的「半山」。台灣省行政長官公署集全省行

政、司法、立法和軍事大權於一身，是一種獨裁專制的統治模
式；由於統治人手不足，又不敢放手使用本地人，卻留用了七
千多名日本官吏和警察。在接收和處理日產方面，日本壟斷企
業被國民黨政府體制下的「國家資本」所接收，成為官僚資
本。這些資產幾乎壟斷了台灣產業、金融、貿易、交通等各個
領域。官方擁有的公有地佔台灣全部耕地的百分之六十至七
十。當局還成立貿易局和專賣局，獨攬內外貿易和煙酒專賣的
權利。在資金短缺的情況下，台灣銀行採取超額放款的對策。
隨著增發紙幣、官營企業率先抬高物價、軍費開支，以及台灣
與大陸的貿易和匯兌的開展、大陸外逃資金的流入台灣，全國
的通貨膨脹擴及台灣，終於導致惡性通貨膨脹的出現。工廠大
部分破產，農村大量農地荒蕪，糧食產量下降，米價騰漲。自
一九四五年十月～一九四六年十二月，物價平均漲了一百倍。
壟斷性的經濟統制政策，使工商業者得不到發展的機會，貪污
大案層出不窮，政治腐敗日益加劇，並且沒有任何改善的希
望。一九四七年一月，台北大專院校和中學學生一萬多人，舉
行大規模集會和遊行，要求國民黨當局停止內戰，實現和平。
[11]「二‧二八事件」由偶然的事情引起，實則體現了一種邏
輯和歷史的必然。對國民黨當局將接收變成劫收以及種種不合
理施政措施早已心懷不滿的台灣民眾、青年學生和知識分子，
奮起反抗當局的專制暴政，爭取當家作主的自由民主權利，乃
是時代大勢所趨，是進步與正義的行動。

　　然而，由於海峽兩岸長期的睽隔狀態所造成的視野侷限，
吳濁流不瞭解當時大陸同胞正紛紛起來反對國民黨政權的腐敗
統治；更主要的是，代表中國收復台灣主權的國民黨當局頭上
罩著「祖國」的光環，使得有著亡國奴之苦的深刻記憶和懷著

一腔民族血、愛國情的吳濁流，對已處於風雨飄搖中的國民黨
政權仍抱有過多的期待。《黎明前的台灣》的作者從內心深處
噴湧而出的關於新中國的想像與建設新中國的激情，使得他沒
能認清此時的國民黨政權代表中國的合法性基礎已經動搖，蔣
家王朝的大廈將傾。中國人民建立現代民族國家的宏偉歷史工
程將由另一支正迅速發展壯大的政治力量來主導。

第二節　知識分子的理性反思

　　《無花果》和《台灣連翹》是吳濁流晚年的兩部重要作品。
　　《無花果》和《台灣連翹》的文體呈現出一定的複雜性。
這兩部作品一般被視作自傳體長篇小說。《無花果》中的第一
人稱主人公姓古，《台灣連翹》的第一人稱主人公則採用作者
姓名。兩書所敘述的主人公的經歷與作者的生平大抵相吻合，
因此也有人將這兩部作品等同於吳濁流的自傳。[12]《無花果》
與《台灣連翹》的虛構性或真實性程度如何，也許這是一個值
得繼續研究的課題。兩部作品的主人公儘管與作者的生平基本
一致，但如果將其與作者傳記等量齊觀，也會產生諸多困擾。
其實自傳體小說已是一種常見文體，吳濁流以此文體寫作，或
許出於不得已（如躲避文字獄），但讀者只有以自傳體長篇小
說視之，方可不致陷入闡釋的困境之中。

　　然而，作為自傳體小說，這兩部作品的重要性並不在於其
藝術成就。迄今為止對這兩部作品研究的著重點，大都不是在
於其「能指」（純粹的文學形式，即它們如何說），而是在於
其「所指」（意義內容，即它們說了什麼）。儘管如此，因為
《無花果》和《台灣連翹》是以小說形式為載體，我們仍有必
要先就兩部作品的藝術得失進行簡略的論析。

　　《無花果》第一章〈聽祖父述說抗日故事〉如此開頭：
「『光陰似箭』，這話不知是誰說的，年歲益增，就越有深切
的感受。不知不覺間我已是年近古稀的老人了。回顧過去自己
走過的人生的路程，感其失敗之多，實不勝驚異。……」[13]
這是一種倒敘結構。《台灣連翹》第一章的開頭為：「我是一
千九百年，系十九世紀出生的，而不是生於二十世紀的人，只
差了一年，卻感覺似乎落後了一個世紀。……」[14] 這一開頭
雖然是自然時序即順序結構，但又插入了「現在」時間（「而
不是生於二十世紀的人……」），因而實際上是一種如法國敘
述學家熱拉爾‧熱奈特所指出的「時間倒錯」（故事時序和敘
事時序之間不協調的形式）。時間倒錯在《台灣連翹》中成為
一種典型的結構，如第一章在敘述主人公小時候的見聞時，作
者不時中斷故事的講述，跳到「現在」發議論或插入「現在」
的內容：「光復以後已二十六年，做一個國民，非講不可的時
候，是應當勇敢發表的。可是……」「今年元旦，中國時報的
社論〈開國六十年元旦獻詞〉中有這樣的話……」[15] 過去與
現在時空的穿插交錯在書中頗為自由而且自然。時間倒錯帶來
的敘事的靈活，使《無花果》和《台灣連翹》避免了傳記尤其
是自傳通常會產生的沉悶之感，而得現代小說無拘無束之敘事
之長，始終以一種鮮活的感受召喚著讀者。

　　然而，兩部作品藝術上的缺陷同樣也很明顯。首先仍然是
語言問題。兩部作品都是先以日文寫成，再翻譯成中文。鍾肇
政談到《無花果》與《台灣連翹》的翻譯時說：「如今我已想
不起這本書是全由我迻譯的，或者請吳氏分攤一些給別的同
仁，不過至少可以說，一大部分是由我譯出來。」「……問題
是這翻譯（《台灣連翹》）的工作，實在叫人頭痛。因此我只

好硬著頭皮，請他把文稿分散，多叫幾個人幫忙。我不知道他另外找了誰，我熟悉的朋友當中，林鍾隆、鄭清文、江上等人都是翻譯好手，很可能都被央請參與了這件工作。後來才知道，這個時候他交出來的稿子，大約只佔全書的一半而已。至於我承擔的是哪一段，如今也無從查考了。」《台灣連翹》最後的第九章至第十四章，才是由鍾肇政單獨譯出。[16] 一部作品如此問世，實在令人感嘆不已。我們除了對作者深表同情之外，對作品進行語言形式分析的願望，恐怕已大打折扣了。

如果借用西方當代敘述學關於「故事時間」和「敘事時間」的概念，《無花果》的故事時間自一八九五年甲午戰爭中國戰敗割讓台灣起至一九四七年五月，作者的敘事時間則止於一九六七年十二月。《台灣連翹》的故事時間自一九○○年起至一九七四年十二月即該書的完稿時間，故事時間與敘事時間的終點相一致。表面看來，《台灣連翹》的故事時間似乎比《無花果》延長了二十七年，但前者敘述的重心與後者仍是大同小異，即集中於後者的故事時間裡所發生的事件。兩部源於同一作者的自傳體小說出現這種情況，注定了其題材和主題的驚人的重疊或相似。相對於《無花果》而言，《台灣連翹》是一個作家的自我重複（而且不僅是風格上的），從藝術的創新品格而論後者很難被視為一部成功之作。誠然，由於《台灣連翹》完成於七年之後，它比《無花果》素材更豐繁，觀察更細微，思考更深入。

現在我們來看《無花果》和《台灣連翹》說了什麼。其實，兩部作品的「故事」，已大都見於本書的第一章。前文已提到，對兩本書所反映的作者生平經歷的真實性，吳濁流的研究者一般都持肯定態度。當然，這是就大體而言，一些細節有

出入，我們只能以小說筆法視之。目前爲止對這兩部作品的研究，重點都是放在作者的寫作動機及與動機有關的意識形態立場和認同等問題方面。我們認爲這的確是《無花果》和《台灣連翹》研究的關鍵所在。

吳濁流連續寫出這兩部內容大致雷同的作品，其動機乃是欲留下一份關於「二・二八事件」的個人記錄。《無花果》第一章在敘述主人公經歷之前即作了這樣的交代：

回顧我走過的人生路程雖然平凡，但也逢上了幾個歷史上的大事件。第一次大戰，台灣中部大地震，第二次大戰，台灣光復，二二八事件等便是。前四事已有很多文獻與記錄，我想用不著我再費心了。然而，其中，對於二二八事件，卻不能不有所反省。

最近痛切地感到的是，當時的新聞記者，一年比一年減少了。即使尚在人間的，不是轉業就是隱居，幾乎都已和筆絕緣。視野比較廣闊的新聞記者如果不執筆，將來這個事件的真相，恐被歪曲。

在二二八事件已過去二十年的今天，忘卻的固然不少，也有無論如何不能忘懷的，仍留在我的記憶中。我想追憶著這些不能忘懷的心影，把我所見所聞的二二八事件的真相率直地描寫出來。

　　……

但是，要瞭解這個事件的真相，無論如何，非探求其遠因不可。沒有瞭解它的遠因而要捕捉事件的根本是不可能的。要知道這根本，就有檢討日本統治下的台灣人的境遇的必要。[17]

　　從以上引文中可看出，在《無花果》與《台灣連翹》作者的意識中，「二・二八事件」與其所認爲的「遠因」是分不開的。沒有這「遠因」，就不會發生「二・二八事件」；認識不到這一「遠因」，也就不可能認識「二・二八事件」的眞相。因此，評價這兩部作品，旣應看到其從個人目擊的角度記錄「二・二八事件」的歷史證言意義，也應顧及作者對事件「遠因」的分析與對事件眞相的理解所蘊藏的內涵。吳濁流執著地在七年間寫出內容大同小異的兩本書的初衷，不是爲了述說生平，而是試圖通過對自己的親身經歷的一再回憶、剖析和反省，來「檢討日本統治下的台灣人的境遇」，來探求和解釋「二・二八事件」的眞相。

　　吳濁流所謂「日本統治下的台灣人的境遇」，其實包含了對台灣人的性格特徵和內心狀態等等諸多方面的探索和揭示。在吳濁流的筆下，台灣人民大都是漢民族的移民，許多是在明清時代或是逃亡、或是在大陸志不得酬而來台，因而最富於反抗精神。《無花果》第一章以〈聽祖父述說抗日故事〉爲標題，決非偶然。作者從日本占領台灣初期所遇到的頑強武裝抵抗來論證台灣人民對侵略者的抗爭意志。這種抗爭意志來自兩個方面，一是「義民爺」精神，一是對祖國的愛。「義民爺」是現在奉祀在義民廟的神靈，是爲保衛村莊而戰死的英雄。由於每年都要舉行盛大的祭典，「義民爺」的精神不知不覺地流灌進台灣人的血液中。「台灣人具有這樣熾烈的鄉土愛，同時對祖國的愛也是一樣的。思慕祖國，懷念著祖國的愛國心情，任何人都有。」吳濁流這樣分析自己和台灣人心中的祖國觀念：

　　　　這祖國愛，因爲是抽象的，觀念型的感情，用言語是不能

說明的。現在就把我的生平做為具體的例子來說明它吧！我在明治三十三年，也就是日本領有台灣後第五年出生，完全接受日本教育長大的。沒機會接觸過祖國的文化，似乎不會有祖國的觀念，但是，事情並不能如此簡單地憑理論來解釋。

　　眼不能見的祖國愛，固然只是觀念，但是卻非常微妙，經常像引力一樣吸引著我的心。正如離開了父母的孤兒思慕並不認識的父母一樣，那父母是怎樣的父母，是不去計較的。只是以懷戀的心情愛慕著，而自以為只要在父母的膝下便能過溫暖的生活。以一種近似本能的感情，愛戀著祖國，思慕著祖國。這種感情，是只有知道的人才知道，恐怕除非受過外族的統治的殖民地人民，是無法瞭解的吧！[18]

　　值得注意的是，在作者的筆下，「鄉土愛」即對台灣的愛，是與「祖國愛」密不可分的。台灣人之所以反抗日本侵略者，是因為對台灣這片土地的深沉的愛；之所以渴望祖國，是因為台灣是祖國的一部分，祖國應該來收復台灣，祖國的軍隊應該來解救台灣。應該說，這些話語更多地體現的是民族意識覺醒後的作者的認識。因為對包括作者在內的一部分台灣人來說，日本殖民當局強制灌輸的「皇民化」思想也曾使他們一度產生了認同困惑。作者在《無花果》中也這樣承認，武裝抵抗的失敗，台灣人對日本侵略者的態度分成了三派：絕對派、超越派和妥協派。絕對派主張培養台灣人的反抗思想。超越派對反抗產生了絕望，也不與殖民者合作，只去追求個人的逍遙幸福。妥協派則分成積極與消極兩種，積極者力求接近殖民政權，以謀取自己的利益，如御用紳士即屬於此類；消極者只是不出來反對殖民者的政策，但也不做走狗，一般的大眾屬於這

種情形。反抗的無望，亡國奴的不甘，殖民統治的現實，這些因素的交織扭曲了台灣人的性格和心理。但《無花果》也描述了台灣人在分化為三派的複雜境地中，仍普遍存在一種微妙心理，即在一般人的心中，仍埋著仇恨和反抗的種子，祖國仍是人們心頭的一個希望。作者通過書中主人公亦即自己的經歷，揭示了台灣人的這種內心狀態：「只要是日人所作所為，不論好壞都一律視為不當。統治者與被統治者的心理，有如婆媳之間的不正常。」[19] 任公學校教員的主人公不堪視學的凌辱，毅然辭職，前往大陸另覓前程。他沒有想到的是，當時的祖國大陸仍然是日本人的天下，在上海，「只不過三四天的見聞就使我深感做一個中國人的悲慘。洪水般的野雞，乞丐的奔流，都是為求生存的人們的可憐影子。相反地，外國人都是暴君，橫蠻不可理喻，正是支配者的一副嘴臉。祖國啊！多麼可悲可憐，我在心中緊灑憤恨的淚水。」[20] 在大陸，他還感受了台灣人被懷疑為日本間諜的尷尬處境。出於對日本侵略者的仇恨，對日本殖民統治下飽受亡國奴之屈辱的體驗，也出於對祖國的美好期待和對祖國愛戀與忠誠的急切表白，台灣同胞對日本戰敗和台灣回歸祖國懷抱欣喜若狂。作者極力寫出了光復時台灣民眾歡呼沸騰的情景。「島民似一日千秋，又像孤兒迎接溫暖的母親般的心情，等待著祖國軍隊的來臨。」「六百萬島民都能自覺，把心團結一致起來，建設三民主義的理想國家是我們的義務，也是我們的責任」；「嘗過這種種痛苦經驗的島民，如今已從日本人手裡解脫出來，而取回自由的關係，自動地想對祖國服務。」光復之初的那陣日子，「台北每天都像祭神那樣熱鬧異常」……台灣同胞的這些經歷、心理，這些磨難、屈辱、天真和希望，就是作者所認為的「二‧二八事件」

的「遠因」。

　　《無花果》在陳述了台灣淪爲殖民地至光復之初的「遠因」後，即進入對光復後的台灣社會的反思。作者首先寫到，在光復之初的政治眞空狀態之際，很多大陸「商人、投機主義者、亡命客」等，先於國民黨政府的接收官員來到台灣。而不知情的台灣人或日本人，把從大陸來的「比較有知識者」，都誤認爲接收官員而歡迎。而這些騙子則「任意地侵入日本人的屋子裡」，狐假虎威進行種種詐騙。而在隨後到台的國民黨接收官員裡，既有「頗爲能幹之士，但也有不少程度極低的人物。在良莠不齊的情況下也有民主主義的進步分子，相反的也有不少封建主義的頑固分子。從整個看來，擁有現代知識者少而古代官僚作風者多」。由於國民黨當局不敢起用台灣本土人才，在接收人員不足的情況下，那些大陸來的「商人、投機主義者、亡命客」及台灣本地的「機會主義者和欺詐分子」則乘隙加入接收陣容。由大批品質窳劣者組成的接收陣容「跳著勝利的華爾茲舞，做著太平的美夢，從縮衣節食生活中突然向奢侈享樂的世界進軍了。這種享樂思潮以可怕的勢力向各方面擴展開來。等到果眞要接收了，眼中就沒有所謂國家的利益了，於是就爲了私利私欲而合污，拼命所謂『發國難財』了，他們所注目的乃是名叫『五子』的東西：第一金子、第二房子、第三女子、第四車子、第五面子。」國民黨軍隊同樣醜態百出：「陶醉在勝利的軍人，把台灣錯覺爲戰地的延續，於是向人借了東西就不還。占領了寺廟、公共物品，甚至也有侵入老百姓家裡，白白地把雞抓去的也有。還有看戲或看電影也不買票，進入飲食店也不付錢。前者叫『看白戲』，後者叫『白吃』，他們以這種橫蠻的行動冒充英雄，而且在得意地誇耀著。」[21]

接收變成「劫收」。懷著一腔熱烈愛國情緒的台灣民眾看到這種情景，心中的失望和憤怒可想而知。當局接收之後，繼而採取的仍是排擠台灣本土人才的政策，高級的職位大都由大陸籍人士占據，台灣的知識分子以為光復後會比日據時代有發展，結果卻是大多數人不獲錄用，少數「幸運地在機關得到的職位，也不過是個閒職，別說幹部，就是課長職位都很難獲得」。這種「對工作、環境詳細的本省人居於下位而不諳工作的外省人卻悉數居於上位」的情況，造成了緊張的省籍矛盾，以致政令無法順利推行。由於缺少知識和素質低下，一些接收人員「第一次坐火車而高興，對一按開關就會亮的電燈感到很珍奇」，看到「自來水從壁上跑出來而嚇了一跳」，去接收工廠「聽到試轉的機械聲嚇得跳起來」⋯⋯不僅如此，大陸來台人員（包括返台的「半山」）的薪水比台灣籍人員也普遍要高，這更讓台灣同胞想起殖民時期飽受不平等待遇的屈辱。《無花果》的主人公感慨：「在日據時代，嘗過那種比日本人要低六成的可憐的差別待遇的記者，光復後又同樣要接受這種命運，那當然要比日據時代感到更痛苦了。」[22] 之所以比在日據時代感到更痛苦，是因為現在的差別待遇竟是拜「祖國」的政府所賜！陳儀當局對陳炘等台灣知名人士莫名其妙地逮捕又莫名其妙地釋放，也很不得人心：「台灣人在異族的鐵蹄之下喘息了五十年，現在好不容易回到祖國的懷抱，和大陸同胞一塊兒過一家團圓，共敘天倫之樂的生活之際，不但沒有安慰，反而擊來一記鐵錘，於是動搖了人心，不由得令人想到好像恐怖政策的前奏似的。」[23] 書中還認為，如果陳儀當局把一部分的日產工廠、工業生產機關交給本省人所希望的大公企業公司經營，工廠或工業就得以早日復興而促進生產。如此不

僅能救濟眾多的台灣失業青年，一定還可以給台灣知識分子一個出路，從而化解他們的不平不滿，減輕省籍矛盾。然而，當局的種種錯誤政策，加上經濟困難、通貨膨脹愈演愈烈，「好不容易期待著光復的結果，卻落得與殖民地無異的日子」，失望和憤怒的交織，終於使富於鬥爭精神的台灣民眾忍無可忍，「二・二八」事件由是爆發。

　　《無花果》描寫了「二・二八事件」發生的經過。作者對事件的敘述與反思力圖保持客觀和公允的立場。作品通過主人公老古的敘事眼光，指出在台灣歷經了五十年的殖民統治這一背景下，國民黨當局荒腔走板的施政措施埋下了事件的禍根；而事件發生後當局採取武力鎮壓的白色恐怖手段，導致了事件的災難性後果。「當時陳儀長官的部屬中，如果有一個有為的政治家，也許可以不致鬧到這般嚴重的地步。」「沒有一個有為的政治家也好，只要有仁慈的人在而能夠同情被害者，拿出幾萬元的撫恤金來慰問，民眾的憤怒也一定會立刻消除才對。這實在太可惜了，由於堅持一個蠢念做到底，所以造成很多本省外省的死傷人數，這不是可怕的屬於封建的官僚社會殘渣作風，把一個人當做一隻螞蟻的錯覺而發生的嗎？」另一方面，作品也批評了台灣民眾的做法，指出台灣青年收繳執法人員的武器，「想自動地維持治安」，「這種天真爛漫的行動中，道出了台灣人的稚氣的一面，而另一面確是從政治上的無知而來的。」老古不願參加事件處理委員會，他表示自己「沒有政治知識」。他認為，「人有各自不同的專長。但是光復後的本省人，幾乎完全得意忘形地連理髮師也好，補鞋匠也好，都想當政治家，這實在是很糟的一件事。至於處理委員會完全是光復的縮影，由學者、參議員、國大代表、參政員起，其他各界代

表，甚至連政治家的政字都不知道的愛出風頭者以及虛偽的投機分子也很多混入在裡面。」[24] 通過主人公的眼光，作者重複了《黎明前的台灣》的觀點，只不過在此處點出了「二‧二八事件」處理委員會。

《台灣連翹》幾乎是《無花果》中所敘寫的主人公老古經歷的完全再現。所不同的是，主人公的名字就叫吳濁流；細節更豐富；引用了更多的文獻資料；作者還接著寫了自「二‧二八事件」發生後至《台灣連翹》寫作完成的一九七四年十二月間主人公的生活歷程。更主要的區別是，作者對國民黨當局的批判趨向激烈，尤其是揭露了國民黨統治階層內部的特殊既得利益集團──「半山」們的罪惡。

在《台灣連翹》中，作者再次抨擊陳儀當局蓄意將單純的偶發事件誘導演變為政治事件，為出動軍隊鎮壓提供藉口，給了曾滿懷愛國熱情歡呼光復的台灣民眾一記猛擊；而且還通過一位P先生之口，披露一份列有二百多名台灣各界知名人士的逮捕黑名單，是由「半山」們擬具的。書中反覆譴責「曾經被視為民族英雄，崇敬有加的返自重慶的半山們」，出賣了台灣本土人士，以迎合當局的恐怖統治，並借此達到排除異己、鞏固自身既得利益的卑鄙目的。這些取得了代表台灣人地位的「半山」們，與當局相勾結，形成了新的貪污官僚集團。在作品主人公的眼裡，「二‧二八事件」也使台灣人分裂成超越派、妥協派、理想派和抵抗派。超越派對政治已絕望，不再關心時事；妥協派則改弦易轍，對當局不惜搖尾乞憐，淪為御用；理想派仍一心想挽回頹勢，始終努力於批判性的誠實生活，以正直的言論追求自由和三民主義的實現；抵抗派則潛入地下，因無法活動，最後逃離台灣。「只因實施這樣的恐怖政

策，民心益發離去，逐造成同床異夢，本省人是本省人、外省
人是外省人的心理隔閡，一如日本時代本島人與日本人的關
係。」[25]

　　《台灣連翹》還敘述陳儀去職後，接任台灣省主席的魏道
明「晃了一下民主政治，還是脆弱地下台」。繼任的陳誠集台
灣黨、政、軍大權於一身，所推行的「耕者有其田」和「幣制
改革」使「本省人幾乎個個被剝個精光」。更殘酷的是，他大
肆檢舉共產黨人，提出「錯百不能漏一」的恐怖口號。「出問
題的家裡只要被搜去名片，名片上的人便被檢舉，有合照的相
片，也成了逮捕的證據。在『錯百不能漏一』的口號下，只要
稍稍被疑，便被抓走。風聲鶴唳，人人自危。」[26] 作者在書
中將陳誠當局指為「軍閥官僚獨裁王的法西斯政府」，其所頻
施的鐵血政策，乃「不亞於日本時代的苛酷政治」。書中尚寫
了「《自由中國》事件」，指出該雜誌社社長雷震被捕之後，
「宣揚自由民主的筆陣好像被閹割去勢，從此偃旗息鼓了」。

　　《無花果》與《台灣連翹》最重要的意義，並不在於其傳
記性和歷史學價值。因為自傳體小說這一文體決定了它不是嚴
謹的個人傳記（如書中並未涉及作者在三〇年代曾寫過「皇民
詩」的事實，在素材的取捨和人物的刻畫上，頗見小說筆
法），也決定了它不是一部歷史學著作。歷史學作為一門知識
學科，具有嚴格的學術規範，需要對素材進行嚴格的考據、求
證、篩選、過濾等等。儘管吳濁流也是「二・二八事件」的見
證者之一，但如果將《無花果》與《台灣連翹》作為關於
「二・二八事件」的歷史學著作來理解，這將是一種不負責任
的閱讀。當然，我們並非說吳濁流書中關於這一事件的描寫一
定就是杜撰虛構，但它們只是一個作家對事件的瞭解與理解，

而不是一個歷史學家或一個更全面、更高或更深層次地介入了
這一事件的當事者的描述。況且，即使歷史學家或當事人也無
法再現歷史的原貌。因爲歷史是過去的事件，它已隨一去不返
的時間而消逝。歷史學的描述只能是對歷史的接近或對歷史本
質的把握，而不可能復原歷史的面貌。同時人們對歷史的描述
總是在現在進行，因此不可避免地打上現實的印記。意大利哲
學家、歷史學家和美學家克羅齊（Benedetto Croce）正是據此
提出了「每一部眞正的歷史都是當代的歷史」這一命題。[27]
英國歷史學家、哲學家和美學家柯林武德（Robin George Col-
lingwood）認爲，歷史的思維也是一種想像的活動。但歷史學
家作品的想像與小說家作品的想像不同之處在於，小說家只有
單純的一項任務，即構造一幅一貫的畫面、一幅有意義的畫
面。歷史學家則有雙重的任務，他不僅必須做到小說家的這一
任務，而且還必須構造一幅事物的畫面（像是它們實際存在的
那樣）和事件的畫面（像是它們實際發生的那樣），這種更進
一步的必要性就迫使他要服從三種方法規則，而小說家或藝術
家一般說來卻不受它們的約束。這三種方法的規則是：首先歷
史學家的畫面必須在空間和時間中定位；其次一切歷史都必須
與它自己相一致；第三，也是最重要的，歷史學家的圖畫與叫
做證據的某種東西處於一種特殊的關係之中。歷史學家或任何
其他人所能藉以判斷其眞理的唯一方式，就是要靠考慮這種關
係；我們問一項歷史陳述是否眞實，實際上就是指它能否訴諸
證據來加以證明。而證據不僅必須是歷史學家此時此地可以知
覺到的東西，而且他必須在心中帶著正確的問題與它進行接
觸。「如果我們沒有歷史知識，我們就什麼也學不到。只是到
有人歷史地思索它時，證據才成爲證據。否則它就僅僅是被知

覺到的事實而已，而在歷史上卻是沉默無言的。」柯林武德還指出，正如在一切嚴肅的問題上一樣，在歷史學的任何成就都不是最終的。可以用來解決任何給定問題的證據，都是隨著歷史方法的變化和歷史學家的能力的變動而改變。用以解釋這種證據的原則也在變化著，因爲對證據進行解釋乃是一個人必須運用他所知道的全部事物的一項工作，不僅要有知識，而且還有各種心理慣性和累積，而這些因素沒有一樣是不會變化的。正因爲有這些永不停止的變化，「所以每個新的一代都必須以其自己的方式重寫歷史；每一位新的歷史學家不滿足於對老的問題作出新的回答，就必須修改這些問題本身；而且——既然歷史的思想是一條沒有人能兩次踏進去的河流，——甚至於一位從事一般特定時期的一個單獨題目的歷史學家，在其試圖重新考慮一個老問題時，也會發現那個問題已經改變了。」[28]柯林武德認爲這並不是一種擁護歷史懷疑論的論證，而是對歷史思維的第二維，即歷史學的歷史的揭示。

　　恩格斯指出：「歷史進程是受內在的一般規律支配的。」[29]我們認爲，如同眞理一樣，歷史最終是可以認識的。但只有運用正確的方法，亦即只有遵循歷史的規律，我們才能認識和把握歷史；同時我們所認識的歷史不是歷史的全部細枝末節，而是反映歷史本質的東西。因受到認識主體的主觀和客觀條件的限制，歷史認識也不是一成不變的，不同的主體也可能有不同的認識。隨著主客觀條件的變化，每一時代都會產生對歷史認識的新的衝動，都會產生對歷史的新的闡釋。歷史認識正是在這樣的辯證發展中才能逼近和抵達歷史眞相。這也正是不斷有關於「二・二八事件」的著作問世，而且對事件眞相的敘述和解釋也不盡一致甚至大相逕庭的原因。[30]

誠然，一個作家和歷史學家的角色是可以互相轉換的。吳濁流當然也可以寫出歷史著作，在歷史學領域作出成就。但《無花果》和《台灣連翹》的自傳體小說的文體表明，這種角色轉換並不存在。雖然兩部作品也採用了歷史著作的某些方法，如史料的引證等，但這些方法的運用只是局部性的，它們並未對作品文體的性質產生決定性的影響。事實上，《無花果》和《台灣連翹》的眞正價值，在於它們凸現了吳濁流作爲一個知識分子的良知和社會批判意識，是吳濁流對光復後台灣社會的理性反思。

「知識分子」是一個需要界定的概念。意大利思想家葛蘭西（Antonio Gramsci）在一九二九至一九三五年監獄期間寫的《獄中札記》中指出，如果以是否具有一定智能來區分知識分子，那麼，「我們可以說所有的人都是知識分子，但並非所有的人在社會中都具有知識分子的職能。」他將在社會中履行知識分子職能者分爲兩類：傳統的知識分子和有機的知識分子。鄉村型知識分子（敎士、律師、公證人、敎師、醫生等）屬於傳統的知識分子。資本主義社會中的有機的知識分子是工業技師、政治經濟專家、新文化和新法律體系的組織者等人員。葛蘭西認爲，一個新型的知識分子，「要積極地參與實際生活，不僅僅是做一個雄辯者，而是要作爲建設者、組織者和『堅持不懈的勸說者』（同時超越抽象的數理精神）」。一個新型的知識分子的觀念還必須從作爲工作的技術提高到作爲科學的技術，又上升到人道主義的歷史觀，沒有這種歷史觀，一個人就只是停留在「專家」的水平上，而不會成爲「領導者」（專家和政治家）。[31]

英國當代學者鮑曼（Zygmunt Bauman）則說，「知識分

子」一詞在二十世紀初剛被創造出來的時候，是爲了重申並復興知識分子在啓蒙時代的社會核心地位，重申並復興知識分子在啓蒙時代與知識的生產和傳播相關的總體性關懷。當時的「知識分子」一詞是用來指稱一個由不同的職業人士所構建的集合體，其中包括小說家、詩人、藝術家、新聞記者、科學家和其他一些公眾人物，這些公眾人物通過影響國民思想、塑造政治領袖的行爲來直接干預政治過程，並將此看作他們的道德責任和共同權利。鮑曼認爲，「知識分子」一詞的外延並沒有劃定一個客觀的邊界，這個詞語意味著一種召喚、邀請、被招募和自我應徵。通過喚起人們的關懷、忠誠和促發自我闡明的活動，使得專家們和藝術家們，從某一領域的權威成爲知識者團體的政治、道德和審美的集體權威，「知識分子」範疇通過這種努力創造著它的所指。「『成爲一個知識分子』的意向在於，超越對自身所屬專業或所屬藝術門類的局部性關懷，參與到對眞理（truth）、判斷（judgement）和時代之趣味（taste）等這樣一些全球性問題的探討中來。是否決定參與到這種特定的實踐模式中，永遠是判斷『知識分子』與『非知識分子』的尺度。」[32]美國學者阿爾文‧古爾德納（Alvin W.Gouldner）也認爲知識分子（intellectuals）和技術知識匠（technical intelligentsia）兩者是不同的，技術知識匠的興趣基本上是在「技術」方面；知識分子的興趣基本上是在批評、解放、解釋因而也就經常是在政治方面。但兩者共同組成了一個「新階級」。[33]美國學者薩義德則指出：「知識分子是具有能力『向』（to）公眾以及『爲』（for）公眾來代表、具現、表明訊息、觀點、態度、哲學或意見的個人。而且這個角色也有尖銳的一面，在扮演這個角色時必須意識到其處境就是公開提出令人尷

尬的問題，對抗（而不是製造）正統與教條，不能輕易被政府或集團收編，其存在的理由就是代表所有那些慣常被遺忘或棄置不顧的人們和議題。知識分子這麼做時根據的是普遍的原則：在涉及自由和正義時，全人類都有權期望從世間權勢或國家中獲得正當的行為標準；必須勇敢地指證、對抗任何有意無意地違犯這些標準的行為。」[34]

綜合以上這些關於知識分子的定義，我們大約可歸納出幾點：一，知識分子是接受了一定程度的教育群體；二，知識分子有不同的專業工作；三，知識分子必須進入公共領域，向公衆和代表公衆發表負責任的、正義的意見。最後一點是最為關鍵的。因為知識分子的身份不是不證自明的，不是具有一定的教育程度、從事專業性的工作，一個人就自動地成為知識分子。知識分子的身份能否確立，知識分子與非知識分子的區別，在於一個人是否履行知識分子的職能。

吳濁流的寫作生涯，尤其是《黎明前的台灣》、《無花果》、《台灣連翹》等的問世和創辦《台灣文藝》雜誌、設立吳濁流文學獎等，表明了他對知識分子責任的自我承擔，展現了一個追求眞理、呵護文化、挑戰強權和揭露政治黑暗的知識分子的凜然風姿。

《無花果》和《台灣連翹》直接以「二‧二八事件」為題材，而這一題材在當時的台灣，是無人敢碰的敏感題材。吳濁流則因這兩部作品而成為台灣島內敢於觸碰此一禁區的第一人。吳濁流的膽識和勇氣首先來自他對知識分子的使命的認識與自覺。《無花果》和《台灣連翹》兩書的書名及其寓意可以從《亞細亞的孤兒》中的幾段話來理解：

　　某日，太明正佇立在庭前遐想，突然發現無花果已經結了
果實，那些疏疏落落的豐碩的果實，隱蔽在大葉的背後，不留
神便不容易發現。他摘了一個剖開來看看，那熟得通紅的果
實，果肉已長得非常豐滿。他一面凝視著果實，一面心裡發生
無限的感慨。他認為一切生物都有兩種生活方式：例如佛桑花
雖然美麗，但花謝以後卻不結果；又如無花果雖無悅目的花
朵，卻能在人們不知不覺間，悄悄地結起果實。這對於現時的
太明，不啻是一種意味深長的啟示，他對無花果的生活方式，
不禁感慨系之。

　　他一面賞玩著無花果，一面漫步踱到籬邊，那兒的「台灣
連翹」修剪得非常整齊，初生的嫩葉築成一道青蔥的花牆，他
向樹根邊看看，粗壯的樹枝正穿過籬笆的縫隙，舒暢地伸展在
外面。他不禁用驚奇的目光，呆呆地望著那樹枝，心想：那些
向上或向旁邊伸展的樹枝都已經被剪去，唯獨這一枝能避免被
剪的厄運，而依照她自己的意志發展她的生命。他觸景生情，
不覺深為感動。

　　「連草木也知道應該不違背自己的個性去求生存！」他這
樣想著，對於大自然的奧秘，頓感耳目為之一新，但返顧自
己，卻連「台灣連翹」都不如。

　　「是的，我應該堅強起來，像『台灣連翹』一樣……」他
下了這樣的決心，他的意思是要把自己從以前那種消極的人生
觀中解脫出來，在環境條件許可的範圍內，盡量發展積極的生
活，他已經進一步踏入現實的生活中了。[35]

　　正是以無花果的樸實無華與台灣連翹的頑強不屈的精神自
勵，吳濁流「進一步踏入現實的生活」，寫出了《亞細亞的孤

兒》《無花果》和《台灣連翹》等作品。《亞細亞的孤兒》是
對異族侵略者的抵抗，《無花果》和《台灣連翹》是對本民族
專制政權的批判。這是兩種性質不同的反抗，然而，對知識分
子來說，反抗所帶來的危險後果卻可能是一樣的。正如與吳濁
流共同活躍在二十世紀五、六○年代的台灣的著名知識分子殷
海光所指出：「作一個真正的知識分子是要付出代價的，有時
得付出生命的代價。」[36] 應該說，無論在日據時代還是在光
復後，吳濁流都不是一個以激進姿態登場的知識分子（《亞細
亞的孤兒》並不準備在日本戰敗前發表，《台灣連翹》作者遺
言交代十年或二十年後發表），他所做的工作，是立足於自己
的專業領域（文學創作與創辦文學雜誌），繼承和創新民族文
化，試圖以文化為著力點，對社會現實進行潛移默化的變革和
改造。這正是無花果與台灣連翹般的精神。同時，他又是堅持
「業餘」的邊緣立場，先是辭去台灣省政府社會處科員的職
務，轉到民營公司當教員；從公司退休後，專心辦《台灣文
藝》，設立文學獎，同時從事一系列文學創作。體制外的業餘
立場，為吳濁流對台灣社會政治的批判性反思提供了有利的條
件。如同薩義德所說，「今天的知識分子應該是個業餘者，認
為身為社會中思想和關切的一員，有權對於甚至最具技術性、
專業化行動的核心提出道德的議題，因為這個行動涉及他或她
的國家、國家的權力、國家與其公民和其他社會互動的模式。
此外，身為業餘者的知識分子精神可以進入並轉換我們大多數
人所經歷的僅僅為專業的例行作法，使其活潑、激進得多；不
再做被認為是該做的事，而是能問為什麼做這件事，誰從中獲
利，這件事如何能重新連接上個人的計劃和原創性的思想。」
[37] 吳濁流正是從業餘者的立場出發，質疑和批判國民黨當局

的政治、經濟和文化等方面的政策。他雖然不具有左翼知識分子的激進思想和行動，但他所採取的抗爭方式，卻也如同無花果和台灣連翹一般，體現著異常的勇毅、堅忍和韌性。而在一個獨裁專制政權的統治下，這樣的抗爭方式仍可能會給知識分子招來滅頂之災。無疑地，吳濁流的無花果和台灣連翹般的抗爭和奮鬥精神，同樣是知識分子的一種無比高貴的品質與精神。

吳濁流對光復後台灣社會的反思，也有其政治信念的因素。政治上，吳濁流信仰孫中山的三民主義。在《黎明前的台灣》和《無花果》中，他一再呼籲台灣人民和青年共同努力，將台灣建設成為「三民主義的模範省」。在他發表於一九六五年十月《台灣文藝》上的〈我最景仰的偉人〉一文中說：「將國父的學說再加研究使其普遍化，像孔子死後，有曾子、子思、孟子等，作大學、中庸，來強化他的學說，我想，國父的學說也應該像孔門弟子一樣來強化才對。」國民黨當局之所以令吳濁流失望，是因為他認為當局的所作所為已一步步與三民主義背道而馳。《台灣連翹》中有這樣的一段敘述：

只不過刊露我的《無花果》時，一位國民黨員向我說了一些干涉的話。而且口吻堅決，使我無名火冒，不客氣地給予反擊。

「你到底是憑什麼身份給予注意的？你那種說法，聽起來好像在向我訓示。二二八事件為什麼不可以寫？如果不可以寫，政府會給我禁止的命令。我的雜誌在你們還沒有看的時候就寄到有關當局。負直接監督責任的內政部或治安當局都沒有給我任何注意，你們卻憑自己的感情，大言不慚地說這個可以做，那個不可以做。你們根本沒有這個權力。就是官吏，也得照國家法律行事，不能光憑個人感情來下判斷。你們違背了國

父，不能算是忠誠的國民黨員。吳濁流衷心尊奉國父孫中山先生，依照憲法的規定行事，用不著你們來多嘴。你們身為國民黨員，卻是黨的叛逆。你說這不是你自己的話？那就請你轉告說的人，吳濁流今年七十歲了，為文藝而死是死而無憾。如果真的因此而死，我到另一個世界見了國父孫中山先生，他老人家一定會握住我的手說：「在台灣，只有一個吳濁流是我的信徒。」你們算什麼呢？將來到了另一個世界，必定會被國父先生破口大罵的。」[38]

「知識分子一直受到忠誠這個問題的困擾和無情的挑戰。我們所有人毫無例外地都屬於某個民族、宗教或族裔社群，不管多麼高聲抗議，都無法超越聯繫個人與家庭、社群、（當然也包括）民族的有機關係。」以《東方學》（Orientalism：Western Conceptions of the Orient）一書享譽全球學術界的巴勒斯坦裔美國學者薩義德心情不無沉重地說。他引用了法儂的例子。法儂當年曾對正在反抗法國殖民者的阿爾及利亞知識分子的奮鬥目標進行思考：鬥爭只是為了擺脫殖民主義，還是應考慮到最後一名白人警察離去時，我們要做什麼？法儂認為殖民地知識分子的目標不能只是以當地警察取代白人警察，而是要創造「新靈魂」。薩義德據此指出，「雖然在民族存亡的緊要關頭，知識分子為了確保社群生存的所作所為具有無可估量的價值，但忠於團體的生存之戰並不能因而使得知識分子失去其批判意識或減低批判意識的必要性，因為這些都該超越生存的問題，而到達政治解放的層次，批判領導階級，提供另類選擇……即使在被壓迫者中也有勝利和失敗者，而知識分子的忠誠必須不限於只是加入集體的行列邁進：在這方面，像印度的泰

戈爾（Rabindranath Tagore，一八六一～一九四一）或古巴的馬蒂（Jose Marti，一八五三～一八九五）那樣偉大的知識分子都是典範，雖然他們一直是民族主義者，但絕不因為民族主義而減低他們的批評。」[39] 吳濁流的言論表明，一個忠誠的中國民族主義者和一個有良知的知識分子，同樣是具有政治信仰的人。他同樣需要捍衛自己的政治理想。當本民族統治集團奉行的是一種相異的或反動的意識形態時，知識分子自然可能持著一種不合作的甚至是對抗的立場。而當統治集團表面上標榜或實質上也是奉行相同的意識形態時，知識分子所採取的仍應是警覺的、反思的和懷疑的立場，而不是無原則的吹捧和歌功頌德。如同薩義德所認為，一個知識分子不僅要有自己的民族性，而且「連接上更寬廣的實踐」，「努力破除限制人類思想和溝通的刻板印象（stereotypes）和化約式的類別（reductive categories）」也是知識分子的重任之一。「不管個別知識分子的政黨隸屬、國家背景、主要效忠對象為何，都要固守有關人類苦難和迫害的真理標準。扭曲知識分子的公開表現莫過於見風使舵，噤若寒蟬，愛國大話以及反省的、自吹自擂的變節。」[40]「批評必須把自己設想成為提升生命，本質上反對一切形式的暴政、宰制、虐待；批評的社會目標是為了促進人類自由而產生的非強制性的知識。」[41] 吳濁流對已背離了三民主義信仰的國民黨當局的批判和譴責，不僅是一個知識分子對自己的政治信念的堅持，體現了一個知識分子光明磊落的政治人格，而且也是一種對人類自由與正義的守護，表現了知識分子的理想主義情懷。

阿爾文·古爾德納指出，知識分子和知識匠的一個非常突出的特點，就是他們共同運用一種謹慎的和批評挑剔的說話方

式。他們身處於一種批判式的言論文化中，這種文化又成為專業人士所說的各種技術語言的基礎。批判式言論文化是知識分子和知識匠共有的意識形態。然而，知識分子的這種「共有的意識形態」在當代中國知識分子的身上如果不是已消亡，至少也是極大地弱化了。殷海光曾經沉鬱慨嘆中國當代知識分子的失落。他指出，從清末到一九四九年，中國知識分子對新知識的灌輸，新思想的介紹，新觀念的啟迪，新制度的推行，風俗習慣的改革，都表現了罕有的熱誠和銳氣。中國知識分子在中國近代和現代史的舞台上，曾扮演了新時代催生者的重要角色。「然而，曾幾何時，面目全非，斯人憔悴！於今，一部分知識分子飄零海角天涯，一部分知識分子被穿上緊身夾克，一部分知識分子過著蹇蹇淡漠的歲月。」很多中國當代知識分子成了「脫序」（倫理道德秩序崩潰）的人：「脫序的心理狀態是由一個人的道德連根拔起造成的。脫序的人不再有任何標準，他只受一些不相關屬的驅力所驅使。他不復有聯續感，義務感，及對群體的責任感。」「一切都『無所謂』。一切不和諧的動作都引不起劇痛。人，早已工具化（instrumentalized）了。他已經不是他的他了！這是最徹底的失所（dislocation）。……生物文化驅策著知識分子追求虛榮和面子，不擇手段地製造空虛的聲威，輕易地把自己的生命和時光換油條吃。規格沒有了，風範隨著秋風以俱去，體統只有在記憶裡去追尋。」然而，中國知識分子心靈的重負並不能因此種犬儒主義的生活而獲得輕鬆的解脫。因為「在脫序過甚的社會文化裡，比較敏感的知識分子在心靈上常有一種說不出的茫然之感。人不能僅靠麵包活著。人是必須活在表裡如一的氣氛中的。」[42] 在強權面前，許多知識分子採取了曲意逢迎或明哲保身的逃避態度，

而吳濁流卻於戒嚴體制下的台灣挺身而出，批判國民黨當局的
獨裁專制，這是對中國近現代中國知識分子的熱誠和銳氣的重
新接續，對近現代中國知識分子所扮演的歷史角色的重新繼
承。這種對人的自由與尊嚴的無畏追求，對表裡如一的人生的
勇敢實踐，使吳濁流成為當代台灣知識分子的另類，也使他堪
稱當代中國知識分子的典範。

　　知識分子往往代表著一個社會的理性。然而，這並不意味
著知識分子的所有言論都出於理性的思考，或都是真理的洞
察。謬誤與偏見，隱蔽於意識形態背後的自我利益和目的的表
達，也可在知識分子的言論中發現。吳濁流確實以自己的高尚
人格與對威權體制的批判，樹立了一個知識分子的光輝的形
象，然而這並不能成為要求我們不對他的批判性言論進行反思
的理由。

　　在上一節關於《黎明前的台灣》的論述中，我們曾指出，
由於海峽兩岸長期的睽隔狀態所造成的視野侷限，吳濁流不瞭
解當時大陸同胞正起來反對國民黨政權的腐敗統治；也沒能認
清罩著「祖國」光環的國民黨政權代表中國的合法性基礎其實
已經動搖。在《無花果》和《台灣連翹》中，作者這種視野與
認識的侷限依然存在。作者沒能認識到，隨著全國性的「反內
戰、反饑餓、反迫害」的愛國民主運動的興起和蔓延，「二‧
二八」前夕的國民黨腐敗統治集團與人民的矛盾已經空前激
化，成為一個實質上已被中國人民拋棄的政權。在「二‧二八
事件」中的國民黨當局與台灣人民的對立，實際上是統治階級
與被統治階級的不可調和的矛盾，而絕不是所謂外省人與本省
人的對立。事實上，在「二‧二八事件」中遭鎮壓的不僅有
「本省人」，也有反對國民黨當局的「外省人」。而且這場反

抗國民黨腐敗統治的民主運動，當時也得到了大陸人民的聲援和支持。但在《無花果》，尤其是在《台灣連翹》中，卻存在著某種簡單和錯誤的認識。書中認為「二‧二八事件」是「本省人遭陳儀巨錘一擊」；而從重慶歸來的「半山」們，「竟也和外省人沆瀣一氣，出賣了本省人」；「這次事件成了個界限，前此同心對抗外省的本省人之間的團結開始瓦解而趨分裂」，等等。社會階級是一定時代的經濟關係的產物，階級的存在是無可否認的社會現實。以省籍來劃分人群，模糊或忽視了階級和階級利益的界限，因而是不可能反映出真實的社會關係的。同一省籍的人之間的利益也是分化的，因為同一省籍的人不可能都處於一個社會階層。在台灣本省人中，就有日據時代的御用紳士、地主階級和資產階級，以及「半山」們即官僚資產階級，這些階級的利益與一般台灣平民大眾的利益是不可能一致的。而所謂「半山」們之所以「和外省人沆瀣一氣」，正是階級利益的一致使然。「半山」們在政治上也是國民黨統治集團中的一員；靠著接收而大發光復財，在經濟上又很快成為官僚資產階級，因此他們在政治上和經濟上都已成為台灣普通民眾的壓迫階級。同樣，在光復後赴台的外省人中，有國民黨政府官員，但也有一般知識分子和平民百姓。這些外省人之間的政治和經濟利益也不可能是相同的。儘管由於國民黨當局最初不敢大膽起用台灣本土人才，造成了表面上的省籍族群矛盾，但究其實質乃是一個民族內部的階級矛盾。國民黨腐敗政權不僅在台灣壓迫「本省人」，而且在大陸也壓迫「外省人」。對一個統治階級來說，所謂「本省人」和「外省人」的區分是虛幻的，毫無意義的。

　　中國大陸各界對「二‧二八事件」的反應，也足以證明這

一事件不是所謂「本省人」和「外省人」之爭。「二・二八事件」發生後，上海的《文匯報》、《大公報》、《文萃叢刊》、香港的《華商報》（中共領導創辦）和《光明報》（中國民盟中央機關刊物）等報刊紛紛發表報導和社論，揭露、抨擊國民黨當局的獨裁統治和血腥鎮壓，聲援台灣同胞的反抗行動。一九四七年三月四日，《華商報》社論〈台灣人民的抗爭〉一文指出，「在獨裁內戰的政權繼續統治之下，我們自不能希望台灣一隅的政治能夠改弦更張。因此，六百萬的台胞，要獲得真正的解放，過平等自由康樂的生活，就必須與內地的爭民主和平的運動聯繫起來，力謀自救。」[43] 三月六日《文匯報》社論指出，「台灣是中國的一環，全國性的政治危機和經濟危機，在台灣固是不能避免的；但如果是一個比較賢明的地方當局，則危機或許可以和緩一些，現在台灣的統治當局，反變本加厲，要想徹底地貫徹專制統治的政策，要想以屠殺來鎮壓民眾的不滿情緒，其結果究竟是如何呢？這次『二二八』大慘案的教訓，應該是他們覺悟的契機吧！」[44] 該報三月十六日的社論再次抨擊國民黨當局在台灣的高壓統治，並對台灣同胞表達深深的同情：「台灣同胞正如一個被人虐待了五十年的棄兒，現在含著盈眶的眼淚投向了祖國的擁抱，然而所得的不是撫慰，不是溫存，不是愛育，而是打罵、冷待、摧殘。其失望、憤恨，實在意中。」[45] 三月六日的《大公報》社論指出，「二・二八事件」的發生「實由各級官吏，奉行政令者，平日對待人民驕縱專橫，構怨多而且深，民眾中懷怨憤，壓抑已久，故爾一觸即發。」[46] 三月八日，中共中央在延安通過廣播電台發表文告，聲援台灣人民的抗爭。文告指出，「如果略為溫習抗戰勝利後台灣發展的歷史，就可以知道，台灣的自

治運動，是完全合理的、合法的、和平的，它的所以變成武裝
鬥爭，完全是由於蔣介石逼出來的」，「二月二十八日的慘案
中，台胞死傷者至少三四千人，其殘暴程度眞是曠古未有。蔣
介石的所謂『還政於民』，所謂『民主憲法』，在這裡又一次
完全暴露了其純粹欺騙的性質。台灣人民的武裝自衛，因此乃
是被迫的，是必要的，是正義的，是正確的。」「我們要告訴
台灣同胞，你們以和平方法爭取自治，和在蔣介石武裝進攻之
下採取武裝自衛的手段，我們對此是完全同情的。你們的鬥爭
就是我們的鬥爭，你們的勝利就是我們的勝利。解放區軍民必
定以自己的奮鬥來聲援你們，幫助你們。」文告還提出了六點
經驗，「以便台胞的自治運動能達到勝利的目的」。文告最後
說：「中國共產黨人熱烈讚揚台胞的英勇奮鬥，而且預祝台胞
的光榮勝利。」[47]這篇文告還於三月二十日由延安《解放日
報》以《台灣自治運動》爲題作爲該報社論再次發表。

　　中國大陸文學界人士也迅速地寫出反映「二·二八事件」
的作品，譴責國民黨當局的鎮壓，對台灣同胞表達了深深的同
情。居於上海的編輯家、作家和翻譯家范泉於一九四七年三月
三日即寫成《記台灣的憤怒》一書，並於三月六日由上海文藝
出版社出版。三月八日，詩人臧克家於《文匯報》發表詩歌
〈表現——有感於台灣二二八事變〉：「五十年的黑夜／一旦
明了天／五十年的屈辱／一顆熱淚把它洗乾／祖國，你成了一
伸手／就可以觸到的母體／不再是只許壓在深心裡的／一點溫
暖／五百天／五百天的日子／還沒有過完／祖國，祖國呀／你
強迫我們把對你的愛／換上武器和紅血／來表現！」[48]北平
的《雪風》、廣州的《文藝生活》等刊物也陸續刊登了大陸作
家有關「二·二八事件」的詩文。

　　之後迄今，祖國大陸人民每年都通過多種形式紀念「二‧二八」，深切悼念在事件中犧牲的台灣同胞。

　　由於作者視野的侷限，在關於「二‧二八事件」的記述方面，《無花果》和《台灣連翹》也是不全面的，這也導致了書中對事件的一些分析和議論的失當。首先，作者對書中所引的有關報導和資料表現出深信不疑的態度，這並不是對待歷史的一種科學的方法。這使我們無法將《無花果》和《台灣連翹》關於這一事件的描寫完全當作真實的歷史看待。柯林伍德指出，歷史學不依賴權威，也不依賴記憶。歷史學家能夠重新發現已被完全忘記的東西，甚至能夠發現直到他發現以前根本就沒有人知道是曾經發生過的事，「他做到這一點，部分地是靠批判地對待包含在他的來源中的陳述，部分地是靠利用被稱為是未成文的來源的那些東西」。[49] 其次，作者並不真正瞭解「二‧二八事件」的背景和內幕。他僅僅從日本殖民統治對台灣人特殊性格和心理的塑造這一「遠因」和國民黨當局施政失當、缺少「有為的政治家」和「仁慈的人」這些「近因」來解釋事件的發生，並將事件定性為「外省人」與「本省人」的衝突，這樣的分析和結論不免天真和狹隘。隨著時間的推移，當年的一些當事人已陸續現身披露事件的有關真相。據二〇〇三年三月七日香港《亞洲周刊》的一篇關於中共地下黨員參與「二‧二八事件」的報導說，「『二二八』期間，較具規模的組織性反抗主要仍來自左翼勢力，包括舊台共系統與省工委系統。」「至於中共台灣省工作委員會系統，一九四六年初，中共中央派台籍幹部蔡孝乾、張志忠等人赴台發展組織，一開始主要是在本身宗族、舊台共系統與高等院校三方面發展，到了

『二二八』發生前，黨員約七十人，人數並不多，但絕大多數爲高級知識分子，素質很高，而且在日據時代即有豐富的鬥爭經驗，其中不乏赴湯蹈火之士。而舊台共領導謝雪紅則另設組織直接接受中共華東局指揮。」「左翼勢力是『二二八』期間唯一較具組織的反抗力量，有明確的抗爭目標與意志，這點在國軍登陸後特別明顯，原本活躍的非左翼的反抗團體死傷慘重，只有左翼的謝雪紅在台中、張志忠在嘉義的反抗行動中表現得較有計劃。尤其張在嘉義領導的武裝行動成爲『二二八』當中最激烈的戰鬥。」「『二二八』中幾個較具規模的反抗行動確實都與地下黨的主要成員有關。事件後，他們也能在組織操作下全身而退。更重要的是，『二二八』爲中共添增了革命的燃料，台灣社會對國府極度失望，一部分種入了台獨的情緒，更多的知識菁英則轉對中共產生期待，紅色勢力急速膨脹。加上中共軍隊在大陸節節勝利，各黨政單位均派人前往台灣。到了一九四九年，台灣從政府機關、軍事單位、運輸、通訊、電力等部門到高等院校幾乎遍布中共組織，復以有利的政治環境，台灣似乎已『解放』在即。」「然而一九五〇年韓戰爆發，美艦駛入台海，國民黨政府重新站穩腳步，戰略情勢出現根本轉折。……近年流出的保密局檔案羅列著密密麻麻的槍決名單，觸目驚心，代表著五〇年代紅色力量被連根拔起的血腥歲月，這也是當時『匪諜就在你身旁』政治宣傳的時代背景，台灣進入了不堪回首的殘忍肅殺的年代。」[50]這篇報導透露出的信息是：「二‧二八事件」雖然是自發的，但其後所引發的一系列抗爭，在一定的意義上，是中國共產黨和中國國民黨所分別代表的兩種中國命運、兩種中國現代性發展方向的較量的延

伸，許多台灣籍的中共黨員在事件中充當了反抗的中堅分子。以「本省人」和「外省人」之爭來詮釋這一事件，顯然是言不及義的戲論。

[1] 吳濁流《黎明前的台灣》，張良澤編：《吳濁流作品集‧黎明前的台灣》，台北，遠行出版社，一九八〇年二月再版。第七〇～七三頁。

[2] 同上，第七二、七五、七七、八六、八七、八八、九三頁。

[3] 同上，第九六、九七頁。

[4] 同上，第七〇、一一五頁。

[5] 同上，第六九、七三、七四、七八、九〇、一〇五～一〇八、一一二、一一三、一一六頁。

[6] 同上，第八九頁。

[7] 同上，第九五、一一八、一一九頁。

[8] 同上，第六八頁。

[9] 曠新年：《民族國家的文學》，轉引自韓毓海主編：《二十世紀的中國：學術與社會‧文學卷》，濟南，山東人民出版社，二〇〇一年一月初版，第七一頁。

[10] 曠新年：〈民族國家想像與中國現代文學〉，北京，《文學評論》雜誌，二〇〇三年第一期。

[11] 陳孔立編著：《簡明台灣史》，北京，九洲圖書出版社，一九九八年一月初版，第二〇四～二〇七頁。

[12] 見本書第一章注＊，台北草根事業出版有限公司，一九九五年七月初版的《無花果》扉頁〈《無花果》紀事〉亦稱該書為「吳濁流的前半生自傳」。

[13] 《無花果》，台北，草根事業出版有限公司，二〇〇一年十月初版

第七刷，第一頁。

〔14〕《台灣連翹》，台北，草根事業出版有限公司，二〇〇〇年九月初
版第五刷，第一頁。

〔15〕同上，第二一頁。

〔16〕鍾肇政：《鐵血詩人吳濁流》（「吳濁流學術研討會」，一九九六
年十月五日，台灣新竹縣立文化中心）。

〔17〕《無花果》，台北，草根事業出版有限公司，二〇〇一年十月初版
第七刷，第一、二頁。

〔18〕同上，第七、八頁。

〔19〕同上，第七一頁。

〔20〕同上，第九七頁。

〔21〕同上，第一五一、一五二、一六一頁。

〔22〕同上，第一五四頁。

〔23〕同上，第一五五頁。

〔24〕同上，第二〇九、二〇〇頁。

〔25〕《台灣連翹》，台北，草根事業出版有限公司，二〇〇〇年九月初
版第五刷，第二二三頁。

〔26〕同上，第二三七頁。

〔27〕（義）克羅齊：〈歷史和編年史〉（高恆譯），張文杰編：《歷史
的話語──現代西方歷史哲學譯文集》，桂林，廣西師範大學出版
社，二〇〇二年三月初版，第四〇〇頁。

〔28〕（英）柯林武德：《歷史的觀念》中譯本（何兆武、張文杰譯），
北京，中國社會科學出版社，一九八六年四月初版，第二七九～二
八一頁。

〔29〕（德）恩格斯：〈路德維希‧費爾巴哈和德國古典哲學的終結〉；
轉引自高哲、溫元著、賈建梅主編：《馬克思恩格斯選集》，中央
編譯出版社，二〇〇一年八月初版，第二四八頁。

〔30〕比如，事件中的死傷人數迄今仍是一個爭論不休的問題。台灣歷史
學者戚嘉林說：「二二八事件，本省人慘遭殺戮，其死傷人數，撲

朔迷離，眾說紛紜。有謂一二千人，有謂一二萬人，台獨人士則稱有十餘萬人；無可諱言，官方報告則似欲減緩本省人對外省人的怨仇，其數據較為保守，台獨分子則似借此刺激本省人對外省人的仇恨，以誘導並凝聚分離意識，而唯恐台人死傷不多。」　戚嘉林：《台灣真歷史》，北京，中國友誼出版公司，二〇〇一年一月初版。第一九二頁。

[31]（義）葛蘭西：《獄中札記》中譯本（曹雷雨、姜麗、張跣譯），北京，中國社會科學出版社，二〇〇〇年十月初版，第四、五頁。

[32]（英）鮑曼：《立法者與闡釋者——論現代性、後現代性與知識分子》中譯本（洪濤譯），上海人民出版社，二〇〇〇年十一月初版，第一、二頁。

[33]（美）阿爾文·古爾德納：《新階級與知識分子的未來》中譯本（杜維真、羅永生、黃蕙瑜譯），北京，人民文學出版社，二〇〇一年十一月初版。

[34]（美）愛德華·W·薩義德：《知識分子論》中譯本（單德興譯），北京，生活·讀書·新知三聯書店，二〇〇二年四月初版，第一六、一七頁。

[35] 吳濁流：《亞細亞的孤兒》，台北，草根出版事業有限公司，二〇〇一年八月初版第十一刷，第二七四、二七五頁。

[36] 殷海光：《中國文化的展望》，上海三聯書店，二〇〇二年十二月初版，第五四四頁。

[37]（美）愛德華·W·薩義德：《知識分子論》中譯本（單德興譯），北京，生活·讀書·新知三聯書店，二〇〇二年四月初版，第七一頁。

[38]《台灣連翹》，台北，草根出版事業有限公司，二〇〇〇年九月初版第五刷，第二五五、二五六頁。
許俊雅在〈小說／歷史／自傳——談《無花果》《台灣連翹》及禁書現象〉一文中對吳氏這段話置疑：「在《台灣連翹》提到刊《無花果》時遭國民黨員干涉之事，在這裡我們看到吳老其時『口吻堅決，使我無名火冒，不客氣地給予反擊』。如據廖清秀回憶該書出版遭沒收的情況，吳老初時仍不免為之心頭一顫的，這一大段義正詞嚴的文字，是否能再現吳老當時情境，不無問題。」許氏在文後的注釋中云：「廖清秀〈無花果出版與吳濁流老〉：『吳老也許聽巫老他們的鼓勵，後來在我面前表示『大無畏精神』，起初有些害怕也是人之常情。』《文學台灣》第十二期，一九九四年秋季號，頁二一。雖然刊在台灣文藝與林白出版社出版該書，時間不同，似為兩件事，但遭干涉情況一致，其反應應可類比。」（「吳濁流學

術研討會」，一九九六年十月五日，台灣新竹縣立文化中心）

然鍾肇政在〈鐵血詩人吳濁流〉一文中説，《無花果》在《台灣文藝》分三期刊畢後，某日，「吳老告訴我，有台北林姓國民黨員找到他家裡，説這種題材怎麼可以寫，實在不妥當。」鍾文在引了上述《台灣連翹》的段落後接著説：「我還清楚地記得吳老向我轉述這些話時的神態，他是激憤的，説得唾沫四濺，另一面卻也可以感覺出把走狗痛罵了一頓的得意與凜然。我記不清楚在吳老告訴我這番話以前或者以後，那位台北林氏恰因勘查古跡之便順道來舍，告訴我説：『最近有些雜誌常有不妥當的文章出現，這一類不良書刊，鍾兄最好還是不要接近為妙。』我當下雖然明白他何所指，可是他畢竟比我年長許多，而且我也無意辯駁，便若無其事地回敬一句：『我是鄉下人，和任何雜誌談不上接近不接近，不過只有《台灣文藝》，因為是我們自己的文學雜誌，所以稍稍幫一點忙罷了。』這位林先生多半也是頗『識趣』的人，前此雖與我略有交情，不過自此再也沒有來往了。」（「吳濁流學術研討會」，一九九六年十月五日，台灣新竹縣立文化中心）鍾文證實了所謂「國民黨員」的存在，對吳氏反駁「國民黨員」的話顯然也深信不疑。

本書作者按：《無花果》在《台灣文藝》連載，國民黨當局無任何動靜，吳氏指斥「國民黨員」並非不可能。而單行本出版遭禁後吳氏「起初有些害怕」，乃因當局已有動作，故吳氏的反應屬「人之常情」。許文所云「遭干涉情況一致」，非也。

〔39〕（美）愛德華‧W‧薩義德：《知識分子論》中譯本（單德興譯），北京，生活‧讀書‧新知三聯書店，二〇〇二年四月初版，第三八、三九頁。

〔40〕同上，第四頁。

〔41〕（美）愛德華‧W‧薩義德：《世界‧文本‧批評家》；轉引自愛德華‧W‧薩義德：《知識分子論》中譯本〈譯者序〉（單德興），同上，第一、二頁。

〔42〕殷海光：《中國文化的展望》，上海三聯書店，二〇〇二年十二月初版，第五五一、五五三、五五四頁。

〔43〕轉引自曾健民研編：《新二二八史像》，台北，台灣社會科學出版社，二〇〇三年三月初版，第二六〇頁。

〔44〕同上，第二六三頁。

〔45〕同上，第二七六頁。

〔46〕同上，第二六五頁。

〔47〕同上，第二七七、二七八、二八〇頁。

〔**48**〕 同上，第四〇、四一頁。

〔**49**〕 （英）柯林武德：《歷史的觀念》中譯本（何兆武、張文杰譯），
中國社會科學出版社，一九八六年四月初版，第二七〇頁。

〔**50**〕 〈老台共追憶「二二八」真相〉，北京，新華社《參考消息》，
二〇〇三年三月十一日轉載。

第五章
「中國文化風格」與民族認同

　　就人生的起伏程度而言，吳濁流的一生既平淡也坎坷。在日據時代，作爲殖民地的一名知識分子，內心飽嘗壓抑和憤怒。在光復後漫長的戒嚴時期，作爲一名本土作家，他始終處於台灣社會的邊緣。然而，與殖民地時代有所不同，他的邊緣地位在一定程度上是自我選擇的結果。他甘願以知識分子的身份安身立命，因此才辭去省政府機關科員的工作，一生不作仕途營求。在文學創作上，他的長篇小說《亞細亞的孤兒》因獨特的題材、深刻的主題與史詩的品格而成爲台灣新文學的經典，同時也因此奠定了作者在中國現代文學史上的地位。談論中國現代文學史，不能忽略台灣新文學；而談論台灣新文學，必定無法繞過吳濁流和《亞細亞的孤兒》。但另一方面，由於國民黨當局的狹隘的文化政策，也由於日本殖民統治所造成的語言障礙，無法熟練掌握中文的吳濁流在光復後的台灣文壇是落寞甚至是落伍的，他的作品無法在藝術上臻於完美。難能可貴的是，吳濁流在困境中不氣餒消沉，晚年毅然斥資創辦《台灣文藝》，坦率闡述自己的文學主張，殫精竭慮、瀝血嘔心培育台灣文學後起之秀，開闢了人生的新境界，也爲台灣文學和文化發展做出了重要貢獻。

在日本殖民統治下出生和成長的吳濁流，與廣大台灣同胞一樣，曾被殖民者扭曲了民族認同，經歷了一段曲折的道路。然而，隨著歷史意識的增長與對祖國的瞭解，吳濁流的民族意識日益覺醒，最終成為一名終結了「孤兒意識」的堅定的中國民族主義者，並熱誠地期待一個包括大陸和台灣在內的統一的新中國的出現。

本書最後一章將討論吳濁流生前力倡的「中國文化風格」、「中國文化格律」主張以及吳濁流的認同問題。近年來，某些台灣論者以為吳濁流的作品暗藏某種玄機，從中可以求取所謂「台灣意識」即台獨意識的精神支持。意識形態的狂熱使這些論者無視學術規範，迴避對吳濁流的全面的文學解讀，拋棄文學分析直奔政治主題。因此辨析吳濁流的「中國文化風格」、「中國文化格律」主張，結合吳濁流的文學創作和文學活動闡述其民族認同，不僅是為了本書上述觀點的再度論證，而且也是吳濁流研究學理化和還原研究對象的真實所必須進行的清理。

第一節　「中國文化風格」和「中國文化格律」

吳濁流多次在其隨筆文論中提出「中國文化風格」、「中國文化格律」的主張。所謂「中國文化風格」和「中國文化格律」其實是同義語，因為吳濁流並未特意區分兩者有何不同。

吳濁流的「中國文化風格」、「中國文化格律」的主張似乎是涵蓋所有文學門類的，並不僅僅針對詩歌。然而，他談得較多的卻是詩歌。只有幾篇隨筆偶爾談到小說的具體表現手法。

在〈漫談文化沙漠的文化〉一文中，吳濁流提出，中國唐代的詩詞發展出了兩種文學描寫方法——印象描寫和抽象描

寫。這兩種描寫方法「不但詩詞上可用，還可以應用其它文藝作品上」，而「西洋近代文學的自然描寫及心理描寫，比我們的印象描寫和抽象描寫還是落後」，因爲自然描寫和心理描寫是「這麼就描寫這麼，那麼就描寫那麼，無論自然現象或是心理現象都忠實地表現出來。可是現代人的想像力，一天一天在進步，不必要拖拖拉拉的，不勝其煩，讀者在時間上也不經濟」。他以孟浩然的詩句「野曠天低樹」、李白形容楊貴妃美貌的詩句「雲想衣裳花想容」以及己作《亞細亞的孤兒》中的一些片斷爲例，說明印象描寫和抽象描寫的優點，並進而提出「將來的文藝作品不要重視自然描寫和心理描寫」。[1] 這就產生幾個問題：印象描寫和抽象描寫如何定義，印象描寫和抽象描寫是否能與自然描寫乃至心理描寫完全區別開來，比如「野曠天低樹」，是否也可視爲自然描寫？而表現人物的心理活動也可能運用印象描寫或抽象描寫的形式。另一方面，作爲一種表現手段的印象描寫、抽象描寫、自然描寫和心理描寫等等，是否能裁斷爲「先進」或「落後」？

　　吳濁流提出的「中國文化風格」、「中國文化格律」，實際上觸及的就是中國現代文學史上爭論至今仍未完結的一個重大主題，即尋找具體的民族形式和獨特的民族風格問題。這個主題之所以重大，是因爲如果沒有具體的、恰當的和成熟的民族形式和民族風格，中國文學對西方文學的「盲目模仿」乃至「全盤西化」即難以避免。而「選擇自由是一種個性表現，但是模仿他人實際上卻剝奪了我們的自我身份」。[2] 民族形式與民族風格是確立中國文學的主體性的前提，也是建構中國文學的現代性的不可缺席的條件。很難想像缺乏民族形式與民族風格的文學現代性，還能稱爲「中國」的。因此在中國文學由古

典文學向現代文學轉換的五四時期，關於白話文與文言文等問題的論戰實際上也開啓了關於民族形式與民族風格的爭端。三○年代發生的文藝「大衆化」討論，一九三九年至一九四二年在延安、香港、重慶、桂林和晉察冀邊區等解放區和國統區進行的「民族形式」論爭，都是這一問題的延續。台灣文壇三○年代關於「鄉土文學與台灣話文」的論爭，五○年代開始一直延伸到七○年代的對現代派文學的批判，以及一九七七年至一九七八年的鄉土文學論戰，在某種意義上也可視爲中國文學民族形式與民族風格問題在台灣的獨特表述。[3] 之所以說關於民族形式與民族問題的爭論至今尚未結束，乃是由於問題沒有獲得根本解決。中國大陸文學界歷次的論爭，基本上都是以強調民間文藝爲基礎或從中吸取大量營養的「大衆化」派的觀點佔上風而告一段落。[4] 當然，這些論爭對中國現代文學的進步是有益的，它們推動著中國現代文學不斷出現大量從形式風格到思想內容都具有新意的優秀作品。然而，新的問題卻也隨之產生。一位研究中國現代文學的韓國學者曾就三○年代末四○年代初中國文學界的「民族形式」論爭這樣指出：「由於過分強調縱向繼承而且過高估計民間文藝的價值，因而超出過去歐化傾向的反省程度，助長了拒絕橫向吸收的傾向。結果導致了後來新文藝的風格、流派、形式的單一化，甚至導致了某種自力更生和復古主義。更爲嚴重的是民族形式論爭對文學的政治從屬化起到了一定的作用。……民族形式論爭成爲了反省中國現代文學的發展過程中忽略對中國傳統文學的批判繼承問題而關注文藝民族化的一個契機。但同時它留下了後來誤入不考慮與世界化相結合的民族化甚至是排斥世界化的民族化的可能性。這種可能性變成現實，從而延誤了中國現代文學的眞正

現代化。新時期以來，中國文藝致力於借鑒包括過去認爲是資產階級文藝思潮而否定的西方現代主義在內的世界文學，從而重新探討文學的民族化與世界化問題，這大概與民族形式論爭所留下的影響不無關係。從這一角度上講，可謂民族形式論爭乃至今仍有效的未完的論爭。」[5]

在台灣，民族形式與民族風格問題也在不同的時期以不同的方式出現在文壇的論爭中。在日本殖民統治時代，台灣的民族文學受到壓迫，在「皇民化運動」前，殖民當局就禁止中文，台灣作家被迫放棄本民族的語言，更談不上民族形式與民族風格。光復後，國民黨當局鼓吹的「戰鬥文藝」炮製了大量內容空洞、毫無美學價值的「反共八股」，無異於對民族形式與民族風格的變相摧殘。六〇年代的現代主義思潮，出現了「全盤西化」的極端傾向，是對民族化的打擊。七〇年代鄉土文學雖然取得了主流話語的地位，然而這一文學運動最終卻分裂成了以陳映眞、黃春明等爲代表的堅持中國民族主義的左翼文學陣線和以「台獨」政治訴求爲標的的分離主義文學陣線。一些鄉土文學作家發生了可怕的轉向，[6]「相對於七〇年代強烈的中國指向，八〇年代興起全面反中國、分離主義的文化、政治和文學論述，台灣民族主義代替了中國民族主義。反帝反殖民論被對中國憎惡和歧視所取代。民衆和階級理論，被不講階級分析的『台灣人』國民意識所取代。歷史給予台灣形形色色的民族分離主義將近二十年的發展時間。但看來七〇年代論爭所欲解決的問題，卻不但沒有得到解決，反而迎來了全面反動、全面倒退和全面保守的局面。」[7] 至此，在台灣的中國文學的民族形式與民族風格問題的探討不僅沒能進一步深入，反而在「文學台獨」中令人觸目驚心地演變成反民族、反中國的

文學。

　　吳濁流雖也曾提出「文藝若不能大眾化，國人的文化水準恐怕永遠不能提高」的觀點，但這一見解更多是立足於文藝的教化功能上說的。因而後來他在論述「文學不是工具」時又指出，「例如文學拿來做商業工具，要達到買賣的目的，就要有商品的價值，須具商品價值的作品，就不能不考慮大眾的口味，爲合大眾的口味，就要迎合大眾，要迎合大眾怎麼能顧及文學本身的文藝生命呢？」「大眾化」與「迎合大眾」固然不是一回事，但在吳濁流關於民族形式與風格的思考中，「大眾化」並不是一個鮮明的或主要的方向。他的建立「中國文化風格」、「中國文化格律」的主張更多地落實在詩歌而且是漢詩即中國舊體詩上。由於偏愛漢詩，他給予了漢詩崇高的地位。在他看來，漢詩不僅「是我民族創造的文化的精華」，「是中國文學之結晶」，「可與民族共存榮」；而且漢詩也「實非近代文明所能輕易望及的」。雖然他曾指出，「新詩是一條新路，我很同感」，[8] 並且在他創辦的《台灣文藝》雜誌設立了新詩獎；也曾解釋「我主張的固有文化格律，不是指固有形式，而是主張固有文化的傳統和風格，千萬不可丟棄漢詩的靈魂和哲學的奧妙的意境，及典雅的措詞，尤不可抹煞漢詩重人格、重個性的優美傳統」。但他還是認爲，「現在的新詩，虛心來講，其價值還未能與漢詩同列來論」。吳濁流如此推崇漢詩，誠然是因爲他的強烈的中國民族主義意識，因爲傳統優秀漢詩所體現的民族精神和「民族的最高智慧」；但他將漢詩視爲國粹的另一個原由，是因爲它在形式上是民族文化創造的精華，「沒有模仿性」，是最純粹的民族形式與風格。在批評「新詩或現代詩中，有些詩不但全篇不懂，連所用的語言，一

句一句分開來解釋，還是不能令人瞭解，究竟所有的語言，是不是中國話，或是猿言，抑是鳥語呢」[9] 的同時，他也指出漢詩創作之所以停滯不前的原因，一是「五四運動之後，我們的青年崇拜西洋文化，產生奴化思想，連固有文學都被視爲落後，不值一談，棄如垃圾，一切主張西化，模仿西洋文化，以致我們的固有文學停頓於唐宋時代，不能進展，致使不能近代化了。於是拿西洋文學來代替，與固有文學斷脈，自甘屈居西洋文學腳下掙扎以爲榮」。[10] 二是後來的漢詩人對漢詩格律產生誤解，先找韻和平仄再做詩，而不瞭解「原來詩韻和平仄的規矩是依前人所做的好作品來編成的，好詩自然而然有韻、有平仄、有格律、有音調、有偕偶，但現在的人先找韻，依平仄的規矩來做詩，創作上患了顛倒的錯誤」。[11] 他認爲漢詩的改革應採取漸進的方式。他以李白的《將進酒》爲例，指出這首二十八句的詩中有三言、五言、七言、十言，既表現了李白造句不限字數、不受格律拘束的自由的創作精神，也說明了他還「留戀七言之好處」。「像李白的天才，尚且躊躇不敢完全脫離從來的規範，豈無原因？」他認爲，這是因爲李白認識到傳統規範的合理的一面，所以才採取明智的態度做一個改革的漸進主義者。在指出「自五四運動以來我們的文化，全棚被西洋文化搖動了，因此我們的文化人在此混亂狀態中掙扎，有些人前進不得，有些人後退不能；但急進者索性不顧一切，向前邁進模仿西洋文化，可是模仿就是模仿，很難融合國情，就像借他人的衣裳而舞的演員一樣，總不合體，感覺不滿」之後，他進而提出：「我主張要拿固有文化格律做不動的定點，有此定點就不怕西洋文化搖撼，若無的話，就會被西洋文化全棚搖倒。」漢詩，或主要是漢詩，就是他所認爲的可做「不動

的定點」的「固有文化格律」。漢詩雖然也需要革新，雖然
「漢詩到現在要轉變，無人反對，但，不是一朝一夕就可以完
成，須要長期，或者要幾百年的時間，經有名無名的天才之努
力才能完成的」。[12]所以，漢詩這一「固有文化格律」，也
就是中國文學或中國詩歌創作所應珍惜和堅持的風格形式。

吳濁流上述的論點，表現了其文學思想的矛盾。一方面他
有著「我們的固有文學，不消說須要近代化」，「漢詩非近代
化不行了」，「我們一定須要再加研究，將固有文化，拿來現
代化，創成現代中國文學來與世界文學並肩競秀」，「創造有
中國文化格律的新作品，才是台灣文藝的使命」……的焦灼
感；另一方面，他又認為漢詩這一「固有文學」的轉變，「須
要長期，或者要幾百年的時間，經有名無名的天才之努力才能
完成」。亦即說，漢詩仍是今天乃至未來相當長的時期的「中
國文化格律」。這種對舊體詩的執著和留戀，並不是吳濁流的
個人現象，而是從五四時代至今一直受到忽視的中國現當代文
學的一個重要課題。

吳濁流對漢詩執著的另一面則是他對五四新文化運動的反
省。他認為：

　　五四運動的效果，誰都不敢否定；但其副作用也是可怕
的。例如打倒孔家店，當時的社會環境，推行這個運動是有充
分的理由，可是當時主唱者能考慮到其副作用時，就不敢毫無
分別地打倒孔家店，鏟除孔教吧。如果當時用科學的眼光來分
析孔教思想的長短，以其政治思想不合時代應該打倒，然而孔
子的個人倫理及個人道德，千秋不悖，萬載不變，應該保存
的。可是他們不分皂白，鏟除孔教，連頭並根都拔掉，後來才

覺其副作用之大，這時候騎虎難下，也無法可以補救了。

　　漢詩也是一樣遭受其運動的副作用之一，我國的詩篇形式及其定型，代代相傳，很少改變，積弊之大，早已不合時代了，當然應該要轉變；但，不可無分皂白，連漢詩的好處都摧殘無餘，一切拋棄，而專事模仿外國詩以為時髦，造成文藝攤販，爭相採新集異來販賣國人。[13]

　　事實上，對五四運動的反思在中國現代文學史上一直沒有停止。比如在三○年代末四○年代初的那場「民族形式」論爭中，就有一些論者指出五四新文學與廣大群眾仍很隔膜，它普遍存在的歐化，就是「洋八股」的表現。對民族傳統的極端否定，忽視了舊形式的意義，趨向全盤西化等，「使文藝之民族新形式還沒有最高完成，語言形式的缺點還嚴重存在。」[14]一些論者則提出，五四新形式與舊形式、民族傳統與外來影響，不應相互排斥，而可以互相滲透、合流。[15]七○年代後期中國大陸進入歷史新時期後，文化界和文學界對五四運動的反省進入更深的層次，而且至今仍在進行。有學者指出，五四新文學是以一種激進主義的姿態出現的。這種姿態體現爲對傳統文學採取的是一種整體性的否定與反叛的態度，突出強調了新舊文學之間的變異性、斷裂性而忽略了兩者間的連續性和延承性，這是一種以突變論和進化論爲基礎的文學變革的理論設計。「這種進化論的文學史觀的直接後果之一便是忽視了對文學傳統在現代文學發展過程中所起的作用的研究。譬如說，用古代漢語創作的舊體詩詞在現代漢語詩歌之外已然形成了另一條並駕齊驅的線索，從周氏兄弟、郁達夫、胡適等人爲代表的新文學主將，到毛澤東、陳毅等一代政治家；從中華人民共和

國成立後的胡風、聶紺弩，到『四五』運動的天安門詩抄，舊體詩詞遠非白話新詩之外微不足道的點綴，而是形象化地標誌著古典文學傳統仍以其頑強的生命力介入著『現代』生活。然而迄今的現當代文學史著作對舊體詩詞的線索僅僅是偶有提及，這一文學現象顯然未得到研究者應有的重視。」[16]

　　對傳統的詩歌形式的迷戀，並不純然是個人趣味的問題。其中更重要的原因，還在於傳統形式本身。傳統詩歌形式之所以在歷史上盛行並創造了輝煌的成就，與其本身的藝術魅力是分不開的。中國傳統詩歌形式的顯著特點之一，即是對平仄即聲律的運用。中國古代文論家早就發現聲律對詩文審美之重要性。西晉陸機《文賦》云「曁音聲之迭代，若五色之相宣」；南朝齊周顒發現漢字的四聲調，沈約提出作詩必須避免八種聲病，劉勰則於其文論專著《文心雕龍》中關「聲律」一章作系統論說。劉勰認為，音律的制定乃是根據人的發聲。而聲音包含聲調，是來自人的「血氣」即生理機能。在人的語言中，所有的聲調都有平仄之別。如果都用仄聲字，「則響發而斷」；都用平聲字，則「聲揚不還」。因此，聲調平仄的配合應像「轆轤交往，逆鱗相比」。平仄和諧，「則聲轉於吻，玲玲如振玉；辭靡於耳，累累如貫珠」。他還認為，詩文的美醜，寄託於吟詠之間；吟詠的滋味，流露於字句之中；字句的氣力，則以和諧和押韻為歸宿。對聲律的研究、發現和實踐，使中國古典詩歌歷經四言、五言和七言的發展，至唐宋時期達到巔峰成就，並形成了一套嚴格的聲律、對仗（對仗其實也包含著對平仄的考慮）等形式規範。這種形式規範既是以人的生理機能為根據，也是衍生於特定的民族心理、歷史、文化和現實生活，是民族的審美意識、審美趣味和審美習慣的體現，因此在

特定的歷史時代和歷史生活中，它是一種最普遍的藝術形式，也是一種最親切、最適宜和最具表現力的民族風格。

古典詩歌注重韻律與韻腳，並形成了嚴格的押韻規定，不獨在中國，而且在西方亦是如此。如歐洲的「商籟體」即十四行詩，就是一種格律嚴謹的詩體。德國哲學家叔本華（Schopenhauer）也曾注意到格律詩的魅力：「稀鬆平常的內容加上韻律和韻腳，乍讀起來似乎也頗有意味深長的味道。就像姿容平凡的少女經過化妝後，也頗能惹人注目。即使偏頗，錯誤的思想一旦寫成韻文，也像滿有道理。」叔本華認為，只有「真」才是美的。若能把真理赤裸裸地表達出來才最為可貴。而散文能表現偉大而美麗的思想，所以比韻文更具真價。然而，韻律和韻腳為何竟能產生這樣令人意外的強烈的效果，也大有研究的價值。他這樣分析：「本來，聽覺所直接感受的，只是詞句的音響，再加上旋律和韻腳，就好像是一種音樂。所以，它本身中已取得某種完全和意義，已經不是手段，不只是指示事物的符號──即不是言語意義的符號，而是為了它自身的存在。而且，這個音響的唯一使命是『悅耳』，在完成任務之同時，也滿足了讀者所有的要求。因而這個音響所表達的思想，如今就成了附加物，就像音樂的歌曲所配上的歌詞一樣。那又像是突然而來的意外贈物，這裡沒有任何的請托或希求，很容易令我們欣然接受。假如這裡再有散文所表現的思想價值的話，那就更令我們著迷了。」[17] 格律詩的形式雖然嚴格，但它對音律的講究和追求使它成為一種令人心神愉悅的美的形式。

吳濁流將漢詩發揚光大的主張並身體力行地堅持創作，不僅表現了一種對中國民族文化傳統的深刻認同與情有獨鍾，而且也是對漢詩的藝術魅力的一種深切體驗和心領神會。而在新

文學基本上已一統天下的形勢下，他的「頑固」反倒顯示出某種特立獨行的傲然雄姿。

然而，畢竟無可否認的事實是，五四新文化運動掀開了中國文學的嶄新的一頁。中國現代文學的現代性標誌，一方面是文學的思想內容的丕變。如同鄭振鐸所指出的，以往的文學者「大部分的人，都中了儒學的毒，以『文』為載道之具，薄詞賦之類為『雕蟲小技』而不為。其他一部分的人，則自甘於做艷詞美句，以文學為一種憂時散悶、閒時消遣的東西」。[18]五四新文學則以反帝反封建的思想為其話語核心，既表現為對「國民性」的無情批判，也表現為對個性解放的大聲疾呼。另一方面，是文學從古典形式向現代形式的轉換。從語言來說，是文言文被白話文所取代；從文體上，章回小說、舊體詩詞、小品文等被現代小說、新詩和新散文等取代。而新文學的語言和文體的嬗變並不僅僅是簡單的形式轉換，而是有著深刻的歷史意義。周作人曾這樣論說：「新小說與舊小說的區別，思想果然重要，形色也甚重要。舊小說的不自由的形式，一定裝不下新思想；正同舊詩詞舊曲的形式，裝不下詩的新思想一樣。」「我們要想救這弊病，須得擺脫歷史的因襲思想，真心的先去模仿別人。」[19]由於帝國主義的入侵，中華民族被迫作出了現代性追求的反應。民族解放和建立現代民族國家成為中國現代史內在的巨大歷史衝動，中國新文化包括新文學的建構和想像理所當然地被納入這一總的現代性設計之中。「對於新文學的創作者來說，將文學的內容與形式與時代聯繫起來，明顯地賦予文學創作者一種目的的感覺，即文學的創作工作是這樣一種時代的工作，它本身是歷史朝向未來過渡的一個重要部分。只是在這樣一種時間意識之下，新文學才成為反傳統的

文學。」[20] 因此，「白話文運動不是一場單純的語文變革運動，實際上，它也是一種現代社會、文化和價值的重建運動。它不僅是要『通於俗』，要使知識分子和大眾具有共同的語言，而且要通過國語推動與肯定現代民族國家共同體的想像與創造。」[21] 現代民族國家的認同要求一種全民共用的語言。而五四白話文運動顛覆了文言文的特殊地位，填平了操持文言文特權的士大夫文人與普通大眾的語言等級鴻溝。白話文對文言文的取而代之並不是由於它是一種新的語言，而是因為它具有更強大的共同交流的功能，它使全民族在語言上平等地交流的可能性變為現實。而「五四新文學在打破古典文學傳統的同時所依循的『現代性』規範主要是西方文學的尺度。無論是小說（fiction 或 novel）、新詩、散文（小品文 essay）還是話劇，這四種主要體裁基本上參照的是西方文學的分類標準。這種分類直接規定了究竟哪些文學形式可以忝列於現代文學的門牆」。[22] 並且，民族文化傳統與民族形式並非是凝固靜止的，它們也處於歷史發展的時態變化之中，後人不同角度的縱向與橫向的解讀和演繹不斷賦予它們新的內涵。「我們生活在傳統中，我們也創造著傳統。……它處於不斷凝聚而又不斷更新的狀態。它並非凝固不變，一個歷史悠久的民族，經過歷代先民的智慧創造，積澱而為豐富的文化詩歌傳統，儘管它的構成之中有相當穩定的基因，但又是不斷發展不斷豐富著的。」[23] 不僅是對舊傳統的批判繼承能創造出新傳統，而且對外來文化的借鑒吸收也可以發展成為民族文化的一部分。如同郭沫若所說：「外來形式經過充分的中國化是可以成為民族形式乃至民間形式的。」[24] 儘管在以啓蒙運動為思想標誌、以法國大革命為政治標誌、以工業化和自由市場為經濟標誌的西方現代性

在隨著帝國主義的入侵而強加於中國，當尙沉酣於古老歷史的
輝煌夢想中的中國被列強的炮聲驚醒而面對突如其來的現代性
之時，現代性本身卻已在西方分裂爲作爲經濟和社會變革產物
的資產階級的現代性與以反資本主義的浪漫主義爲代表的美學
現代性，因而給中國的現代性追求帶來了一定程度的迷惘和困
惑，然而置身於世界格局中的中國除了義無反顧地邁上現代性
的途程之外別無選擇，古老中國的現代化已是一個不可逆轉的
歷史趨向。中國文化和文學的現代化，誠然需要重視審視傳統
文化的價值並繼承其中的優秀成分，並警惕喪失民族自我身份
的「全盤西化」傾向，但在試圖否定進化論、突變論的激進主
義歷史觀的同時，也應看到這樣一個事實：「畢竟以『現代
性』爲核心價值與審美取向的新文學相對於舊文學更能準確地
反映現代人新的思維、語言、審美、心理習慣，更吻合於現代
人感受和認知世界的方式。」[25] 正是在這個意義上，一生對
舊體詩詞創作樂此不疲、作品馳名海內外並被公認爲達到了很
高藝術成就的政治家詩人毛澤東，在談到自己的舊體詩詞時
說：「這些東西，我歷來不願意正式發表，因爲是舊體，怕謬
種流傳，貽誤青年」，「詩當然應以新詩爲主體，舊詩可以寫
一些，但是不宜在青年中提倡，因爲這種體裁束縛思想，又不
易學。」[26]

　　中國古典詩詞在唐宋時代達到了輝煌的頂峰，然而，一個
民族的語言和美學傾向也是不斷發展變化的。舊體詩詞嚴格的
格律要求使其別具一種整飭和音律之美，但「戴著鐐銬的舞
蹈」畢竟不是自由的舞蹈，更不是大多數現代人所再認同的審
美趣味。這樣的欣賞趣味的演變也在西方發生。叔本華雖然也
認識到格律詩的藝術魅力，但他認爲，格律詩人在音韻上費了

偌大的周折，反而使讀者如入迷陣，摸不到門徑。而享受詩的樂趣，不會是在頭腦昏然轉向之時引起的。儘管大詩人能夠克服格律詩的形式的困難，而能示讀者以輕快優雅之趣，但只有這一點事實，還不足以令我們推舉格律詩。「因為，這些形式本身就極煩瑣並且又沒有效果。就是連很有成就的詩人，用這些形式時，韻腳和思想也屢屢發生糾葛，有時韻律得勝，有時思想佔上風，換言之，就是有時思想為韻腳所壓抑而萎縮，或者，韻腳由於思想的貧弱而稍作退讓。」[27]美國詩人惠特曼（Walt Whitman）亦曾指出：「詩的實質不是可以用韻律、格式一致或者對事物的抽象的傾慕，也不是可以用哀訴或者好的訓誡展列出來，詩的實質是以上這些以及更多的別的事物的生命，它是在靈魂裡面的。」「偉大的詩人的優點不在引人注目的文體，而在不增不減地表達思想與事物，自由地表達詩人自己。他對自己的藝術宣誓：我絕不多唇舌，我絕不在我的寫作中使典雅、效果或新奇成了隔開我和別人的簾幕。我絕不容許任何障礙，哪怕是最華麗的簾幕。我想說什麼，就照它的本來面目說出來。」「偉大的詩篇對於每個男人和女人的使命是：你和我們平等相待，只有這樣，你才能瞭解我們。我們並不比你優越，我們所含有的，你也含有；我們所享受的，你也可以享受」。[28]與新詩相比，舊體詩的格律不僅對詩人的自由表達有較大的約束，而且在語言上它很難脫離文言文，是一種只有少數人才掌握的技巧和文體，在創作者與普通大眾的語言和欣賞習慣之間築起了一道鴻溝，構成創作者與大眾的一種不平等的關係，從而變為一種無法贏得廣泛理解的與時代不合拍的詩體。同時，舊體詩與文言文的這種難以擺脫的關係，注定了它所運用的語言，有許多只是叔本華所說的「專供詩用的辭

彙」。而「專供詩用的辭彙，距離我們的心較遠，不能直接訴諸精神，因而使我們的感情處於冷淡的狀態中，它是詩的會話用語，是畫裡的感情，排除眞實的情感」。[29]

誠然，舊體詩詞作爲一種源遠流長的民族文學形式，至今尚散發極大的魅力和光輝。它的創作者和愛好者仍爲數衆多，而且也出現了一些膾炙人口的篇章。近些年來由於經濟全球化引起的文化本土化的反彈，舊體詩詞的創作更有升溫的跡象，習好者似乎與日俱增。但是，在白話文和新文學取得全社會的共識因而早已成爲中國新文化的標誌語文的今天，舊體詩作爲一種文體，已很難再占據文壇的主流，它的邊緣化地位目前還看不到改變的前景。因此將中國文學包括台灣文學置於現代性的趨勢下來考察，吳濁流提出的漢詩即舊體詩作爲當代和未來的「中國文化風格」、「中國文化格律」的構想，其有效性如何恐怕只能存疑。然而，在今天台海風雲變幻的語境中解讀吳濁流這種倔強的國粹主義-中國民族主義情結，卻是令人心頭別生一番感動！

吳濁流的「漢詩」概念，還有一個問題需要釐清。用「漢詩」一詞指代中國古典詩歌，吳濁流對此曾有解釋。他認爲，「查漢以前沒有五、七言的詩，到了漢時代，才發展到五、七言，所以用漢詩二字最爲適當。」[30] 如果漢詩指「中國格律詩」或「漢語格律詩」，古典漢詩指「古代中國格律詩」或「古代中國漢語格律詩」，這一定義大抵是正確的。而如果將之理解爲「漢民族格律詩」和「古代漢民族的詩」，則是一種謬誤。吳濁流曾說「漢詩具有中國固有文化的特色，是漢民族最高智慧的表現」，顯然是將漢詩錯解爲僅僅是漢族詩人的創作。事實上，中國古典文學是包括漢民族在內的全體中華民族

的共同創造。在民族融合與同化的過程中，歷史上許多少數民族文人也運用漢語寫出了許多佳篇華章，湧現了相當一批傑出的少數民族詩人和作家。所謂漢詩實際上也包括了少數民族詩人用漢語創作的詩作。這是在把握和分析吳濁流的中國民族主義文學觀時所應注意的「民族」的這一內涵。[31]

儘管吳濁流以漢詩作爲「中國文化風格」、「中國文化格律」的構想是否一個現實的方案大可爭議，但在全球化的趨勢愈演愈烈的當代世界，各個民族如何保持民族文化的個性，具體就中國而言，如何保持中國文化的民族性，即其相對於西方文化的差異性和特殊性，已是一個迫在眉睫的嚴峻挑戰。因此吳濁流所提出的思路，不只在上世紀六、七○年代，在二十一世紀的今天也仍是一個前沿的課題。

第二節 「台灣意識」還是「中國意識」？

在學術研究中，提出問題往往比回答問題更爲重要。然而，吳濁流的民族認同問題如果在二十世紀八○年代之前提出，會被認爲是一個僞命題。因爲此前不會有人認爲這是一個模糊的有待廓淸的問題。但自上世紀八○年代起，國民黨當局宣布解嚴後，台灣島的社會政治朝多元化演進。伴隨著政治自由化，分離主義思潮在島內也瀰漫開來。文學界內，也有「不少原台灣文學的中國性質論者，在沒有做任何負責任的轉向表白條件下，轉換了自己的思想和政治方向，從他們原來的原則立場，全面倒退」。[32] 這些轉向者不僅推翻了自己此前所有關於台灣和台灣文學的中國性質論，不僅在民族認同上自我顛覆，而且還顛覆他人。他們從重新解釋歷史著手，改寫台灣文學史，重估經典作家，打碎已有定論，刻意標新立異，武斷地

將前輩作家與「台獨」的歷史資源劃上等號。吳濁流就是在這
股「新潮」的呼嘯中被重新「發現」。吳濁流的民族認同這一
僞命題,被一些轉向者連篇累牘地反覆申論之後,其命題的虛
幻性已被嚴重遮蔽。因此,還吳濁流和吳濁流文學的眞實面
目,在這一問題上的除蔽是必要的。

　　如前章所述,一些轉向者認定吳濁流的民族認同從《亞細
亞的孤兒》的寫作開始就已與中國無關,換言之,在這些轉向
者看來,吳濁流從寫《亞細亞的孤兒》起,就已是他們的同路
人、「台獨」意識的啓蒙者與奠基者之一。有一位台灣論者如
此立論:「一紙波茨坦宣言將台灣送入中國殖民統治者手中。
由於長期被日本異族統治,以及對文化故國的懷想,戰後台灣
人對所謂祖國的憧憬是自卑情結反激的心理。這種心理使台灣
人自始未能發現中國的本質,而再度淪入被殖民、被剝削的境
地。」「吳濁流在戰後所寫的小說中,對中國殖民霸權及異化
現象也有深刻的描述。〈波茨坦科長〉中的張玉蘭,因對所謂
的祖國存著無限憧憬,下嫁自中國來台搜括的范漢智,而終致
悔恨莫及;〈狡猿〉中是市井之徒江大頭藉中國那套招搖撞騙
的官場文化而平步青雲;〈幕後的支配者〉的阿九嫂受上海姥
引誘,而騙領教堂的配給品。總之,吳濁流筆下的這些人物都
是未能超脫或臣服於殖民主義宰制而異化的孤兒。透過對他
(她)們的描述和評論,吳濁流傳達了從孤兒意識中解放的認
知。」「無論就小說創作的時序,抑或是歷史的因果來看,吳
濁流在一九四八年所寫的〈波茨坦科長〉都意謂中國接收台灣
是另一個殖民統治的開始。當然,吳濁流從未如此說。但是小
說裡的敘述卻透露給我們這層意義。」「的確,就整體而言,
吳濁流小說並未表達明確、強烈的抵抗意識。但就小說創作的

啓蒙功能而論，吳濁流以台灣人受壓迫的歷史爲辯證基礎，已描繪出殖民歷史具體而微的圖像。這是台灣人具歷史認知、社會認同的自我意識形成的初步。因爲，被殖民者必須能洞悉殖民統治者壓迫的機制和內涵，方能蘊育變革的意志。吳濁流已經遺留給我們啓蒙的『文學資本』；……」[33]

　　台灣主權復歸中國，是因爲「一紙波茨坦宣言」的「送入」，還是因爲台灣是中國的固有領土，本書作者不認爲這是一個有討論餘地的問題，只想提醒論者思考爲何「一紙波茨坦宣言」不將台灣「送入」美、英、蘇等別的國家？台灣是從何時、何國淪爲日本殖民地？基於同樣的理由，本書作者也不認爲對諸如「中國接收台灣是另一個殖民統治的開始」之類荒誕話語有予以認眞對待之必要。何況，台灣島內已有堅持中國民族主義立場的有識之士對此類謬說作了批判性澄清。[34] 然而，對論者建構吳濁流民族認同問題所涉及的吳濁流小說主題和人物的具體闡釋，則需進行一番甄別。關於〈波茨坦科長〉〈狡猿〉等寫於台灣光復後的小說的創作意圖，其實吳濁流在〈《瘡疤集》（上卷）自序〉和〈《瘡疤集》（下卷）自序〉中已有表述：

　　　〈陳大人〉的主角陳英慶是明治時代的巡查補，爲虎作倀，賣族以幫凶。〈糖扦仔〉的主角是大正年間的保正兼壯丁團長，此篇小說的故事，表面上雖沒有寫出與日人關係，但他所作所爲，也是日人勢力爲背景，他是一個甘心做御用紳士，而且借御用紳士的地位，來弄把戲，而欺負同胞的典型人物。〈先生媽〉的主角是昭和時代做醫師的錢新發，他忘卻自己的歷史，阿媚日人，甘作走狗，專心趨向皇民化爲樂。〈波茨坦

科長〉是光復當時的作品，其主角范漢智，對任何急變的環境，都不吃虧，善逢迎應變，搖身一轉像七面蜥蜴（Chame-leon）一樣，隨時適應環境，仍然是沐猴而冠。這四個主角，其性格雖異，而其劣根性同樣是受到日本侵略中國的副產物。此副產物是中國歷史上，最值得研究的對象吧。

　　筆者提供四個主角來代表日據時代的台灣人與淪陷區中國人之醜相，還有最可惜者，當時我還計劃要寫出一長篇〈台灣人刑事〉的小說，其故事是在大正、昭和年間幫助日人，比日人刑事更厲害摧殘民族之敗類。光復後，因時過境遷，心中火焰也漸漸降低，發不起衝力，所以就作罷了。不然，又可介紹一個台灣人的醜相來與讀者會面。[35]

　　如〈狡猿〉的主角江大頭等，以及從大陸回來的本省莠草，他們胡為亂作，也許可以說是日本統治台灣的副產物的變相吧？光復後，社會一時很難上軌道，誰敢斷言豈非這些日本侵略台灣的副產物所作祟。但論其罪魁還是日本，由歷史眼光來看，至今本省人仍有許多怪現象，逢迎諂諛，自卑感強，好訴訟，易動搖，不能虛心等等，其遠因，多是受日本殖民政策養成的。這樣說，也許不是過言的吧？[36]

　　吳濁流將范漢智與陳英慶、糖扦仔、錢新發等同並論，是因為他將這四個人物角色視作「台灣人與淪陷區中國人之醜相」，視作民族的劣根性的代表。值得注意的是，吳濁流在此處所說的「台灣人」，並不是今日某些「台獨」意識形態信奉者所主張的與「中國人」相對立的「民族」概念，而是與「中國大陸人」相區別的地域人群概念。在吳濁流寫下上述這兩段

話時（一九六三年）的台灣社會，「台獨」意識並未浮上水面。而且，作者明確地說陳英慶、糖扦仔、錢新發和范漢智這四個人物的劣根性都是「日本侵略中國的副產物」，都是「中國歷史上，最值得研究的對象」。亦即說，都是中國人中的反面角色。而同一篇文章中，在這兩段文字的前面，作者還有這樣的話：「我們中國的文學，比起日本的商品化的翻譯文學，淵源很遠，基礎很堅，有這樣的傳統，不必仿人，盡量將祖先的文化相續起來，但不可幽閉在祖先傳來寶貴的文化中，貪眠蛻化，更不可墨守成規，被已有成就的舊文學作品所束縛，不能發展，徒然模仿它；要像明治文壇的健將夏目漱石，他將陶淵明的低徊趣味的文學思想加以研究、加以發展，巧造他的文學。又現在的井上靖，以我們的歷史文化材料，搜集研究，寫出歷史小說，都有可觀。所以我們一定須要再加研究，將固有文化，拿來現代化，創成現代中國文學來與世界文學並肩競秀，才是我們的使命吧。」從作者的這些自白中，我們無從發現作者是將〈狡猿〉中的江大頭當作「未能超脫或臣服於殖民主義宰制而異化的孤兒」來塑造的企圖；更無從體會〈波茨坦科長〉「意謂中國接收台灣是另一個殖民統治的開始」。至於〈幕後的支配者〉的主題，我們在本書第二章中的分析中已指出，作者意在批判光復後台灣社會存在的「金錢拜物教」，張揚人間真情與不崇洋媚外、不向金錢屈服的堅強的民族意識。這篇小說發表於一九六五年四月《台灣文藝》第七期。而此後作者於同年七月、十月分別在《台灣文藝》第八、九期發表了〈對詩的管見〉和〈我最景仰的偉人〉等隨筆。在〈對詩的管見〉中，作者寫下了這些話：「我們中國人有李白、杜甫（這樣）的大詩人，實是無上的光榮，……現在，日本不消說，連

西洋的文學者，都研究《李白傳》來授他們國人；可是我們中國人竟忘卻這個天才詩人，連他的作品也沒有編入教科書，豈不令人費解呢？其理由何在？」「不可丟棄漢詩的靈魂和哲學的奧妙的意境及典雅的措詞，也不可抹殺漢詩人重人格、重個性的優美傳統。有此不動的定點以後，還要採取開明的態度，再加吸收外國文化的新血來補救我們的詩的生命，但不可盲目模仿。再進一步，我們拿固有文化的好處來做經線，採取外國文化的好處來做緯線，織成合時代的我們中國詩，這才是我們今後的正路。／總而言之，中國人應有中國人的詩，形式應適時代，隨他轉變無妨，但絕不能模仿外國的詩來代替。」[37] 在〈我最景仰的偉人〉中，作者更直截了當地寫下對台灣光復的感受：「我記得四十六歲那年，頭一次的好運就像從天上忽然降下來給我，不但我一個人感激流淚，連我一家人、一鄉人，不，全台灣人都高興到極點，而且大家如何的驕傲、如何的光榮啊！此事不覺已經過了二十年了。／我在日據時代，事實沒有夢想到還有真正的國民可做；一旦光復，我的喜躍，實非筆墨所能表現了。回想四十幾年前，我在苗栗西湖國校執教時，將沉淪亡國的苦悶及憧憬祖國的心情，寄意於〈綠鸚鵡〉一首詩……」[38] 這些話語分明充滿了做一個中國人的喜悅和自豪感，哪有絲毫敵視中國、自外於中國的「孤兒意識」？總不能說，作者在完成並發表了〈波茨坦科長〉〈狡猿〉和〈幕後的支配者〉等這些「意謂中國接收台灣是另一個殖民統治的開始」、「對中國殖民霸權及異化現象也有深刻的描述」的小說之後，接著又來創作這些讚美中國文化、慶賀台灣回歸中國、表達做一個中國人的「驕傲」、「光榮」和「喜躍」的隨筆吧！的確，吳濁流的這些話語「傳達了從孤兒意識中解放的

認知」，然而這是從日本殖民統治下的「孤兒意識中解放的認知」，是克服孤兒意識回歸祖國——中國的認知。

一九六三年九月七日，一位在台灣的年輕「外省人」駱璜讀了《瘡疤集》後，給吳濁流寫信訴說自己對裡面的幾篇小說的看法，信中在談到〈波茨坦科長〉時說：「在這篇作品裡，先生很坦白地寫出從熱望至失望的心理過程，使我這個半生光陰在台灣消磨（我今年三十六，二十歲時到此，可說半生了）並摯愛台灣的外省人，不禁爲之面紅耳赤，我知道先生在這篇小說裡並無曲意渲染，也徹底瞭解先生寫它時心中所具有的感觸，因爲我，以及千千萬萬與我相同的人，也一樣痛恨范漢智那樣卑鄙齷齪的小人，一粒老鼠屎搞壞一鍋粥，是他那樣的人，隔閡了外省人與台灣同胞的感情，尤其是正當熱樂的最高峰卻被人兜頭潑了冷水，那反應是特別強烈地惡劣的，但是我以爲這種隔閡一定會彌縫起來，靠著大多數有良心的人，有理智的人，不是嗎，血濃於水，無論哪一省人都是中國人呵！」吳濁流看了這封信後，特意叫孩子抄一份給鍾肇政，並在致鍾氏的信中說「也想抄一份給林海音女士」。[39]此舉說明他對此信的觀點是非常欣賞和贊同的。

對吳濁流民族認同的曲解和虛構，更多地出現在某些台灣論者有關《無花果》和《台灣連翹》的論說中。彭瑞金〈從《無花果》論吳濁流的孤兒意識〉一文中提出了如下觀點：

《無花果》可以說是《亞細亞的孤兒》孤兒意識的再詮釋。

《無花果》裡指出台灣人來台的時期、動機不一，但它說：「這些台灣人，用自己的力量開拓了台灣，因此台灣人並

沒有把清朝當祖國看待。……台灣人腦子裡有自己的國家。那就是明朝——漢族之國，這就是台灣人的祖國。……台灣人認為，用自己的力量開拓的台灣，清朝竟擅自割讓給日本……」、「台灣人是不接受的」，這等於明確地告訴孳著「民族主義」的幻想家，台灣人的民族意識即是漢族意識，是血統上的，是意識區分上的，已不實際存有，更不是地域的。「台灣人的祖國愛，所愛的絕不是清朝」，易言之，台灣人的漢人意識，是意識中的漢人魂，不過是意識的存在，它既不是清人之國，亦不是清人統治下的土地，可見台灣人的漢人意識是有條件的認知。……

……也許《亞細亞的孤兒》時代的吳濁流「孤兒意識」還混沌未清，但《無花果》裡的「孤兒」卻絕對不再吸奶嘴，更不會思念乳頭的。簡單的說，在《無花果》裡的吳濁流，已是一個頂天立地的台灣主義者了。[40]

陳芳明則在〈吳濁流與《台灣連翹》〉一文中說：

所有的中國意識論者，都應該好好虛心捧讀這本書。只要讀過《台灣連翹》，中國意識論者就不會那麼放膽把主觀意願強加於吳老身上了。有一種說法據說是這樣的：「吳老的作品是由台灣地方意識進入中國民族意識的文學。」然而，吳老在他生命中的最後作品裡，卻給這種說法一個相反的答覆。

事實上，從《無花果》那本書，就可理解吳老很早便已具備強烈的台灣意識。在一個言論自由受到囚禁的時代，他必須使用曲筆的手法、隱晦的技巧來表達他的台灣意識。在思想的表達上，《台灣連翹》較之《無花果》還要鮮明顯著。這本書

問世之後，吳老的文學思想與政治思想終於得到結論，而他的創作至此也才告完整出現。

　　……他的思想，領導了我們的時代，也超越了我們的時代。《台灣連翹》的誕生為我們預告：台灣人的時代終要到來。[41]

　　陳芳明以筆名「陳嘉農」發表的〈為吳濁流《台灣連翹》出版而寫〉一文中，如此抒情地結論：

　　他（吳濁流）深知，他一度眷戀過的原鄉，很早就已消失在時光的長流。他依戀的書香，他擁抱的漢詩，他崇尚的禮儀，確實存在過──存在於遙遠的、文字記載裡的古國。他的憧憬，其實是一種神遊。一旦夢醒時，他只有喟嘆自己是歷史的孤兒。……

　　……在六○年代一度流浪且迷失於西方文學世界的青年，突然回過頭來對吳老進行缺席裁判。他們使用著比孤兒心情還孤絕的語言，指控吳老對中國的誤解。在那些貌似冷靜客觀的審判書中，他們選舉一些磅礴的、夢寐的文字來鏤刻空想的中國。循著他們的語氣，彷彿一個驕傲的中國已巍然塑造成形。從而，他們以這份驕傲為標準，來論斷吳老作品的得失。他們寧可從吳老的作品中選取一字一句，來證明吳老文學具有「中國性格」。他們竟疏懶得不願去翻閱他的全部作品，來肯定吳老的台灣意識。他們善於借用吳老的文字，來為他們自身的政治立場辯護，就偏偏不肯站在吳老的時代來理解吳老的心情。[42]

　　以上所引的關於《無花果》和《台灣連翹》的論述，歸納

起來有這麼幾個要點：一，這兩部作品說明了吳濁流是一個「台灣主義」或「台灣意識」的倡導者和鼓吹者；二，「台灣意識」是與「中國意識」無關的意識；三，《台灣連翹》的問世使吳濁流的政治思想和文學思想終於得到結論；四，吳濁流的「台灣意識」是「用曲筆的手法、隱晦的技巧」來表現的，要「站在吳老的時代來理解」吳濁流的這種「心情」。總之，與那種認爲自寫《亞細亞的孤兒》起吳濁流就已具有所謂「台灣意識」，這一意識在戰後的作品中即變爲清晰和強化的觀點有所區別，在彭瑞金和陳芳明兩位看來，吳濁流的民族認同，如果此前還是指向中國的，那麼在《無花果》裡，已經明確爲「強烈的台灣意識」了。而《台灣連翹》比《無花果》在「台灣意識」的表達上，「還要鮮明顯著」。

《無花果》與《台灣連翹》究竟是吳濁流的中國民族認同的自我顚覆，還是具有與某些「台灣主義者」或「台灣意識」鼓吹者的解釋相反的內涵？我們先來考察彭瑞金所引用的《無花果》中的有關段落文字。第一個段落出自第一章〈聽祖父述說抗日故事〉：

日本強盜式地接收了台灣。但是，台灣是台灣人所開拓的，並沒有借用清朝的力量。……這些台灣人，用自己人的力量開拓了台灣。因此，台灣人並沒有把清朝當做祖國看待。因而，不服清朝的統治，掀起多次的叛亂反抗清朝，被清朝認爲是難於統治的蠻夷。但是台灣人的腦子裡，有自己的國家。那就是明朝──漢族之國，這就是台灣人的祖國。清朝同意割台灣與日本，台灣人是不接受的。台灣人認爲，用自己的力量開拓的台灣，清朝竟擅自割讓給日本，是什麼道理？[43]

　　彭瑞金從這段敘述中得出結論：「這等於明確地告訴擎著
『民族主義』的幻想家，台灣人的民族意識即是漢族意識，是
血統上的，是意識區分上的，已不實際存有，更不是地域
的。」在評價彭氏這一斷語之前，我們首先需要弄清兩個問
題：一是書中這段話的內涵，二是其觀點是否正確。《無花
果》這段話的上文這樣寫道：「台灣在甲午戰爭時，由於清朝
戰敗，做爲賠償，割讓給日本，那時，毫不考慮台灣人意志，
擅自把台灣給了日本。」閱讀這一段及其上下文，不難明白，
作品的主人公對清朝割讓台灣是極爲憤怒的，因此他認爲清朝
無權將台灣割讓給日本。台灣人不把清朝當做祖國，因爲台灣
是台灣人所開拓的，並沒有借助清朝的力量，而且清朝不是漢
族政權；明朝才是台灣人的祖國，因爲它是漢族政權。這些叙
述說明了主人公所理解的民族意識是一種漢族意識，但這種民
族意識並不能被證明爲彭氏所謂的「已不實際存有」，更不能
證明主人公的民族認同不是指向中國。主人公只是認爲，清朝
不是漢族政權，不能代表中國。換言之，台灣人的民族意識是
眞實的存在，但台灣人不承認清朝政權代表中國。在確定了這
段話的內涵後，我們不能不指出，《無花果》主人公的這一觀
點是對中國代表權的誤解。一六四四年三月十九日，李自成領
導的農民起義軍攻入北京，崇禎帝朱由檢絕望吊死於煤山（今
北京景山），統治中國長達二百七十多年的明朝終於覆滅。同
年四月三十日，李自成退出北京。隨著全國局勢的穩定，入關
的滿清政權確立了對中國的統治，繼承了明朝的中國代表權。
清朝雖然是少數民族建立的政權，但並不能據此而否認它在法
理上代表中國。歷史上的中國皇朝，並非都是漢族人建立的，
但並不能因此就否認它們是中國政權。也許，一些前朝遺民不承

認它們，但這並不能影響旣定事實。清朝之對於台灣亦是如此。

　　而且，類似「台灣是台灣人所開拓的，並沒有借用清朝的力量」這樣的說法並沒有完全反映出歷史的眞實。康熙二十二年（一六八三年），清政府統一台灣後，即採取種種措施發展台灣經濟。據台灣學者戚嘉林《台灣眞歷史》一書記載：清朝派出福建水師提督總兵官加太子少保施琅統一台灣後，「首任知府蔣毓英（錦州人）與各縣知縣乃大力招集流亡開墾。康熙二十四年（一六八五年），全台三縣招集流亡三千五百餘人（時全台漢人約共三萬餘人）。二十九年（一六九○年）抵任的諸羅縣知縣張尹亦繼續招民墾闢，多方撫綏，流民歸者如市。」「清初統一台灣後，將明鄭時期的官佃田園及文武官田一律改爲民田，其賦額如依原先部臣蘇拜等所議數目，則與明鄭所報之額相近，但施琅認爲明鄭當日自稱一國，自爲一國用度，因其人地取其餉賦，未免加重，今其人民旣歸天朝，均屬赤子，故乞康熙以格外之澤，減以應需之賦。康熙可其奏，乃減舊有額賦十分之四，故清初台地賦稅僅爲明鄭官方直接向農民徵稅官田稅率的一半。」「清廷一面大幅降低明鄭田賦，一面積極招墾，大批對岸閩粵人民前往台灣開墾，從而加速台灣的農業開發。十年間，不但恢復許多原已荒蕪的田園，並新增田園百分之四十三‧四。」「台灣的歷史，除進入由閩廣漢移民爲主的農業開發時代，其對外貿易也從國際時代轉入祖國沿海貿易圈的時代。」[44] 大陸學者陳孔立編著的《簡明台灣史》亦載：「康熙二十四年（一六八五年）在台灣的漢人人口約爲七萬人，從一六八五～一八一一年，台灣人口大約增加一百八十萬，這是由於大量移民的緣故。人口增加爲台灣社會提供了大批勞動者，也爲台灣的開發提供了最重要的生產力。」「從

康熙二十四年至四十九年（一六八五～一七一〇年），報墾升
科的田園面積共一萬一千六百六十餘甲，而從康熙五十年至雍
正十三年（一七一一～一七三五年）增墾升科田園達二萬二千
七百五十五甲。後二十多年約爲前二十多年的一倍。當時普遍
存在業戶將成熟田園以多報少的情況，有許多隱田，如果隱田
佔實墾數的二分之一，那麼康雍間增墾田園就達到六萬八仟八
百多甲，也就是說，雍正時期台灣的耕地面積等於鄭氏時期的
二倍多。」清代在台灣興建了不少重要水利設施；樟腦業則在
雍正、乾隆年間興起；鹿港、艋舺和台灣府城成爲重要和繁榮
的商業中心。[45] 我們在前文曾指出，《無花果》不是歷史，
作者也不是歷史學家，因此在作品涉及到台灣歷史時，難免出
現偏頗和錯訛。作爲一部文學作品，這也許是情有可原的（而
且，《無花果》中的主人公不完全等於作者，稍後我們將論
及）。但如果研究者對作品所涉及的歷史問題毫無明察，則是
無法讓人諒解的，而其結論之悖謬也就是必然的了。

　　彭瑞金接下來將「台灣人的祖國愛，所愛的絕不是清
朝」，解爲「台灣人的漢人意識，是意識中的漢人魂，不過是
意識的存在，它既不是清人之國，亦不是清人統治下的土
地」。這又是割裂上下文對作品進行武斷的解釋。《無花果》
的主人公不承認滿清政權，卻不等於不認同「清人統治下的土
地」。主人公的故鄉──廣東省鎮平縣興福鄉就在那片土地，
從人類對故鄉的天然情感來說，主人公不可能不認同那片土
地。土地上的政權會改朝換代，而土地卻是無辜和永恆的。這
個道理並不深奧。《無花果》主人公的完整表述實際上不僅表
達了對故土的情感認同，而且這一情感還昇華爲民族認同與祖
國認同。彭氏或許是過於著急達到自己先入爲主的結論，因而

竟沒有注意到所引的「台灣人的祖國愛,所愛的絕不是清朝」
這一段敘述裡就存在著否定其結論的明顯詞句:

> 台灣人的祖國愛,所愛的絕不是清朝。清朝是滿洲人的
> 國,不是漢人的國,甲午戰爭是滿洲人和日本人作戰遭到失
> 敗,並不是漢人的戰敗。台灣即使一時被日本所占有,總有一
> 天會收復回來。漢民族一定會復興起來建設自己的國家。老人
> 們即使在夢中也堅信總有一天漢軍會來解救台灣的。台灣人的
> 心底,存在著「漢」這個美麗而又偉大的祖國。
> …………
> 第一次世界大戰後,台灣人覺悟到,用武力無法與日本對
> 抗,才改變形式,利用文化運動,提高民族意識。這時,清朝
> 已亡,民國興起,台灣人對祖國的思慕又深了一層。[46]

彭氏還無視《無花果》的作者在寫下上述這些話語之後,在
作品後面章節裡關於祖國的諸多表述,如「我」在上海的見聞:

> 只不過三四天的見聞就使我深感做一個中國人的悲慘。洪
> 水般的野雞,乞丐的奔流,都是為求生存的人們的可憐影子。
> 相反地,外國人都是暴君,橫蠻不可理喻,正是支配者的一副
> 嘴臉。
> 祖國啊!多麼可悲可憐,我在心中緊灑憤恨的淚水。

「我」對中國與美英結成二戰同盟的欣慰:

> 中國終於加盟美英陣容,再不是孤立的了。就算輸了,也有

夥伴。抗戰必會轉向有利局面，我為之熱血沸騰，筋肉躍動。

關於台灣光復等待祖國接收的情景：

島民似一日千秋，又像孤兒迎接溫暖的母親般的心情，等待著祖國軍隊的來臨。……這時候的島民的心理，是一種對日本人的示威，意思是說：瞧吧，我們的國家、我們的國民！
…………

現在，完全解脫而回到祖國的懷抱，已經不是殖民而是真正的祖國的人民了。於是六百萬島民都能自覺，把心團結一致起來，建設三民主義的理想國家是我們的義務，也是我們的責任？原來，所謂的國家愛這個觀念，往往成為亡國人民之後，才會熾烈起來，也就是由於失去祖國而更加令人憧憬嚮往。

關於在光復後台灣人的理想：

人們的心裡唯一的希望就是建設一個三民主義的模範省，比日本更理想的國家，這種熱情，實在可以說是太偉大了。

我私自下個願望：從今以後，一定要建設成比日據時代還要美好的台灣，成為一個三民主義的模範省。這不僅是我一個人的理想，也是全台灣民眾，六百萬島民的熱望。[47]

如果台灣人的漢人意識即民族意識「已不實際存有」，不再認同那片「清人統治下的土地」，那麼，寫下以上這些話語的吳濁流豈非一個神經錯亂的狂人，又何能做一個「頂天立地

的台灣主義者」？而且，即使「台灣人的漢人意識，是意識中的漢人魂，不過是意識的存在，」這種「意識」也並非無關緊要。現代民族國家是一個想像的共同體。一個民族國家在興起之前有一個想像的過程，這個想像的過程也就是一種公開化、社群化的過程。吳濁流作品中所表現的台灣人的「漢人意識」、「漢人魂」，是台灣人民對祖國的一種共同想像，而這種想像正是對一個現代民族國家——新中國的共同想像的基礎和起點。

至於《台灣連翹》到底如何表現了所謂的「台灣意識」，〈吳濁流與《台灣連翹》〉和〈為吳濁流《台灣連翹》出版而寫〉兩文的作者不是語焉不詳地以「使用曲筆的手法、隱晦的技巧」一筆帶過，就是乾脆命令讀者「好好虛心捧讀這本書」，或指責別人「疏懶得不願翻閱他的全部作品，來肯定吳老的台灣意識」，「善於借用吳老的文字，來為他們自身的政治立場辯護，就偏偏不肯站在吳老的時代來理解吳老的心情」。

「《台灣連翹》較之《無花果》還要鮮明顯著」地表現了吳濁流的「台灣意識」嗎？由於其實是陳芳明自己「疏懶得不願」提供具體證據和進行學術論證，來證明「吳老的台灣意識」或「吳老的心情」，我們無法就此展開辯難，因而只能引證《台灣連翹》的有關文字得出自己相反的結論。一段是，日本宣布投降後，在台日軍有人陰謀策動御用紳士搞「台獨」，作者吳濁流的同名主人公「我」聽說後十分氣憤：

來到編譯部，一位老同事偷偷地告訴我：日軍參謀正在策動台灣人御用紳士許、辜、林等三人，計劃台灣獨立。安藤總

督把這件事壓下去了，并用廣播告誡他們不可輕舉妄動，靜候善後的指令。我雖然極為憤慨，但是日本的殘存權力依然存在，非隱忍不可，便把怒氣壓抑下去。

另幾段是，「二‧二八事件」之後，「我」的內心想法：

光復之初是同胞一體，以心互許的，如今演變成這個樣子，相信每個人連做夢也不會想到的。絕大多數的民眾都對政治再也不聞、不視、不語的態度，再也不去關心了。

我自己倒還不致如此悲觀，為了挽救這種頹廢，寫了一本隨筆《黎明前的台灣》印行，呼籲本省人不要光走「政」、「軍」二路，應該為工業建國而努力。

在社會處，我也開始寫沒有出版希望的小說〈波茨坦科長〉。物價刻刻飛漲，出版物根本就追不上通貨膨脹的快速步代。儘管如此，我還是不屈不撓，用言論來批評，冀求三民主義的實現。

還有幾段是，大同公司的社長前來聘請「我」到大同工業職業學校任教，「我」欣然應聘，並為學校寫了校歌：

我曾認為建設中國必需培養技術人材，寫下了《黎明前的台灣》一書，向青年階層呼籲，如今有了這樣的機會，在我來說，真是夢寐以求的職業。

我還應校方要求，花了半個月時間，苦心慘淡寫了校歌如下：
（一）

現代文明汗與鐵　　大同健兒有氣節　　滿腔熱血氣豪雄

開發資源樹大功　　四百餘州秀山河　　天然寶藏蓋世多

工業至上　　集中力量　　志已決　　心如鐵

青年志氣不可缺　　為民建設為國建設

（二）

現代文明汗與鐵　　大同健兒有氣節　　黃帝子孫智謀多

追究真理共切磋　　二千年前築長城　　隋造運河令人驚

技術至上　　發揮力量　　志已決　　心如鐵

青年志氣不可缺　　盡心建設盡力建設[48]

　　寫下以上文字的吳濁流，如果真是具有「台灣意識」的話，那也是「中國的台灣意識」。

　　認為吳濁流的民族認同是一個偽命題，換言之，認為在吳濁流的身上並未發生「中國意識」向「台灣意識」的轉換，並非否定文化認同包括民族認同實際上存在的變化的可能性。埃里克森認為，在一個人不同的生命周期中，身份認同會發生一定的變化。因為身份認同首先是個體自嬰兒期起不斷發生的心理事件。由於心理的不成熟，導致了個體自嬰兒期至青年期階段的認同的多變特徵。但到了青年時期，個體面臨著關鍵的轉折點和決定性的時刻，即對於自己性別上的、種族上的、職業上的和類型上的選擇，被迫作出斷然決定。只有作出了這樣的斷然決定和選擇，確立了堅定的認同之後，個體才能結束他的青年期，真正走向成熟。埃里克森還指出，認同是心理事件，又不僅僅是心理事件。個體所處的階級、民族、文化等社會身份序列和意識形態語境都對其認同的塑形起著重要的制約作用。因此青年期的認同更多地「有賴於年輕個人從那些與他有

密切關係的社會集體的集體同一感的支持，這些社會集體是：他的階級、他的民族、他的文化」。而在這些「社會集體的集體同一感的支持」下形成的「堅實的內在同一性」即認同，往往具有相當的穩定性。[49] 埃里克森的認同理論表明，在一個人的一生中，認同既是變化的，又是可能相當穩定的——尤其是對於成年人而言。因此，要證明吳濁流的民族認同是否發生了改變，不是進行理論的想像，而是須從實際來考察。

我們已經表明，吳濁流的民族認同並不是一個需要刻意證明的命題。因為吳濁流的一生已經明明白白地給出了答案。因此，我們要做的，只是將吳濁流的生平和作品簡單地作一個回顧和總結。其實本書的各章已經如此做了。這裡只是再作幾點提示：

首先，我們應該承認，吳濁流的民族認同不是「生而知之」，也不是在青少年時期就獲得了解決。吳濁流成為堅定的中國民族主義者經歷了一個漫長和曲折的過程。吳濁流出生時，台灣已經成為日本殖民地，台灣人已被迫成為日本國籍。雖然從祖父那裡他受到了一些民族意識啟蒙，但也接受了安於眼前現實、「不可輕舉妄動」的訓誡。《亞細亞的孤兒》中的胡太明少年時認為讀四書五經、鑽研漢學是一種「滅亡的命運」，而香皂、公學校、日語等等與日本沾邊的事物才是「文明」、「新奇」和「新時代」的標誌。這未嘗不是吳濁流青少年時期的認識。更重要的是，在日本已經成為「國家」，日語已經成為「國語」的現實中，作為一個台灣人尤其是知識分子，要求得個人的事業和人生的發展，已幾無選擇的餘地。台灣學者王幼華在分析日治時期台灣詩社的許多詩人都寫過「應時詩」即「皇民詩」這一現象時說：「做為日本國民的一員，

中日戰爭爆發，台灣民眾響應國策，『一氣打滅西方英美帝國主義』，協助日本打敗蔣介石領導的腐敗的中國，擁護滿洲國及汪精衛政權，建立大東亞共榮圈，是當時最正確的政治思想。詩人中此類作品不少，很忠實的反映了那個時代的政策風潮。」對吳濁流應栗社徵詩所寫的〈祝皇軍南京入城〉，王幼華如此批評：「（吳濁流）做為一位亟想擺脫貧困，想出人頭地的鄉下知識分子，他這種表現是可以理解的。彼時他是日本的臣民，時局極為緊迫，他的表態所顯示的是一種忠忱，一種對國家的支持吧。」[50]此番評語堪為求實之論。正如吳濁流自己在論及《亞細亞的孤兒》中的胡太明形象時所說的，在日本殖民統治下，「胡太明不能清理中產階級個性的矛盾，一生都在苦惱中苦悶不已。這大概可以代表日人統治下台灣知識階級的八成。」事實上，後來成為堅決的反日本殖民統治的鬥士中，先前寫過「皇民詩」的，並不僅吳濁流一人而已。[51]這種情形說明了日據時代台灣人的認同問題的複雜，同時也是殖民統治給殖民地人民和知識分子造成嚴重的精神扭曲和傷害的一種表現。吳濁流等日據時代台灣作家的認同歷程，正如法儂所指出的殖民地知識分子的文化創造要經過三個發展階段，從第一階段的「無區別吸收占領者的文化」，到第二階段的「決定記住自己是什麼」，再到第三階段的「搖醒人民」、「成為人民的喚醒者」，創作「戰鬥的文學、革命的文學、民族的文學」。「曾經試圖在人民中沉沒並且和人民一起沉沒的本土作家」（法儂語）吳濁流，不僅以《亞細亞的孤兒》等作品為自我覺醒的暮鼓，而且更以之作為喚起台灣人民的晨鐘。

其次，一些將《無花果》視為「台灣意識」的表達文本的論者，還存在著一個閱讀的盲區，即沒有發現《無花果》與

《黎明前的台灣》精神上的一脈相通。我們在前面已經通過分析指出，《黎明前的台灣》是《亞細亞的孤兒》重建文化身份與民族認同這一主題的延續。《黎明前的台灣》以其建設新中國的主題，以其所湧動的熱愛和建設新中國的激情，匯入了中國現代文學的中心敘事——建立現代民族國家。而這種建設新中國的激情和中心敘事，在《無花果》中是否就消失了呢？我們不妨讀一下《無花果》的幾個片段。一是書中敘述的光復後至「二‧二八事件」前夕，主人公老古為挽救世道人心所做的努力：

　　當時的社會情勢，和光復初期不同，人心已逐漸在變了。因為過於愛祖國而心理上發生動搖了。像失望、悲觀等再加上議論百出，尤其青年們開始動搖，甚至變成自暴自棄的也並不少。為了想挽回這種頹勢，才設立崇正出版社，打算啟蒙青年。

　　對「二‧二八事件」，老古認為《新生報》的一篇社論〈延平路事件感言〉「比較公平而代表了當時的民意」。這篇社論的觀點對當局和民眾各打五十大板，提出「法治精神就是政府與人民大家都守法」的口號。作者接著寫道：

　　然而除了這篇社論以外，其他還有種種的看法，但我以為只不過是兄弟之間的一種打架而已。如果要追根究底下去，就沒有止境了。

　　更重要的是，《無花果》如此結尾：

　　二二八事件後不久，我寫了《黎明前的台灣》，最後一段
文字，我這樣寫：

　　…………

　　說什麼外省人啦，本省人啦，做愚蠢的爭吵時，世界文化
一點兒也不等我們，照原來的快速度前進著。因此我們與其呶
呶不休於那些無聊的事，還不如設法使台灣成為烏托邦。比方
掉了東西，誰都不會撿去；不關窗戶而眠，小偷也不會進來；
吃了生魚片也不會有霍亂、傷寒之虞；在停車場沒有警察維持
秩序，大家也很規矩地上下車；沒有人會弄髒公共廁所；做任
何事都不會受人監視；走什麼地方都不會受警察責備；寫任何
文章都不會被禁止出售；攻擊誰都不會遭暗算；聳聳肩走路也
沒有人會說壞話……這樣努力建設身心寬裕而自由的台灣就是住
在台灣的人的任務，從這一點說來，是不分外省人或本省人的。

　　回顧二十年前，寫《黎明前的台灣》時所抱的理想境地之
建議，到現在那種心情仍然沒有變。我不是愚公，但恐怕是愚
公的子孫吧！所以不惜像愚公移山一般努力奮鬥。這樣做下
去，總有一天我所構想的理想世界就會出現吧！[52]

　　某些「台灣主義者」拿來大做文章的「二‧二八事件」，
《無花果》的主人公卻認為「只不過是兄弟之間的一種打架而
已」。且須注意的是，無論在《黎明前的台灣》還是在《無花
果》中，台灣都是被表述為中國的一省。而作者「寫《黎明前
的台灣》時所抱的理想境地之建議，到現在那種心情仍然沒有
變」。

　　再是，許多論者往往將《無花果》和《台灣連翹》與自

傳、將其中的主人公與作者吳濁流完全等同，而忽視了這兩部
作品的「自傳體小說」性質。其實，即使我們面對的是自傳作
品，也不能將主人公與作者完全合而爲一。巴赫金認爲，在所
有的藝術價值中，傳記（自傳）的藝術價值外位而超越自我意
識的程度最小，所以傳記的作者與其主人公最接近，他們彷彿
可以互換位置，因此主人公和作者在藝術整體之外可能就是同
一個人。傳記形式最具「現實主義」，作者的積極性在這裡最
少從事改造，他原則上極少利用自己外位於主人公的價值立
場，幾乎僅限於利用外在的時空外位。然而，如果傳記不是作
爲對於自身情況的介紹並追求某種客觀或實際的目的，而是要
實現藝術價值，那麼，傳記的作者與主人公就不可能是完全吻
合的。因爲「作者是藝術整體的一個因素，他本身不可能與這
一整體中的主人公即整體的另一因素相重合。所講之人與講話
之人在『生活』裡實爲一人的事實並不能取消這兩個因素在藝
術整體內部的差別。要知道，除了我是什麼人的問題，還可以
提出另一個不同的問題：我如何描述自己。」巴赫金的意思是
說，自傳的作者也是一個「可能的他人」，因爲我們往往是用
他人的眼光來注視鏡中的自己，用他人的可能的評價來追求名
聲、設計生活前程。我們在回憶自己過去的生活時，影響我們
的、在我們的心中積極活動的常常就是這個他人，我們以他人
的價值語調回憶自己。而平心靜氣地回憶起自己遙遠的過去，
這種回憶就已經是在形式上接近小說故事的、審美化了的。因
此，「一切關於過去的記憶，都是審美化了的記憶，而關於未
來的構思——卻總是道德的構思。」在傳記中作者是幼稚的，
他同主人公有親緣關係，他們可以交換位置（因此他倆在生活
中才可能是一人，即屬自傳性質）。但是，作者作爲藝術作品

的一個因素永遠也不會同主人公重合。傳記作者在自己內心深處其實不想等同於自己也不想等同於自己的主人公。他不把自己全部都交付給傳記，而是在內心留下一條可以超越現實的通道。一個人的自傳可能是很坦誠的，「但這是幼稚的坦誠（沒有危機）」；傳記價值因為被他人的眼光即他性所控制，是不能自足的。傳記的寫作不是一種自足的寫作，負載傳記價值的生活是岌岌可危的，因為它沒有充分的內在依據；作者的精神一旦覺醒，它要抗拒這種岌岌可危的生活便只好對自己不真誠。因此，「顯而易見，傳記不能產生整體的主人公，主人公在傳記價值的範圍內是不可完成的。」[53] 在自傳的寫作中，由於社會現實語境亦即他人眼光的顯在或潛在影響，也由於作者對這種他人眼光的信任與懷疑、挑戰與服從相交織的複雜態度，他對素材的運用自然是有所取捨的。同時，由於記憶力依賴人腦的健康狀態，現在的回憶與過去的「我」也並不一定完全重合。這一切就如同歷史學家對歷史事件的講述一樣。事實上，無論是《無花果》還是《台灣連翹》，都沒有交代作者三〇年代曾經寫過「皇民詩」。這或許是由於記憶的衰退，更可能是因為往事不堪回首。出現於兩部作品中的，更多的是「審美化了的記憶」和「道德的構思」。因此，我們不能將以自傳體小說文體寫成的《無花果》和《台灣連翹》中的主人公與作者完全混為一談。瞭解吳濁流的民族認同，不能僅僅依靠《無花果》和《台灣連翹》，還必須通過對作者生平、其它作品以及書信等的解讀來達成。在借助作品方面，尤應重視吳濁流的隨筆散文和抒情漢詩，因為隨筆散文和抒情詩應比小說甚至自傳的「自傳性」程度更高。隨筆散文更近似於巴赫金所說的「自省自白」文體，「在自省自白中既沒有主人公，也沒有

作者，因為不存在實現他們相互關係的立場；不存在價值外位的立場；主人公和作者融為一體，……情節素材作為有審美意義的因素，不可能出現在自省自白中（情節素材指自我滿足的、侷限而封閉的事件肌體，它被孤立出來，有著合乎情理的開頭和結尾）；也不可能存在作為審美意義上的環境的對象性世界，亦即沒有藝術描繪的因素（風景、場面、日常習俗等）。」與「自省自白」一樣，在隨筆散文中，作者與主人公融為一體，也就是同為一人。而在抒情作品中，也存在著相似的情形。抒情詩中的作者與主人公的接近較之在傳記中並不遜色。當然，在這幾種文體中作者與主人公的關係還是有所區別的。如果說在傳記中，由於他人眼光對作者的左右，使作者比主人公貧乏；在「自省自白」中，作者等於主人公；那麼，在抒情作品如抒情詩中，則是作者對主人公的勝利：主人公幾乎無可與作者相抗衡，作者彷彿滲透到他的全身，只讓他在內心深處留有完全潛在的一種獨立的可能性。主人公內心的一切彷彿全部外向而訴諸作者，為作者所把握。抒情詩中沒有兩個而是只有一個統一體；作者和主人公的兩個圓圈是重疊在一起的，他們的兩個中心也是重合的。[54] 所謂「語為心聲」、「詩言志」，在隨筆散文和抒情詩中體現得尤其充分。吳濁流的隨筆散文（其中作者等於主人公）和抒情漢詩（其中作者與主人公重疊）也許不是很討某些「台灣主義者」的喜歡，但撇開它們來談吳濁流的認同只能是管窺蠡測的片面和虛妄。

又，關於《台灣文藝》的創辦和刊名問題。台灣某些論者對此之所以頗為津津樂道，乃因他們以為吳濁流創辦《台灣文藝》雜誌是對「台灣意識」的張揚。如彭瑞金說：「《台灣文藝》的存在顯得有點孤單，然而卻從未失去它台灣本土文學的

燈塔地位，被視爲文學界台灣精神意識的堡壘。」[55]吳濁流
創辦這份雜誌的眞實緣起和宗旨究竟如何？吳濁流一九六三年
十一月四日在致鍾肇政的信中談到要創辦雜誌時說：「我很想
取名爲《青年文藝》。名稱由誰取都無謂。如果你有比我想的
更適當的雜誌名稱就請告訴我。我也向其他的人提出同樣的要
求。」在一九六四年二月二十一日致後者的信中，吳濁流說：
「我們的雜誌是同人雜誌，而目的並不在於賺錢。我們是要給
年輕的台灣籍作家提供一些寫作的空間爲目的的。」[56]而這
份雜誌後來之所以取名《台灣文藝》，鍾肇政如此敘述：「某
日，他（吳濁流）來舍閒談，忽提出想辦一份文學雜誌的意
念。他似乎有意重拾舊日衣鉢，從事創作，解決發表的問題，
這也不失爲一法——他有沒有這個意思，外人不得而知，然而
他平常言談間總不免爲台灣之淪爲『文化沙漠』而慨嘆，而坊
間的諸多副刊與文藝雜誌，篇幅雖然奇大，可觀的作品卻百不
一見，且以迎合時流的作品居多，他之有意振衰起弊，是可以
想像的。而他向我提起這個想法，除了聽聽我的意見之外，主
要是無法決定刊名，要我拿個主意。我是個堅決的『台灣文學
主義者』，雖然曾經以此被譏笑過，但是我從不改素志，故此
吳氏垂詢，我幾乎不假思索就提出了我的想法：『台灣文
學』，而且還是『只此一家，別無分號』！／吳氏似乎覺得意
外，同時也似乎毫不意外地莞爾一笑，表示有了『台灣』兩
字，恐有未妥，一則這兩個字太敏感，再則申請出去，准或不
准，猶在未定之天。我憤然反駁說在台灣爲台灣文學而辦的雜
誌，舍『台灣文學』四個字，還有更恰當更妥當的嗎？其實，
這四個字恐怕最符合吳氏原意，因爲他也把一方面是台灣××
報，台灣什麼什麼都可以，民間的台灣什麼什麼就不可以的蠻

橫、顢頇作風痛罵一頓。末了才表示就照我的意思吧。不過這刊名以後倒有了小小的改變——可以想像，他必定在不少朋友之間商量過這件事的，最後確定的則是《台灣文藝》。」[57]從吳濁流的兩封信和鍾氏的這段話中，我們可以知道的是，吳濁流創辦這份雜誌，既有為消除台灣「文化沙漠」出力之心，也有為自己解決作品發表問題之意；而以《台灣文藝》作刊名，並非吳濁流的原初想法。他後來同意刊名冠以「台灣」二字，並說「是要給年輕的台灣籍作家提供一些寫作的空間為目的的」，也不是出於八〇年代後至今甚囂塵上的「台灣意識」。恰恰相反，吳濁流對台灣青年所寄予的希望，是他在許多作品尤其是《黎明前的台灣》中所呼籲的「台灣青年的任務在於建設，無論如何要為中國的建設而完成自己的使命才對」。對台灣青年作家的期望，他在《台灣文藝》創刊號上發表的〈台灣文藝雜誌的產生〉一文中已說得相當明確。尤其在第四期發表的〈漫談台灣文藝的使命〉一文，可謂非常清晰明白地闡述了《台灣文藝》的辦刊宗旨和作者自己對台灣青年作家的期待，及對台灣文化發展的主張：

　　台灣文藝要根據台灣的特殊環境而產生一個個性，這個性又要合於中國的普遍性，同時具備世界的普遍性，才有價值可言。
　　例如廣東音樂。起初由廣東的特殊環境產生一個個性，這個個性具備有中國的普遍性，才能代表中國音樂，而在世界音樂界鼎足。
　　中國文藝因歷史悠久，傳統穩固，所以由歷史或傳統帶來的好壞很多，我們的青年大多數不分皂白的，只知其壞處一切否定，視為古董不值一顧；但外國人視我們的固有文藝還有實

貴的東西存在，極力研究而發掘，追求中國固有文藝的好處拿回去給他們文藝家做榜樣，或以為參考。

　　…………

　　現在中國文學，具有另一種特殊性質，現在我們在台灣特殊環境下掙扎，其文學也在這樣環境下苦悶，若是不承認這樣特殊環境，也無法創造有生命的作品，其作品一切變為虛空，或是虛偽的，怎麼也談不起文學的價值。所以現在的中國文學須要認清楚台灣的特殊環境，才有實在性；根據實在的特殊性，才能產生優秀作品，須要這樣做，文化沙漠才有長出綠樹的可能。

　　現在，大多數的作家，沒有採取科學的態度來批判，對外國文學圇圇吞棗地模仿以為能事，我希望檢點我們的文學的弱點，採外國文學的長處來補短，尊重我們固有文學的優點拿來做經線，採取外國文學的優點拿來做緯線，織成最優秀的中國文學，創造有中國文化格律的新作品，才是台灣文藝的使命。[58]

　　這些白紙黑字恐怕會讓「台灣主義者」們大失所望。如果說《台灣文藝》變成「台灣意識的堡壘」，那麼這座「堡壘」絕不可能於吳濁流在世的時候出現。

　　最後，留意吳濁流臨近逝世前所寫的文章，也很必要和重要。一九七五年，吳濁流發表的作品中有〈回顧日據時代的台灣文學〉一文，此文對作者於日據時代的創作經歷作了大略的描述，其中抄錄了孫中山〈輓劉道一〉、梁啓超〈台灣雜詩〉等革命或愛國詩篇，並云「國父、梁啓超等人之悲壯的詩，像堅冰下之流水一樣，潛滋暗長於台胞的文人」。[59]一九七六年五月寫成、七月發表的〈非印遊記〉，文中寫了同年三月二

十七日,作者出國旅行返程時,隨團從香港去澳門觀光。在澳門與大陸交界處,作者在濃霧中駐足凝望,靜思許久。之後寫下〈在澳門與大陸隔界地點遠眺有感〉三首詩。詩中有「兄弟鬩牆燃豆殼,釜中豆泣本同枝」、「擊楫寧無千里志,雄心未已振寰中」等句。[60] 作者還在文中一再表示遊覽「北京、南京、上海、天津、漢口、廣東、蘇州、西湖、大同、敦煌」等等祖國大陸各地「無限的風光」的願望。一九七六年八月寫成、十月發表時作者已辭別人間的〈北埔事件抗日烈士蔡清琳〉一文,文中建議建立一個抗日志士祠或紀念碑,以將台灣抗日英雄姜紹祖、客家抗日義民和蔡清琳等烈士與「歸祖國參加抗日犧牲志士鄒洪、彭盛木等合祀一處,永留紀念」。〈非印遊記〉和〈北埔事件抗日烈士蔡清琳〉的寫作,都比某些「台灣主義者」認為「鮮明顯著」地宣揚了「台灣意識」的《台灣連翹》的完稿晚了將近兩年。吳濁流民族認同的指向,至此可蓋棺論定矣。

台灣作家葉榮鐘曾有沉痛之語:「台灣與祖國隔絕半世紀,不意復歸祖國懷抱,頭一次發生聯繫,竟是由物價騰漲開始。」[61] 其實,對兩岸同胞來說更大的不幸是,台灣復歸祖國未幾,面臨的竟是祖國的內戰,是兩岸的漫長睽隔,統一的遙遙無期。吳濁流建設新中國的熱望,暢遊大陸各地、飽覽祖國江山無限風光的冀盼,終成未竟的理想,未了的心願!

在《台灣連翹》中,作者給在日本殖民者為「去中國化」而推行的「皇民化運動」中某些台灣文人的表現作了畫像:

這期間,台灣人裡的皇民少年、皇民文學家、皇民文士紛紛出籠,連篇累牘地在製造皇民文學。從日本內地也來了一位

423

左翼作家林房雄，摘下紅帽子，高唱大東亞共榮圈，聲嘶力竭地鼓吹戰爭文學。軍方也對此如響斯應，動員了作家們，讓他們去參觀民眾的奉公作業、軍需工廠，要他們寫出「滅私奉公」的實績，鼓舞士氣。皇民少年和皇民作家不用說成了軍部的工具大寫特寫，連過去比較地有民族意識的作家，竟也隨著軍方的口哨，被拆下了骨骼，成了軟體動物。

在這可悲可嘆的狀況裡，只有一個楊逵毅然不屈。[62]

這兩段話或許不全然是對別人的批判，而亦含有作者自省的成分，因為「只有一個楊逵」未陷入「這可悲可嘆」的尷尬境地。然而這些話語也表露了作者視「皇民文學」、「皇民作家」為奇恥大辱並深引以為戒的心態和認識。但吳濁流生前恐怕不曾料到，他所痛恨的「去中國化」的那歷史的一幕今日又在台灣重演，並且有的情節還是冒用他的名義演出！

陳芳明等論者為了證明吳濁流的「台灣意識」，或顛倒詞義，隨意比附；或以「曲筆的手法、隱晦的技巧」這種片言隻語來代替具體的論證。在這種憑空注解或「述而不作」的「研究」中，吳濁流無形中已被厚誣為一個專寫隱喻和反諷文章的膽怯文人，一個整天戴著面具、過著雙重人格和精神分裂生活的欺世盜名者，而這樣的吳濁流似乎又與他們所心儀的「鐵血」、「道德上的勇者、強者形象」[63] 和「頂天立地的台灣主義者」相去甚遠。在這個強調讀者的積極閱讀的時代，陳芳明等論者盡可對吳濁流進行種種「創造性理解」，但是，這些無中生有的「創造」與真實的吳濁流和吳濁流的真實又有何干？

誠然，民族和民族國家是一個想像的共同體，民族認同作為主體的文化想像和文化建構，是有可能發生變化的，是有可

能「轉向」的，就像在今日的台灣，有不少人已經變化和轉向。有的論者昨日還信誓旦旦地聲明「台灣新文學運動始終是中國文學不可分離的一環，它蘊藏著強烈的民族精神」，「唯有認識台灣是中國不可分裂的一塊人間樂土，堅定地扎根於台灣豐沃的泥土，從大地及勤勞大眾攝取奶汁，才能使台灣作家鑄造更鮮活的民眾形象」；[64] 如今卻搖身一變，宣稱「中國文學對台灣人而言，是和日本文學或歐美文學一樣的外國文學」。[65] 就人類的意志而論，人是自由的。每個人都有選擇人生道路的自由，也許，還有選擇國家認同和民族認同的自由——這已為今日台灣的轉向者們所證明。然而，自由又是與人類社會的某些基本價值和信仰相聯繫的，自由選擇實際上是價值和信仰選擇，因此不同價值信仰的人對自由的定義必然大相逕庭。民族和民族國家是想像的共同體，但這一想像並非偶然的想像，這一共同體並非虛構的共同體，而是一種歷史文化的傳承，反映著民族成員對於自由、尊嚴、榮譽、安全和幸福等等深層心理和情感的需求，因此，民族和民族共同體一旦形成，便具有相當的穩定性和連續性。這種穩定性和連續性的解體，往往給民族成員帶來巨大的傷害和深重的苦難。民族的內部分裂與反抗異族的殖民統治不可相提並論。一個致力維護人類基本價值與世界和平的人道主義者，絕不可能同時是一個民族分裂的鼓吹者和參與者。文學家是人類精神家園的守護人，更有責任以自己的文字為民族和解、同胞團圓提供精神之光與情感之火。儘管人類歷史上，民族的叛徒並不少見，中國歷史上的漢奸也數不勝數，但高擎民族大義，挺身抵禦外侮、力行敦睦同胞的仁人志士，各個民族都更大量湧現。從日本殖民統治下最終覺醒並回歸中國民族主義的吳濁流，嚮往內涵「富貴

不能淫，貧賤不能移，威武不能屈」之完善人格的儒家境界的
吳濁流，已不可能與那些朝三暮四的變節者有關於自由的共同
概念。

〔1〕張良澤編：《吳濁流作品集・黎明前的台灣》，台北，遠行出版社，
一九八〇年二月再版，第一六六～一七五頁。

〔2〕美國學者華萊士・馬丁（Wallace Martin）闡述的勒內・吉拉德的觀
點。見華萊士・馬丁：《當代敘事學》，北京大學出版社，一九九〇
年二月初版，第三七頁。

〔3〕比如陳映真在七〇年代的鄉土文學論戰中就提出了「建立民族文學
的風格」問題，並認為「相對於外來文學的極端形式主義，民族文
學應該逐步尋求生動活潑的民族形式，以表現自己民族的生活和勞
動，民族的理想和奮鬥的勇氣等具體的內容」，「鄉土文學是中國
新文學在台灣目前階段中的重要形式」……陳映真：〈建立民族文
學的風格〉、〈在民族文學的旗幟下團結起來〉，《陳映真文集・
文論卷》，北京，中國友誼出版公司，一九九八年十一月初版，第
四一一、四二五、四三七頁。

〔4〕參考孔範今：〈對二十世紀中國文學的一種歷史考察〉，賀雄飛主
編：《世紀論語》，長春，吉林文史出版社，二〇〇〇年一月初版，
第二〇四頁。（韓）金會峻：〈中國現代文學史上「民族形式論爭」
研究〉，《中國現代文學研究叢刊》一九九六年第三期，北京，作
家出版社，一九九六年八月初版。

〔5〕（韓）金會峻：〈中國現代文學史上「民族形式論爭」研究〉，同上。

〔6〕一九九七年十月，陳映真在人間出版社與夏潮聯合會在台北主辦的
一場學術研討會上發表論文指出：「葉石濤、王拓、陳芳明、巫永
福、宋澤萊、李魁賢和不少原台灣文學的中國性質論者，在沒有做
任何負責任的轉向表白條件下，轉換了自己的思想和政治方向，從
他們的原來的原則立場，全面倒退。」陳映真：〈向內戰・冷戰意
識形態挑戰——七〇年代台灣文學論爭在台灣文藝思潮史上劃時代
的意義〉；轉引自呂正惠、趙遐秋主編：《台灣新文學思潮史綱》，
昆侖出版社，二〇〇二年一月初版，第三六〇頁。

〔7〕陳映真：〈向內戰‧冷戰意識形態挑戰——七〇年代台灣文學論爭在台灣文藝思潮史上劃時代的意義〉；轉引同上，第三六一頁。

〔8〕吳濁流：〈有關文化的雜感一二〉，張良澤編：《吳濁流作品集‧黎明前的台灣》，台北，遠行出版社，一九八〇年二月再版，第一四八頁。

〔9〕吳濁流：〈對詩的管見〉，張良澤編：《吳濁流作品集‧台灣文藝與我》，同上，第九六頁。

〔10〕吳濁流：〈我設文學獎的動機和期望〉，同上，第三一頁。

〔11〕吳濁流：〈對詩的管見〉，同上，第九七頁。

〔12〕同上，第九四、九五頁。

〔13〕同上，第九二、九三頁。

〔14〕周揚：〈對舊形式利用在文學上的一個看法〉；轉引自黃修己：《中國現代文學簡史》，北京，中國青年出版社，一九八四年六月初版，第三五一頁。

〔15〕黃修己：《中國現代文學簡史》，北京，中國青年出版社，一九八四年六月初版，第三五一、三五二頁。

〔16〕吳曉東：〈建立多元化的文學史觀〉，《中國現代文學研究》叢刊，一九九六年第一期，北京，作家出版社，一九九六年三月初版。

〔17〕（德）叔本華：《生存空虛說》（陳曉南譯），北京，作家出版社，一九八七年四月初版，第一九七、一九八頁。

〔18〕鄭振鐸：〈整理中國文學的提議〉；轉引自韓毓海主編：《二十世紀的中國：學術與社會‧文學卷》，山東人民出版社，二〇〇一年一月初版，第五七頁。

〔19〕周作人：〈日本近三十年小說之發達〉；轉引同上，第五五頁。

〔20〕汪暉：〈我們如何成為「現代的」？〉，《中國現代文學研究》叢刊，一九九六年第一期，北京，作家出版社，一九九六年三月初版。

〔21〕曠新年：〈現代文學觀的發生與形成‧民族國家的文學〉，韓毓海主編：《二十世紀的中國：學術與社會‧文學卷》，山東人民出版社，二〇〇一年一月初版，第八一、八二頁。

〔22〕吳曉東：〈建立多元化的文學史觀〉，《中國現代文學研究》叢刊，一九九六年第一期，北京，作家出版社，一九九六年三月初版。

〔23〕 謝冕：〈傳統之與我們〉；轉引自孟繁華：《精神信念與知識分子的宿命——謝冕文學思想論綱》，賀雄飛主編：《世紀論語》，第二九九頁。

〔24〕 郭沫若：〈「民族形式」商兌〉；轉引自黃修己：《中國現代文學簡史》，北京，中國青年出版社，一九八四年六月初版，第三五二頁。

〔25〕 吳曉東：〈建立多元化的文學史觀〉，《中國現代文學研究》叢刊，一九九六年第一期，北京，作家出版社，一九九六年三月初版。

〔26〕 毛澤東：〈致臧克家等〉，《毛澤東文藝論集》，北京，中央文獻出版社，二〇〇二年四月初版，第三〇八頁。

〔27〕 （德）叔本華：《生存空虛說》（陳曉南譯），北京，作家出版社，一九八七年四月初版，第一九九頁。

〔28〕 （美）惠特曼：〈《草葉集》序言〉（董衡巽譯），伍蠡甫主編：《西方文論選》（下卷），上海譯文出版社，一九七九年十一月新一版，五〇六～五〇八頁。

〔29〕 （德）叔本華：《生存空虛說》（陳曉南譯），北京，作家出版社，一九八七年四月初版，第二〇〇頁。

〔30〕 吳濁流：〈關於漢詩壇的幾個問題〉，張良澤編：《吳濁流作品集・台灣文藝與我》，台北，遠行出版社，一九八〇年二月再版，第八八頁。

〔31〕 一些中國大陸出版的論著也存在著對「民族」概念的錯解。如說：「台灣、大陸更是千百年來共同沐浴著漢文化的文化傳統。」「台灣人民對自己的本土地文化追根究底，表現出了對祖國大陸漢文化的認同，用強烈的民族意識對抗皇民意識。」丁帆等：《中國大陸與台灣鄉土小說比較史論》。南京大學出版社，二〇〇一年五月初版，第一一七、一一九頁。「漢族」是生物學和人類學意義的種族概念，而不是現代民族概念。「漢文化」並不能與「中國文化」劃等號。如果承認中國文化傳統是全體中華民族的共同創造，那麼說台灣、大陸僅僅沐浴著「漢文化的文化傳統」、台灣人民只是「對大陸漢文化認同」，無異於將「漢文化」從多民族文化構成的「中國文化」中排除。

〔32〕 陳映真：〈向內戰・冷戰意識形態挑戰——七〇年代台灣文學論爭在台灣文藝思潮史上劃時代的意義〉；轉引自呂正惠、趙遐秋主編：《台灣新文學思潮史綱》，昆侖出版社，二〇〇二年一月初版，第三六〇頁。

〔33〕 張國慶：〈殖民主義、異化與自我：吳濁流小說的歷史觀〉，「吳

濁流學術研討會」（台灣新竹縣立文化中心，一九九六年十月五日）。

〔34〕見許南村編：《反對言偽而辯——陳芳明台灣文學論、後現代論、後殖民論的批判》，台北，人間出版社，二〇〇二年八月版。

〔35〕吳濁流：〈《瘡疤集》（上卷）自序〉，張良澤編：《吳濁流作品集·台灣文藝與我》，台北，遠行出版社，一九八〇年二月再版，第一九〇、一九一頁。

〔36〕吳濁流：〈《瘡疤集》（下卷）自序〉，同上，第一九五頁。

〔37〕轉引自張良澤編：《吳濁流作品集·台灣文藝與我》，同上，第九二、九六頁。

〔38〕同上，第三頁。

〔39〕錢鴻鈞編、黃玉燕譯：《吳濁流致鍾肇政書簡》，台北，九歌出版社，二〇〇〇年五月十日初版，第六九、六六頁。

〔40〕《台灣文化季刊》，一九八六年九月，第二期。

〔41〕吳濁流：《台灣連翹》，台北，草根事業出版有限公司，二〇〇〇年九月初版第五刷，第二六一、二六二頁。

〔42〕陳嘉農：〈為吳濁流《台灣連翹》出版而寫〉，吳濁流：《台灣連翹》，同上，第一〇～一二頁。

〔43〕《無花果》，台北，草根事業出版有限公司，二〇〇一年十月初版第七刷，第三頁。

〔44〕戚嘉林：《台灣真歷史》，北京，中國友誼出版公司，二〇〇一年一月初版，第三六、三七、四〇頁。

〔45〕陳孔立編著：《簡明台灣史》，北京，九洲圖書出版社，一九九八年一月初版。第六五～七二頁。

〔46〕《無花果》，台北，草根事業出版有限公司，二〇〇一年十月初版第七刷，第七、八頁。

〔47〕同上，第九六、一一二、一三六、一三七、一三八、一四九頁。

〔48〕《台灣連翹》，台北，草根出版事業有限公司，二〇〇〇年九月初版第五刷，第一五〇、二二三、二二七、二二九、二三〇頁。

〔49〕轉見何言宏：《中國書寫——當代知識分子寫作與現代性問題》，

北京，中央編譯出版社，二〇〇二年五月初版，第七五～七八頁。

〔50〕王幼華：《冰心麗藻入夢來──日治時期苗栗縣的詩社》，苗栗縣文化局，二〇〇一年七月初版，第九九、一五五頁。

〔51〕如被譽為「台灣新文學之父」的賴和，在《獄中日記》中有這樣的詩句：「忽聞街上有遊行，說是軍人要出征。好把共榮圈建設，安全保護我東瀛。」李南衡主編：《賴和先生全集》（日據下台灣新文學：明集一），台灣明潭出版社，一九七七年版。轉引自王幼華：《冰心麗藻入夢來──日治時期苗栗縣的詩社》；苗栗縣文化局二〇〇一年七月初版，第二二七頁。不過，關於賴和這首詩是地道的「皇民詩」，還是對日本殖民當局的敷衍或反諷，有不同的看法。

〔52〕《無花果》，台北，草根出版事業有限公司，二〇〇一年十月版第七刷，第一八三、二〇七、二一〇、二一一頁。

〔53〕（俄）巴赫金：〈審美活動中的作者與主人公〉（曉河譯），錢中文主編：巴赫金著作系列之《哲學美學》，石家莊，河北教育出版社，一九九八年六月初版，第二四九、二五〇、二六二～二六四頁。

〔54〕同上，第二四五、二六五、二六六頁。

〔55〕彭瑞金：〈台灣新文學運動四〇年〉；轉引自曹永洋：〈文學長流斬不斷──序《吳濁流致鍾肇政書簡》〉，見錢鴻鈞編、黃玉燕譯：《吳濁流致鍾肇政書簡》，台北，九歌出版社，二〇〇〇年五月十日初版，第三三、三四頁。

〔56〕錢鴻鈞編、黃玉燕譯：《吳濁流致鍾肇政書簡》，台北，九歌出版社，二〇〇〇年五月十日初版，第七二、八四頁。

〔57〕鍾肇政：《鐵血詩人吳濁流》，「吳濁流學術研討會」，一九九六年十月五日，台灣新竹縣立文化中心。

〔58〕張良澤編：《吳濁流作品集‧台灣文藝與我》，台北，遠行出版社，一九八〇年二月再版，第一七～一九頁。

〔59〕張良澤編：《吳濁流作品集‧黎明前的台灣》，同上，第五二頁。

〔60〕台北，《台灣文藝》第五二期，一九七六年七月。

〔61〕轉引自戚嘉林：《台灣真歷史》，北京，中國友誼出版公司，二〇〇一年一月初版。第一九六頁。

〔62〕《台灣連翹》，台北，草根出版事業有限公司，二〇〇〇年九月初

版第五刷，第一四二頁。

〔63〕彭瑞金：〈揮舞筆劍的文俠——吳濁流集序〉，彭瑞金主編：《吳濁流集》（短篇小說卷），台北，前衛出版社，一九九一年七月初版，第一二頁。

〔64〕葉石濤：〈日據時代新文學的回顧〉；〈現代主義小說的沒落〉，《台灣鄉土作家論集》，台北，遠景出版社，一九七九年三月初版。

〔65〕葉石濤：〈戰後台灣文學的自主意識〉。《台灣新聞報·西子灣》，一九九五年八月十二日；轉引自呂正惠、趙遐秋主編：《台灣新文學思潮史綱》，昆侖出版社，二〇〇二年一月初版，第三五七頁。

附錄一
吳濁流文學獎
（一九六六～一九七六）頒獎概略

【台灣文學獎】

第一屆於一九六六年一月揭曉，四月頒獎。

正獎：無。

佳作獎：五篇。獎金伍仟元，五人平分。

一，《回鄉的人》（七等生）。

二，《點菜的日子》（鍾鐵民）。

三，《骷髏與沒有數字版的鐘》（鍾肇政）。

四，《妻的腳》（張彥勛）。

五，《金錢的故事》（廖清秀）。

第二屆於一九六七年一月揭曉，四月頒獎。

正獎：無。

佳作獎：三篇。獎金及紀念品均分。

一，《中元的構圖》（鍾肇政）。

二，《男人與小刀》（黃春明）。

三，《灰色鳥》（七等生）。

第三屆於一九六八年一月揭曉，四月頒獎。

      正獎：一篇。獎金伍仟元。

      《那棵鹿仔樹》（李喬）。

第四屆於一九六九年一月揭曉，四月頒獎。

      正獎：一篇。獎金伍仟元，附獎電視機一台。

      《門》（鄭清文）。

【吳濁流文學獎】

第一屆於一九七〇年一月揭曉，四月頒獎。

      正獎：兩名。合得獎金伍仟元，電視機一台。

      一，《蟹》（黃靈芝）。

      二，《鬼井》（沈萌華）

      佳作獎：一名。獎金壹仟元。

      《廢屋》（黃文相）。

第二屆於一九七一年一月揭曉，四月頒獎。

      正獎：一名。獎金伍仟元。

      《笑容》（黃文相）。

      佳作獎：一名。獎金壹仟元。

      《日薄崦嵫》（喬幸嘉）。

第三屆於一九七二年一月揭曉，四月頒獎。

      正獎：一名。獎金伍仟元。

      《升》（楊青矗）。

佳作獎：兩名。獎金各壹仟元。

一，《黑色大蝴蝶》（江上）。

二，《舞淚》（張秀民）。

第四屆於一九七三年一月揭曉，四月頒獎。

正獎：一名。獎金伍仟元。

《有一個死》（江上）。

佳作獎：兩名。獎金各壹仟伍佰元。

一，《交叉線》《今夜下著雨》（張秀民，兩篇）。

二，《跛腳天助和他的牛》（司徒門）。

第五屆於一九七四年一月揭曉，三月頒獎。

正獎：一名。獎金捌仟元。

《某年夏日》（張秀民）。

佳作獎：三名。獎金各壹仟元。

一，《影子》（方死生）。

二，《鹿場之夜》（周春梅）。

三，《投機狗》（潘榮禮）。

第六屆於一九七五年一月揭曉，四月頒獎。

正獎：一名。獎金捌仟元。

《小鎮印象》（馮輝岳）。

佳作獎：兩名。獎金各壹仟伍佰元。

一，《水流屍》（潘榮禮）。

二，《下一代》（周春梅）。

第七屆於一九七六年一月揭曉。

　　　　正獎：缺。

　　　　佳作獎：三名。

　　　　一，《另一個日子》（鍾樺）。

　　　　二，《扛》（司徒門）。

　　　　三，《鳥園》（鄭石棟）。

【吳濁流漢詩獎】

第一屆於一九七二年四月揭曉。

　　　　得獎人：曾材庭。頒發獎牌。

　　　　另選佳作獎三十三名。獎品由味全公司董事長黃烈火
　　　　提供。

第二屆於一九七三年四月揭曉。

　　　　得獎人：高友直。頒發金質獎牌。

　　　　另選佳作獎四十九名。獎品由味全公司董事長黃烈火
　　　　提供。

第三屆於一九七四年四月揭曉。

　　　　得獎人：鄭國滇。頒發金質獎牌。

　　　　另選佳作獎五十名。獎品由味全公司董事長黃烈火提供。

【吳濁流新詩獎】

第一屆於一九七三年一月揭曉。

正獎：一名。獎金壹仟元。

《松鼠與風鼓》（岩上）。

佳作獎：一名。頒發獎狀。

《歸途手記》（凱若）。

第二屆於一九七四年一月揭曉。

正獎：缺。

佳作獎：兩名。獎金各壹仟元。

一，《樹》（曾淑眞）。

二，《透過時空》（衡榕）。

第三屆於一九七五年一月揭曉。

正獎：一名。獎金貳仟元。

《孟加拉悲歌》（李魁賢）。

佳作獎：一名。頒發獎狀。

《修船》（謝武彰）。

第四屆於一九七六年一月揭曉。

正獎：一名。

《電冰箱的故事》（蔡潤玉）。

佳作獎：一名。

《風雨裡的小草》（陳德恩）。

＊　此附錄為吳濁流在世時「吳濁流文學獎」的頒獎情況。資料來源自呂新昌：《鐵血詩人吳濁流》。台北，前衛出版社，一九九六年四月初版。第一一五～一二四頁。

附錄二
主要參考書目

一、作品、書信類

1. 吳濁流：《亞細亞的孤兒》、《無花果》、《台灣連翹》。台北，草根出版事業有限公司，一九九五年七月版，二〇〇一年八月、十月，二〇〇〇年九月分別重印。
2. 吳濁流：《吳濁流選集》（漢詩・隨筆），台北，廣鴻文出版社，一九六七年四月。
3. 張良澤編：《吳濁流作品集》（二）、（三）、（四）、（五）、（六），台北，遠行出版社，一九八〇年二月版。
4. 彭瑞金主編：《吳濁流集》（短篇小說），台北，前衛出版社，一九九一年七月版。
5. 錢鴻鈞編、黃玉燕譯：《吳濁流致鍾肇政書簡》，台北，九歌出版社，二〇〇〇年五月版。

二、論著

1. 高哲、溫元著、賈建梅主編：《馬克思恩格斯要論精選》，北京，中央編譯出版社，二〇〇一年八月版。
2. 《毛澤東文藝論集》，北京，中央文獻出版社，二〇〇二年四月版。
3. 浙江省高等師範院校《中國通史講義》協作組編著：《中國通史講義》，杭州，浙江人民出版社，一九八三年七月版。

4. 戚嘉林：《台灣真歷史》，北京，中國友誼出版公司，二○○一年一月版。

5. 呂正惠、趙遐秋主編：《台灣新文學思潮史綱》，北京，昆侖出版社，二○○二年一月版。

6. 陳孔立編著：《簡明台灣史》，北京，九洲圖書出版社，一九九八年一月版。

7. 呂新昌：《鐵血詩人吳濁流》，台北，前衛出版社，一九九六年四月版。

8. 藍博洲：《吳濁流的文學原鄉──西湖》，台灣，苗栗縣西湖鄉公所，一九九九年五月。

9. 薩特：《什麼是文學？》（施康強譯），北京，人民文學出版社，一九九一年四月版。

10. 李歐梵：《中國現代文學與現代性十講》（季進編），上海，復旦大學出版社，二○○二年十月版。

11. 北京師範大學中文系編：《文藝理論學習參考資料》，瀋陽，春風文藝出版社，一九八一年十二月版。

12. 游國恩、王起等主編：《中國文學史》，北京，人民文學出版社，一九六三年七月版。

13. 韓毓海主編：《二十世紀的中國：學術與社會‧文學卷》，濟南，山東人民出版社，二○○一年一月版。

14. 《魯迅全集》，北京，人民文學出版社，一九八一年版。

15. 徐迅：《民族主義》，北京，中國社會科學出版社，一九九八年七月版。

16. 陳映真：《陳映真文集‧文論卷》，北京，中國友誼出版公司，一九九八年十一月版。

17. 尚明軒：《孫中山傳》，北京出版社，一九八一年九月版。

18. 陳昭瑛：《台灣儒學的當代課題：本土性與現代性》，北京，中國社會科學出版社，二○○一年七月版。

19. 華萊士‧馬丁：《當代敘事學》，北京大學出版社，一九九○年二月版。

20. 黃修己：《中國現代文學簡史》，北京，中國青年出版社，一九八四年六月版。

21. 賀雄飛主編：《世紀論語》，長春，吉林文史出版社，二○○○年一月版。

22. 叔本華：《生存空虛說》（陳曉南譯），北京，作家出版社，一九八七年四月版。

23. 伍蠡甫主編：《西方文論選》，上海，譯文出版社，一九七九年十一月版。

24. 申丹：《叙述學與小說文體學研究》，北京大學出版社，二〇〇一年五月第二版。

25. 熱拉爾・熱奈特：《叙事話語　新叙事話語》（王文融譯），北京，中國社會科學出版社，一九九〇年十一月版。

26. 黑格爾：《美學》（朱光潛譯），北京，商務印書館，一九七九年一月第二版。

27. 葉石濤：《台灣鄉土作家論集》，台北，遠景出版社，一九七九年三月版。

28. 蘇珊・朗格：《情感與形式》（劉大基、傅志強、周發祥譯），北京，中國社會科學出版社，一九八六年八月版。

29. 《吳濁流百年誕辰紀念專刊》，台灣新竹縣文化局，二〇〇〇年十二月。

30. 格奧爾格・勃蘭兌斯：《十九世紀文學主流》（張道眞等譯），北京，人民文學出版社，一九八〇年九月版。

31. 楊伯峻：《論語譯注》，北京，中華書局，一九八〇年十二月第二版。

32. 曹礎基：《莊子淺注》，北京，中華書局，一九八二年十月版。

33. 趙仲邑：《文心雕龍譯注》，桂林，灕江出版社，一九八二年四月版。

34. 喬納森・卡勒：《結構主義詩學》（盛寧譯），北京，中國社會科學出版社，一九九一年十月版。

35. 朱光潛：《西方美學史》，北京，人民文學出版社，一九七九年十一月第二版。

36. 周振甫：《詩詞例話》，北京，中國青年出版社，一九七九年五月第二版。

37. 王恩衷編譯：《艾略特詩學文集》，北京，國際文化出版公司，一九八九年十二月版。

38. 錢中文主編：巴赫金著作系列之《哲學美學》、《小說理論》、《文本對話與人文》，河北教育出版社，一九九八年六月版。

39. 蔣孔陽主編：《二十世紀西方美學名著選》，上海，復旦大學出版社，一九八七年十一月版。

40. 古繼堂：《台灣文學的母體依戀》，北京，九州出版社，二〇〇二年九月版。

41. 《賽義德自選集》（謝少波、韓剛等譯），北京，中國社會科學出版社，一九九九年八月版。

42. 愛德華‧W‧薩義德：《知識分子論》（單德興譯），北京，生活‧讀書‧新知三聯書店，二○○二年四月版。

43. 羅鋼、劉象愚主編：《後殖民主義文化理論》，北京，中國社會科學出版社，一九九九年四月版。

44. 許南村編：《反對言偽而辯──陳芳明台灣文學論、後現代論、後殖民論的批判》，台北，人間出版社，二○○二年八月版。

45. 何言宏：《中國書寫──當代知識分子寫作與現代性問題》，北京，中央編譯出版社，二○○二年五月版。

46. 陳永國、馬海良編：《本雅明文選》，北京，中國社會科學出版社，一九九九年八月版。

47. 安興本：《衝突的台灣》，北京，華文出版社，二○○一年九月版。

48. 丁帆等：《中國大陸與台灣鄉土小說比較史論》，南京大學出版社，二○○一年五月版。

49. 《台灣香港文學論文選》，福州，福建人民出版社，一九八三年十月版。

50. 白少帆、王玉斌、張恆春、武治純：《現代台灣文學史》，瀋陽，遼寧大學出版社，一九八七年十二月版。

51. 李旭初、王常新、江少川：《台港文學教程》，武漢，長江文藝出版社，一九九六年一月版。

52. 趙遐秋主編：《台灣鄉土文學八大家》，北京，台海出版社，一九九九年十一月版。

53. 曹惠民主編：《台港澳文學教程》，上海，漢語大詞典出版社，二○○○年十月版。

54. 古繼堂主編：《簡明台灣文學史》，北京，時事出版社，二○○二年六月版。

55. 陳厚誠、王寧主編：《西方當代文學批評在中國》，天津，百花文藝出版社，二○○○年十一月版。

56. 卻爾：《解釋：文學批評的哲學》（吳啓之、顧洪潔譯），北京，文化藝術出版社，一九九一年六月版。

57. 海德格爾：《存在與時間》（陳嘉映、王慶節譯，熊偉校），北京，生活‧讀書‧新知三聯書店，一九八七年十二月版。

58. 《讚美理論──伽達默爾選集》（夏鎮平譯），上海，三聯書店，一九

八八年九月版。

59. 司馬遷：《史記》，北京，中華書局，一九八二年十一月版。

60. 敏澤：《中國美學思想史》，濟南，齊魯書社，一九八九年八月版。

61. 曹文軒：《中國八十年代文學現象研究》，北京，作家出版社，二〇〇
三年一月版。

62. 錢鍾書：《管錐編》，北京，中華書局，一九七九年八月版。

63. 弗蘭克‧克默德：《結尾的意義》（劉建華譯），遼寧教育出版社、牛
津大學出版社，二〇〇〇年三月版。

64. 張文杰編：《歷史的話語——現代西方歷史哲學譯文集》，桂林，廣西
師範大學出版社，二〇〇二年三月版。

65. 柯林武德：《歷史的觀念》（何兆武、張文杰譯），北京，中國社會科
學出版社，一九八六年四月版。

66. 安東尼奧‧葛蘭西：《獄中札記》（曹雷雨、姜麗、張跣譯），北京，
中國社會科學出版社，二〇〇二年十月版。

67. 齊格蒙‧鮑曼：《立法者與闡釋者——論現代性、後現代性與知識分
子》（洪濤譯），上海，人民出版社，二〇〇二年十一月版。

68. 阿爾文‧古爾德納：《新階級與知識分子的未來》（杜維眞、羅永生、
黃蕙瑜譯），北京，人民文學出版社，二〇〇一年十一月版。

69. 殷海光：《中國文化的展望》，上海，三聯書店，二〇〇二年十二月版。

70. 王幼華：《冰心麗藻入夢來——日治時期苗栗縣的詩社》，台灣，苗栗
縣文化局，二〇〇一年七月版。

71. 李秀林、王于、李淮春主編：《辯證唯物主義和歷史唯物主義原理》，
中國人民大學出版社，一九八二年四月版。

72. 安然：《台灣民眾抗日史》，北京，台海出版社，二〇〇三年九月版。

三、論文

1. 鍾肇政：〈鐵血詩人吳濁流〉，吳濁流學術研討會，一九九六年十月五
日，台灣新竹縣立文化中心。

2. 許俊雅：〈小說／歷史／自傳——談《無花果》《台灣連翹》及禁書現
象〉，吳濁流學術研討會，一九九六年十月五日，台灣新竹縣立文化中心。

3. 張良澤：〈不滅的詩文〉，台北，《台灣文藝》雜誌第五八期，一九七八年三月。

4. 尾崎秀樹：〈吳濁流的文學〉，台北，《台灣文藝》雜誌第四一期，一九七三年十月。

5. 黃靈芝：〈我所認識的吳濁流先生〉，台北，《台灣文藝》雜誌第五三期，一九七六年十月。

6. 金會峻：〈中國現代文學史上「民族形式論爭」研究〉，北京，《中國現代文學研究叢刊》一九九六年第三期。

7. 吳曉東：〈建立多元化的文學史觀〉，北京，《中國現代文學研究叢刊》一九九六年第一期。

8. 汪暉：〈我們如何成為「現代的」？〉，北京，《中國現代文學研究叢刊》一九九六年第一期。

9. 安德烈‧莫羅亞：〈追憶逝水年華序〉（施康強譯），普魯斯特《追憶逝水年華》中譯本，南京，譯林出版社，一九八九年六月版。

10. 盧斯飛：〈寒凝大地發春華——論吳濁流的知識分子題材小說〉，吳濁流學術研討會，一九九六年十月五日，台灣新竹縣立文化中心。

11. 曾鎮南：〈我所看到的《亞細亞的孤兒》〉，《曾鎮南文學論集》，石家莊，花山文藝出版社，二○○一年八月版。

12. 呂正惠：〈被歷史命運播弄的人們〉，陳義芝主編《台灣文學經典研討會論文集》，台北，聯經出版公司，一九九九年版。

13. 彭瑞金：〈從《無花果》論吳濁流的孤兒意識〉，《台灣文化季刊》第二期，一九八六年九月。

14. 張國慶：〈殖民主義、異化與自我：吳濁流小說的歷史觀〉，吳濁流學術研討會，一九九六年十月五日，台灣新竹縣立文化中心。

15. 陳萬益：〈胡太明及其「孤兒意識」——《亞細亞的孤兒》兩岸評的不同點〉，黃維樑編《中華文學的現在和未來——兩岸暨港澳文學交流研討會文集》，爐鋒學會，一九九四年六月版。

16. 劉再復、楊春時：〈關於文學的主體間性的對話〉，南寧，《南方文壇》雜誌二○○二年第六期。

17. 〈老台共追憶「二二八」真相〉，香港，《亞洲周刊》二○○三年三月七日；北京，《參考消息》二○○三年三月十一日轉載。

18. 曠新年：〈民族國家想像與中國現代文學〉，北京，《文學評論》雜誌
　　二○○三年第一期。

19. 陳嘉農（陳芳明）：〈爲吳濁流《台灣連翹》出版而寫〉，吳濁流《台
　　灣連翹》，台北，草根出版事業有限公司，一九九五年七月版。

20. 陳芳明：〈吳濁流與《台灣連翹》〉，吳濁流《台灣連翹》，台北，草
　　根出版事業有限公司，一九九五年七月版。

後　記

　　本書的寫作自二〇〇一年開始準備，二〇〇二年動筆，二〇〇四年六月完成定稿。

　　台灣文學研究正在顯現出新的前景。如同本書所指涉的話題一樣，台灣文學研究的一些「熱點」的形成，並非來自文學或主要不是來自文學本身，而是與近年來台灣的社會政治生態息息相關，文學問題演變成爲社會、歷史、政治乃至民族和國家認同問題。文學之所以爲文學是由其內在特性即文學性所決定的，但文學作爲意識形態之一不可能切斷與其它意識形態的聯繫，因此，本書的寫作在立足於文學立場的同時，也不迴避社會歷史和意識形態的分析和討論。作者不掩飾自己的觀點，但提出這些觀點的意願在於展現和召喚對話。在學術（以及通過學術表述的政治）領域，理解的目標和共同視野的建立，只有通過對話才有可能實現。衷心期待兩岸台灣文學研究方家對本書的批評。

　　本書的寫作，得到了主編趙遐秋教授的大力支持和鼓勵。遠在台灣的呂正惠先生和他指導的博士生徐秀慧女士，提供了大量資料。金堅範先生多次關心本書的進展。台灣作家藍博洲先生於二〇〇三年四月作者赴台交流期間，駕車陪同作者參觀

了吳濁流的故鄉新竹縣新埔鎮的故居、吳濁流生前曾工作和生活過的苗栗縣西湖鄉有關地點，以及西湖國小、雲梯書院和位於西湖鄉五湖村剛開館一個月的吳濁流藝文館，並慷慨贈送了有關資料。台灣社會科學研究會會長曾健民先生、執教於台灣中華大學的知名畫家朱麗麗女士也對本書的寫作給予了熱情的幫助。賀紹俊先生赴台交流時為作者求購並贈送了遠景版《亞細亞的孤兒》。劉紅林女士在她主持的《世界華文文學論壇》雜誌發表了本書的有關章節。這些師友的恩惠，作者將永誌於心。

石一寧
二〇〇六年五月二十二日於北京通州

真實的追問
吳濁流的文學‧思想‧人格

發行人　呂正惠

作者　石一寧

責任編輯　馮京麗

繁體編輯　范振國　陳乃慈　黃鳳娟

美術編輯　陳乃慈

出版者　人間出版社

地址　108 台北市長沙街二段 64 號 3 樓

電話　(02)23898806

郵撥帳號　11746473 人間出版社

印刷　承印實業股份有限公司

電話　(02)29555284

總經銷　聯經出版事業股份有限公司

電話　(02)26418661

登記證　局版台業字第三六八五號

ISBN　978-986-6777-08-0

初版一刷　2008 年 10 月

定價　新台幣 450 元

國家圖書館出版品預行編目資料

眞實的追問：吳濁流的文學‧思想‧人格 /
　石一寧作. -- 初版. -- 臺北市：人間，
　2008. 10
　　面；公分

　參考書目：面
　ISBN 978-986-6777-08-0（精裝）

　　1.吳濁流　2.臺灣傳記　3.學術思想
　　4.文學評論　5.臺灣小說

783.3886　　　　　　　　　　　97017035